厦门大学会计学系列教材

衍生金融工具风险管理与会计运用：案例分析

主编／肖虹　　副主编／兰绍清

厦门大学出版社
XIAMEN UNIVERSITY PRESS
国家一级出版社
全国百佳图书出版单位

图书在版编目(CIP)数据

衍生金融工具风险管理与会计运用:案例分析/肖虹主编.—厦门:厦门大学出版社,2019.6

(厦门大学会计学系列教材)

ISBN 978-7-5615-7444-7

Ⅰ.①衍…　Ⅱ.①肖…　Ⅲ.①金融衍生产品—金融风险防范—高等学校—教材

Ⅳ.①F830.95

中国版本图书馆 CIP 数据核字(2019)第 096454 号

出 版 人	郑文礼
责任编辑	潘 瑛 肖 越
封面设计	李夏凌
技术编辑	朱 楷

出版发行	厦门大学出版社
社　　址	厦门市软件园二期望海路 39 号
邮政编码	361008
总 编 办	0592-2182177　0592-2181406(传真)
营销中心	0592-2184458　0592-2181365
网　　址	http://www.xmupress.com
邮　　箱	xmup@xmupress.com
印　　刷	厦门市金凯龙印刷有限公司

开本	787 mm×1 092 mm　1/16
印张	23.5
插页	2
字数	538 千字
版次	2019 年 6 月第 1 版
印次	2019 年 6 月第 1 次印刷
定价	68.00 元

本书如有印装质量问题请直接寄承印厂调换

厦门大学出版社
微信二维码

厦门大学出版社
微博二维码

前　言

　　20 世纪 70 年代,布雷顿森林体系解体,世界性石油危机爆发,国际金融市场上利率和汇率剧烈波动,随之产生强烈的规避风险需求。现代通信、计算机和网络技术及相关金融理论的飞速发展,进一步推动了金融创新,衍生金融工具应运而生。之后,随着金融全球化和信息网络技术的进步,衍生金融工具创新日新月异,衍生金融工具作为风险管理的重要手段在企业经济活动中得到广泛应用,为企业降低成本、加强风险管理提供良好手段。然而,衍生金融工具所具有的杠杆性等特点,也使其交易隐含着比一般金融工具更大的信用风险、市场风险、流动性风险和操作风险,用之得当有利,反之则有害。诸多相关的巨大风险案件显示,在缺乏风险监管制度下,缺乏有效的风险管理以及过度投机行为将给衍生金融工具交易参与者带来新的、更为严重的金融风险,而规范衍生金融工具会计信息处理则有利于提高相关信息决策有用性。

　　当前,中国逐步开放国内金融市场,积极引入并更广泛地在企业经济实践中应用衍生金融工具。在会计处理方面,2017 年 3 月 31 日,财政部发布修订版的《企业会计准则第 22 号——金融工具确认和计量》《企业会计准则第 23 号——金融资产转移》《企业会计准则第 24 号——套期会计》,在内容上与 IASB 2014 年发布的 IFRS 9 实现全面趋同。在此背景下,我们根据多年教学过程中积累的教学材料编写本教材,旨在帮助会计专业的本科学生通过案例分析的形式进一步了解和掌握相关知识,提高未来相关工作的实践能力。本教材共分为三部分,第一部分为绪论,简要介绍衍生金融工具的概念与风险特点、衍生金融工具风险内部控制监管规范,以及衍生金融工具会计准则规范。第二部分为第二章至第七章,分别介绍具体的主要衍生金融工具风险管控与会计运用案例。第三部分为基于行业背景视角的衍生金融工具风险管理及其会计运用案例分析。

　　本教材的主编为厦门大学管理学院肖虹教授,副主编为兰绍清副教授,廖舒华为本教材主要合作者,在案例收集写作上做了大量工作。我们感谢相关教学资料的提供者,也感谢厦门大学出版社为本书出版提供的帮助。

2019 年 3 月

目　录

绪　论

引　导

巴林银行倒闭案例

英国巴林银行(Barings Group)成立于1762年,是英国伦敦城内历史最久、名声显赫的商人银行集团,其业务专长是企业融资和投资管理,业务网点主要在亚洲及拉美新兴国家和地区。到1993年年底,巴林银行的全部资产总额为59亿英镑,1994年税前利润高达1.5亿美元。但到了1995年2月26日,巴林银行因其新加坡支行(Barings Futures Singapore,BFS)交易员里森(Nick W.Leeson)违规从事衍生工具业务而遭受巨额损失,无力继续经营而宣告破产。一个有着233年经营历史和良好业绩的老牌商业银行在世界的金融界消失了。

里森自1989年开始到巴林银行工作,由于业绩突出,1992年被巴林银行管理层派到巴林银行新加坡分行期货与期权交易部门,并任总经理,拥有雇佣交易员和后台清算人员的权力。在期货交易中,通常使用"错误账户"专门处理交易过程中因疏忽所造成的错误。里森于1992年在新加坡任期货交易员时,建立一个"88888"错误账户以处理交易上的错误。但此后,这个账户就成了里森掩盖真正错误的工具。

造成巴林银行倒闭的直接原因是里森在日经225股指期货交易中造成13亿美元的巨额亏损。里森刚开始是利用新加坡商品交易所和大阪交易所上市的日经指数期货从事跨国套利,该交易是代客操作,只赚取佣金,风险不大。1992年7月,由于下属的操作失误致使亏损2万英镑,里森为了隐瞒错误,将其计入错误账户

"88888"；其后因为日经指数上升，损失扩大至6万英镑。为了弥补损失，里森开始恶性增资，试图通过反转式套利交易策略①，依赖稳定的日经指数赚取期权权利金。但1993年下半年的几天内，日经指数市场剧烈波动，加上清算记录的电脑发生故障，一天内的损失已达170万美元，这些损失仍通过"88888"账户被隐瞒。1995年1月，日本神户地震后日经指数暴跌。里森判断日经指数将会出现反弹，未经授权直接买入价值77亿美元的日经指数期货，并卖空160亿美元的日本10年期国债期货。但与里森的预测相反，日经指数在小幅反弹后一路下跌，跌至17 000点以下，而国债价格上升，里森的期货组合出现巨大亏损，巴林银行不得不宣布破产。

第一节　衍生金融工具的概念与风险特点

一、衍生金融工具发展史

(一)衍生金融工具的国际发展史

什么是衍生金融工具？先来看一个简单的例子。我们都知道房屋的价格取决于其所坐落的地产的价格、房屋的结构以及其他因素。如果没有地皮，房屋就不会建成，也就不会有任何价值。没有房屋，地皮的价值依然存在；而没有地皮，房屋则无法存在。衍生资产可以比作房屋，而地皮就是衍生资产所依赖的基础资产，可以包括股票、债券、货币、商品和其他金融资产，或是这些资产的组合。因此，衍生金融工具，是一种价值依附于(取决于)其他基础资产的金融合同。

从广义上讲，纸币是最早出现的衍生金融工具之一。因为在金本位制下，纸币的价值正是取决于其价格符号所代表的黄金的价值，即它的金额大小由原生工具——黄金的价值决定。

衍生金融工具的真正发展是产生于商品市场。在古希腊和古罗马时期，一些商人在农产品收获之前，提前向农民预购，而交割则在收获后进行，这可以认为是远期交易的雏形。而期货交易的产生，是为了消除季节性和自然条件不确定性而引起的谷物价格不稳定所带来的风险。在收获季节，往往出现供过于求的现象，使谷物价格下跌，农民因此遭受损失；而在其他季节，又往往出现供不应求，价格猛涨，影响消费者的利益。在这种情况下，谷物储销商人出现了，他们收购农民的谷物，并进行仓储销售，消除谷物价格的季节性影响。

可以看出，衍生金融工具产生的最初原因是为了锁定商品价格波动的风险。因为市场经济中的商品价格是由市场来决定的，而商品价格受供求关系等因素的影响不断发生变化，因此商品市场中充满了价格风险，而这种风险本身又不能被消灭，当市场经济发展

---

① 反转式套利交易策略，指通过猜测基础资产未来的变化趋势是否稳定，即判断未来市场的稳定性来获利，详见第一章第一节"三、衍生金融工具的风险特点"。

到一定阶段时,就需要一种分散风险、转移风险的机制,衍生金融交易应运而生。

在国外,衍生金融工具产生于商品市场,其发展的标志性事件如表 1-1 所示。

表 1-1　国外衍生金融工具的发展历史(20 世纪之前)

时间	事　件
12 世纪	12 世纪,欧洲的法兰得斯商人开始使用商品远期交易合同
1679 年	1679 年,历史上第一次记载的期货交易出现在日本大阪。大阪由于邻近稻米产区,且是重要的港口,因此成为日本的大米中心
1730 年	世界上第一个期货市场——堂岛米市交易委员会于 1730 年在日本大阪设立
1865 年	由于克里米战争和美国内战使得粮食价格波动不定,内战期间粮食交易大增,为减少粮食价格波动的风险,1865 年芝加哥贸易委员会(Chicago Board of Trade,CBOT)进行了第一笔期货合同交易,玉米、小麦、面粉、燕麦、干草及牧草合同开始在芝加哥贸易委员会进行交易
1874 年	1874 年,芝加哥商品期货交易所正式成立

20 世纪 70 年代初期,在世界经济史上发生了两件意义重大的事件:一是布雷顿森林体系的瓦解。维系全球的以美元为中心,实行"美元、黄金双挂钩"的固定汇率制的布雷顿协定连续出现危机并于 1973 年正式瓦解。面对布雷顿森林体系崩溃后国际金融秩序的动荡,1976 年 1 月国际货币基金组织(IMF)理事会"国际货币制度临时委员会"在牙买加首都金斯敦(Kingston)举行会议,经过激烈的争论,签订达成了《牙买加协议》,并于同年 4 月通过了《IMF 协定第二修正案》,实行浮动汇率制度的改革是牙买加协议的主要内容之一,西方国家货币的汇率普遍与美元脱钩而采用浮动汇率制。二是 20 世纪 70 年代石油输出国组织实施石油禁运而引发的石油危机,对全球经济造成严重冲击。这两个历史事件使得汇率剧烈波动,通货膨胀急剧上升,金融风险随之大大增加。为了对冲日益增长的风险,金融产品不断创新。

从衍生金融工具的发展历史可见(如表 1-2 所示),衍生金融工具产生的动力主要来自金融市场价格风险的管控需求,如:1973 年布雷顿森林体系崩溃,浮动汇率代替固定汇率导致汇率风险加大;20 世纪 70 年代各国开始放宽或取消对银行的利率管制,利率变动频繁;两次石油危机导致世界能源价格上升,引发全球性成本推进型通货膨胀,价格变动剧烈。衍生工具为基础金融工具的持有者提供有效的风险对冲手段,从而避免或减少由于汇率、利率的不利变动而带来的预期收益的减少或成本的增加。同时,金融机构不断设计具有吸引力的金融产品和服务,具有降低市场交易成本作用的信息技术快速发展,以及米尔顿·弗里德曼(Milton Friedman)、费雪·布莱克(Fisher Black)等经济学家为金融期权期货奠定的理论基础,都进一步促进了衍生产品的广泛应用和发展,股票期货、股票指数期权、利率互换、资产证券化等衍生工具陆续出现,在促进金融市场的稳定和发展、加速经济信息传递、优化资源合理配置、引导资金有效流动、增强国家金融宏观调控能力等方面都起到了积极而重要的作用。

但与此同时,由于衍生金融工具所具有的杠杆性等特点,也使其隐含着比一般金融工具更大的风险,在缺乏风险监管制度下,利用衍生工具进行的过度投机行为可能会形成泡沫经济,从而引发全球性经济危机。

表1-2 衍生金融工具的国际发展历史(20世纪70年代至今)

时间	事件
1970年	20世纪70年代,美国的资产证券化开始兴起。1970年,美国政府国民抵押贷款协会首次发行住房抵押贷款证券(MBS)。此后,信用卡、汽车贷款、中小企业贷款、第三世界贷款、学生贷款、医疗保健应收款、贸易应收款和高收益债券等也开始广泛应用证券化技术
1972年	1972年,美国芝加哥商品交易所(CME)率先创办了国际货币市场(IMM),推出了英镑、加元、西德马克、日元、瑞士法郎、墨西哥比索等货币期货合约,用以对冲布雷顿森林体系的瓦解所带来的日益增加的外汇风险需求,标志着第一代现代金融衍生产品的诞生
1973年	1973年4月,芝加哥期权交易所(CBOE)成立,正式推出股票期权买卖,标志着金融期权的诞生
1975年	1975年,芝加哥期货交易所(CBOT)陆续推出联邦抵押协会存单(GNMA CBRS)和财政部短期债券(T-Bills)期货,利率期货在世界上诞生了
1981年	1981年,美国所罗门兄弟公司(Solomon Brothers Co.)成功地为美国商用机器公司(IBM)和世界银行进行了美元与西德马克及瑞士法郎之间的货币互换,标志着互换的诞生
1982年	1982年,美国堪萨斯农产品交易所(KCBT)率先推出股票指数期货,将欧洲美元期货采用的现金交割方式加以推广,取代实物交割的现金结算方式带来衍生交易的重大变革
2008年	2008年次贷危机之前,美国的MBS(mortgage-backed securities,抵押贷款支持证券)和CDO(collateralized debt obligation,债务抵押证券)等证券化产品发展迅速,其未偿付余额最高时分别达到9.2万亿美元(2008年)和1.9万亿美元(2007年),分别占同期美国国债市场余额的160%和40%。住房贷款的过度证券化刺激了次级贷款市场的发展和风险的积累,最终使资产证券化成为危机爆发的催化剂和放大器

(二)衍生金融工具的中国发展史

改革开放以来,中国曾经在期货、国债期货、股指期货、货币期货、认股权证和可转换债券等方面进行试点工作。20世纪80年代末90年代初,中国对金融衍生工具持允许和适当放开的态度,自1984年起,国内企业、机构就可以通过经纪公司在境外进行外汇期货交易。中国金融衍生工具发展较晚,其发展的标志性事件如表1-3所示。

表1-3 中国衍生工具发展历史

时间	事件
1990年	1990年10月,中国郑州粮食批发市场经国务院批准,以现货交易为基础,引入期货交易机制,作为我国第一个商品期货市场正式开业。此后,全国各地迅速建立起一批交易所和期货市场
1992年	1992年6月,上海外汇调剂中心建立了我国第一个外汇期货市场,境内外外汇期货交易得以开展
	1992年10月深宝安发行5亿元人民币的3年期可转换债券,这是我国首次出现的可转换债券

续表

时间	事　件
1992 年	1992 年 12 月,上海证券交易所推出第一张国债期货合同。国债期货曾是中国发展规模最大的金融期货,但由于出现多次违约风波,国债期货交易最终在 1995 年 5 月被彻底关闭
1993 年	1993 年 3 月,中国海南证券交易中心推出了股票指数期货,标的为深圳综合指数和深圳 A 股指数,并按国际惯例建立了保证金等各项制度。但随后不久发生了深圳平安保险公司福田证券部大户联手操作打压股指的投机行为,给深圳股市带来了较大的负面影响,最后于 9 月底全部平仓,停止交易
1996 年	1993 年到 1995 年,境内外的外汇期货都出现了不同程度的问题,国家加大了整顿外汇市场的力度,多次下令关闭非法外汇期货经纪公司,国内的外汇期货市场也在 1996 年被关闭
	1992 年到 1996 年期间,中国先后推出了多只认股权证,但由于其价格暴涨暴跌出现严重的投机现象,国家监管局最终于 1996 年 6 月底终止了认股权证的交易。随着 2005 年股权分置改革的推进,认股权证的发行又被提上了日程
2000 年	2000 年,中国建设银行和中国工商银行相继获准实行住房抵押贷款证券化试点
2002 年	2002 年 1 月,中国工商银行与中国远洋运输总公司启动 6 亿美元的 ABS 融资项目,在此基础上发行资产担保证券。国内银行首次参与境外资产证券化业务
2004 年	2004 年 4 月,中国工商银行宁波市分行第一次尝试采用资产证券化的方式处置 26.02 亿元不良贷款。这是中国商业银行首个资产证券化项目债权资产
2005 年	2005 年 3 月,国家开发银行和中国建设银行获准作为试点单位,分别进行信贷资产证券化和住房抵押贷款证券化的试点
2005 年	2005 年 12 月 12 日—15 日,国家开发银行发行了国内首只 ABS——"2005 年第一期开元信贷资产支持证券"。该交易的基础抵押资产为国家开发银行发放的工商业贷款,共计 51 笔,本金余额为 41.77 亿元人民币
2005 年	2005 年 12 月 15 日,中国建设银行发行国内首只 RMBS 产品——"建元 2005-1 个人住房抵押贷款证券化信托"。该交易的基础抵押资产池包含 15 162 笔个人住房抵押贷款,本金余额为 30.17 亿元人民币
2010 年	2010 年,证监会已正式批复中国金融期货交易所沪深 300 股指期货合约和业务规则,《期货交易管理条例》正式施行,股指期货在国内再次推出
2016 年	2016 年,中国共发行资产证券化产品 8 420.51 亿元,同比增长 37.32%;市场存量为 11 977.68 亿元,同比增长 52.66%

　　在世界经济一体化背景下,中国逐步开放国内金融市场,积极从国外引入衍生金融工具,发展速度较快。但其发展的过程中出现了反复和挫折,这与中国衍生金融工具市场跨越式发展有关。当前,随着市场经济的发展以及多层次、多品种金融工具的开放,衍生金

融工具在中国经济生活中得到了较大的发展和应用,越来越多的公司运用该金融工具进行其经营活动的金融风险管控。

例如,2014年5月24日,康佳集团股份有限公司发布《关于通过使用金融工具锁定美元融资成本事项》公告,宣布为有效降低境外美元融资时的汇率波动和利率波动的风险,经康佳集团第七届董事局第五十七次会议研究,决定授权康佳集团管理层在条件合适时可采取利率掉期、货币掉期、远期外汇买卖、汇率期权等金融工具以锁定人民币兑换美元的汇率或将美元融资的利率由浮动利率调整为固定利率,锁定汇率或者利率的美元融资额度不超过12亿美元,期限为五年,在额度内和期限内可滚动操作。其中,利率掉期,指两个主体通过合约进行浮动利率和固定利率的交换。货币掉期,指两笔金额相同、期限相同、计算利率方法相同,但货币不同的债务资金之间的调换,同时也进行不同利息额的货币调换。远期外汇买卖,指买卖双方按外汇合同约定的汇率,在约定的期限进行交割的外汇交易。汇率期权,指期权买方在支付一定数额的期权费后,有权在约定的到期日按照双方事先约定的协定汇率和金额同期权卖方买卖约定的货币,同时权利的买方也有权不执行上述买卖合约。

2014年10月28日,康佳集团股份有限公司又发布《关于开展相关金融工具组合业务事项》公告,宣布为了充分利用短期的闲置资金,提高资金收益,经康佳集团第七届董事局第六十四次会议研究,决定授权康佳集团管理层在条件合适时可利用货币掉期、远期外汇买卖等金融工具形成的金融工具组合进行投资,以获取投资收益。该类业务存量在任意时点不超过人民币6亿元,期限为五年,在额度内和期限内可滚动操作。关于该衍生品投资的必要性,公告指出,2014年,随着人民币兑美元汇率双向波动幅度的扩大,市场上出现了利用境内外不同货币汇率差异获取收益的机会,部分商业银行推出了采用货币掉期、远期外汇买卖等工具开展的短期无风险高收益产品,考虑到上述业务属金融工具组合业务,非单一的金融衍生产品,收益是既定的,风险很小。同时,时间一般在一个月以内,占用资金的时间较短,这样能充分利用短期的闲置资金,提高资金收益。因此,公司拟开展该类业务。

二、衍生金融工具的基本概念和特征

衍生金融工具(derivative financial instruments),又称金融衍生工具、派生金融工具、衍生金融产品等,是与原生金融工具相对应的一个概念,它是在原生金融工具诸如即期交易的商品合约、债券、股票、外汇等基础上派生出来的新型金融工具。通过对货币利率、债务工具的价格、外汇汇率、股票价格或股票指数、商品期货价格等金融资产的价格走势的预期而定制,并从这些金融产品的价值中派生出自身价值的金融产品。

理论上对衍生金融工具并无统一定义,表1-4列示了国际互换和衍生协会、国际清算银行和国际会计准则理事会对衍生金融工具的定义。

表 1-4 不同组织机构对衍生金融工具的定义

组织机构	定 义
国际互换和衍生协会（ISDA）	衍生品是有关互换现金流量和旨在为交易者转移风险的双边合约。合约到期时,交易者所欠对方的金额由基础商品、证券或指数的价格决定
国际清算银行（BIS）	衍生金融工具是一种金融合约,其价值取决于基础资产价格
国际会计准则理事会（IASB）	IAS 39 将同时具有以下特征的金融工具定义为衍生金融工具: ①其价值随着特定利率、证券价格、商品价格、外汇利率、价格或汇率的指数、信用等级、信用指数或类似变量的变化而变化; ②要求初始净投资少于市场条件具有类似反应的其他类型合同所要求的初始净投资; ③在未来日期结算

简单来说,衍生金融工具定义具有三层含义:第一,衍生金融工具是一种合约,体现交易双方之间的权利义务关系;第二,衍生金融工具是在货币、外汇、利率工具以及股票等基础金融工具的基础上衍化和派生的,其价值主要受基础工具价值变动的影响;第三,衍生金融工具是对未来的交易,对基础工具未来可能产生的结果进行交易,交易要在未来时刻才能确定盈亏。

经过数百年发展,衍生金融工具品种不断创新,芝加哥交易所甚至还推出了灾难期货、思想期货等。如果不考虑多种衍生金融工具之间相互结合等复杂因素,从其交易方式和特点来看,远期合同、期货合同、期权合同和互换合同是发展得较为成熟的基本衍生金融工具。其中,远期合约（forward contract）是指以固定的价格在未来日期购买或出售某项资产的协议;期货合约（futures contract）是指协议双方同意在约定的将来某个日期按约定的条件（包括价格、交割地点、交割方式）买入或卖出一定标准数量的某种金融工具的标准化协议;期权合约（option contract）是指期权的买方有权在约定的时间或时期内,按照约定的价格买进或卖出一定数量的相关资产,也可以根据需要放弃行使这一权利;金融互换（swap contract）是指两个（或两个以上）当事人按照商定的条件,在约定的时间内,交换不同金融工具的一系列支付款项或收入款项的合约。

三、衍生金融工具的风险特点

历史上曾发生过多起衍生产品交易巨亏事件,如法兴银行魔鬼交易员杰洛米·科维尔用公司资金做空欧洲股指期货,并创设虚假对冲头寸;瑞银集团交易员奎库·阿多博利未经授权,实施开放式指数基金交易;澳大利亚国家银行交易员大卫·布伦等人未经授权参与外汇期权交易;联合爱尔兰银行交易员约翰·鲁斯纳克通过伪造交易文件掩盖交易亏空;日本住友商社交易员滨中泰男未经授权参与期铜交易;等等。

衍生金融工具的主要功能是风险防范,但如果市场上没有愿意接受风险并获取风险溢价的投机者,风险便无处转移,衍生金融工具也就失去了产生的必要性。因此,衍生金融工具的避险功能和投机功能相辅相成，是同一个事物的两个方面。由于衍生品的投资具有强大的杠杆效应，投机能量远远大于其相应基础资产投资的投机能量。投资于衍生产品的投机资本可以推动数倍于自身的基础资产数量，因此，衍生金融工具在规避和转移风险的同时也产生了新的金融风险。

(一)衍生金融工具市场参与者

衍生金融市场有大量参加者，根据其参与交易的不同动机和目的，可以分为三类：套期保值者、投机者和套利者。

衍生工具市场最初主要是基于人们保值避险的需要出现的，套期保值者就是指那些希望通过衍生工具市场来降低由于商品价格波动而导致风险的个人或企业。套期保值的基本做法就是在衍生工具市场内，建立一个带有与其实际面临风险相反方向风险的头寸，以期通过一种对冲作用，降低价格风险，这种策略往往可以帮助对冲减小或完全消除其原有风险。对冲者采用衍生产品合约来减少自身所面临的市场变化风险。

投机者是指那些在衍生工具市场中建立头寸，甘愿承担其风险并以此获利的企业或个人。投机者利用自己对市场的理解以及一些具体方法，对交易物价格走势做出判断，并依此在市场上买空卖空，从价格波动中牟利。投机者会利用衍生金融工具对市场走向下赌注。

套利者是指利用衍生工具与其基础交易物之间、衍生工具之间的不正常价格偏差谋取利润的交易者，与投机者一样是为了借机牟利。不同的是，套利者所寻找的是几乎无风险的获利机会，只要市场上出现可利用的价格偏差，套利者就可同时进行两个或两个以上的交易，保证赚取一笔无风险的利润。套利者采用两个或更多相互抵消的交易来锁定盈利。

不同市场交易者由于交易目的的不同，所承担的风险也不同。套期保值者由于利用了对冲原理，其所面临的市场风险最小；套利者所面临的市场风险较大；投机者通过承担风险而获利，所面临的市场风险最大。

(二)衍生金融工具风险类型

国际 G30 研究小组(The Group of Thirty，简称 G30)是由国际金融界权威人士组成的非营利性的咨询小组，该组织于 1993 年发表了颇具权威性的研究报告《衍生工具：实践与原则》，该报告将衍生交易的风险分为四类，即市场风险、信用风险、营运风险和法律风险。衍生金融工具的风险特点及其影响因素如表 1-5 所示。

表 1-5　衍生金融工具的风险特点及其影响因素

风险类型	风险特点	影响因素
市场风险	衍生工具市场风险是指由于利率、汇率、证券和商品等市场因素的不利变动或波动性而导致衍生工具价格发生不利变动的风险。 基础资产价格波动性及时间影响会导致衍生金融工具的价格波动	(1)影响标的资产价格波动的因素。例如，经济、政治、社会和自然等因素会间接引起衍生工具的价格波动。 (2)投资者运用衍生工具的目的和方式。套期保值者、套利者和投机者所面临的市场风险依次增大。 (3)衍生工具的品种。不同类型衍生工具的市场风险有所差异，远期的市场风险较小，互换和期货的市场风险明显，而期权买卖双方的风险不同
信用风险	信用风险是交易对手不能履行义务而导致的风险，包含： (1)结算前风险，即在合约有效期内因市场力量发生变化而导致的合约价值的变动，如交易对手违约。 (2)结算风险，即在合约结算之际因资产交换(即结算)中所存在的时间差异而发生的信用风险	(1)交易对手的资信状况。交易对手的资信状况越好，信用风险越低。 (2)交易场所和结算方式。场内交易的衍生工具的信用风险较小，场外交易则相反。 (3)交易对手的动机和策略。当交易对手进行衍生工具交易的目的是进行套利或投机时，信用风险较大
营运风险	营运风险，又称操作风险，是由于信息系统或内部控制的缺陷而导致的非预期损失的风险。包含： (1)内部监管体系不完善、经营管理出现漏洞、工作流程不合理等，使交易决策出现人为或非人为的失误而带来的风险。 (2)偶发性事故或自然灾害给衍生工具者造成损失的可能性	(1)管理漏洞和内部控制失当。如内部欺诈、外部欺诈、经营中断或系统失败、职权划分不清、授权太宽或不当授权等问题。 (2)交易员操作不当。交易员对风险或交易价值的估计错误而造成损失的可能性；大型机构的交易员操作的资金量巨大，营运风险加大
法律风险	法律风险是指由于衍生交易合约在法律上无效、合约内容不符合法律法规的规定，或者由于税制、破产制度等方面的改变等法律上的原因给衍生工具交易者带来损失的可能性	(1)衍生合约的不可实施性。包括衍生合约的确认文件不充分或者不合法律法规，衍生交易的交易双方不具备参与衍生交易的合法资格或者擅自越权进行违法交易，现行的法律法规发生变更而使衍生合约失去法律效力。 (2)交易对手清偿能力或不能实施对冲平仓(多份合约盈亏互相抵消)。交易对手因经营不善等原因而失去清偿能力，或者在对方破产时不能依照法律规定对其未清偿合约进行对冲平仓等都会提高衍生交易的风险暴露水平

(三)上市公司报表披露

美的电器 2015 年年报对所持有的衍生金融工具的投资情况及风险分析披露如表 1-6

所示。

表 1-6　美的电器衍生金融工具的投资情况及风险分析披露

单位：万元

衍生品投资操作方名称	关联关系	是否关联交易	衍生品投资类型	衍生品投资初始投资金额	起始日期	终止日期	期初投资金额	报告期内购入金额	报告期内售出金额	计提减值准备金额（如有）	期末投资金额	期末投资金额占公司报告期末净资产比例	报告期实际损益金额
期货公司	无	否	期货合约	-327.94	2015年01月01日	2015年12月31日	-327.94			-	748.16	0.02%	1 759.01
银行	无	否	外汇远期合约	-19 490.04	2015年01月01日	2015年12月31日	-19 490.04				-8 414.41	-0.17%	26 528.85
合计	--	--		-19 817.98	--	--	-19 817.98			-	-7 666.25	-0.15%	28 287.86
衍生品投资资金来源	全部为公司自有资金												
涉诉情况（如适用）	不适用												
衍生品投资审批董事会公告披露日期（如有）	2015年03月31日												
衍生品投资审批股东会公告披露日期（如有）	2015年04月22日												

美的电器衍生品持仓是为规避原材料价格大幅波动给公司大宗原料采购带来的成本风险。公司开展了部分铜材的期货操作业务,降低现货市场价格波动给公司经营带来的不确定性风险。同时,公司利用银行金融工具,开展了部分外汇资金业务,以规避汇率和利率波动风险,实现外汇资产的保值增值,减少外汇负债及进行成本锁定。公司对衍生品投资与持仓风险进行充分的评估与控制,具体说明如下：

(1)法律法规风险:公司开展期货与外汇资金业务需要遵循法律法规,明确约定与代理机构之间的权利义务关系。

控制措施:公司指定相关责任部门加强法律法规和市场规则的学习,严格合同审查,明确权利义务,加强合规检查,保证公司衍生品投资与持仓操作符合法律法规及公司内部管理制度的要求。

(2)操作风险:人员、系统、不完善或失灵的内部流程以及外部事件等因素均可能导致公司在期货业务及外汇资金业务的过程中承担损失。

控制措施:公司的相关管理制度已明确了期货操作及外汇资金业务的职责分工与审批流程,建立了比较完善的监督机制,通过加强业务流程、决策流程和交易流程的风险控制,有效降低操作风险。

(3)市场风险:大宗商品价格变动和外汇市场汇率波动的不确定性导致期货业务与外汇资金业务存在较大的市场风险,同时在期货操作中因无法及时筹措资金满足建立和维持保值的头寸,或在外汇资金业务中用于履约的外汇资金不能按时到账,均可能导致期货操作损失与违约风险。

控制措施:公司期货业务及外汇资金业务,坚持谨慎与稳健操作原则。对于期货业务,严格根据生产经营所需来确定业务量并提出期货交易申请,并实施止损机制;建立期货风险测算系统,测算已占用的保证金数量、浮动盈亏、可用保证金数量及拟建头寸需要的保证金数量,确定可能需要追加的保证金准备金额。对于外汇资金业务,实行分层管理机制,经营单位提出资金业务申请,需要对影响业务损益的条件或环境进行风险分析,对可能产生的最大收益和损失进行估算,同时报送可承受的保证金比例或总额,公司及时更新资金业务操作情况,确保到期日前的资金安排。

在报告期内,美的电器期货合约报告期内产生的损益为 1 759.01 万元;外汇远期合约报告期内产生的损益为 26 528.85 万元。

(四)案例解析

在本章引入的案例中,里森所采用的交易策略是反转式套利(reverse straddle),这一交易策略的损益如图 1-1 所示。

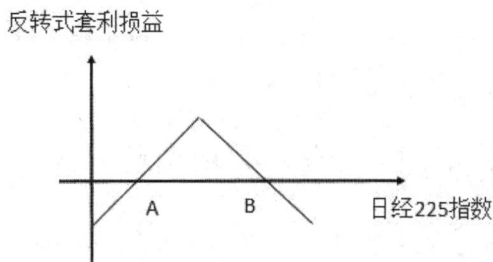

图 1-1　反转式套利损益图

采用反转式套利交易策略的投资者并没有猜测基础资产(日经 225 指数)的未来走势,而是猜测基础资产未来变化趋势是否稳定,即判断未来市场的稳定性。采用反转式套利交易策略的投资者对未来基础资产价格变化的判断是稳定的。只要基础资产的价格在期权的合同期内保持在两个保本点之间(即 A、B 之间),此策略的持有者便可以盈利。但如果基础资产的价格在期权的合同期内落至两个保本点之外(小于 A 或大于 B),那么持有此策略的投资者便会亏损。对里森而言,只要日经指数徘徊在 18 000 和 20 500 点之间,他便会盈利。1995 年 1 月 18 日,日本神户发生大地震,其后数日东京日经指数大幅度下跌,里森一方面遭受了更大的损失,另一方面从伦敦获得大量资金购买更大数量的日经指数期货合约并卖空日本政府债券,希望日经指数会上涨到理想的价格范围。但事与愿违,日经指数并未如里森预期的那样上涨。1995 年前两个月,巴林银行累计未报告损失达到 8.27 亿英镑,加上相关成本,巴林银行未经授权的交易损失累计达到 9.27 亿英镑,从而造成了世界老牌巴林银行终结的命运。

在该案例中,里森使用股指期货交易工具所面临的风险包括市场风险和营运风险。

日经 225 股指期货的合约价值受日经 225 股票指数波动的影响,在 10% 的保证金水平下,一旦方向做错,期货价格向相反方向波动 10%,亏损将是 100%,所有投入的保证金就会全部亏损完毕；如果出现更大程度的波动，则还面临被追加保证金、强行平仓的风险。里森对日经指数的错误估计，加上日本大地震对指数波动的剧烈影响，导致里森的反转式套利交易策略失败，产生巨额亏损。这是股指期货交易的市场风险。

同时，里森在新加坡分行担任总经理，集四种权力于一身，包括监督行政管理、签发支票、负责把关与新加坡国际货币交易所交易活动的对账调节，以及负责把关与银行的对账调节，权力集中导致里森有机会使用错误账户掩盖交易失误。此外，巴林银行未建立包括衍生工具业务在内的内部控制制度和风险管理机制，在未通知英格兰银行的情况下擅自给新加坡分部汇去了 7.6 亿元英镑现金。因此，未执行严格的职责划分、交易授权和限额控制制度，对巴林银行造成了致命影响。这是股指期货交易的营运风险。

第二节　衍生金融工具风险内部控制监管规范

20 世纪 90 年代中期西方爆发众多衍生工具灾难，促使有关国家（地区）的监管部门和国际组织纷纷出台相关指南，巴塞尔银行监督管理委员会（BCBS）是最早针对衍生工具风险管理或内部控制等问题发布指南的机构之一。我国借鉴《巴塞尔协议》的相关内容，对我国衍生金融工具的市场风险管理进行了相应规定。

一、衍生金融工具风险的巴塞尔委员会监管规则

专门从事银行监管的国际组织巴塞尔银行监督管理委员会（BCBS）分别于 1988 年、1994 年和 2004 年发布了有关衍生金融工具风险监管的准则文件，具体如表 1-7 所示。

表 1-7　巴塞尔委员会监管准则的历史进程

监管准则	产生原因	核心要点
1988 年《巴塞尔资本协议》	由于当时衍生金融工具的交易是表外项目交易，有可能导致银行承受额外风险，因此在协议中要求银行提供额外资本防止其中可能使银行遭受损失的因素	• 1988 年发布的《巴塞尔协议》中将部分衍生金融工具的风险加以加权衡量，所包含的衍生工具项目主要有两类：一类是利率合约，包括单一货币的利率互换、远期利率协议、利率期货、利率期权等；另一类是汇率合约。 • 该协议存在以下缺陷：(1)仅将与利率、汇率相关的衍生工具包括在内，对其他类型衍生金融工具未予以考虑；(2)仅强调信用风险，范围过于狭窄，如果资本充足性要求仅仅适用于信用风险，银行在进行资产组合时，为逃避管制可能以利率风险和汇率风险来替换信用风险，从而获取较高的资本收益

续表

监管准则	产生原因	核心要点
1994年《衍生工具风险管理指南》	银行8%的资本充足性比率已无法适应衍生金融工具的运用,对1988年《巴塞尔协议》有关衍生金融工具监管条例的不足做出修正	• 1994年《衍生金融工具风险管理指南》旨在强化被监管机构(包括银行和券商)的内部控制系统,要求成立由实际操作部门、高层管理部门和董事会组成的自律体系。 • 在监管方式上依赖机构的内部控制系统,强调自律性约束,形成国际监管机构对衍生工具乃至整个表外业务实施监管的趋势
2004年《巴塞尔新资本协议》	对旧协议的内容进行更新,使银行的风险包括衍生金融工具的风险监管更为有效	• 新协议更新的内容包括:(1)监管的框架更加完善,除了旧协议的最低单一资本金要求外,新协议提出了监管部门监督检查和市场约束的新规定,提高资本监管效率;(2)风险权重的计量更准确,新协议使用外部评级机构的评级结果来确定主权政府、银行和企业的风险权重,并与若干国际标准相连;(3)风险认识更全面,新协议在信用风险和市场风险的基础上,新增对操作风险的资本要求;(4)内部评级法的创新应用,以银行对重大风险要素的内部估计值作为计算资本的主要参数,提高了资本对风险资产的敏感度。 • 新协议主要适用于大型银行,我国银监会要求大型商业银行应从2010年年底开始实施新资本协议,中小商业银行可以自愿实施新资本协议

二、衍生金融工具风险监管现状和问题

在我国,现行衍生金融工具的监管机构有证监会、银监会和中国人民银行,其监管范围和相关的法律法规如表1-8所示。

表1-8　中国衍生金融工具的监管机构及法律完善进程

中国证券监督委员会	1992年,国务院证券委员会和中国证监会成立,标志中国证券市场统一监管体制形成。 1998年,国务院发布《国务院关于进一步整顿和规范期货市场的通知》,要求中国证监会进一步监督管理期货市场,将交易所调整为3家,并整顿期货经纪业务,取消期货兼营机构的期货经纪业务的代理资格。 1999年,《期货交易管理暂行条例》进一步明确和强化中国证监会对期货市场实行集中统一的监督管理的地位。 2000年,经证监会批准,中国期货业协会成立,标志着我国对期货市场的监管体系基本确立

续表

中国银行监督管理委员会	2003 年 4 月，人民代表大会通过《关于中国银行业监督管理委员会履行原由中国人民银行履行的监督管理职责的决定》，确定中国银监会履行原由中国人民银行履行的审批、监督管理银行、金融资产管理公司、信托投资公司及其他存款类金融机构等监管职责及相关职责。此类机构从事衍生金融工具交易时，需要接受中国银监会的监管。 2003 年 12 月，人大常委会通过《中华人民共和国银行监督管理法》，同时修订《商业银行法》，明确了中国银监会的监管职责。 2004 年，银监会正式施行《金融机构衍生产品交易业务管理暂行办法》，明确金融机构衍生产品的定义和交易业务分类，规定金融机构衍生产品交易业务包括其准入条件和标准，提出了对金融机构衍生产品交易业务的风险管理和实施监管的要求
中国人民银行	自中国开始运用衍生金融工具之时，中国人民银行就对衍生金融工具有监管的职能，但随着中国证监会和银监会的成立，中国人民银行对衍生金融工具的监管范围逐渐缩小，保留有 6 项必需的监管职责，并与银监会、国务院及其他金融机构管理机关建立监管信息共享机制

当前，我国衍生工具风险监管与控制尚存在立法不健全、缺乏有效监管手段等问题。例如，在法律体系方面，有关金融机构衍生品交易规范大多散见于金融监管当局发布的各类管理规定，如《商业银行资本充足率管理办法》《商业银行市场风险管理指引》《金融机构衍生品交易业务管理暂行办法》《关于对中资银行衍生产品交易业务进行风险提示的通知》，这些管理规定只提出了市场风险管理的基本要求和指导性意见，缺乏系统的、配套的条例和细则；在监管的具体执行方面，缺乏专门的金融衍生产品风险监管执行机构，监管机构职能交叉容易造成监管执行混乱和相关规定的冲突，从而导致监管效率低下。此外，在具体监管手段上，我国衍生金融产品交易风险监管的具体措施和方法没有相应法规条例的支持，在日常执行上缺乏系统制度约束，容易流于形式。

第三节　衍生金融工具会计准则规范

一、衍生金融工具会计准则的国际规范

(一)美国 FASB 的规范

在衍生金融工具会计研究和会计准则制定方面，FASB(财务会计准则委员会)在国际会计界一直处于领先地位(FASB 颁布的衍生金融工具相关会计准则如表 1-9 所示)。20 世纪 80 年代初，外汇远期交易等一些新兴的衍生金融交易开始活跃在美国的资本市场上，给财务会计如何合理确认、计量、报告和披露提出全新挑战。为规范新兴衍生金融工具所引发的会计问题，1981 年 12 月 FASB 发布 SFAS 52《外汇折算》，在规范外币折算汇率选择的基础上，对外汇远期合约的会计处理做出规定。1984 年 8 月，FASB 发布 SFAS 80《期货合约会计》，从不同的交易目的出发，对商品期货市场中套期保值合约和投机合约的会计处理和报告分别进行了规范。

　　20 世纪 90 年代初,随着金融期货、金融期权、金融互换等衍生金融工具在资本市场的兴起和发展,衍生金融工具表外风险披露监管日益重要。FASB 试图推出一项既能包括基本金融工具,又能涵盖衍生金融工具的会计规范,1990 年 3 月,FASB 发布 SFAS 105《具有表外风险和信用风险集中的金融工具的信息披露》,给出金融工具的会计学定义,认为金融工具的风险包括信用风险、市场风险、丢失或自然毁损风险,对具有表外风险的金融工具的范围、性质和条款的揭示等做出规定。

　　1991 年 12 月,FASB 发布 SFAS 107《金融工具公允价值的披露》,认为金融工具的公允价值是交易双方在自愿的基础上对金融工具进行交易时所采用的价格,非强迫的或清算的出售价格。SFAS 107 要求,不论该金融工具是否已在资产负债表中确认,交易者均应对所有金融工具的公允价值予以揭示,揭示的内容不仅包括金融工具公允价值本身,还应包括公允价值确定的依据、方法和相关的重要假设。

　　1994 年 10 月,FASB 发布 SFAS 119《关于衍生金融工具和金融工具的公允价值的披露》,修正 SFAS 107 和 SFAS 105 并用列举的方式给出衍生金融工具的定义,认为衍生金融工具是指金融远期、金融期货、金融期权、金融互换及具有类似特征的其他金融工具。同时,从用于交易目的的衍生金融工具和用于非交易目的的衍生金融工具两个角度出发,对衍生金融工具的信息披露做出了规定。

　　1998 年 6 月,FASB 发布 SFAS 133《衍生工具和套期保值活动会计》,指出衍生金融工具代表符合资产或负债定义的权利或义务,应在会计报表中予以报告。公允价值是金融工具最相关的计量属性,是衍生金融工具唯一相关的计量属性。衍生金融工具应当按公允价值计量,套期保值项目则按账面价值调整以反映套期保值交易公允价值变化所形成的利得或损失,交易形成的金融资产或金融负债应当在会计报表中报告。计划列为套期保值项目所应提供的专门会计处理仅限于合格的项目,SFAS 133 部分地解决了衍生金融工具会计确认和计量问题。FASB 确立的最终目标是要求所有的金融工具均运用公允价值进行计量。

　　此后,FASB 陆续公布了一系列其他相关会计准则,如 2000 年 6 月公布《财务会计准则公告第 138 号——某些衍生金融工具和套期活动会计－FASB 133 公告的修正》(SFAS 138),2000 年 9 月公布《财务会计准则公告第 140 号——金融资产的转移和服务以及负债的清除》(SFAS 140),2003 年 3 月及 7 月分别公布 SFAS 149《对 133 号准则中衍生工具和套期活动的修订》、SFAS 150《某些同时具有权益和债务特征的金融工具的会计处理》,2005 年 1 月公布《以股权为基础的支付》(SFAS 123),2006 年 2 月公布《某些衍生工具－FASB 133 和 FASB 140 公告的修正》(SFAS 155)。

表 1-9　FASB 颁布的衍生金融工具相关会计准则

发布日期	准则编号	准则名称
1981 年 12 月	SFAS 52	外汇折算
1984 年 8 月	SFAS 80	期货合约会计
1990 年 3 月	SFAS 105	具有表外风险和信用风险集中的金融工具的信息披露

续表

发布日期	准则编号	准则名称
1991 年 12 月	SFAS 107	金融工具公允价值的披露
1994 年 10 月	SFAS 119	对衍生金融工具和金融工具公允价值的披露
1996 年 6 月	SFAS 125	金融资产转移、服务权以及金融负债的解除会计
1998 年 6 月	SFAS 133	衍生金融工具和套期保值活动会计
2000 年 6 月	SFAS 138	某些衍生工具和套期活动会计—FASB 133 公告的修正
2000 年 9 月	SFAS 140	金融资产转移和服务以及负债的解除
2003 年 3 月	SFAS 149	对 133 号准则中衍生工具和套期活动的修订
2003 年 7 月	SFAS 150	某些同时具有权益和债务特征的金融工具的会计处理
2005 年 1 月	SFAS 123	以股权为基础的支付
2006 年 2 月	SFAS 155	某些衍生工具—FASB 133 和 FASB 140 公告的修正

(二)IASC 的规范

IASC(国际会计准则委员会)作为国际性的民间会计准则制定组织,其目标之一是改进和协调与会计报表列报相关的会计规定、会计准则和会计程序等。

1989 年,IASC 与 CICA(亚洲相互协作与信任措施会议)联合决定制订一项涉及衍生金融工具会计确认、会计计量和会计披露的综合性国际会计准则,1991 年 1 月公布了征求意见稿即 IASC 第 40 号国际会计准则征求意见稿(E40)。由于衍生金融工具会计的复杂性以及各方面意见难以统一,IASC 决定对 E40 进行修改,形成新的征求意见稿,即第 48 号国际会计准则征求意见稿(E48)。尽管 E48 部分地协调了各种意见,但在一些重大的会计确认和会计计量问题上,国际会计界仍存在较大意见分歧。为此,IASC 及时调整战略,将整个衍生金融工具会计项目拆成两部分,分两个阶段来完成:

第一阶段,以 IAS 32 为标志的披露和列报阶段。1995 年 6 月,IASC 发布 IAS 32《金融工具:披露和列报》,明确所应披露的资产负债表内已确认金融工具及资产负债表外未确认金融工具的信息,鼓励披露关于企业所使用金融工具的性质、范围、商业目的、相关的风险及管理当局控制这些风险所采用的政策等方面的信息。

第二阶段,以 IAS 39 为标志的确认和计量阶段。1998 年 12 月,IASC 发布 IAS 39《金融工具:确认和计量》,指出衍生金融工具是指具有下列特征的金融工具:一是其价值随特定利率、证券价格、商品价格、汇率、价格或利率指数、信用等级或信用指数,或类似变量的变动而变动。二是不要求初始净投资,或与对市场条件变动具有类似反应的其他类型合同相比,要求较少的净投资。三是在未来日期结算。衍生金融工具的典型例子是远期合约、期货合约、期权合约和互换合约,衍生金融工具通常有名义金额,指货币金额、股份数量以及在合约中规定的单位数量。但是,衍生金融工具不要求持有者或签发方在合约开始时投入或收取名义金额。

在会计确认方面,IAS 39 规定金融资产和金融负债的初始确认标准为:当且仅当成为金融工具合约条款的一方时,企业应在资产负债表上确认金融资产或金融负债。金融资产终止确认的标准为:当且仅当对构成金融资产或金融资产的一部分的合约权利失去控制时,企业应当终止确认该项金融资产或该项金融资产的一部分。如果企业行使了合约中规定的获利权利、这些权利逾期或企业放弃了这些权利,则表明企业对这些权利失去了控制。金融负债终止确认的标准为:当且仅当金融负债或金融负债的一部分消除时,即当合约中规定的义务解除、取消或逾期时,企业才能从资产负债表上将其剔除。在计量方面,IAS 39 规定金融资产和金融负债的初始计量为:当金融资产和金融负债初始确认时,企业应以其成本进行计量。就金融资产而言,成本是指放弃的对价的公允价值;就金融负债而言,成本是指收到的对价的公允价值。交易费用应计入各金融资产和金融负债的成本。关于金融资产的后续计量,IAS 39 规定:初始确认后,金融资产应分为四类,即企业发起但不是为交易而持有的贷款和应收款项;持有至到期日的投资;可供出售的金融资产;为交易而持有的金融资产。其中,一、二两类金融资产在初始确认后,应运用实际利率法,按摊余成本计量。其他两类金融资产在初始确认后,应以公允价值计量,销售或其他处置时可能发生的交易费用无须抵扣。被指定为套期项目的金融资产,应按有关套期保值会计的规定进行后续计量。关于金融负债的后续计量,IAS 39 规定:初始确认后,企业应以摊余成本计量各种金融负债(不包括为交易而持有的负债以及属于负债的衍生工具)。在初始确认后,企业应以公允价值计量为交易而持有的负债以及属于负债的衍生工具。但对于与未上市权益工具(其公允价值不可以可靠地计量)有关,且须通过交付这种权益工具进行结算的衍生负债,则应以成本计量。IAS 39 要求对所有的金融资产在会计期末进行减值检查,如果金融资产账面价值大于其预计可收回金额,表明该项金融资产发生减值。企业应在每个资产负债表日进行评价,以判断是否存在客观证据表明某项资产或某组资产可能发生减值,如果存在这种证据,则企业应估计该项资产或该组资产的可收回金额,并按规定确认减值损失。

2010 年 12 月,IASB 发布《套期会计(征求意见稿)》,提议实质性简化一般套期会计的处理,并使其更加接近于主体的风险管理。2013 年 3 月 2 日,IASB 发布《衍生工具的变更和套期会计的延续(征求意见稿)》,建议对有关套期会计的章节做出变更,并建议在同时符合以下三个标准时,套期工具的变更不得被视为导致在未来终止采用套期会计的情况:第一,法律法规要求的变更;第二,此项变更导致中央交易对方成为变更后的衍生工具参与方的新交易对方;第三,有关变更后的衍生工具的各项变更仅限于实现该变更后的衍生工具条款所必需的变更。

2014 年,IASB 正式发布取代 IAS 39 的《国际财务报告准则第 9 号——金融工具确认与计量》(IFRS 9),并规定于 2018 年 1 月 1 日起开始生效。与 IAS 39 相比较,IFRS 9 主要有三个方面的特点:首先,IFRS 9 以原则导向为基础,按照业务模式和合同现金流特征将金融资产分为三类,即以摊余成本计量(AC)、以公允价值计量且其变动计入其他综合收益(FVOCI)、以公允价值计量且其变动计入当期损益(FVTPL),以解决 IAS 39 四分类(以公允价值计量且其变动计入当期损益的金融资产、可供出售金融资产、持有至到期投资、贷款和应收款项)的标准不统一的问题。其中,合同现金流特征是指应收取的本金以及为支付本金所产生的利息,本金指初始确认时的公允价值,利息包括货币的时间价值、特定时期未偿付本金金额相关的信用风险、其他基本借贷风险和成本以及利润率的对价,业务模式指的是主体如何管理其金融资产以产生现金流量,包括收取。其次,将减值准备计提方法由已发生信用损失模型发展为预期信用损失模型,以解决 IAS 39 减值准备计提太迟、太少的问题。最后,取消套期有效性 80%～125% 的定量标准,降低采用套期会计的门槛。

IASB 颁布的衍生金融工具相关会计准则如表 1-10 所示。

表 1-10　IASB 颁布的衍生金融工具相关会计准则

发布日期	准则编号	准则名称
1983 年 12 月	IAS 21	汇率变动的影响
1995 年 8 月	IAS 32	金融工具:披露和列报
1998 年 3 月	IAS 39	金融工具:确认和计量
国际财务报告准则(IFRS)		
2004 年	IFRS 2	以股份为基础的支付
2005 年	IFRS 7	金融工具披露
国际财务报告解释公告(IFRI)		
2004 年	IFRI 2	合作主体中的成员股份和类似工具
2005 年	IFRI 5	以股份为支付基础
2006 年	IFRI 9	嵌入衍生工具的重估
2014 年	IFRS 9	金融工具确认与计量

(三)中国的规范

2003 年 3 月 19 日,证监会在发布的第 18 号准则关于商业银行信息披露的规定中指出,企业应该披露衍生金融工具的计量基础、公允价值、风险头寸和套期确认标准等四项内容。2006 年财政部发布企业会计准则体系,在《企业会计准则第 22 号——金融工具确认和计量》中引入金融资产和金融负债的概念,将其作为新的会计要素纳入到会计报表体系中。2015 年 11 月 26 日,财政部印发《商品期货套期业务会计处理暂行规定》(财会[2015]18 号)。2017 年 3 月 31 日,财政部发布修订版的《企业会计准则第 22 号——金融工具确认和计量》《企业会计准则第 23 号——金融资产转移》《企业会计准则第 24 号——套期会计》等三项金融工具会计准则,在内容上与 IASB 2014 年发布的 IFRS 9 实现全面趋同。相关的会计准则如表 1-11 所示。

表 1-11　财政部颁布的与衍生金融工具有关的会计准则

发布日期	准则编号	准则名称
2006 年 2 月	CAS 11	股份支付
	CAS 19	外币折算
	CAS 20	企业合并
	CAS 22	金融工具确认和计量
	CAS 23	金融资产转移
	CAS 24	套期保值
	CAS 33	合并财务报表
	CAS 36	关联方披露
	CAS 37	金融工具列报
	CAS 38	首次执行企业会计准则
2017 年 3 月	修订版 CAS 22	金融工具确认和计量
	修订版 CAS 23	金融资产转移
	修订版 CAS 24	套期会计

　　财政部规定在境内外同时上市的企业以及在境外上市并采用国际财务报告准则或企业会计准则编制财务报告的企业,自 2018 年 1 月 1 日起施行新金融工具相关会计准则;其他境内上市企业自 2019 年 1 月 1 日起施行;执行企业会计准则的非上市企业自 2021 年 1 月 1 日起施行。同时,鼓励条件具备、有意愿和有能力的企业提前施行新准则。具体如表 1-12 所示。

表 1-12　A 股上市公司与非上市公司实施新套期会计准则方案

企业类型	实施时间
境内外同时上市的企业以及在境外上市并采用国际财务报告准则或企业会计准则编制财务报告的企业	2018 年 1 月 1 日
其他境内上市企业	2019 年 1 月 1 日
执行企业会计准则的非上市企业	2021 年 1 月 1 日
条件具备、有意愿和有能力提前执行新金融工具相关会计准则的企业	提前至 2018 年 1 月 1 日
符合条件的保险公司	延后至 2021 年 1 月 1 日

　　资料来源:财政部会计司

二、衍生金融工具确认和计量

　　衍生金融工具会计分成两大系统,即套期保值衍生品会计和非套期保值衍生品会计。

在衍生金融工具初始确认中,需要根据持有目的的不同区分确认为交易性金融资产(金融负债)的衍生工具和用套期会计方法处理的衍生工具。其中,非套期保值包括纯粹以盈利为目的的衍生金融工具交易和虽然以套期保值为目的但不符合套期会计准则要求的衍生金融工具交易。而套期保值则包括现金流量套期、公允价值套期和境外经营净投资套期,具体如表 1-13 所示。套期会计是一种特殊的会计处理方法,它允许企业对冲有关资产或负债的利得和损失,减少利润表的波动性。国际套期保值会计准则的发展历程如表 1-14 所示。

表 1-13　套期保值会计类型

套期保值会计类型	含义
公允价值套期	公允价值套期是指对已确认的资产或负债、尚未确认的确定承诺或这些项目组成部分的公允价值变动带来的风险进行套期,如针对汇率变动风险和利率变动风险进行的套期保值如符合有效性条件则归为此类
现金流量套期	现金流量套期是指对会引起现金流量变动的风险进行风险管理。与公允价值套期不同,现金流量套期是为了减少与在财务报表中已确认的资产或负债、极可能发生的预期交易或这些项目组成部分的相关风险
境外经营净投资套期	境外经营净投资套期又不同于以上两种,是指企业对境外经营净投资,即企业对境外经营净资产获得的权益份额中存在的外汇风险进行管理,从而实现套期保值

资料来源:《企业会计准则第 24 号——套期会计》(财会[2017]9 号)

表 1-14　国际套期保值会计准则的发展历程

时间	发布机构	公告名称
2008 年 7 月	IASB	IAS 39 的修订版
2009 年 11 月	IASB	《国际会计准则第 9 号——金融工具》(IFRS 9 初稿)
2010 年 12 月	IASB	《套期活动会计的征求意见稿》
2011 年 2 月	FASB	SFAS 159
2013 年 11 月	IASB	IFRS 9 一般套期会计的终稿

如表 1-15 所示,在中国,第一部套期会计的相关正式准则是财政部发布于 2006 年 2 月的《企业会计准则第 24 号——套期保值》及《企业会计准则第 22 号——金融工具的确认和计量》。之后,2016 年 8 月,在与 IFS 9 国际趋同的背景下,财政部发布第 24 号会计准则征求意见稿,并于 2017 年 4 月颁布修订版《企业会计准则第 24 号——套期会计》,修订后的新准则在套期工具与被套期项目的确定、套期的有效性、套期的披露等问题上进行了大幅改动,与国际财务报告准则 IFS 9 实现趋同。

表 1-15 中国套期保值会计准则的发展历程

时间	公告名称	相关内容
2006 年 2 月	《企业会计准则第 24 号——套期保值》	界定了套期保值的定义、适用条件和会计处理,规范了套期保值的确认和计量;与 IAS 39 趋同
2015 年 11 月	《商品期货套期业务会计处理暂行规定》	更好地反映以商品期货合约为套期工具的企业风险管理结果,迈出了取代 CAS 24(2006) 的第一步
2016 年 8 月	《企业会计准则第 24 号——套期会计(修订)(征求意见稿)》	基于国内企业套期保值业务的发展情况,在借鉴 IFRS 9 的基础上,对原有进行较大幅度的修改和完善
2017 年 4 月	《企业会计准则第 24 号——套期会计》	完善征求意见稿,正式取代 CAS 24(2006);与 IFRS 9 全面趋同

资料来源:财政部官方网站

与 2006 年版套期会计准则相比,2017 年颁布的修订版套期会计准则的核心理念是将套期会计和风险管理紧密结合,使企业的风险管理活动能够恰当地体现在财务报告中,不仅将准则名称由"套期保值"改为"套期会计",而且在内容上也进行了较大修改,具体体现在以下 4 个方面:

(1)拓宽被套期项目及套期工具的范围。对于被套期项目,在新准则中取消了仅能将非金融项目中的全部风险或者针对外汇风险的部分指定为被套期项目的严苛要求,修改为只要在能被成功指定且能够单独可靠计量的情况下,不论是单个项目、组合风险还是项目中的部分风险,均可被看作为被套期项目,从而进行套期业务。对于套期工具,其修改包括在防范外汇风险的情况下,非衍生金融项目中的外汇风险部分能够作为套期工具;明确混合合同中未分拆的衍生工具不能作为单独的套期工具;自身权益不能作为套期工具。其改变的影响体现为:弱化了原套期准则中对套期业务的若干烦琐而非合理的限制性条件,拓宽了被套期项目与套期工具的指定范围,从而降低了套期会计准则的适用门槛,以便于企业在套期关系的选择与指定方面拥有更为充分的自主能动性。新准则成功为原本倾向于"规则"导向的套期准则开启了"原则"导向的新大门,使得原先囿于套期准则初始确立门槛而被限制套期策略的运用甚至完全无法适用套期准则的部分企业,能够在套期准则的新规定中更为游走自如,其真实套期业务情况以及风险管控目标也能够客观地对市场公众进行反映。

(2)套期有效性评估更加合理。套期有效性指套期工具的公允价值或现金流量变动能够抵消被套期风险引起的被套期项目公允价值或现金流量变动的程度。2006 年版的准则要求套期只有同时满足下列条件的企业才应当认定其为高度有效,即:在套期开始及以后期间,该套期预期会高度有效地抵消套期指定期间被套期风险引起的公允价值或现金流量变动;该套期的实际抵消结果在 80%~125% 范围内。例如:某企业套期的实际结果是:套期工具公允价值形成的损失为 120 万元,而被套期项目的公允价值变动形成的利得为 100 万元,两者相互抵销的程度可以计算如下:120/100,即 120%;或者 100/120,即

83.3％。按照上述界定,套期保值的损失最大应当为被套期项目利得的125％。2017年修订版的准则放宽了对套期有效性的评估要求,删除了在原CAS 24中要求的在套期业务存续期间持续对套期关系进行80％～125％的高度有效性变动抵消范围的测试限制,并取消回顾性的有效性评价模式,代之以定性的套期有效性要求,更加注重预期有效性评估,满足被套期项目及套期工具之间有着本质上的"经济关系"即可。定性的套期有效性要求的重点是:套期工具和被套期项目之间应当具有经济关系,使套期工具和被套期项目的价值因面临相同的被套期风险而发生相反方向的变动。其变化的影响体现为:通过制定更为合理的有效性评估机制,企业一方面能够大幅降低原先所需的持续有效性评估成本,提升企业财务利润,另一方面也能够为本质上从事套期活动但却由于有效性限制而无法运用套期会计进行损益平衡的企业保驾护航,使该部分企业的财务报表数据能够得到最真实公正的呈现。

(3)新增套期关系再平衡概念。2017年版CAS 24中新添加了套期再平衡的概念,主要指套期关系由于套期比率的原因不再符合套期有效性要求,但指定该套期关系的风险管理目标还没有改变,此时企业可调整该项套期业务的被套期项目以及套期工具两项要素的对应数量,从而使原本无效的套期关系重新符合有效性条件。该修订版准则中也同时规定,企业不得再主动随意撤销符合条件的套期关系或终止套期业务。只有当合同到期、风险管理目标发生变化等情况发生才可以终止套期业务。这种变化的影响主要体现为:2006年版CAS 24准则中可随意终止及开始套期业务的隐含内容,造就了一批意图通过对套期业务的不同处理而实现操纵利润目的的企业,即在内外部信息不对称的情况下,企业为进行暗中利润操控目的而声称套期关系失效。而2017年修订版准则则杜绝了这一现象的发生,修订版准则规定企业一旦确认套期关系指定,就不允许随意终止该项套期业务,应通过"套期再平衡"的方式对原本可能不再完全符合有效套期关系的业务进行重新认定。

(4)规范套期会计信息的披露。2017年修订版CAS 24对于套期指定初始确认后需要准备的书面文件,特别要求载明"套期无效部分产生的原因分析以及套期比率的确定方法",使外部信息使用者能更好地了解企业判定套期工具与被套期项目间存在经济关系的依据。此外,对于套期信息的主要披露规范,在2017年修订版CAS 37《金融工具列报》也更为详细地对整体基本信息、三种套期类型的特定信息等做出了严格的披露要求。这种变化影响主要体现为:2017年修订版准则关于应将相关套期会计信息单项列示等的规定,促使套期业务信息能够更好地反映企业套期活动的真实情况。

新旧套期准则内容对比如表1-16所示。

表1-16　新旧套期准则内容对比表

变化内容	旧准则	新准则
被套期项目范围	金融项目、非金融项目全部风险	新增非金融项目部分风险
套期有效性评价模式	预期性评价、回顾性评价	仅预期性评价
套期有效性量化指标	80％～125％	取消
套期比率变化的后续处理	终止套期关系	套期再平衡

续表

变化内容	旧准则	新准则
套期关系撤销	可自行撤销	不可随意撤销
套期信息披露(CAS 37)	较散乱;分散列示	较详尽;集中单项列示
准则导向	偏规则性	偏原则性

三、上市公司报表披露实践

(一)上海电气 2016 年年报对衍生金融工具的会计确认和计量标准披露

• 本集团持有或发行的衍生金融工具主要用于管理风险敞口。衍生金融工具初始以衍生交易合同签订当日的公允价值进行确认,并以其公允价值进行后续计量。当公允价值为正数时,作为资产反映;当公允价值为负数时,作为负债反映。

• 衍生金融工具公允价值变动的确认方式取决于该项衍生金融工具是否被指定为套期工具并符合套期工具的要求,以及此种情况下被套期项目的性质。未指定为套期工具及不符合套期工具要求的衍生金融工具,包括以为特定利率和汇率风险提供套期保值为目的但不符合套期会计要求的衍生金融工具,其公允价值的变动计入利润表的"公允价值变动收益"。

• 本集团于套期开始时为套期工具与被套期项目之间的关系、风险管理目标和进行各类套期交易时的策略准备了正式书面文件。本集团还于套期开始及以后期间书面评估了套期业务中使用的衍生金融工具在抵销被套期项目的公允价值变动或现金流量变动方面是否高度有效。这些标准在该套期被确认为适用套期会计前予以满足。

截至 2016 年 12 月 31 日,非套期的衍生金融资产和套期工具的公允价值计量结果报表披露如表 1-17、表 1-18、表 1-19、表 1-20 所示。

表 1-17 以公允价值计量且其变动计入当期损益的金融资产

单位:千元

项　　目	2016 年 12 月 31 日	2015 年 12 月 31 日
初始确认时直接指定为以公允价值计量且其变动计入当期损益的金融资产	706 797	659 923
权益工具投资	33 675	53 152
交易性基金投资	116 402	32 867
非套期的衍生金融资产	298	4 592
交易性债券投资	40 921	3 510
合计	898 093	754 044

表 1-18　公允价值变动损益

单位：千元

项　目	2016 年	2015 年
以公允价值计量且其变动计入当期损益的金融资产	2 193	54 762
其中：衍生金融工具	1 312	（2 237）
其他	（1 080）	1 379
合计	1 113	56 141

表 1-19　套期工具期末金额

单位：千元

项　目	2016 年 12 月 31 日		2015 年 12 月 31 日	
	资产	负债	资产	负债
远期外汇合同	263	26 788	290	25 507
减：非流动部分	—	—	—	—
流动部分	263	26 788	290	25 507

表 1-20　套期工具公允价值变动损益

项　目	2016 年	2015 年
计入其他综合收益的公允价值（收益）/损失	（1 526）	26 157
公允价值变动产生的递延所得税	6 538	（6 539）
前期计入其他综合收益本年转出	（22 902）	—
现金流量套期净（收益）/损失	（17 890）	19 618

　　上海电气将远期外汇合同指定为对中国境外客户未来销售的套期工具，对该等未来销售有确定承诺。该等远期外汇合同的余额随预期外币销售的规模以及远期汇率的变动而变化。

　　远期外汇合同的关键条款与被套期的预期销售相匹配，并且于 2015 至 2016 年期间高度有效。2016 年度，套期工具产生的净收益计人民币 17 890 千元（2015 年度：净损失计人民币 19 618 千元）计入其他综合收益。

（二）中国平安 2018 年年报对衍生金融工具的会计确认和计量标准披露

　　1.以公允价值计量的金融工具披露

　　中国平安以公允价值计量的金融工具披露如表 1-21 所示。

表 1-21　中国平安以公允价值计量的金融工具披露

| | 2018年12月31日 | | | |
	第一层次	第二层次	第三层次	公允价值合计
金融资产				
以公允价值计量且其变动计入当期损益的金融资产				
债券	18 343	151 024	–	169 367
基金	131 861	68 764	128	200 753
股票	79 294	10 346	–	89 640
理财产品投资及其他投资	4	280 037	85 138	365 179
	229 502	510 171	85 266	824 939
衍生金融资产				
利率掉期	–	12 013	–	12 013
货币远期及掉期	–	7 622	–	7 622
其他	–	2 276	–	2 276
金融负债				
衍生金融负债				
利率掉期	–	12 147	–	12 147
货币远期及掉期	–	6 898	–	6 898
其他	–	3 202	–	3 202
	–	22 247	–	22 247
以公允价值计量且其变动计入当期损益的金融负债	8 477	7 532	966	16 975
金融负债合计	8 477	29 779	966	39 222

2.衍生工具及嵌入衍生工具

本集团的衍生工具主要包括利率掉期、货币远期及掉期交易、信用掉期以及股指期货等。衍生工具初始以衍生交易合同签订当日的公允价值进行计量,并以其公允价值进行后续计量。公允价值为正数的衍生工具确认为衍生金融资产,公允价值为负数的确认为衍生金融负债。本集团衍生工具公允价值变动而产生的利得或损失,直接计入当期损益。嵌入衍生工具是同时包含非衍生工具主合同的混合(组合)工具的一个组成部分,并导致该混合(组合)工具中的某些现金流量以类似于单独存在的衍生工具的变动方式变动。

嵌入衍生工具相关的混合工具包含的主合同不是新金融工具会计准则范围内的资产,当且仅当符合下述条件时,嵌入衍生工具应当与主合同分拆,并作为衍生工具核算:与主合同在经济特征及风险方面不存在紧密关系;与嵌入衍生工具条件相同,单独存在的工具符合衍生工具定义;混合合同不以公允价值计量,公允价值的变动也不计入损益(即,嵌在以公允价值计量且其变动计入当期损益的金融负债中的衍生工具不予拆分)。对于上述资产,本集团可以选择将被拆分的嵌入式衍生工具以公允价值计量且其变动计入损益,或者选择将混合工具整体以公允价值计量且其变动计入当期损益。

3.合并财务报表主要项目(衍生金融工具)

中国平安合并财务报表主要项目(衍生金融工具)如表1-22所示。

表 1-22　中国平安合并财务报表主要项目(衍生金融工具)

| | 2018年12月31日 | | | |
| | 资产 | | 负债 | |
	名义金额	公允价值	名义金额	公允价值
利率掉期	1 564 617	12 013	2 729 192	12 147
货币远期及掉期	459 542	7 622	438 417	6 898
黄金衍生品	28 051	2 273	56 020	2 670
股指期权	-	-	5 398	16
其他	3	3	676	516
	2 052 213	21 911	3 229 703	22 247

| | 2017年12月31日 | | | |
| | 资产 | | 负债 | |
	名义金额	公允价值	名义金额	公允价值
利率掉期	1 035 712	225	1 351 287	100
货币远期及掉期	473 565	14 107	535 465	15 848
黄金衍生品	61 788	1 852	50 663	1 972
股指期权	19 373	6	4	1
其他	2	2	176	29
	1 590 440	16 192	1 937 595	17 950

衍生阅读

2017 年财政部颁布的修订版相关会计准则

一、《企业会计准则第 22 号——金融工具确认和计量》(财会[2017]7 号)

第一章　总则

第一条　为了规范金融工具的确认和计量,根据《企业会计准则——基本准则》,制定本准则。

第二条　金融工具,是指形成一方的金融资产并形成其他方的金融负债或权益工具的合同。

第三条　金融资产,是指企业持有的现金、其他方的权益工具及符合下列条件之一的资产:

(一)从其他方收取现金或其他金融资产的合同权利。

(二)在潜在有利条件下,与其他方交换金融资产或金融负债的合同权利。

(三)将来须用或可用企业自身权益工具进行结算的非衍生工具合同,且企业根据该合同将收到可变数量的自身权益工具。

(四)将来须用或可用企业自身权益工具进行结算的衍生工具合同,但以固定数量的自身权益工具交换固定金额的现金或其他金融资产的衍生工具合同除外。其中,企业自身权益工具不包括应当按照《企业会计准则第 37 号——金融工具列报》分类为权益工具的可回售工具或发行方仅在清算时才有义务向另一方按比例交付其净资产的金融工具,也不包括本身就要求在未来收取或交付企业自身权益工具的合同。

第四条 金融负债,是指企业符合下列条件之一的负债:

(一)向其他方交付现金或其他金融资产的合同义务。

(二)在潜在不利条件下,与其他方交换金融资产或金融负债的合同义务。

(三)将来须用或可用企业自身权益工具进行结算的非衍生工具合同,且企业根据该合同将交付可变数量的自身权益工具。

(四)将来须用或可用企业自身权益工具进行结算的衍生工具合同,但以固定数量的自身权益工具交换固定金额的现金或其他金融资产的衍生工具合同除外。企业对全部现有同类别非衍生自身权益工具的持有方同比例发行配股权、期权或认股权证,使之有权按比例以固定金额的任何货币换取固定数量的该企业自身权益工具的,该类配股权、期权或认股权证应当分类为权益工具。其中,企业自身权益工具不包括应当按照《企业会计准则第 37 号——金融工具列报》分类为权益工具的可回售工具或发行方仅在清算时才有义务向另一方按比例交付其净资产的金融工具,也不包括本身就要求在未来收取或交付企业自身权益工具的合同。

第五条 衍生工具,是指属于本准则范围并同时具备下列特征的金融工具或其他合同:

(一)其价值随特定利率、金融工具价格、商品价格、汇率、价格指数、费率指数、信用等级、信用指数或其他变量的变动而变动,变量为非金融变量的,该变量不应与合同的任何一方存在特定关系。

(二)不要求初始净投资,或者与对市场因素变化预期有类似反应的其他合同相比,要求较少的初始净投资。

(三)在未来某一日期结算。

常见的衍生工具包括远期合同、期货合同、互换合同和期权合同等。

第六条 除下列各项外,本准则适用于所有企业各种类型的金融工具:

(一)由《企业会计准则第 2 号——长期股权投资》规范的对子公司、合营企业和联营企业的投资,适用《企业会计准则第 2 号——长期股权投资》,但是企业根据《企业会计准则第 2 号——长期股权投资》对上述投资按照本准则相关规定进行会计处理的,适用本准则。企业持有的与在子公司、合营企业或联营企业中的权益相联系的衍生工具,适用本准则;该衍生工具符合《企业会计准则第 37 号——金融工具列报》规定的权益工具定义的,适用《企业会计准则第 37 号——金融工具列报》。

(二)由《企业会计准则第 9 号——职工薪酬》规范的职工薪酬计划形成的企业的权利和义务,适用《企业会计准则第 9 号——职工薪酬》。

(三)由《企业会计准则第 11 号——股份支付》规范的股份支付,适用《企业会计准则第 11 号——股份支付》。但是,股份支付中属于本准则第八条范围的买入或卖出非金融项目的合同,适用本准则。

（四）由《企业会计准则第 12 号——债务重组》规范的债务重组，适用《企业会计准则第 12 号——债务重组》。

（五）因清偿按照《企业会计准则第 13 号——或有事项》所确认的预计负债而获得补偿的权利，适用《企业会计准则第 13 号——或有事项》。

（六）由《企业会计准则第 14 号——收入》规范的属于金融工具的合同权利和义务，适用《企业会计准则第 14 号——收入》，但该准则要求在确认和计量相关合同权利的减值损失和利得时应当按照本准则规定进行会计处理的，适用本准则有关减值的规定。

（七）购买方（或合并方）与出售方之间签订的，将在未来购买日形成《企业会计准则第 20 号——企业合并》规范的企业合并且其期限不超过企业合并获得批准并完成交易所必需的合理期限的远期合同，不适用本准则。

（八）由《企业会计准则第 21 号——租赁》规范的租赁的权利和义务，适用《企业会计准则第 21 号——租赁》。但是，租赁应收款的减值、终止确认，租赁应付款的终止确认以及租赁中嵌入的衍生工具，适用本准则。

（九）金融资产转移，适用《企业会计准则第 23 号——金融资产转移》。

（十）套期会计，适用《企业会计准则第 24 号——套期会计》。

（十一）由保险合同相关准则规范的保险合同所产生的权利和义务，适用相关的保险合同准则。因具有相机分红特征而由保险合同相关准则规范的合同所产生的权利和义务，适用保险合同相关准则。但对于嵌入保险合同的衍生工具，该嵌入衍生工具本身不是保险合同的，适用本准则。

对于财务担保合同，发行方之前明确表明将此类合同视作保险合同，并且已按照保险合同相关准则进行会计处理的，可以选择适用本准则或保险合同相关准则。该选择可以基于单项合同，但选择一经做出，不得撤销。否则，相关财务担保合同适用本准则。

财务担保合同，是指当特定债务人到期不能按照最初或修改后的债务工具条款偿付债务时，要求发行方向蒙受损失的合同持有人赔付特定金额的合同。

（十二）企业发行的按照《企业会计准则第 37 号——金融工具列报》规定应当分类为权益工具的金融工具，适用《企业会计准则第 37 号——金融工具列报》。

第七条 本准则适用于下列贷款承诺：

（一）企业指定为以公允价值计量且其变动计入当期损益的金融负债的贷款承诺。如果按照以往惯例，企业在贷款承诺产生后不久即出售其所产生资产，则同一类别的所有贷款承诺均应当适用本准则。

（二）能够以现金或者通过交付或发行其他金融工具净额结算的贷款承诺。此类贷款承诺属于衍生工具。企业不得仅仅因为相关贷款将分期拨付（如按工程进度分期拨付的按揭建造贷款）而将该贷款承诺视为以净额结算。

（三）以低于市场利率贷款的贷款承诺。

所有贷款承诺均适用本准则关于终止确认的规定。企业作为贷款承诺发行方的，还适用本准则关于减值的规定。

贷款承诺，是指按照预先规定的条款和条件提供信用的确定性承诺。

第八条 对于能够以现金或其他金融工具净额结算，或者通过交换金融工具结算的买入或卖出非金融项目的合同,除了企业按照预定的购买、销售或使用要求签订并持有旨在收取或交付非金融项目的合同适用其他相关会计准则外,企业应当将该合同视同金融工具,适用本准则。

对于能够以现金或其他金融工具净额结算,或者通过交换金融工具结算的买入或卖出非金融项目的合同,即使企业按照预定的购买、销售或使用要求签订并持有旨在收取或交付非金融项目的合同的,企业也可以将该合同指定为以公允价值计量且其变动计入当期损益的金融资产或金融负债。企业只能在合同开始时做出该指定,并且必须能够通过该指定消除或显著减少会计错配。该指定一经做出,不得撤销。

会计错配,是指当企业以不同的会计确认方法和计量属性对在经济上相关的资产或负债进行确认或计量由此产生的利得或损失时,可能导致的会计确认和计量上的不一致。

第二章　金融工具的确认和终止确认

第九条　企业成为金融工具合同的一方时,应当确认一项金融资产或金融负债。

第十条　对于以常规方式购买或出售金融资产的,企业应当在交易日确认将收到的资产和为此将承担的负债,或者在交易日终止确认已出售的资产,同时确认处置利得或损失以及应向买方收取的应收款项。

以常规方式购买或出售金融资产,是指企业按照合同规定购买或出售金融资产,并且该合同条款规定,企业应当根据通常由法规或市场惯例所确定的时间安排来交付金融资产。

第十一条　金融资产满足下列条件之一的,应当终止确认:

(一)收取该金融资产现金流量的合同权利终止。

(二)该金融资产已转移,且该转移满足《企业会计准则第23号——金融资产转移》关于金融资产终止确认的规定。

本准则所称金融资产或金融负债终止确认,是指企业将之前确认的金融资产或金融负债从其资产负债表中予以转出。

第十二条　金融负债(或其一部分)的现时义务已经解除的,企业应当终止确认该金融负债(或该部分金融负债)。

第十三条　企业(借入方)与借出方之间签订协议,以承担新金融负债方式替换原金融负债,且新金融负债与原金融负债的合同条款实质上不同的,企业应当终止确认原金融负债,同时确认一项新金融负债。

企业对原金融负债(或其一部分)的合同条款做出实质性修改的,应当终止确认原金融负债,同时按照修改后的条款确认一项新金融负债。

第十四条　金融负债(或其一部分)终止确认的,企业应当将其账面价值与支付的对价(包括转出的非现金资产或承担的负债)之间的差额,计入当期损益。

第十五条　企业回购金融负债一部分的,应当按照继续确认部分和终止确认部分在回购日各自的公允价值占整体公允价值的比例,对该金融负债整体的账面价值进行分配。分配给终止确认部分的账面价值与支付的对价(包括转出的非现金资产或承担的负债)之间的差额,应当计入当期损益。

第三章　金融资产的分类

第十六条　企业应当根据其管理金融资产的业务模式和金融资产的合同现金流量特征,将金融资产划分为以下三类:

(一)以摊余成本计量的金融资产。

(二)以公允价值计量且其变动计入其他综合收益的金融资产。

(三)以公允价值计量且其变动计入当期损益的金融资产。

企业管理金融资产的业务模式,是指企业如何管理其金融资产以产生现金流量。业务模式决定企业所管理金融资产现金流量的来源是收取合同现金流量、出售金融资产还是两者兼有。企业管理金融资产的业务模式,应当以企业关键管理人员决定的对金融资产进行管理的特定业务目标为基础确定。企业确定管理金融资产的业务模式,应当以客观事实为依据,不得以按照合理预期不会发生的情形为基础确定。

金融资产的合同现金流量特征,是指金融工具合同约定的、反映相关金融资产经济特征的现金流量属性。企业分类为本准则第十七条和第十八条规范的金融资产,其合同现金流量特征,应当与基本借贷安排相一致。即相关金融资产在特定日期产生的合同现金流量仅为对本金和以未偿付本金金额为基础的利息的支付,其中,本金是指金融资产在初始确认时的公允价值,本金金额可能因提前偿付等原因在金融资产的存续期内发生变动;利息包括对货币时间价值、与特定时期未偿付本金金额相关的信用风险以及其他基本借贷风险、成本和利润的对价。其中,货币时间价值是利息要素中仅因为时间流逝而提供对价的部分,不包括为所持有金融资产的其他风险或成本提供的对价,但货币时间价值要素有时可能存在修正。在货币时间价值要素存在修正的情况下,企业应当对相关修正进行评估,以确定其是否满足上述合同现金流量特征的要求。此外,金融资产包含可能导致其合同现金流量的时间分布或金额发生变更的合同条款(如包含提前偿付特征)的,企业应当对相关条款进行评估(如评估提前偿付特征的公允价值是否非常小),以确定其是否满足上述合同现金流量特征的要求。

第十七条　金融资产同时符合下列条件的,应当分类为以摊余成本计量的金融资产:

(一)企业管理该金融资产的业务模式是以收取合同现金流量为目标。

(二)该金融资产的合同条款规定,在特定日期产生的现金流量,仅为对本金和以未偿付本金金额为基础的利息的支付。

第十八条　金融资产同时符合下列条件的,应当分类为以公允价值计量且其变动计入其他综合收益的金融资产:

(一)企业管理该金融资产的业务模式既以收取合同现金流量为目标又以出售该金融资产为目标。

(二)该金融资产的合同条款规定,在特定日期产生的现金流量,仅为对本金和以未偿付本金金额为基础的利息的支付。

第十九条　按照本准则第十七条分类为以摊余成本计量的金融资产和按照本准则第十八条分类为以公允价值计量且其变动计入其他综合收益的金融资产之外的金融资产,企业应当将其分类为以公允价值计量且其变动计入当期损益的金融资产。

在初始确认时,企业可以将非交易性权益工具投资指定为以公允价值计量且其变动计入其他综合收益的金融资产,并按照本准则第六十五条规定确认股利收入。该指定一经做出,不得撤销。企业在非同一控制下的企业合并中确认的或有对价构成金融资产的,该金融资产应当分类为以公允价值计量且其变动计入当期损益的金融资产,不得指定为以公允价值计量且其变动计入其他综合收益的金融资产。

金融资产或金融负债满足下列条件之一的,表明企业持有该金融资产或承担该金融负债的目的是交易性的:

(一)取得相关金融资产或承担相关金融负债的目的,主要是为了近期出售或回购。

(二)相关金融资产或金融负债在初始确认时属于集中管理的可辨认金融工具组合的一部分,且有客观证据表明近期实际存在短期获利模式。

(三)相关金融资产或金融负债属于衍生工具。但符合财务担保合同定义的衍生工具以及被指定为有效套期工具的衍生工具除外。

第二十条　在初始确认时,如果能够消除或显著减少会计错配,企业可以将金融资产指定为以公允价值计量且其变动计入当期损益的金融资产。该指定一经做出,不得撤销。

第四章　金融负债的分类

第二十一条　除下列各项外,企业应当将金融负债分类为以摊余成本计量的金融负债:

(一)以公允价值计量且其变动计入当期损益的金融负债,包括交易性金融负债(含属于金融负债的衍生工具)和指定为以公允价值计量且其变动计入当期损益的金融负债。

(二)金融资产转移不符合终止确认条件或继续涉入被转移金融资产所形成的金融负债。对此类金融负债,企业应当按照《企业会计准则第 23 号——金融资产转移》相关规定进行计量。

(三)不属于本条(一)或(二)情形的财务担保合同,以及不属于本条(一)情形的以低于市场利率贷款的贷款承诺。企业作为此类金融负债发行方的,应当在初始确认后按照依据本准则第八章所确定的损失准备金额以及初始确认金额扣除依据《企业会计准则第 14 号——收入》相关规定所确定的累计摊销额后的余额孰高进行计量。

在非同一控制下的企业合并中,企业作为购买方确认的或有对价形成金融负债的,该金融负债应当按照以公允价值计量且其变动计入当期损益进行会计处理。

第二十二条　在初始确认时,为了提供更相关的会计信息,企业可以将金融负债指定为以公允价值计量且其变动计入当期损益的金融负债,但该指定应当满足下列条件之一:

(一)能够消除或显著减少会计错配。

(二)根据正式书面文件载明的企业风险管理或投资策略,以公允价值为基础对金融负债组合或金融资产和金融负债组合进行管理和绩效考核,并在企业内部以此为基础向关键管理人员报告。

该指定一经做出,不得撤销。

第五章　嵌入衍生工具

第二十三条　嵌入衍生工具，是指嵌入到非衍生工具（即主合同）中的衍生工具。嵌入衍生工具与主合同构成混合合同。该嵌入衍生工具对混合合同的现金流量产生影响的方式，应当与单独存在的衍生工具类似，且该混合合同的全部或部分现金流量随特定利率、金融工具价格、商品价格、汇率、价格指数、费率指数、信用等级、信用指数或其他变量变动而变动，变量为非金融变量的，该变量不应与合同的任何一方存在特定关系。

衍生工具如果附属于一项金融工具但根据合同规定可以独立于该金融工具进行转让，或者具有与该金融工具不同的交易对手方，则该衍生工具不是嵌入衍生工具，应当作为一项单独存在的衍生工具处理。

第二十四条　混合合同包含的主合同属于本准则规范的资产的，企业不应从该混合合同中分拆嵌入衍生工具，而应当将该混合合同作为一个整体适用本准则关于金融资产分类的相关规定。

第二十五条　混合合同包含的主合同不属于本准则规范的资产，且同时符合下列条件的，企业应当从混合合同中分拆嵌入衍生工具，将其作为单独存在的衍生工具处理：

（一）嵌入衍生工具的经济特征和风险与主合同的经济特征和风险不紧密相关。

（二）与嵌入衍生工具具有相同条款的单独工具符合衍生工具的定义。

（三）该混合合同不是以公允价值计量且其变动计入当期损益进行会计处理。

嵌入衍生工具从混合合同中分拆的，企业应当按照适用的会计准则规定，对混合合同的主合同进行会计处理。企业无法根据嵌入衍生工具的条款和条件对嵌入衍生工具的公允价值进行可靠计量的，该嵌入衍生工具的公允价值应当根据混合合同公允价值和主合同公允价值之间的差额确定。使用了上述方法后，该嵌入衍生工具在取得日或后续资产负债表日的公允价值仍然无法单独计量的，企业应当将该混合合同整体指定为以公允价值计量且其变动计入当期损益的金融工具。

第二十六条　混合合同包含一项或多项嵌入衍生工具，且其主合同不属于本准则规范的资产的，企业可以将其整体指定为以公允价值计量且其变动计入当期损益的金融工具。但下列情况除外：

（一）嵌入衍生工具不会对混合合同的现金流量产生重大改变。

（二）在初次确定类似的混合合同是否需要分拆时，几乎不需分析就能明确其包含的嵌入衍生工具不应分拆。如嵌入贷款的提前偿还选择权，允许持有人以接近摊余成本的金额提前偿还贷款，该提前偿还选择权不需要分拆。

第六章　金融工具的重分类

第二十七条　企业改变其管理金融资产的业务模式时，应当按照本准则的规定对所有受影响的相关金融资产进行重分类。

企业对所有金融负债均不得进行重分类。

第二十八条　企业发生下列情况的，不属于金融资产或金融负债的重分类：

（一）按照《企业会计准则第24号——套期会计》相关规定，某金融工具以前被指定并成为现金流量套期或境外经营净投资套期中的有效套期工具,但目前已不再满足运用该套期会计方法的条件。

(二)按照《企业会计准则第 24 号——套期会计》相关规定,某金融工具被指定并成为现金流量套期或境外经营净投资套期中的有效套期工具。

(三)按照《企业会计准则第 24 号——套期会计》相关规定,运用信用风险敞口公允价值选择权所引起的计量变动。

第二十九条 企业对金融资产进行重分类,应当自重分类日起采用未来适用法进行相关会计处理,不得对以前已经确认的利得、损失(包括减值损失或利得)或利息进行追溯调整。

重分类日,是指导致企业对金融资产进行重分类的业务模式发生变更后的首个报告期间的第一天。

第三十条 企业将一项以摊余成本计量的金融资产重分类为以公允价值计量且其变动计入当期损益的金融资产的,应当按照该资产在重分类日的公允价值进行计量。原账面价值与公允价值之间的差额计入当期损益。

企业将一项以摊余成本计量的金融资产重分类为以公允价值计量且其变动计入其他综合收益的金融资产的,应当按照该金融资产在重分类日的公允价值进行计量。原账面价值与公允价值之间的差额计入其他综合收益。该金融资产重分类不影响其实际利率和预期信用损失的计量。

第三十一条 企业将一项以公允价值计量且其变动计入其他综合收益的金融资产重分类为以摊余成本计量的金融资产的,应当将之前计入其他综合收益的累计利得或损失转出,调整该金融资产在重分类日的公允价值,并以调整后的金额作为新的账面价值,即视同该金融资产一直以摊余成本计量。该金融资产重分类不影响其实际利率和预期信用损失的计量。

企业将一项以公允价值计量且其变动计入其他综合收益的金融资产重分类为以公允价值计量且其变动计入当期损益的金融资产的,应当继续以公允价值计量该金融资产。同时,企业应当将之前计入其他综合收益的累计利得或损失从其他综合收益转入当期损益。

第三十二条 企业将一项以公允价值计量且其变动计入当期损益的金融资产重分类为以摊余成本计量的金融资产的,应当以其在重分类日的公允价值作为新的账面余额。

企业将一项以公允价值计量且其变动计入当期损益的金融资产重分类为以公允价值计量且其变动计入其他综合收益的金融资产的,应当继续以公允价值计量该金融资产。

按照本条规定对金融资产重分类进行处理的,企业应当根据该金融资产在重分类日的公允价值确定其实际利率。同时,企业应当自重分类日起对该金融资产适用本准则关于金融资产减值的相关规定,并将重分类日视为初始确认日。

第七章 金融工具的计量

第三十三条 企业初始确认金融资产或金融负债,应当按照公允价值计量。对于以公允价值计量且其变动计入当期损益的金融资产和金融负债,相关交易费用应当直接计入当期损益;对于其他类别的金融资产或金融负债,相关交易费用应当计入初始确认金额。但是,企业初始确认的应收账款未包含《企业会计准则第14号——收入》所定义的重大融资成分或根据《企业会计准则第14号——收入》规定不考虑不超过一年的合同中的融资成分的,应当按照该准则定义的交易价格进行初始计量。

交易费用,是指可直接归属于购买、发行或处置金融工具的增量费用。增量费用是指企业没有发生购买、发行或处置相关金融工具的情形就不会发生的费用,包括支付给代理机构、咨询公司、券商、证券交易所、政府有关部门等的手续费、佣金、相关税费及其他必要支出,不包括债券溢价、折价、融资费用、内部管理成本和持有成本等与交易不直接相关的费用。

第三十四条 企业应当根据《企业会计准则第39号——公允价值计量》的规定,确定金融资产和金融负债在初始确认时的公允价值。公允价值通常为相关金融资产或金融负债的交易价格。金融资产或金融负债公允价值与交易价格存在差异的,企业应当区别下列情况进行处理:

(一)在初始确认时,金融资产或金融负债的公允价值依据相同资产或负债在活跃市场上的报价或者以仅使用可观察市场数据的估值技术确定的,企业应当将该公允价值与交易价格之间的差额确认为一项利得或损失。

(二)在初始确认时,金融资产或金融负债的公允价值以其他方式确定的,企业应当将该公允价值与交易价格之间的差额递延。初始确认后,企业应当根据某一因素在相应会计期间的变动程度将该递延差额确认为相应会计期间的利得或损失。该因素应当仅限于市场参与者对该金融工具定价时将予考虑的因素,包括时间等。

第三十五条 初始确认后,企业应当对不同类别的金融资产,分别以摊余成本、以公允价值计量且其变动计入其他综合收益或以公允价值计量且其变动计入当期损益进行后续计量。

第三十六条 初始确认后,企业应当对不同类别的金融负债,分别以摊余成本、以公允价值计量且其变动计入当期损益或以本准则第二十一条规定的其他适当方法进行后续计量。

第三十七条 金融资产或金融负债被指定为被套期项目的,企业应当根据《企业会计准则第24号——套期会计》规定进行后续计量。

第三十八条 金融资产或金融负债的摊余成本,应当以该金融资产或金融负债的初始确认金额经下列调整后的结果确定:

(一)扣除已偿还的本金。

(二)加上或减去采用实际利率法将该初始确认金额与到期日金额之间的差额进行摊销形成的累计摊销额。

(三)扣除累计计提的损失准备(仅适用于金融资产)。

实际利率法,是指计算金融资产或金融负债的摊余成本以及将利息收入或利息费用分摊计入各会计期间的方法。

实际利率,是指将金融资产或金融负债在预计存续期的估计未来现金流量,折现为该金融资产账面余额或该金融负债摊余成本所使用的利率。在确定实际利率时,应当在考虑金融资产或金融负债所有合同条款(如提前还款、展期、看涨期权或其他类似期权等)的基础上估计预期现金流量,但不应当考虑预期信用损失。

第三十九条 企业应当按照实际利率法确认利息收入。利息收入应当根据金融资产账面余额乘以实际利率计算确定,但下列情况除外:

(一)对于购入或源生的已发生信用减值的金融资产,企业应当自初始确认起,按照该金融资产的摊余成本和经信用调整的实际利率计算确定其利息收入。

(二)对于购入或源生的未发生信用减值、但在后续期间成为已发生信用减值的金融资产,企业应当在后续期间,按照该金融资产的摊余成本和实际利率计算确定其利息收入。企业按照上述规定对金融资产的摊余成本运用实际利率法计算利息收入的,若该金融工具在后续期间因其信用风险有所改善而不再存在信用减值,并且这一改善在客观上可与应用上述规定之后发生的某一事件相联系(如债务人的信用评级被上调),企业应当转按实际利率乘以该金融资产账面余额来计算确定利息收入。

经信用调整的实际利率,是指将购入或源生的已发生信用减值的金融资产在预计存续期的估计未来现金流量,折现为该金融资产摊余成本的利率。在确定经信用调整的实际利率时,应当在考虑金融资产的所有合同条款(例如提前还款、展期、看涨期权或其他类似期权等)以及初始预期信用损失的基础上估计预期现金流量。

第四十条 当对金融资产预期未来现金流量具有不利影响的一项或多项事件发生时,该金融资产成为已发生信用减值的金融资产。金融资产已发生信用减值的证据包括下列可观察信息:

(一)发行方或债务人发生重大财务困难;

(二)债务人违反合同,如偿付利息或本金违约或逾期等;

(三)债权人出于与债务人财务困难有关的经济或合同考虑,给予债务人在任何其他情况下都不会做出的让步;

(四)债务人很可能破产或进行其他财务重组;

(五)发行方或债务人财务困难导致该金融资产的活跃市场消失;

(六)以大幅折扣购买或源生一项金融资产,该折扣反映了发生信用损失的事实。

金融资产发生信用减值,有可能是多个事件的共同作用所致,未必是可单独识别的事件所致。

第四十一条 合同各方之间支付或收取的、属于实际利率或经信用调整的实际利率组成部分的各项费用、交易费用及溢价或折价等,应当在确定实际利率或经信用调整的实际利率时予以考虑。

企业通常能够可靠估计金融工具(或一组类似金融工具)的现金流量和预计存续期。在极少数情况下,金融工具(或一组金融工具)的估计未来现金流量或预计存续期无法可靠估计的,企业在计算确定其实际利率(或经信用调整的实际利率)时,应当基于该金融工具在整个合同期内的合同现金流量。

第四十二条 企业与交易对手方修改或重新议定合同,未导致金融资产终止确认,但导致合同现金流量发生变化的,应当重新计算该金融资产的账面余额,并将相关利得或损失计入当期损益。重新计算的该金融资产的账面余额,应当根据将重新议定或修改的合同现金流量按金融资产的原实际利率(或者购买或源生的已发生信用减值的金融资产的经信用调整的实际利率)或根据《企业会计准则第24号——套期会计》第二十三条计算的修正后实际利率(如适用)折现的现值确定。对于修改或重新议定合同所产生的所有成本或费用,企业应当调整修改后的金融资产账面价值,并在修改后金融资产的剩余期限内进行摊销。

第四十三条 企业不再合理预期金融资产合同现金流量能够全部或部分收回的,应当直接减记该金融资产的账面余额。这种减记构成相关金融资产的终止确认。

第四十四条 企业对权益工具的投资和与此类投资相联系的合同应当以公允价值计量。但在有限情况下,如果用以确定公允价值的近期信息不足,或者公允价值的可能估计金额分布范围很广,而成本代表了该范围内对公允价值的最佳估计的,该成本可代表其在该分布范围内对公允价值的恰当估计。

企业应当利用初始确认日后可获得的关于被投资方业绩和经营的所有信息,判断成本能否代表公允价值。存在下列情形(包含但不限于)之一的,可能表明成本不代表相关金融资产的公允价值,企业应当对其公允价值进行估值:

(一)与预算、计划或阶段性目标相比,被投资方业绩发生重大变化。

(二)对被投资方技术产品实现阶段性目标的预期发生变化。

(三)被投资方的权益、产品或潜在产品的市场发生重大变化。

(四)全球经济或被投资方经营所处的经济环境发生重大变化。

(五)被投资方可比企业的业绩或整体市场所显示的估值结果发生重大变化。

(六)被投资方的内部问题,如欺诈、商业纠纷、诉讼、管理或战略变化。

(七)被投资方权益发生了外部交易并有客观证据,包括发行新股等被投资方发生的交易和第三方之间转让被投资方权益工具的交易等。

第四十五条 权益工具投资或合同存在报价的,企业不应当将成本作为对其公允价值的最佳估计。

第八章　金融工具的减值

第四十六条 企业应当按照本准则规定,以预期信用损失为基础,对下列项目进行减值会计处理并确认损失准备:

(一)按照本准则第十七条分类为以摊余成本计量的金融资产和按照本准则第十八条分类为以公允价值计量且其变动计入其他综合收益的金融资产。

(二)租赁应收款。

(三)合同资产。合同资产是指《企业会计准则第14号——收入》定义的合同资产。

(四)企业发行的分类为以公允价值计量且其变动计入当期损益的金融负债以外的贷款承诺和适用本准则第二十一条(三)规定的财务担保合同。

损失准备,是指针对按照本准则第十七条计量的金融资产、租赁应收款和合同资产的预期信用损失计提的准备,按照本准则第十八条计量的金融资产的累计减值金额以及针对贷款承诺和财务担保合同的预期信用损失计提的准备。

第四十七条 预期信用损失,是指以发生违约的风险为权重的金融工具信用损失的加权平均值。

信用损失,是指企业按照原实际利率折现的、根据合同应收的所有合同现金流量与预期收取的所有现金流量之间的差额,即全部现金短缺的现值。其中,对于企业购买或源生的已发生信用减值的金融资产,应按照该金融资产经信用调整的实际利率折现。由于预期信用损失考虑付款的金额和时间分布,因此即使企业预计可以全额收款但收款时间晚于合同规定的到期期限,也会产生信用损失。

在估计现金流量时,企业应当考虑金融工具在整个预计存续期的所有合同条款(如提前还款、展期、看涨期权或其他类似期权等)。企业所考虑的现金流量应当包括出售所持担保品获得的现金流量,以及属于合同条款组成部分的其他信用增级所产生的现金流量。

企业通常能够可靠估计金融工具的预计存续期。在极少数情况下,金融工具预计存续期无法可靠估计的,企业在计算确定预期信用损失时,应当基于该金融工具的剩余合同期间。

第四十八条 除了按照本准则第五十七条和第六十三条的相关规定计量金融工具损失准备的情形以外,企业应当在每个资产负债表日评估相关金融工具的信用风险自初始确认后是否已显著增加,并按照下列情形分别计量其损失准备、确认预期信用损失及其变动:

(一)如果该金融工具的信用风险自初始确认后已显著增加,企业应当按照相当于该金融工具整个存续期内预期信用损失的金额计量其损失准备。无论企业评估信用损失的基础是单项金融工具还是金融工具组合,由此形成的损失准备的增加或转回金额,应当作为减值损失或利得计入当期损益。

(二)如果该金融工具的信用风险自初始确认后并未显著增加,企业应当按照相当于该金融工具未来 12 个月内预期信用损失的金额计量其损失准备,无论企业评估信用损失的基础是单项金融工具还是金融工具组合,由此形成的损失准备的增加或转回金额,应当作为减值损失或利得计入当期损益。

未来 12 个月内预期信用损失,是指因资产负债表日后 12 个月内(若金融工具的预计存续期少于 12 个月,则为预计存续期)可能发生的金融工具违约事件而导致的预期信用损失,是整个存续期预期信用损失的一部分。

企业在进行相关评估时,应当考虑所有合理且有依据的信息,包括前瞻性信息。为确保自金融工具初始确认后信用风险显著增加即确认整个存续期预期信用损失,企业在一些情况下应当以组合为基础考虑评估信用风险是否显著增加。整个存续期预期信用损失,是指因金融工具整个预计存续期内所有可能发生的违约事件而导致的预期信用损失。

第四十九条 对于按照本准则第十八条分类为以公允价值计量且其变动计入其他综合收益的金融资产,企业应当在其他综合收益中确认其损失准备,并将减值利得或损失计入当期损益,且不应减少该金融资产在资产负债表中列示的账面价值。

第五十条 企业在前一会计期间已经按照相当于金融工具整个存续期内预期信用损失的金额计量了损失准备,但在当期资产负债表日,该金融工具已不再属于自初始确认后信用风险显著增加的情形的,企业应当在当期资产负债表日按照相当于未来 12 个月内预期信用损失的金额计量该金融工具的损失准备,由此形成的损失准备的转回金额应当作为减值利得计入当期损益。

第五十一条　对于贷款承诺和财务担保合同，企业在应用金融工具减值规定时，应当将本企业成为做出不可撤销承诺的一方之日作为初始确认日。

第五十二条　企业在评估金融工具的信用风险自初始确认后是否已显著增加时，应当考虑金融工具预计存续期内发生违约风险的变化，而不是预期信用损失金额的变化。企业应当通过比较金融工具在资产负债表日发生违约的风险与在初始确认日发生违约的风险，以确定金融工具预计存续期内发生违约风险的变化情况。

在为确定是否发生违约风险而对违约进行界定时，企业所采用的界定标准，应当与其内部针对相关金融工具的信用风险管理目标保持一致，并考虑财务限制条款等其他定性指标。

第五十三条　企业通常应当在金融工具逾期前确认该工具整个存续期预期信用损失。企业在确定信用风险自初始确认后是否显著增加时，企业无须付出不必要的额外成本或努力即可获得合理且有依据的前瞻性信息的，不得仅依赖逾期信息来确定信用风险自初始确认后是否显著增加；企业必须付出不必要的额外成本或努力才可获得合理且有依据的逾期信息以外的单独或汇总的前瞻性信息的，可以采用逾期信息来确定信用风险自初始确认后是否显著增加。

无论企业采用何种方式评估信用风险是否显著增加，通常情况下，如果逾期超过30日，则表明金融工具的信用风险已经显著增加。除非企业在无须付出不必要的额外成本或努力的情况下即可获得合理且有依据的信息，证明即使逾期超过30日，信用风险自初始确认后仍未显著增加。如果企业在合同付款逾期超过30日前已确定信用风险显著增加，则应当按照整个存续期的预期信用损失确认损失准备。

如果交易对手方未按合同规定时间支付约定的款项，则表明该金融资产发生逾期。

第五十四条　企业在评估金融工具的信用风险自初始确认后是否已显著增加时，应当考虑违约风险的相对变化，而非违约风险变动的绝对值。在同一后续资产负债表日，对于违约风险变动的绝对值相同的两项金融资产，初始确认时违约风险较低的金融工具比初始确认时违约风险较高的金融工具的信用风险变化更为显著。

第五十五条　企业确定金融工具在资产负债表日只具有较低的信用风险的，可以假设该金融工具的信用风险自初始确认后并未显著增加。

如果金融工具的违约风险较低，借款人在短期内履行其合同现金流量义务的能力很强，并且较长时期内经济形势和经营环境的不利变化可能但未必降低借款人履行其合同现金流量义务的能力，该金融工具被视为具有较低的信用风险。

第五十六条　企业与交易对手方修改或重新议定合同，未导致金融资产终止确认，但导致合同现金流量发生变化的，企业在评估相关金融工具的信用风险是否已经显著增加时，应当将基于变更后的合同条款在资产负债表日发生违约的风险与基于原合同条款在初始确认时发生违约的风险进行比较。

第五十七条　对于购买或源生的已发生信用减值的金融资产，企业应当在资产负债表日仅将自初始确认后整个存续期内预期信用损失的累计变动确认为损失准备。在每个资产负债表日，企业应当将整个存续期内预期信用损失的变动金额作为减值损失或利得计入当期损益。即使该资产负债表日确定的整个存续期内预期信用损失小于初始确认时估计现金流量所反映的预期信用损失的金额,企业也应当将预期信用损失的有利变动确认为减值利得。

第五十八条　企业计量金融工具预期信用损失的方法应当反映下列各项要素:

(一)通过评价一系列可能的结果而确定的无偏概率加权平均金额。

(二)货币时间价值。

(三)在资产负债表日无须付出不必要的额外成本或努力即可获得的有关过去事项、当前状况以及未来经济状况预测的合理且有依据的信息。

第五十九条　对于适用本准则金融工具减值规定的各类金融工具,企业应当按照下列方法确定其信用损失:

(一)对于金融资产,信用损失应为企业应收取的合同现金流量与预期收取的现金流量之间差额的现值。

(二)对于租赁应收款项,信用损失应为企业应收取的合同现金流量与预期收取的现金流量之间差额的现值。其中,用于确定预期信用损失的现金流量,应与按照《企业会计准则第21号——租赁》用于计量租赁应收款项的现金流量保持一致。

(三)对于未提用的贷款承诺,信用损失应为在贷款承诺持有人提用相应贷款的情况下,企业应收取的合同现金流量与预期收取的现金流量之间差额的现值。企业对贷款承诺预期信用损失的估计,应当与其对该贷款承诺提用情况的预期保持一致。

(四)对于财务担保合同,信用损失应为企业就该合同持有人发生的信用损失向其做出赔付的预计付款额,减去企业预期向该合同持有人、债务人或任何其他方收取的金额之间差额的现值。

(五)对于资产负债表日已发生信用减值但并非购买或源生已发生信用减值的金融资产,信用损失应为该金融资产账面余额与按原实际利率折现的估计未来现金流量的现值之间的差额。

第六十条　企业应当以概率加权平均为基础对预期信用损失进行计量。企业对预期信用损失的计量应当反映发生信用损失的各种可能性,但不必识别所有可能的情形。

第六十一条　在计量预期信用损失时,企业需考虑的最长期限为企业面临信用风险的最长合同期限(包括考虑续约选择权),而不是更长期间,即使该期间与业务实践相一致。

第六十二条　如果金融工具同时包含贷款和未提用的承诺,且企业根据合同规定要求还款或取消未提用承诺的能力并未将企业面临信用损失的期间限定在合同通知期内的,企业对于此类金融工具(仅限于此类金融工具)确认预期信用损失的期间,应当为其面临信用风险且无法用信用风险管理措施予以缓释的期间,即使该期间超过了最长合同期限。

第六十三条　对于下列各项目,企业应当始终按照相当于整个存续期内预期信用损失的金额计量其损失准备:

(一)由《企业会计准则第14号——收入》规范的交易形成的应收款项或合同资产,且符合下列条件之一:

1.该项目未包含《企业会计准则第 14 号——收入》所定义的重大融资成分,或企业根据《企业会计准则第 14 号——收入》规定不考虑不超过一年的合同中的融资成分。

2.该项目包含《企业会计准则第 14 号——收入》所定义的重大融资成分,同时企业做出会计政策选择,按照相当于整个存续期内预期信用损失的金额计量损失准备。企业应当将该会计政策选择适用于所有此类应收款项和合同资产,但可对应收款项类和合同资产类分别做出会计政策选择。

(二)由《企业会计准则第 21 号——租赁》规范的交易形成的租赁应收款,同时企业做出会计政策选择,按照相当于整个存续期内预期信用损失的金额计量损失准备。企业应当将该会计政策选择适用于所有租赁应收款,但可对应收融资租赁款和应收经营租赁款分别做出会计政策选择。

在适用本条规定时,企业可对应收款项、合同资产和租赁应收款分别选择减值会计政策。

第九章 利得和损失

第六十四条 企业应当将以公允价值计量的金融资产或金融负债的利得或损失计入当期损益,除非该金融资产或金融负债属于下列情形之一:

(一)属于《企业会计准则第 24 号——套期会计》规定的套期关系的一部分。

(二)是一项对非交易性权益工具的投资,且企业已按照本准则第十九条规定将其指定为以公允价值计量且其变动计入其他综合收益的金融资产。

(三)是一项被指定为以公允价值计量且其变动计入当期损益的金融负债,且按照本准则第六十八条规定,该负债由企业自身信用风险变动引起的其公允价值变动应当计入其他综合收益。

(四)是一项按照本准则第十八条分类为以公允价值计量且其变动计入其他综合收益的金融资产,且企业根据本准则第七十一条规定,其减值利得或损失和汇兑损益之外的公允价值变动计入其他综合收益。

第六十五条 企业只有在同时符合下列条件时,才能确认股利收入并计入当期损益:

(一)企业收取股利的权利已经确立;

(二)与股利相关的经济利益很可能流入企业;

(三)股利的金额能够可靠计量。

第六十六条 以摊余成本计量且不属于任何套期关系的一部分的金融资产所产生的利得或损失,应当在终止确认、按照本准则规定重分类、按照实际利率法摊销或按照本准则规定确认减值时,计入当期损益。如果企业将以摊余成本计量的金融资产重分类为其他类别,应当根据本准则第三十条处理其利得或损失。以摊余成本计量且不属于任何套期关系的一部分的金融负债所产生的利得或损失,应当在终止确认时计入当期损益或在按照实际利率法摊销时计入相关期间损益。

第六十七条 属于套期关系中被套期项目的金融资产或金融负债所产生的利得或损失,应当按照《企业会计准则第 24 号——套期会计》相关规定进行处理。

第六十八条 企业根据本准则第二十二条和第二十六条规定将金融负债指定为以公

允价值计量且其变动计入当期损益的金融负债的,该金融负债所产生的利得或损失应当按照下列规定进行处理:

(一)由企业自身信用风险变动引起的该金融负债公允价值的变动金额,应当计入其他综合收益;

(二)该金融负债的其他公允价值变动计入当期损益。

按照本条(一)规定对该金融负债的自身信用风险变动的影响进行处理会造成或扩大损益中的会计错配的,企业应当将该金融负债的全部利得或损失(包括企业自身信用风险变动的影响金额)计入当期损益。

该金融负债终止确认时,之前计入其他综合收益的累计利得或损失应当从其他综合收益中转出,计入留存收益。

第六十九条　企业根据本准则第十九条规定将非交易性权益工具投资指定为以公允价值计量且其变动计入其他综合收益的金融资产的,当该金融资产终止确认时,之前计入其他综合收益的累计利得或损失应当从其他综合收益中转出,计入留存收益。

第七十条　指定为以公允价值计量且其变动计入当期损益的金融负债的财务担保合同和不可撤销贷款承诺所产生的全部利得或损失,应当计入当期损益。

第七十一条　按照本准则第十八条分类为以公允价值计量且其变动计入其他综合收益的金融资产所产生的所有利得或损失,除减值利得或损失和汇兑损益之外,均应当计入其他综合收益,直至该金融资产终止确认或被重分类。但是,采用实际利率法计算的该金融资产的利息应当计入当期损益。该金融资产计入各期损益的金额应当与视同其一直按摊余成本计量而计入各期损益的金额相等。

该金融资产终止确认时,之前计入其他综合收益的累计利得或损失应当从其他综合收益中转出,计入当期损益。

企业将该金融资产重分类为其他类别金融资产的,应当根据本准则第三十一条规定,对之前计入其他综合收益的累计利得或损失进行相应处理。

第十章　衔接规定

第七十二条　本准则施行日之前的金融工具确认和计量与本准则要求不一致的,企业应当追溯调整,但本准则第七十三条至八十三条另有规定的除外。在本准则施行日已经终止确认的项目不适用本准则。

第七十三条　在本准则施行日,企业应当按照本准则的规定对金融工具进行分类和计量(含减值),涉及前期比较财务报表数据与本准则要求不一致的,无须调整。金融工具原账面价值和在本准则施行日的新账面价值之间的差额,应当计入本准则施行日所在年度报告期间的期初留存收益或其他综合收益。同时,企业应当按《企业会计准则第37号——金融工具列报》的相关规定在附注中进行披露。

企业如果调整前期比较财务报表数据,应当能够以前期的事实和情况为依据,且比较数据应当反映本准则的所有要求。

第七十四条　在本准则施行日,企业应当以该日的既有事实和情况为基础,根据本准则第十七条(一)或第十八条(一)的相关规定评估其管理金融资产的业务模式是以收取合同现金流量为目标,还是以既收取合同现金流量又出售金融资产为目标,并据此确定金融资产的分类,进行追溯调整,无须考虑企业之前的业务模式。

第七十五条 在本准则施行日,企业在考虑具有本准则第十六条所述修正的货币时间价值要素的金融资产的合同现金流量特征时,需要对特定货币时间价值要素修正进行评估的,该评估应当以该金融资产初始确认时存在的事实和情况为基础。该评估不切实可行的,企业不应考虑本准则关于货币时间价值要素修正的规定。

第七十六条 在本准则施行日,企业在考虑具有本准则第十六条所述提前偿付特征的金融资产的合同现金流量特征时,需要对该提前偿付特征的公允价值是否非常小进行评估的,该评估应当以该金融资产初始确认时存在的事实和情况为基础。该评估不切实可行的,企业不应考虑本准则关于提前偿付特征例外情形的规定。

第七十七条 在本准则施行日,企业存在根据本准则相关规定应当以公允价值计量的混合合同但之前未以公允价值计量的,该混合合同在前期比较财务报表期末的公允价值应当等于其各组成部分在前期比较财务报表期末公允价值之和。在本准则施行日,企业应当将整个混合合同在该日的公允价值与该混合合同各组成部分在该日的公允价值之和之间的差额,计入本准则施行日所在报告期间的期初留存收益或其他综合收益。

第七十八条 在本准则施行日,企业应当以该日的既有事实和情况为基础,根据本准则的相关规定,对相关金融资产进行指定或撤销指定,并追溯调整:

(一)在本准则施行日,企业可以根据本准则第二十条规定,将满足条件的金融资产指定为以公允价值计量且其变动计入当期损益的金融资产。但企业之前指定为以公允价值计量且其变动计入当期损益的金融资产,不满足本准则第二十条规定的指定条件的,应当解除之前做出的指定;之前指定为以公允价值计量且其变动计入当期损益的金融资产继续满足本准则第二十条规定的指定条件的,企业可以选择继续指或撤销之前的指定。

(二)在本准则施行日,企业可以根据本准则第十九条规定,将非交易性权益工具投资指定为以公允价值计量且其变动计入其他综合收益的金融资产。

第七十九条 在本准则施行日,企业应当以该日的既有事实和情况为基础,根据本准则的相关规定,对相关金融负债进行指定或撤销指定,并追溯调整:

(一)在本准则施行日,为了消除或显著减少会计错配,企业可以根据本准则第二十二条(一)的规定,将金融负债指定为以公允价值计量且其变动计入当期损益的金融负债。

(二)企业之前初始确认金融负债时,为了消除或显著减少会计错配,已将该金融负债指定为以公允价值计量且其变动计入当期损益的金融负债,但在本准则施行日不再满足本准则规定的指定条件的,企业应当撤销之前的指定;该金融负债在本准则施行日仍然满足本准则规定的指定条件的,企业可以选择继续指定或撤销之前的指定。

第八十条 在本准则施行日,企业按照本准则规定对相关金融资产或金融负债以摊余成本进行计量、应用实际利率法追溯调整不切实可行的,应当按照以下原则进行处理:

(一)以金融资产或金融负债在前期比较财务报表期末的公允价值,作为企业调整前期比较财务报表数据时该金融资产的账面余额或该金融负债的摊余成本;

(二)以金融资产或金融负债在本准则施行日的公允价值,作为该金融资产在本准则施行日的新账面余额或该金融负债的新摊余成本。

第八十一条　在本准则施行日,对于之前以成本计量的、在活跃市场中没有报价且其公允价值不能可靠计量的权益工具投资或与该权益工具挂钩并须通过交付该工具进行结算的衍生金融资产,企业应当以其在本准则施行日的公允价值计量。原账面价值与公允价值之间的差额,应当计入本准则施行日所在报告期间的期初留存收益或其他综合收益。

在本准则施行日,对于之前以成本计量的、与在活跃市场中没有报价的权益工具挂钩并须通过交付该权益工具进行结算的衍生金融负债,企业应当以其在本准则施行日的公允价值计量。原账面价值与公允价值之间的差额,应当计入本准则施行日所在报告期间的期初留存收益。

第八十二条　在本准则施行日,企业存在根据本准则第二十二条规定将金融负债指定为以公允价值计量且其变动计入当期损益的金融负债,并且按照本准则第六十八条(一)规定将由企业自身信用风险变动引起的该金融负债公允价值的变动金额计入其他综合收益的,企业应当以该日的既有事实和情况为基础,判断按照上述规定处理是否将会造成或扩大损益的会计错配,进而确定是否应当将该金融负债的全部利得或损失(包括企业自身信用风险变动的影响金额)计入当期损益,并按照上述结果追溯调整。

第八十三条　在本准则施行日,企业按照本准则计量金融工具减值的,应当使用无须付出不必要的额外成本或努力即可获得的合理且有依据的信息,确定金融工具在初始确认日的信用风险,并将该信用风险与本准则施行日的信用风险进行比较。

在确定自初始确认后信用风险是否显著增加时,企业可以应用本准则第五十五条的规定根据其是否具有较低的信用风险进行判断,或者应用本准则第五十三条第二段的规定根据相关金融资产逾期是否 30 日以上进行判断。企业在本准则施行日必须付出不必要的额外成本或努力才可获得合理且有依据的信息的,企业在该金融工具终止确认前的所有资产负债表日的损失准备应当等于其整个存续期的预期信用损失。

第十一章　附则

第八十四条　本准则自 2018 年 1 月 1 日起施行。

二、《企业会计准则第 24 号——套期会计》(财会[2017]9 号)

第一章　总则

第一条　为了规范套期会计处理,根据《企业会计准则——基本准则》,制定本准则。

第二条　套期,是指企业为管理外汇风险、利率风险、价格风险、信用风险等特定风险引起的风险敞口,指定金融工具为套期工具,以使套期工具的公允价值或现金流量变动,预期抵销被套期项目全部或部分公允价值或现金流量变动的风险管理活动。

第三条　套期分为公允价值套期、现金流量套期和境外经营净投资套期。

公允价值套期,是指对已确认资产或负债、尚未确认的确定承诺,或上述项目组成部分的公允价值变动风险敞口进行的套期。该公允价值变动源于特定风险,且将影响企业的损益或其他综合收益。其中,影响其他综合收益的情形,仅限于企业对指定为以公允价值计量且其变动计入其他综合收益的非交易性权益工具投资的公允价值变动风险敞口进行的套期。

现金流量套期,是指对现金流量变动风险敞口进行的套期。该现金流量变动源于与已确认资产或负债、极可能发生的预期交易,或与上述项目组成部分有关的特定风险,且将影响企业的损益。

境外经营净投资套期,是指对境外经营净投资外汇风险敞口进行的套期。境外经营净投资,是指企业在境外经营净资产中的权益份额。

对确定承诺的外汇风险进行的套期,企业可以将其作为公允价值套期或现金流量套期处理。

第四条 对于满足本准则第二章和第三章规定条件的套期,企业可以运用套期会计方法进行处理。

套期会计方法,是指企业将套期工具和被套期项目产生的利得或损失在相同会计期间计入当期损益(或其他综合收益)以反映风险管理活动影响的方法。

第二章 套期工具和被套期项目

第五条 套期工具,是指企业为进行套期而指定的、其公允价值或现金流量变动预期可抵销被套期项目的公允价值或现金流量变动的金融工具,包括:

(一)以公允价值计量且其变动计入当期损益的衍生工具,但签出期权除外。企业只有在对购入期权(包括嵌入在混合合同中的购入期权)进行套期时,签出期权才可以作为套期工具。嵌入在混合合同中但未分拆的衍生工具不能作为单独的套期工具。

(二)以公允价值计量且其变动计入当期损益的非衍生金融资产或非衍生金融负债,但指定为以公允价值计量且其变动计入当期损益、且其自身信用风险变动引起的公允价值变动计入其他综合收益的金融负债除外。

企业自身权益工具不属于企业的金融资产或金融负债,不能作为套期工具。

第六条 对于外汇风险套期,企业可以将非衍生金融资产(选择以公允价值计量且其变动计入其他综合收益的非交易性权益工具投资除外)或非衍生金融负债的外汇风险成分指定为套期工具。

第七条 在确立套期关系时,企业应当将符合条件的金融工具整体指定为套期工具,但下列情形除外:

(一)对于期权,企业可以将期权的内在价值和时间价值分开,只将期权的内在价值变动指定为套期工具。

(二)对于远期合同,企业可以将远期合同的远期要素和即期要素分开,只将即期要素的价值变动指定为套期工具。

(三)对于金融工具,企业可以将金融工具的外汇基差单独分拆,只将排除外汇基差后的金融工具指定为套期工具。

(四)企业可以将套期工具的一定比例指定为套期工具,但不可以将套期工具剩余期限内某一时段的公允价值变动部分指定为套期工具。

第八条 企业可以将两项或两项以上金融工具(或其一定比例)的组合指定为套期工具(包括组合内的金融工具形成风险头寸相互抵销的情形)。

对于一项由签出期权和购入期权组成的期权(如利率上下限期权),或对于两项或两项以上金融工具(或其一定比例)的组合,其在指定日实质上相当于一项净签出期权的,不能将其指定为套期工。只有在对购入期权(包括嵌入在混合合同中的购入期权)进行套期时,净签出期权才可以作为套期工具。

第九条　被套期项目,是指使企业面临公允价值或现金流量变动风险,且被指定为被套期对象的、能够可靠计量的项目。企业可以将下列单个项目、项目组合或其组成部分指定为被套期项目:

(一)已确认资产或负债。

(二)尚未确认的确定承诺。确定承诺,是指在未来某特定日期或期间,以约定价格交换特定数量资源、具有法律约束力的协议。

(三)极可能发生的预期交易。预期交易,是指尚未承诺但预期会发生的交易。

(四)境外经营净投资。

上述项目组成部分是指小于项目整体公允价值或现金流量变动的部分,企业只能将下列项目组成部分或其组合指定为被套期项目:

(一)项目整体公允价值或现金流量变动中仅由某一个或多个特定风险引起的公允价值或现金流量变动部分(风险成分)。根据在特定市场环境下的评估,该风险成分应当能够单独识别并可靠计量。风险成分也包括被套期项目公允价值或现金流量的变动仅高于或仅低于特定价格或其他变量的部分。

(二)一项或多项选定的合同现金流量。

(三)项目名义金额的组成部分,即项目整体金额或数量的特定部分,其可以是项目整体的一定比例部分,也可以是项目整体的某一层级部分。若某一层级部分包含提前还款权,且该提前还款权的公允价值受被套期风险变化影响的,企业不得将该层级指定为公允价值套期的被套期项目,但企业在计量被套期项目的公允价值时已包含该提前还款权影响的情况除外。

第十条　企业可以将符合被套期项目条件的风险敞口与衍生工具组合形成的汇总风险敞口指定为被套期项目。

第十一条　当企业出于风险管理目的对一组项目进行组合管理且组合中的每一个项目(包括其组成部分)单独都属于符合条件的被套期项目时,可以将该项目组合指定为被套期项目。

在现金流量套期中,企业对一组项目的风险净敞口(存在风险头寸相互抵销的项目)进行套期时,仅可以将外汇风险净敞口指定为被套期项目,并且应当在套期指定中明确预期交易预计影响损益的报告期间,以及预期交易的性质和数量。

第十二条　企业将一组项目名义金额的组成部分指定为被套期项目时,应当分别满足下列条件:

(一)企业将一组项目的一定比例指定为被套期项目时,该指定应当与该企业的风险管理目标相一致。

(二)企业将一组项目的某一层级部分指定为被套期项目时,应当同时满足下列条件:

1.该层级能够单独识别并可靠计量。

2.企业的风险管理目标是对该层级进行套期。

3.该层级所在的整体项目组合中的所有项目均面临相同的被套期风险。

4.对于已经存在的项目(如已确认资产或负债、尚未确认的确定承诺)进行的套期,被套期层级所在的整体项目组合可识别并可追踪。

5.该层级包含提前还款权的,应当符合本准则第九条项目名义金额的组成部分中的相关要求。

本准则所称风险管理目标,是指企业在某一特定套期关系层面上,确定如何指定套期工具和被套期项目,以及如何运用指定的套期工具对指定为被套期项目的特定风险敞口进行套期。

第十三条 如果被套期项目是净敞口为零的项目组合(即各项目之间的风险完全相互抵销),同时满足下列条件时,企业可以将该组项目指定在不含套期工具的套期关系中:

(一)该套期是风险净敞口滚动套期策略的一部分,在该策略下,企业定期对同类型的新的净敞口进行套期;

(二)在风险净敞口滚动套期策略整个过程中,被套期净敞口的规模会发生变化,当其不为零时,企业使用符合条件的套期工具对净敞口进行套期,并通常采用套期会计方法;

(三)如果企业不对净敞口为零的项目组合运用套期会计,将导致不一致的会计结果,因为不运用套期会计方法将不会确认在净敞口套期下确认的相互抵销的风险敞口。

第十四条 运用套期会计时,在合并财务报表层面,只有与企业集团之外的对手方之间交易形成的资产、负债、尚未确认的确定承诺或极可能发生的预期交易才能被指定为被套期项目;在合并财务报表层面,只有与企业集团之外的对手方签订的合同才能被指定为套期工具。对于同一企业集团内的主体之间的交易,在企业个别财务报表层面可以运用套期会计,在企业集团合并财务报表层面不得运用套期会计,但下列情形除外:

(一)在合并财务报表层面,符合《企业会计准则第33号——合并财务报表》规定的投资性主体与其以公允价值计量且其变动计入当期损益的子公司之间的交易,可以运用套期会计。

(二)企业集团内部交易形成的货币性项目的汇兑收益或损失,不能在合并财务报表中全额抵销的,企业可以在合并财务报表层面将该货币性项目的外汇风险指定为被套期项目。

(三)企业集团内部极可能发生的预期交易,按照进行此项交易的主体的记账本位币以外的货币标价,且相关的外汇风险将影响合并损益的,企业可以在合并财务报表层面将该外汇风险指定为被套期项目。

第三章 套期关系评估

第十五条 公允价值套期、现金流量套期或境外经营净投资套期同时满足下列条件的,才能运用本准则规定的套期会计方法进行处理:

(一)套期关系仅由符合条件的套期工具和被套期项目组成。

(二)在套期开始时,企业正式指定了套期工具和被套期项目,并准备了关于套期关系和企业从事套期的风险管理策略和风险管理目标的书面文件。该文件至少载明了套期工具、被套期项目、被套期风险的性质以及套期有效性评估方法(包括套期无效部分产生的原因分析以及套期比率确定方法)等内容。

(三)套期关系符合套期有效性要求。

套期有效性,是指套期工具的公允价值或现金流量变动能够抵销被套期风险引起的被套期项目公允价值或现金流量变动的程度。套期工具的公允价值或现金流量变动大于或小于被套期项目的公允价值或现金流量变动的部分为套期无效部分。

第十六条 套期同时满足下列条件的,企业应当认定套期关系符合套期有效性要求:

(一)被套期项目和套期工具之间存在经济关系。该经济关系使得套期工具和被套期项目的价值因面临相同的被套期风险而发生方向相反的变动。

(二)被套期项目和套期工具经济关系产生的价值变动中,信用风险的影响不占主导地位。

(三)套期关系的套期比率,应当等于企业实际套期的被套期项目数量与对其进行套期的套期工具实际数量之比,但不应当反映被套期项目和套期工具相对权重的失衡,这种失衡会导致套期无效,并可能产生与套期会计目标不一致的会计结果。例如,企业确定拟采用的套期比率是为了避免确认现金流量套期的套期无效部分,或是为了创造更多的被套期项目进行公允价值调整以达到增加使用公允价值会计的目的,可能会产生与套期会计目标不一致的会计结果。

第十七条 企业应当在套期开始日及以后期间持续地对套期关系是否符合套期有效性要求进行评估,尤其应当分析在套期剩余期限内预期将影响套期关系的套期无效部分产生的原因。企业至少应当在资产负债表日及相关情形发生重大变化将影响套期有效性要求时对套期关系进行评估。

第十八条 套期关系由于套期比率的原因而不再符合套期有效性要求,但指定该套期关系的风险管理目标没有改变的,企业应当进行套期关系再平衡。

本准则所称套期关系再平衡,是指对已经存在的套期关系中被套期项目或套期工具的数量进行调整,以使套期比率重新符合套期有效性要求。基于其他目的对被套期项目或套期工具所指定的数量进行变动,不构成本准则所称的套期关系再平衡。

企业在套期关系再平衡时,应当首先确认套期关系调整前的套期无效部分,并更新在套期剩余期限内预期将影响套期关系的套期无效部分产生原因的分析,同时相应更新套期关系的书面文件。

第十九条 企业发生下列情形之一的,应当终止运用套期会计:

(一)因风险管理目标发生变化,导致套期关系不再满足风险管理目标。

(二)套期工具已到期、被出售、合同终止或已行使。

(三)被套期项目与套期工具之间不再存在经济关系,或者被套期项目和套期工具经济关系产生的价值变动中,信用风险的影响开始占主导地位。

(四)套期关系不再满足本准则所规定的运用套期会计方法的其他条件。在适用套期关系再平衡的情况下,企业应当首先考虑套期关系再平衡,然后评估套期关系是否满足本准则所规定的运用套期会计方法的条件。

终止套期会计可能会影响套期关系的整体或其中一部分,在仅影响其中一部分时,剩余未受影响的部分仍适用套期会计。

第二十条 套期关系同时满足下列条件的,企业不得撤销套期关系的指定并由此终止套期关系:

(一)套期关系仍然满足风险管理目标;

(二)套期关系仍然满足本准则运用套期会计方法的其他条件。在适用套期关系再平衡的情况下,企业应当首先考虑套期关系再平衡,然后评估套期关系是否满足本准则所规定的运用套期会计方法的条件。

第二十一条 企业发生下列情形之一的,不作为套期工具已到期或合同终止处理:

(一)套期工具展期或被另一项套期工具替换,而且该展期或替换是企业书面文件所载明的风险管理目标的组成部分。

(二)由于法律法规或其他相关规定的要求,套期工具的原交易对手方变更为一个或多个清算交易对手方(例如清算机构或其他主体),以最终达成由同一中央交易对手进行清算的目的。如果存在套期工具其他变更的,该变更应当仅限于达成此类替换交易对手方所必需的变更。

第四章 确认和计量

第二十二条 公允价值套期满足运用套期会计方法条件的,应当按照下列规定处理:

(一)套期工具产生的利得或损失应当计入当期损益。如果套期工具是对选择以公允价值计量且其变动计入其他综合收益的非交易性权益工具投资(或其组成部分)进行套期的,套期工具产生的利得或损失应当计入其他综合收益。

(二)被套期项目因被套期风险敞口形成的利得或损失应当计入当期损益,同时调整未以公允价值计量的已确认被套期项目的账面价值。被套期项目为按照《企业会计准则第 22 号——金融工具确认和计量》第十八条分类为以公允价值计量且其变动计入其他综合收益的金融资产(或其组成部分)的,其因被套期风险敞口形成的利得或损失应当计入当期损益,其账面价值已经按公允价值计量,不需要调整;被套期项目为企业选择以公允价值计量且其变动计入其他综合收益的非交易性权益工具投资(或其组成部分)的,其因被套期风险敞口形成的利得或损失应当计入其他综合收益,其账面价值已经按公允价值计量,不需要调整。

被套期项目为尚未确认的确定承诺(或其组成部分)的,其在套期关系指定后因被套期风险引起的公允价值累计变动额应当确认为一项资产或负债,相关的利得或损失应当计入各相关期间损益。当履行确定承诺而取得资产或承担负债时,应当调整该资产或负债的初始确认金额,以包括已确认的被套期项目的公允价值累计变动额。

第二十三条 公允价值套期中,被套期项目为以摊余成本计量的金融工具(或其组成部分)的,企业对被套期项目账面价值所做的调整应当按照开始摊销日重新计算的实际利率进行摊销,并计入当期损益。该摊销可以自调整日开始,但不应当晚于对被套期项目终止进行套期利得和损失调整的时点。被套期项目为按照《企业会计准则第 22 号——金融工具确认和计量》第十八条分类为以公允价值计量且其变动计入其他综合收益的金融资产(或其组成部分)的,企业应当按照相同的方式对累计已确认的套期利得或损失进行摊销,并计入当期损益,但不调整金融资产(或其组成部分)的账面价值。

第二十四条　现金流量套期满足运用套期会计方法条件的,应当按照下列规定处理:

(一)套期工具产生的利得或损失中属于套期有效的部分,作为现金流量套期储备,应当计入其他综合收益。现金流量套期储备的金额,应当按照下列两项的绝对额中较低者确定:

1.套期工具自套期开始的累计利得或损失;

2.被套期项目自套期开始的预计未来现金流量现值的累计变动额。

每期计入其他综合收益的现金流量套期储备的金额应当为当期现金流量套期储备的变动额。

(二)套期工具产生的利得或损失中属于套期无效的部分(即扣除计入其他综合收益后的其他利得或损失),应当计入当期损益。

第二十五条　现金流量套期储备的金额,应当按照下列规定处理:

(一)被套期项目为预期交易,且该预期交易使企业随后确认一项非金融资产或非金融负债的,或者非金融资产或非金融负债的预期交易形成一项适用于公允价值套期会计的确定承诺时,企业应当将原在其他综合收益中确认的现金流量套期储备金额转出,计入该资产或负债的初始确认金额。

(二)对于不属于本条(一)涉及的现金流量套期,企业应当在被套期的预期现金流量影响损益的相同期间,将原在其他综合收益中确认的现金流量套期储备金额转出,计入当期损益。

(三)如果在其他综合收益中确认的现金流量套期储备金额是一项损失,且该损失全部或部分预计在未来会计期间不能弥补的,企业应当在预计不能弥补时,将预计不能弥补的部分从其他综合收益中转出,计入当期损益。

第二十六条　当企业对现金流量套期终止运用套期会计时,在其他综合收益中确认的累计现金流量套期储备金额,应当按照下列规定进行处理:

(一)被套期的未来现金流量预期仍然会发生的,累计现金流量套期储备的金额应当予以保留,并按照本准则第二十五条的规定进行会计处理。

(二)被套期的未来现金流量预期不再发生的,累计现金流量套期储备的金额应当从其他综合收益中转出,计入当期损益。被套期的未来现金流量预期不再极可能发生但可能预期仍然会发生,在预期仍然会发生的情况下,累计现金流量套期储备的金额应当予以保留,并按照本准则第二十五条的规定进行会计处理。

第二十七条　对境外经营净投资的套期,包括对作为净投资的一部分进行会计处理的货币性项目的套期,应当按照类似于现金流量套期会计的规定处理:

(一)套期工具形成的利得或损失中属于套期有效的部分,应当计入其他综合收益。全部或部分处置境外经营时,上述计入其他综合收益的套期工具利得或损失应当相应转出,计入当期损益。

(二)套期工具形成的利得或损失中属于套期无效的部分,应当计入当期损益。

第二十八条　企业根据本准则第十八条规定对套期关系做出再平衡的,应当在调整套期关系之前确定套期关系的套期无效部分,并将相关利得或损失计入当期损益。

套期关系再平衡可能会导致企业增加或减少指定套期关系中被套期项目或套期工具的数量。企业增加了指定的被套期项目或套期工具的，增加部分自指定增加之日起作为套期关系的一部分进行处理；企业减少了指定的被套期项目或套期工具的，减少部分自指定减少之日起不再作为套期关系的一部分，作为套期关系终止处理。

第二十九条 对于被套期项目为风险净敞口的套期，被套期风险影响利润表不同列报项目的，企业应当将相关套期利得或损失单独列报，不应当影响利润表中与被套期项目相关的损益列报项目金额(如营业收入或营业成本)。

对于被套期项目为风险净敞口的公允价值套期，涉及调整被套期各组成项目账面价值的，企业应当对各项资产和负债的账面价值做相应调整。

第三十条 除本准则第二十九条规定外，对于被套期项目为一组项目的公允价值套期，企业在套期关系存续期间，应当针对被套期项目组合中各组成项目，分别确认公允价值变动所引起的相关利得或损失，按照本准则第二十二条的规定进行相应处理，计入当期损益或其他综合收益。涉及调整被套期各组成项目账面价值的，企业应当对各项资产和负债的账面价值做相应调整。

除本准则第二十九条规定外，对于被套期项目为一组项目的现金流量套期，企业在将其他综合收益中确认的相关现金流量套期储备转出时，应当按照系统、合理的方法将转出金额在被套期各组成项目中分摊，并按照本准则第二十五条的规定进行相应处理。

第三十一条 企业根据本准则第七条规定将期权的内在价值和时间价值分开，只将期权的内在价值变动指定为套期工具时，应当区分被套期项目的性质是与交易相关还是与时间段相关。被套期项目与交易相关的，对其进行套期的期权时间价值具备交易成本的特征；被套期项目与时间段相关的，对其进行套期的期权时间价值具备为保护企业在特定时间段内规避风险所需支付成本的特征。企业应当根据被套期项目的性质分别进行以下会计处理：

(一)对于与交易相关的被套期项目，企业应当按照本准则第三十二条的规定，将期权时间价值的公允价值变动中与被套期项目相关的部分计入其他综合收益。对于在其他综合收益中确认的期权时间价值的公允价值累计变动额，应当按照本准则第二十五条规定的与现金流量套期储备金额相同的会计处理方法进行处理。

(二)对于与时间段相关的被套期项目，企业应当按照本准则第三十二条的规定，将期权时间价值的公允价值变动中与被套期项目相关的部分计入其他综合收益。同时，企业应当按照系统、合理的方法，将期权被指定为套期工具当日的时间价值中与被套期项目相关的部分，在套期关系影响损益或其他综合收益(仅限于企业对指定为以公允价值计量且其变动计入其他综合收益的非交易性权益工具投资的公允价值变动风险敞口进行的套期)的期间内摊销，摊销金额从其他综合收益中转出，计入当期损益。若企业终止运用套期会计，则其他综合收益中剩余的相关金额应当转出，计入当期损益。

期权的主要条款(如名义金额、期限和标的)与被套期项目相一致的，期权的实际时间价值与被套期项目相关；期权的主要条款与被套期项目不完全一致的，企业应当通过对主要条款与被套期项目完全一致的期权进行估值确定校准时间价值，并确认期权的实际时间价值中与被套期项目相关的部分。

第三十二条　在套期关系开始时，期权的实际时间价值高于校准时间价值的，企业应当以校准时间价值为基础，将其累计公允价值变动计入其他综合收益，并将这两个时间价值的公允价值变动差额计入当期损益；在套期关系开始时，期权的实际时间价值低于校准时间价值的，企业应当将两个时间价值中累计公允价值变动的较低者计入其他综合收益，如果实际时间价值的累计公允价值变动扣减累计计入其他综合收益金额后尚有剩余的，应当计入当期损益。

第三十三条　企业根据本准则第七条规定将远期合同的远期要素和即期要素分开、只将即期要素的价值变动指定为套期工具的，或者将金融工具的外汇基差单独分拆、只将排除外汇基差后的金融工具指定为套期工具的，可以按照与前述期权时间价值相同的处理方式对远期合同的远期要素或金融工具的外汇基差进行会计处理。

第五章　信用风险敞口的公允价值选择权

第三十四条　企业使用以公允价值计量且其变动计入当期损益的信用衍生工具管理金融工具（或其组成部分）的信用风险敞口时，可以在该金融工具（或其组成部分）初始确认时、后续计量中或尚未确认时，将其指定为以公允价值计量且其变动计入当期损益的金融工具，并同时做出书面记录，但应当同时满足下列条件：

（一）金融工具信用风险敞口的主体（如借款人或贷款承诺持有人）与信用衍生工具涉及的主体相一致；

（二）金融工具的偿付级次与根据信用衍生工具条款须交付的工具的偿付级次相一致。

上述金融工具（或其组成部分）被指定为以公允价值计量且其变动计入当期损益的金融工具的，企业应当在指定时将其账面价值（如有）与其公允价值之间的差额计入当期损益。如该金融工具是按照《企业会计准则第 22 号——金融工具确认和计量》第十八条分类为以公允价值计量且其变动计入其他综合收益的金融资产的，企业应当将之前计入其他综合收益的累计利得或损失转出，计入当期损益。

第三十五条　同时满足下列条件的，企业应当对按照本准则第三十四条规定的金融工具（或其一定比例）终止以公允价值计量且其变动计入当期损益：

（一）本准则第三十四条规定的条件不再适用，例如信用衍生工具或金融工具（或其一定比例）已到期、被出售、合同终止或已行使，或企业的风险管理目标发生变化，不再通过信用衍生工具进行风险管理。

（二）金融工具（或其一定比例）按照《企业会计准则第 22 号——金融工具确认和计量》的规定，仍然不满足以公允价值计量且其变动计入当期损益的金融工具的条件。

当企业对金融工具（或其一定比例）终止以公允价值计量且其变动计入当期损益时，该金融工具（或其一定比例）在终止时的公允价值应当作为其新的账面价值。同时，企业应当采用与该金融工具被指定为以公允价值计量且其变动计入当期损益之前相同的方法进行计量。

第六章 衔接规定

第三十六条 本准则施行日之前套期会计处理与本准则要求不一致的，企业不作追溯调整，但本准则第三十七条所规定的情况除外。

在本准则施行日，企业应当按照本准则的规定对所存在的套期关系进行评估。在符合本准则规定的情况下可以进行再平衡，再平衡后仍然符合本准则规定的运用套期会计方法条件的，将其视为持续的套期关系，并将再平衡所产生的相关利得或损失计入当期损益。

第三十七条 下列情况下，企业应当按照本准则的规定，对在比较财务报表期间最早的期初已经存在的，以及在此之后被指定的套期关系进行追溯调整：

（一）企业将期权的内在价值和时间价值分开，只将期权的内在价值变动指定为套期工具。

（二）本准则第二十一条（二）规定的情形。

此外，企业将远期合同的远期要素和即期要素分开、只将即期要素的价值变动指定为套期工具的，或者将金融工具的外汇基差单独分拆、只将排除外汇基差后的金融工具指定为套期工具的，可以按照与本准则关于期权时间价值相同的处理方式对远期合同的远期要素和金融工具的外汇基差的会计处理进行追溯调整。如果选择追溯调整，企业应当对所有满足该选择条件的套期关系进行追溯调整。

第七章 附则

第三十八条 本准则自 2018 年 1 月 1 日起施行。

第二章

远期风险管理

引 导

　　小麦销售具有明显的季节性，当收获的秋季来临时，往往供过于求，导致价格下降；而在非收获季节，由于仓储量有限，可能出现暂时性商品短缺，导致小麦价格上涨，进而影响消费者的利益。因此由于季节性的影响，小麦的销售价格是波动不定的。

　　如果你是一位种植小麦的农夫，你希望在小麦上市之前提前锁定价格，降低价格波动的风险，于是你与交易商签订一份远期协议，约定在未来的某一特定时间，交易商以约定的价格向你采购小麦。

　　如果你是一位小麦的销售商，你看到其中的商机，在农产品收获前向农民预约采购，而实际的交割却可以推迟到小麦收获之后。可以通过合同形式锁定未来收获季谷物采购的确定数量和价格，以便更好地安排其全年销售中的定价、库存、转运等工作，降低了因未来谷物采购数量和价格的不利波动而带来的风险。

　　因此，生产者和销售商通过确立远期贸易合约，稳定产销关系，缓解价格的季节性波动，由此便产生了远期合约。

第一节 主要知识点

一、远期合约的基础概念和特点

远期合约的基础概念和特点如表 2-1 所示。

表 2-1　远期合约的基础概念和特点

含义	远期合约(forward contract)是指交易双方约定在未来的某一确定时间,以确定的价格买入或卖出一定数量的某种金融资产的合约
相关概念	标的资产:合约中约定买卖的资产通常称为标的资产,标的资产可以是实物资产(农产品、石油、金属等)或金融资产(债券、股票、外汇); 多头:在合同中同意在未来日期买入标的物资产的一方; 空头:在合同中同意在未来日期卖出标的物资产的一方; 交割价格:事先约定的交易价格,交割价格维持不变; 远期价格:使远期合约价值为零的交割价格。签订合约时,远期价格和交割价格是相等的,签订合约之后,远期价格随着标的物现货价格的波动而波动; 远期价值:远期合约的价值在签订时为零,但其后不一定等于零。如果即期价格低于远期价格,市场状况被描述为正向市场或溢价;如果即期价格高于远期价格,市场状况被描述为反向市场或差价; 合约期限:远期合约的期限指合约签订至到期的时间
分类	远期利率合约、远期外汇合约、远期股票合约、债券远期等
交易特点	(1)远期合约在场外交易,是交易双方通过谈判后签订的非标准化合约; (2)远期合约通常是用现金和实物进行交割; (3)远期合约流动性较差; (4)远期合约存在违约风险
风险特点	远期合约是买卖双方签订的合约,该合约规定在未来某个时刻以固定的价格买入或者卖出某一资产。它在合约签订时就确定了未来交易的日期、价格,这就意味着在避免了未来价格不利于自己变动带来的风险的同时,也失去了有利于自己变动而带来的利益,因此远期合约的价格风险较小。但是由于远期合约通常不在交易所内交易,是买卖双方直接商定的,是一对一的预约交易,不仅流动性较差,还面临着较高的信用风险

二、远期合约的实务操作

(一)远期利率合约

远期利率合约的标的物资产为"利率"。远期利率合同是指交易双方约定在未来某一日期,在交换协议期间内一定名义本金的基础上分别以合同利率和参考利率计算利息的金融合约。合同双方在协定未来期间和名义本金之后,对约定利率与未来某一时点开始的某个特定期间内的市场利率进行比较,由一方将约定利息和市场利息之差的现值支付给另一方。其中,远期利率协议的买方支付以合同利率计算的利息,卖方支付以参考利率计算的利息。签订远期利率协议并不是进行资金的实际借贷,只是对以名义本金计算的利息的差额进行支付,即在结息日前不支付任何费用,只是在结息日进行一次利息差额的支付,因此远期利率协议的实际结息差额很小。企业可以通过远期利率协议固定未来期限的利率,对参考利率的未来变动进行套期保值。

【例1】假设某企业预计3个月后需要借款100万,借款期为3个月;与此同时,某银行有一笔100万贷款于3个月后到期。该企业为防范3个月后借款利率上涨,决定购买一份远期利率协议;而银行为防范3个月后贷款利率下跌,有意向其出售一项远期利率协议。双方在交易日达成一项3个月的远期利率协议,协议规定远期合同利率为6%,合同金额为100万,合同货币为人民币。假设交割日即期市场利率为7%,远期利率合同交易双方的交易过程和结果如图2-1所示。

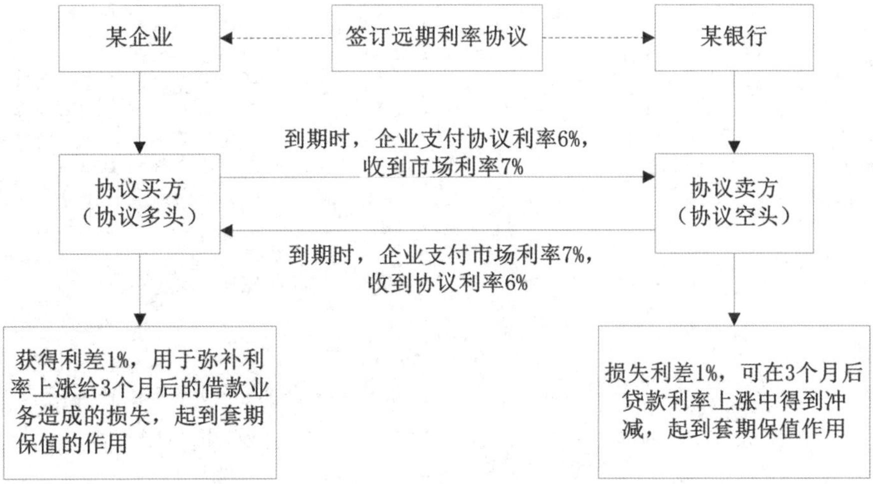

图2-1 远期利率合约的基本交易原理

(二)远期外汇合约

远期外汇合约的标的物资产是"外汇"。远期外汇协议是指外汇买卖双方在成交时先就交易的货币种类、数额、汇率及交割的期限等达成协议,并用合约的形式确定下来,双方在规定的交割日履行合约,办理实际的收付结算。

在国际贸易中,为减少外汇风险,有远期收入的出口商可以与银行订立卖出远期外汇的合同,一定时期后,按签约时规定的价格将其外汇收入出售给银行,从而防止汇率下跌而在经济上遭受的损失;有远期外汇支出的进口商也可以与银行签订购买外汇的合同,一定时期后,按签约时规定的价格向银行购买,从而防止汇率上涨而增加的成本负担。其中,即期汇率是指交易双方达成外汇协议后,在两个工作日内办理交割的汇率;远期汇率是指交易双方约定在未来某一时间进行外汇实际交割所使用的汇率。

【例2】假设一家进口商在下一个月(8月10日)支付2亿日元的贷款,但甲公司只有美元,需要通过外汇买卖来支付货款。甲公司担心美元兑日元的汇率会下降,这样会增加换汇成本,因此甲公司签订了一笔远期外汇合约。当前(7月8日)美元兑日元的汇率为1美元＝133日元,合约规定在资金交割日(8月10日)按远期汇率1美元＝132.5日元买入2亿日元,同时卖出美元。这样甲公司兑日元的汇率成本就被固定下来。假设到期时汇率为1美元＝135日元,远期外汇合约交易双方的交易过程和结果如图2-2所示。

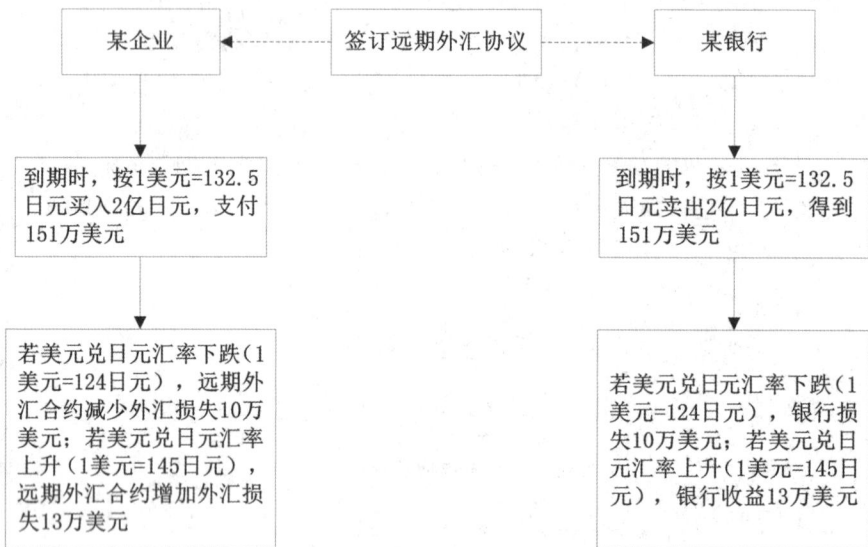

图 2-2　远期外汇合约的基本交易原理

【例3】2003年5月,宣钢拟筹建一套75万吨棒材生产线,项目总投资2.5亿元人民币,其中进口设备由意大利 VIA POMINI 公司提供,交货时间6个月,报价币种为欧元。为规避欧元升值风险,宣钢按签约当日汇买、汇卖中间价将欧元报价的设备兑换为500万美元,锁定了进口付款成本。

与宣钢简单的风险规避策略不同,VIA POMINI 公司首先根据风险管理要求,确定该项设备出口收入的目标值为428万欧元。根据欧元兑美元汇率预期和避险成本的要求,公司考虑远期外汇风险对冲策略。自从1999年欧元问世以来,欧元兑美元的长期汇率走出了一个明显的"V"字形,直到2003年年初才开始大幅回升。VIA POMINI 公司的财务主管认为,随着欧洲经济的迅速复苏,欧元兑美元的汇率将继续上扬。如果在未来的6个月内欧元兑美元的汇率大幅上升,到时以美元计价的出口货款折成欧元后将无法弥补其出口成本。因此,最简单的避险策略就是通过远期外汇买卖立即锁定成本,即公司与银行签订6个月的买欧元卖美元的远期合约,签约时6个月远期汇率的报价为 USD 1.128/EUR。6个月后公司将收到的500万美元货款按远期合约交割,收到443.26万欧元。这一策略的实质是"锁定"汇率,使公司的应收款成为一种确定性收入,但同时也无法分享到期日若欧元下跌可能带来的好处。

第二节　风险管理典型案例分析：振华重工远期外汇案例

一、上海振华重工公司介绍

上海振华重工(集团)股份有限公司(2009年改名前简称为"振华港机",改名后简称为"振华重工")是世界知名的起重机和大型钢结构制造商,主要生产岸边集装箱起重机、轮胎式集装箱龙门起重机、散货装、卸船机、斗轮堆取料机、门座起重机、浮吊和工程船舶以及大型钢桥构件等。振华重工已成功发行A、B股,公司净资产达5亿美元,是世界最大的港口机械及大型钢结构制造商。

振华重工的港口机械产品绝大部分通过出口,因此面临着人民币升值带来的经营压力。振华重工的产品大多数提供给海外港口业主或者在华投资码头的外商,以前年度签订的合同大多以美元结算。

二、外汇风险对振华重工的影响

(一)降低产品的价格竞争力

振华重工出口的产品其部件除部分电气控制系统外等应客户要求进口外,主要从国内采购原材料自行生产。其他成本不变的情况下,若人民币升值,则维持产品的毛利率不变,公司需要提高外币销售价格,这将削弱振华重工的产品的价格优势,在一定程度上影响振华重工产品的国际竞争力。振华重工在2006年为应对人民币升值和原材料成本上升等趋势,对主要产品进行了提价,这是振华重工主导产品毛利率在2006年人民币继续升值的背景下相对以往不降反升的重要原因之一。

(二)出口收入不确定

外汇风险不仅加大了进口采购成本,而且使出口收入变得不确定,特别是随着人民币汇率市场化的深入发展,汇率的变动也越来越频繁。表2-2显示的是振华重工在全球各地的营业收入,可以看出振华重工的产品主要用于出口,如果汇率变动较为频繁,出口的收入就有可能因汇率波动减少或增加。

表2-2　振华重工的主营业务收入地区分布

地区	主营业务收入(元)	主营业务收入比上年增减(%)
中国大陆	8 832 944 731	42.67
亚洲(除中国大陆)	4 367 340 722	27.62

续表

地区	主营业务收入(元)	主营业务收入比上年增减(%)
欧洲	3 355 947 232	15.22
美洲	2 611 914 039	23.29
非洲	1 132 423 403	28.66
大洋洲	343 035 228	−34.65
合计	20 643 605 355	22.82

三、振华重工外汇远期套期保值策略

针对近年来美元加速贬值的趋势,振华重工采取两大应对策略:其一,实施美元与欧元的远期外汇的动态交易,紧盯外汇市场的变动,如曾根据欧元下跌而美元抬头的阶段性变化,及时更换币种而获得1.49亿美元的汇兑溢价,扣除美元远期交易差价后,可获折合人民币5.17亿元的汇率溢价收益;其二,改变原来纯美元结算的格局,逐步调整为欧元结算合同,甚至更多的是锁定人民币汇率的合同。

2008年,振华重工为了防止来年的汇率风险,根据2009年预估合同和已签合同(约50亿美元),采取了一系列外汇保值措施。通过外汇保值措施得到的汇率溢价收益已构成公司利润的主要组成内容。同时,通过远期操作使得2009年交割的19.87亿美元的汇率锁定为6.96,而6亿欧元的远期人民币平均汇率被锁定为9.95。显然,通过外汇远期交易使得振华重工较为有效地抵消了人民币升值带来的负面影响。

四、振华重工运作外汇远期的成功经验

(一)风险的充分评估

振华重工对外汇风险进行充分的风险评估是其实现套期保值的重要原因。运用外汇远期规避风险的前提是进行外汇风险评估,目前一些企业在运用外汇远期时,出现重大损失的原因就在于未能对外汇风险进行充分的评估。而振华重工组建专业人员紧盯外汇市场,及时对汇率风险进行评估。

(二)遵守外汇远期合约风险政策

企业运用衍生工具时会面临一定的风险,因此振华重工制定了相关的风险管理政策。振华重工的公告显示,外汇远期合约需要通过公司董事会的授权审批,并建立了完善的重大事项对外信息披露制度。良好的内部控制使得远期合约的风险得到有效的控制。

第三节　上市公司会计运用分析：怡亚通公司运用远期外汇合约案例

一、怡亚通公司介绍

深圳市怡亚通供应链股份有限公司(简称:怡亚通,股票代码:002183.SZ)是中国第一家上市的供应链服务企业,提供一站式的供应链管理服务,从事的主要业务是为企业(客户)提供除核心业务(产品研发、制作和销售)外其余供应链环节的服务,即企业将其供应链管理服务环节外包给怡亚通,怡亚通根据需要为企业提供包括代理采购、产品营销支持、进出口通关、供应商管理库存(VMI)、国际物流中心、流通物流加工、供应链结算配套服务、供应链信息系统等一系列、全方位的服务,是目前我国唯一全面入驻全国保税物流园区的供应链企业。在供应链管理服务领域,怡亚通已基本建成服务全球整合企业的两大业务平台——全球采购执行平台和全球分销执行平台,供应链服务网络遍布中国,包括深圳、广州、上海、苏州、大连、福州、青岛、天津等沿海城市及内陆各大城市。目前,怡亚通正在加速建设覆盖全球的供应链服务网络。与同业可比公司相比,怡亚通的盈利能力处于上游水平,如图 2-3、图 2-4 所示。

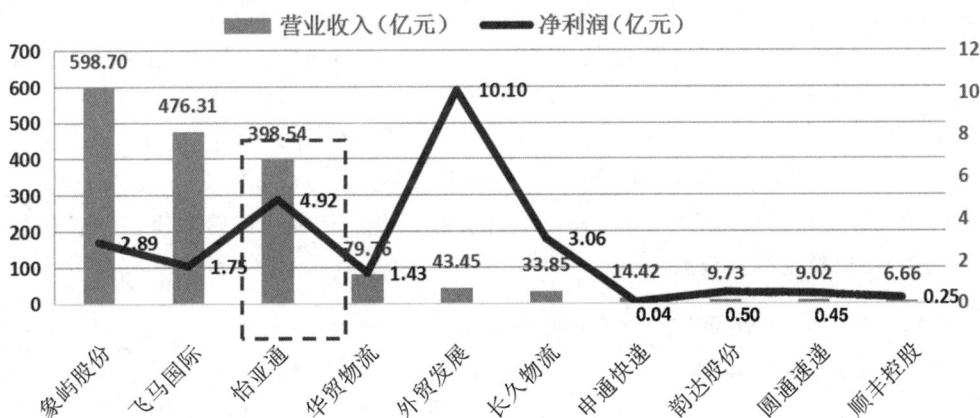

图 2-3　2015 年怡亚通同业盈利规模比较

数据来源:公司财报,Wind 数据库

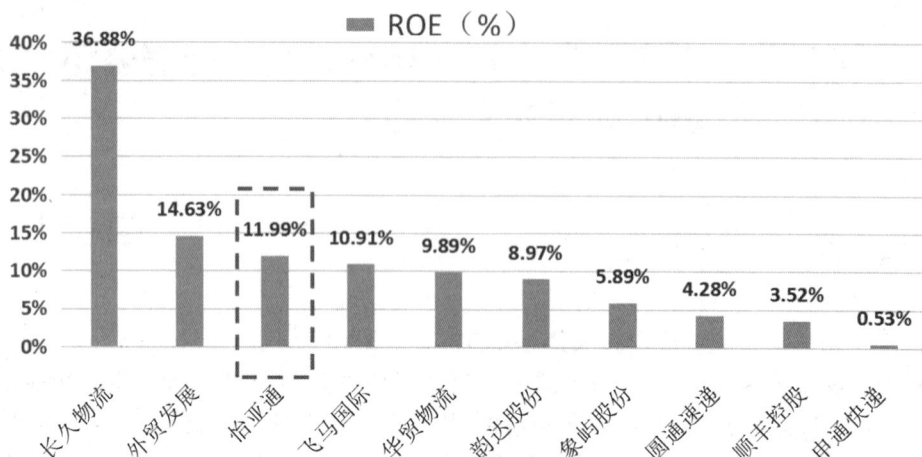

图 2-4　2015 年怡亚通同业盈利能力比较

数据来源：公司财报，Wind 数据库

二、怡亚通远期合约操作

在经营供应链管理业务时，怡亚通需要替若干客户向外地出口商以美元购货。一方面，怡亚通以贷款方式向银行借取美元，以等值人民币存款作为质押，并利用远期外汇合约管理上述美金借款所引起的外汇风险；另一方面，怡亚通根据预计未来一年的付汇需求，由企业在中国大陆签订远期美元购汇合约，同时由联怡国际（子公司）在香港签订金额相等、期限相同、到期日相同的无本金远期人民币购汇合约，以管理其外汇风险。

怡亚通作为一家供应链管理公司，除了为客户代付款项外，代收账款也是其业务的主要内容。预收款项是怡亚通代客户的供应商向客户所收取而尚未转交的部分款项。近年来预收款项在逐年增长，如图 2-5 所示。这部分款项会在怡亚通的账户上"停留"一段时间，成为怡亚通稳定的现金流。

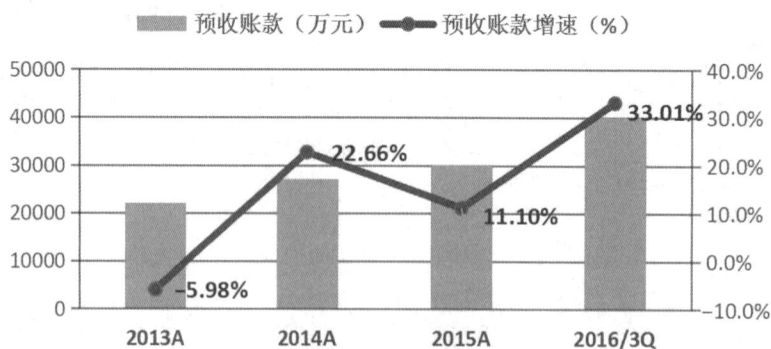

图 2-5　怡亚通预收账款逐年增长

怡亚通充分利用了现金流的时间差,利用部分客户预收款项在账面上的停留时间,运用银行的信贷条款和政策,借助这部分款项在银行以人民币来质押美元贷款,同时运用了衍生金融工具签订远期外汇合约,利用人民币升值进行套利。

三、远期合约的会计影响

从怡亚通所披露的年报中可知,怡亚通利用远期外汇主要是进行风险管理,因而其衍生金融交易额与其业务量应该是相匹配的。但通过分析怡亚通的年报发现,怡亚通购买金融产品并非严格与业务量相捆绑,而是其用来提高收益的一种方式,怡亚通巧妙地将衍生金融工具作为其套利的一种方式,利用人民币升值的契机,实现了公司的高额收益。

(一)业务量与人民币质押存款、美元借款变动不一致

如表 2-3 所示,分析怡亚通 2007 年至 2010 年的业务量与人民币质押存款、美元借款金额可知,在 2007 年,当怡亚通的业务量为 217.5 亿元时,人民币质押存款为 38 亿元;当 2008 年怡亚通的业务量增长到 240.7 亿元时,人民币质押存款和美元借款却大幅减少至 21 亿元;到了 2009 年怡亚通的业务量只增长了 3 亿多元,而人民币质押存款和美元借款却翻了两倍多;2010 年虽均有上涨,但幅度也有所差异。由此可以看出,怡亚通的业务量与人民币质押存款、美元借款的关联度并不高,怡亚通购买金融产品并非严格与业务量相捆绑,而是怡亚通用来提高收益的一种方式。

表 2-3　怡亚通业务量与人民币质押存款和美元借款的对比

单位:万元

项目	2007 年	2008 年	2009 年	2010 年
业务量	2 175 284	2 407 228	2 441 144	3 256 634
人民币质押存款	387 326	216 586	511 449	680 385
美元借款	365 771	212 401	517 894	716 415

(二)远期工具的收益

通过分析怡亚通美元借款汇兑损益与远期外汇合约损益的变化情况得出:怡亚通每年的美元借款有几十亿元,2008 年 1 月 1 日人民币对美元汇率为 7.3086,到了 2008 年 12 月 31 日人民币对美元汇率为 6.8275,2009 年 12 月 31 日人民币对美元汇率为 6.8305,2010 年 12 月 31 日人民币对美元汇率为 6.6227。怡亚通正是抓住了人民币对美元的汇率差这一契机,巧妙地运用了远期外汇合约本身这一并不复杂的衍生金融工具,实现了股东权益的稳步增长。以 2009 年为例,怡亚通除经营与正常业务相关的有效套期保值业务外,还将持有的交易性金融资产、交易性金融负债产生的公允价值变动损益,以及处置交易性金融资产、交易性金融负债和可供出售金融资产取得的投资收益列为非经常性损益项目,数额高达 5 831 万元,为企业带来了巨额收益。

衍生阅读

汉莎航空公司的外汇风险

1986年2月14日,德国汉莎航空公司(Lufthansa)的总裁海因茨·鲁诺(Heinz Ruhnau)被公司的董事会召见。董事会将决定是否中止鲁诺的任职。在此之前,德国的运输部长已经召见过鲁诺,希望他能够对购买波音飞机时的投机性外汇风险做出解释。

1985年1月,鲁诺所管理的汉莎航空公司从美国购买了20架波音737飞机。合约价为5亿美元,飞机在1年后的1986年1月交货。从1980年开始,美元一直在快速升值,并于1985年1月大约上升到了1美元兑3.2马克。如果美元继续升值,汉莎公司支付购机货款时的成本将大幅度上升。

鲁诺对汇率变化有着自己的看法和预期。与当时许多人的看法一样,他认为美元的升值已达到尽头,可能会在1986年出现下降。然而,这种打赌毕竟用的不是自己的钱。因此,他采取了一个折中的办法:按1美元兑3.2马克的汇率对一半的风险(即2.5亿美元)进行了远期保值,但还有一半没有保值。

一、对各种套期保值方式的分析

与其他公司一样,汉莎公司能够利用如下几种基本的套期保值方法:

(1)不保值;

(2)完全用远期合约保值;

(3)对部分(50%)风险价值进行套期保值;

(4)以外汇期权进行保值;

(5)立即购入美元,等到购货合同到期时再支付。

尽管事先无法知道上述各种方法的最后成本,但是,我们可以根据一系列假设的汇率来推测出每种做法面临的结果。图2-6描述了各种汇率下前4种方法的最终成本。

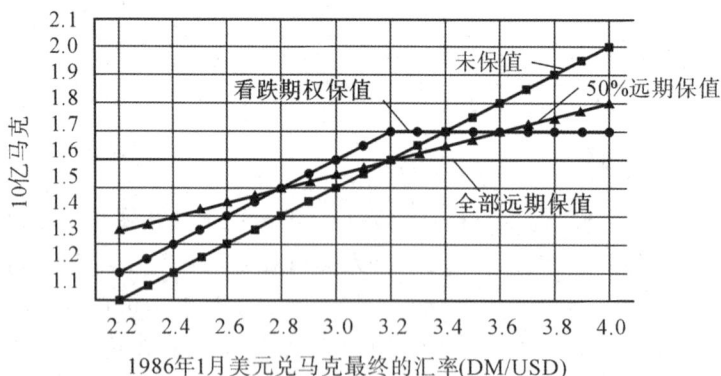

图2-6 各种套期保值方法下的总成本

当然,公司防范外汇风险最常见的一种方法是将现金流进行配对——这样就不需要从事远期和期权合约的交易。的确,汉莎公司可以经常获取美元收益,即美国人购买机票所支付的美元。尽管鲁诺曾考虑以这些美元收益来与购买波音飞机的美元支出配对,但是,这两种现金流的规模明显不相称。别说一年内,有时甚至是在几年内,汉莎公司的美元收入都根本不可能达到 5 亿美元这一规模。

(1)不保值。不保值是一种最冒险的方法。因此,它面临的结果是:有可能获得最大的好处(若美元对马克贬值)。如果汇率在 1986 年 1 月降为 DM2.2/USD,那么,购买飞机的款项将只有 11 亿马克。当然,如果美元继续升值到 1986 年 1 月的 DM4.0/USD,那么,总成本将达到 20 亿马克。不保值时的风险可以从图 2-6 中较陡峭的价值线反映出来(其纵向距离最长)。显然,这对于任何公司而言都是一种很大的风险。许多公司都认为,长时间持有巨额的未保值头寸是一种外汇投机行为。

(2)全部进行远期保值。如果汉莎公司希望完全消除风险,那么,它可以利用远期合约来购入所需的全部美元。这样,汇率将被锁定在 DM3.2/USD,而且最终成本也将固定在 16 亿马克。图 2-6 中的水平价值线代表了这种方法:无论最后的汇率如何变化,购买飞机的总成本都是固定的。大多数公司都认为它们可以接受或容忍产品交易中的风险,但不应该接受支付活动中的风险。因此,公司经常会使用全部远期保值交易来作为参照标准。

(3)部分远期保值。此时只对总风险中的一部分进行保值,而将剩余的风险头寸留在手中。因为鲁诺预计美元将贬值,因此,他希望留下更多的风险头寸来获取好处(就像第一种做法那样)。然而,这一策略的随意性较大,因为并不存在一个决定风险头寸比率的客观标准(二八开,四六开,或五五开等等)。图 2-6 描述了 50% 远期保值条件下的最终总成本:按 DM3.2/USD 的远期汇率购买 2.5 亿美元,按最后的即期汇率购买另外的 2.5 亿美元。从图中可以看到,此时价值线的斜率正好是完全保值时的一半。

从这一方法中可以得出两个重要的结论。第一,鲁诺面临的总风险仍然是无限的。美元仍然有可能大幅度升值,因此,购买 2.5 亿美元所需的马克仍然有可能是十分惊人的。第二,最终的外汇风险比未保值时下降了,这可以从垂直距离中看出来。

(4)外汇期权保值。外汇期权套期保值比较独特,这可以从其价值线的形状中看到。如果鲁诺按 DM3.2/USD 的执行价购买马克看跌期权,那么,正如人们所知的,无论汇率如何变化,他都可以得到好处。如果美元继续升值到 3.2 马克以上,那么,购买 5 亿美元的总成本将固定在如下水平:16 亿马克加上期权费——图中汇率在 3.2 马克以上的一段水平线。然而,如果美元像鲁诺所预期的那样出现下跌,那么,他将放弃行使期权,同时按较低的汇率在即期市场购买美元。这种状况可以从图中汇率在 3.2 马克以下的一段不断下降的价值线中看出来。从图 2-6 中可以看到,看跌期权价值线下降的速率与未保值时的情况是一样的(两条线的斜率相同),但是它位于未保值线的上方(由于存在期权费)。

1985 年 1 月,当鲁诺正在对上述的各种方法进行权衡时,马克看跌期权的期权费大约为 6%,即相当于 9 600 万马克(16 亿马克×6%)或 3 000 万美元(5 亿美元×6%)。行使期权时的总成本为 16.96 亿马克(行使期权的成本 16 亿马克加上 9 600 万马克的期权费)。

需要指出的是,如果鲁诺购买看跌期权,那么,他所期望的是美元贬值(图 2-6 中汇率 3.2 左边的一段)。因此,他希望期权合约自动失效。然而,对许多公司的财务主管而言,花 9 600 万马克购买一种不准备使用的套期保值工具的确是一笔十分昂贵的交易。

（5）立即购入美元。第 5 种方法是利用货币市场对应付账款进行保值：立即购入 5 亿美元，然后将这笔美元资金投资于生息资产，直到货款支付日为止。虽然这种做法能够消除外汇风险，但是它需要汉莎公司手中现在就拥有全部资金。购买波音飞机的资金来自于汉莎公司的融资计划，然而，根据这些计划，只有在 1986 年 1 月才能获得所需的资金。另一个问题是，根据一些条件较为严格的特约条款的规定，目前汉莎公司资产负债表中债务的种类、金额和面值货币都要受到限制。因此，这实际上就排除了使用这种方法的可能性。

二、鲁诺的决定

尽管鲁诺确信美元将在下一年贬值，但他同时也认为，完全不进行保值的做法对于汉莎公司来讲风险太大。他的这种担心是可以理解的，尤其是当人们从图 2-7 中看到美元汇率上升的强劲势头时。在过去的 3 年内，美元对马克持续升值，而且升值速度也越来越快。

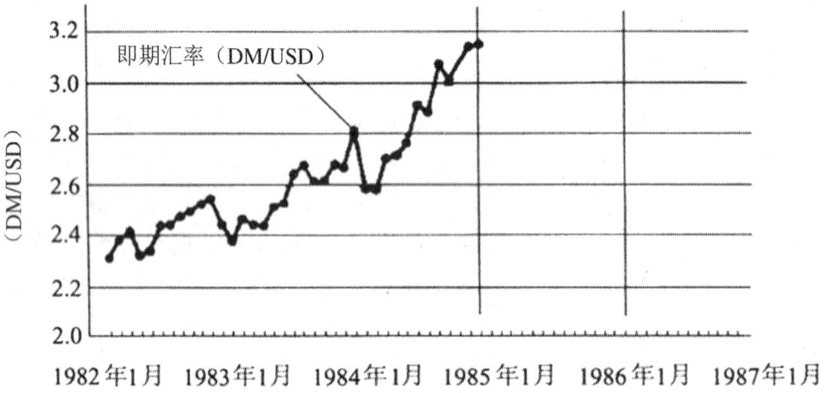

图 2-7　美元汇率的升值

由于鲁诺本人强烈预感到美元将会贬值，因此，他决定进行部分套期保值：按 DM 3.2/USD 的远期汇率对 50％的风险头寸（2.5 亿美元）进行远期保值，剩余的 50％则处于未保值状态。由于当时利用外汇期权进行风险管理对许多公司来说还是一件比较新鲜的事情，而且，这种保值方法涉及一大笔期权费，因此，鲁诺并没有选择外汇期权。至于其选择是否明智，只能由时间来做出判断。

三、最终结果

鲁诺的决策既有成功的地方，也有遗憾的地方。他的预期是完全正确的。美元的升值持续了不到一个月，随后就开始下跌。事实上，美元并非仅仅是疲软，而是出现了急速下跌。到了 1986 年 1 月要向波音公司付款时，即期汇率从 1 年前的 DM3.2/USD 下降到了 DM2.3/USD（见图 2-8）。这种即期汇率的变化给汉莎公司带来了好处。

令人遗憾的是，远期保值的总成本为 13.75 亿马克，比未保值时多出了整整 2.25 亿马克！而且，这比外汇期权套期保值的总成本还要多 1.29 亿马克。按最后的即期汇率 DM2.3/USD 计算，各种方法下购买所需的 5 亿美元涉及的总成本见表 2-4。

图 2-8 美元汇率的下降

表 2-4 不同保值方法下的总成本

保值方法	相关汇率	马克总成本
(1)不保值	DM2.3/USD	11.5 亿
(2)全部远期保值	DM3.2/USD	16 亿
(3)部分(50%)远期保值	1/2(DM2.3)+1/2(DM3.2)	13.75 亿
(4)购买马克看跌期权	DM3.2/USD	12.46 亿

鲁诺的一些政敌(包括汉莎公司内部和外部的)并没有感到高兴。他被指责肆意利用汉莎公司的资金进行投机。人们认为他的错误表现在 4 个方面:

(1)购买波音飞机的时间选择不当。1985 年 1 月购买飞机时,美元正处于其巅峰。

(2)当鲁诺认为美元即将贬值时,却选择了部分套期保值。如果他当时按自己的直觉或预感行事,就可以放弃套期保值(这样就可以获得美元贬值的全部好处)。

(3)选择远期合约而没有选择期权合约。购买看跌期权既可以防止美元升值的风险,又可以同时获得美元贬值时的好处。

(4)根本不应该购买波音飞机。德国及其主要的欧共体国家共同拥有空中客车公司。在生产大型民用飞机方面,波音是空中客车的主要对手。

第三章

互换风险管理
与会计运用

> **引 导**
>
> 　　世界第一笔货币互换产生于 1981 年世界银行和 IBM 之间的货币互换。当时,世界银行需要借入一笔长期的瑞士法郎,但是市场上的利率非常高,但世界银行可以以非常优惠的利率借入长期美元。IBM 在瑞士市场具有很高的声望,可以以优惠的利率借入长期的瑞士法郎,但是其却需要借入美元。为了充分利用自己的优势和解决所需,这两个机构签订了一份货币互换协议,利用对方的优势获取有利的利率,降低双方的成本。

第一节　主要知识点

一、互换合约的基础概念和特点

互换合约的基础概念和特点如表 3-1 所示。

表 3-1　互换合约的基础概念和特点

含义	金融互换（swaps）是指两个（或两个以上）当事人按照商定的条件，在约定的时间内，交换不同金融工具的一系列支付款项或收入款项的合约
分类	互换的主要类型包含货币互换、利率互换、股权互换和商品互换四种： (1)货币互换是指两个主体之间签订协议，交换两笔币种不同、现值相同的贷款本金和（或）相应利息，并约定在未来互相偿还； (2)利率互换又称利率调换、利率掉期，是指双方在合同中约定在未来的一定期限内基于同一种货币的同样的名义本金，交换根据约定算法计算的现金流，其中一方的现金流按照浮动利率计算，而另一方的现金流按照固定利率计算； (3)股权互换是指互换双方达成协议，在一定时期内，将与某一股票指数变动挂钩的支付与某一以短期利率指数或事先确定的利率指数或另一种股票指数为基础的支付进行互换； (4)商品互换是指商品价格互换，一方交付另外一方浮动商品的价格乘以名义数量，另外一方收到固定商品的价格乘以名义数量（但通常取其差价）
交易特点	(1)互换是非标准化交易，且互换交易期限灵活，长短随意，最长可达几十年； (2)互换仓库的产生使银行成为互换的主体，所以互换市场的流动性较强； (3)互换不在交易所交易，主要通过银行进行场外交易，受政府监管较少
风险特点	(1)金融互换采用一次性双向锁定的办法，因此其价格风险相对较小； (2)由于其主要在场外进行，故存在着较大的信用风险和流动性风险； (3)尤其在货币互换中，由于涉及多国货币，因此还存在着兑换风险、差额风险、替代风险等
功能	(1)通过金融互换可在全球各市场之间进行套利，一方面降低筹资者的融资成本或提高投资者的资产收益，另一方面促进全球金融市场的一体化； (2)利用金融互换，可以管理资产负债组合中的利率风险和汇率风险； (3)金融互换为表外业务，可以逃避外汇管制、利率管制及税收限制

二、互换合约的实务操作

(一)货币互换合约

货币互换是指两个主体之间签订协议，交换两笔币种不同、现值相同的贷款本金和（或）相应利息，并约定在未来互相偿还。它是一种"场外"交易，没有固定的制式合同。货币互换的目的在于降低筹资成本以防止汇率变动风险造成的损失。

货币互换包括签订协议、交易、动用、归还等环节（如图 3-1 所示）。签订协议时，一般要明确双方货币互换意向,对未来交易额度进行承诺,此时无须进行表内记账。正式发起交易并进行实际动用时,才将动用金额记入表内。

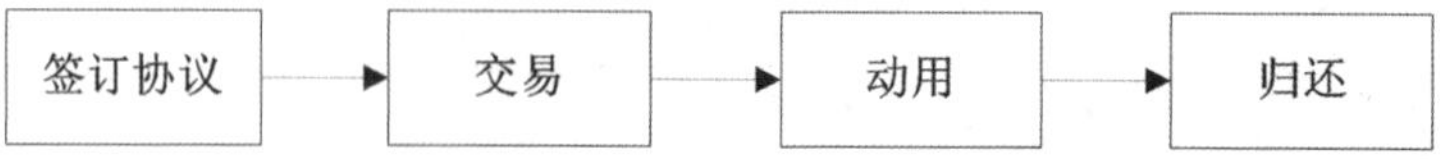

图 3-1　货币互换交易流程

以 1981 年世界银行和 IBM 之间的货币互换为例,双方签订的货币互换协议内容和步骤如表 3-2 所示。

表 3-2　世界银行和 IBM 的货币互换协议

互换步骤	协议内容
1.本金的初期交换	IBM 借入瑞士法郎,世界银行借入美元。世界银行将美元借款提供给 IBM,IBM 将瑞士法郎提供给世界银行。相当于两个机构以自身优势取得借款,并交付给对方 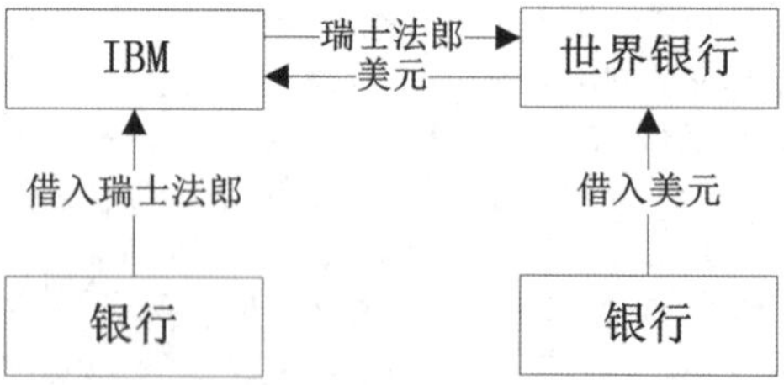
2.利息互换	确定交换货币的汇率和交换利息率。汇率一般采用即期汇率,利息率的确定则需要以各自取得贷款的利率为基础进行协商。世界银行将瑞士法郎利息提供给 IBM,而 IBM 则将美元利息提供给世界银行 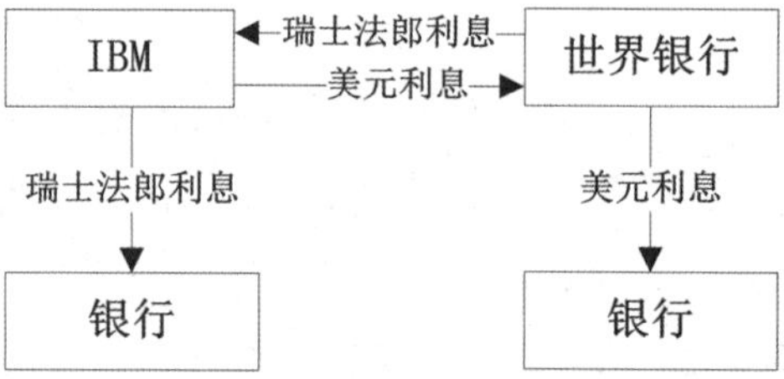
3.到期日赎回本金	互换到期时,交易双方分别以最初的汇率再一次交换本金 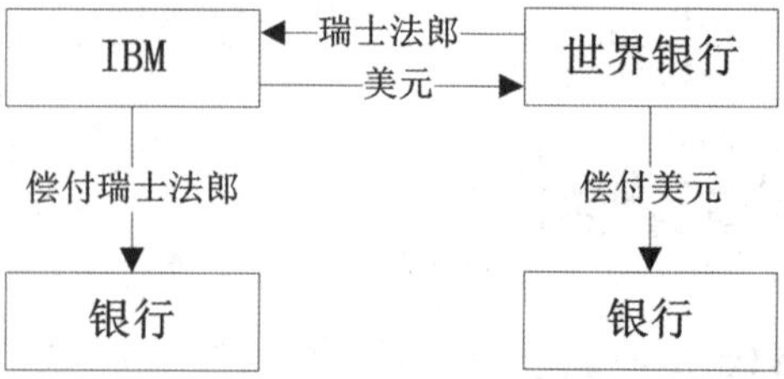

【例 1】以英镑和美元的固定利率借款为例来阐释基本的货币互换的交易策略机理。假定英镑对美元汇率为 1 英镑＝1.5 美元。以美元为记账本位币的 C 公司想借入 5 年期的 1 000 万英镑借款,以英镑为记账本位币的 D 公司想借入 5 年期的 1 500 万美元借款。市场向它们提供的固定利率借款如表 3-3 所示(表中利率均为每年计一次复利的年利率)。

表 3-3　货币互换交易策略机理

1.双方比较优势	在各自筹资的情况下,C公司需要英镑,利息率为11.6%;D公司需要美元,利息率为10%

表 3-3-1　筹资成本与比较优势

	C公司	D公司	比较优势
筹措美元所负担的利息率	8%	10%	2%
筹措英镑所负担的利息率	11.6%	12%	0.4%

2.利用比较优势进行货币互换交易	C公司以其比较优势即优势较大的融资待遇(8%的美元利率)借入1 500万美元,D公司以其比较优势即劣势较小的融资待遇(12%的英镑利率)借入1 000万英镑。然后,双方先进行本金的交换(即C公司向D公司交付1 500万美元、换取1 000万英镑)

表 3-3-2　利用优势进行货币互换

	C公司	D公司	比较优势
筹措美元所负担的利息率	8%	10%	2%
筹措英镑所负担的利息率	11.6%	12%	−0.4%

3.互换利益	互换利益＝互换前的融资成本－互换后的融资成本＝(11.6%＋10%)－(8%＋12%)＝1.6% 注:由于汇率为1英镑＝1.5美元,即1 500万美元与1 000万英镑为等值货币,因此可以做上述抽象化的计算

4.约定互换利益的分享比例	双方通过谈判决定各自对互换利益的分享比例,假定二者商定C公司分享1%,D公司分享0.6%,则各自的实际筹资成本可计算如下: C公司使用的英镑的实际筹资成本＝无互换时独自筹资的成本－分享的互换利益＝11.6%－1%＝10.6% D公司使用的美元的实际筹资成本＝无互换时独自筹资的成本－分享的互换利益＝10%－0.6%＝9.4%

5.计算互换结算差额

表 3-3-3　互换结算差额的计算

		C公司想要英镑	D公司想要美元
无互换时的筹资成本 (本金×利息率)		1 000万英镑×11.6%	1 500万美元×10%
互换	按照比较优势筹资所负担的筹资成本	1 500万美元×8%	1 000万英镑×12%
	收到的互换利息差额	待求解(倒挤)	待求解(倒挤)
	互换后净筹资成本	1 000万英镑×10.6%	1 500万美元×9.4%
通过互换节省的筹资成本		0.8%	0.8%

按照比较优势筹资所负担的筹资成本－收到的互换利息差额＝互换后的净筹资成本
C公司收到的利息差额＝15 000 000×8%－10 000 000×10.6%×1.5＝－390 000(美元)
D公司收到的利息差额＝10 000 000×12%×1.5－15 000 000×9.4%＝390 000(美元)
C公司每年应付给D公司39万美元(或26万英镑)。互换交易终止时,双方交换本金后予以清偿即可

(二)利率互换合约

利率互换又称利率调换、利率掉期,是指双方在合同中约定在未来的一定期限内基于同种货币的同样的名义本金,交换根据约定算法计算的现金流,其中一方的现金流按照浮动利率计算,而另一方的现金流按照固定利率计算。互换的期限通常在 1 年以上。双方进行利率互换的主要原因是各自在固定利率和浮动利率市场上具有比较优势。若某一方无论是借固定利率借款还是借浮动利率借款均占优势,则其比较优势是指"优势较大"的融资方式。反之,若某一方无论是借固定利率借款还是借浮动利率借款均处于劣势,则其比较优势是指"劣势较小"的融资方式。由于合约中所交换的是同种货币,一般不伴随本金的交换,因此利率互换的信用风险很小。

【例 2】假定 A 公司和 B 公司的信用等级不同,则市场提供的利率条件也不同。两家公司都想借入两年期的 1 000 万元的某种货币。其中,A 公司想借入基于 6 个月 LIBOR (LIBOR 为伦敦银行同业拆借利率)的浮动利率借款(即每隔 6 个月,根据最新的 6 个月 LIBOR 重新确定浮动利率),B 公司想借入固定利率借款。双方的利率互换交易策略机理如表 3-4 所示。

表 3-4 利率互换交易策略机理

1.双方比较优势	在各自筹资的情况下,A 想借入基于浮动利率的借款,B 想借入固定利率的借款,双方的筹资成本和比较优势如表 3-4-1 所示,表中的利率均为一年计一次复利的年利率 表 3-4-1　筹资成本与比较优势			
		A 公司	B 公司	比较优势
	固定利率	6%	7%	1%
	浮动利率	6 个月 LIBOR+0.6%	6 个月 LIBOR +1%	0.4%
2.利用比较优势进行货币互换交易	A 公司以其比较优势(6%的固定利率)借入 1 000 万元,B 公司以其比较优势(6 个月 LIBOR+1%的浮动利率)借入 1 000 万美元 表 3-4-2　利用比较优势进行利率互换			
		A 公司	B 公司	比较优势
	固定利率	6%	7%	1%
	浮动利率	6 个月 LIBOR+0.6%	6 个月 LIBOR +1%	−0.4%
3.互换利益	互换利益=互换前的融资成本−互换后的融资成本=[7%+(6 个月 LIBOR+0.6%)]−[6%+(6 个月 LIBOR+1%)]=0.6%			
4.约定互换利益的分享比例	假定它们基于各自的信用等级,决定按照 2∶1 分享互换利益(即 A 公司享有 0.4%,B 公司享有 0.2%),则交易双方通过互换交易所实现的实际筹资成本为: 互换后 A 公司的实际筹资成本=无互换时独自筹资的成本−分享的互换利益=(6 个月 LIBOR+0.6%)−0.4%=6 个月 LIBOR+0.2% 互换后 B 公司的实际筹资成本=无互换时独自筹资的成本−分享的互换利益=7%−0.2%=6.8%			

续表

	按照比较优势筹资所负担的筹资成本－收到的互换利息差额＝互换后的净筹资成本 A 公司收到(或支付)的金额＝$10\,000\,000 \times 0.5 \times [6\% - (6 个月 LIBOR + 0.2\%)] =$ $10\,000\,000 \times 0.5 \times (5.8\% - 6 个月 LIBOR)$ B 公司收到(或支付)的金额＝$10\,000\,000 \times 0.5 \times [(6 个月 LIBOR + 1\%) - 6.8\%] =$ $10\,000\,000 \times 0.5 \times (6 个月 LIBOR - 5.8\%)$
5.计算互换 结算差额	

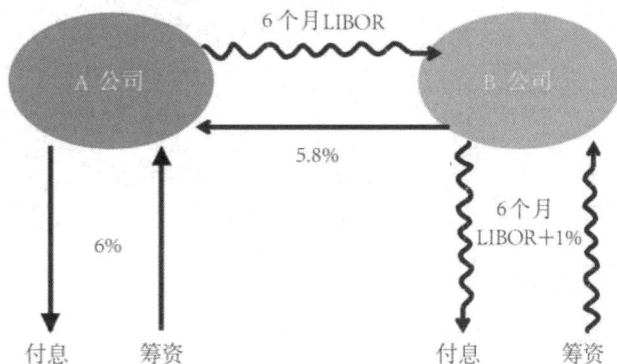

(三)股权互换合约

　　股权互换是指互换双方达成协议,在一定时期内,将与某一股票指数变动挂钩的支付与某一以短期利率指数或事先确定的利率指数或另一种股票指数为基础的支付进行互换。典型的方式是:互换中"股票指数"一方的支付与股票或股票指数收益联系在一起;而"利率一方"的支付则一般以一个浮动利率指数如 LIBOR 为基础,但也可能确定为固定利率。在这种互换交易中,双方的支付以名义本金金额为基础,并不发生本金的实际交换,以此来达到管理风险的目的。

　　在一个股权互换中,交易对方至少有一方支付由某只股票或股指收益决定的现金流,而另一方支付的现金流可以由固定利率、浮动利率或另一只股票或股指收益决定。据此,可以将股权互换分为以下三种主要类型(如表 3-5 所示):股权收益——固定利率的股权互换、股权收益——浮动利率的股权互换、股权收益——另一股权收益的股权互换。

表 3-5　股权互换合约类型

股权互换类型	互换合约
股权收益——固定利率的 股权互换	A 公司与互换期货商协定互换合约,约定 A 向互换交易商支付 5% 的固定利率,同时收入 S&P500 指数收益,交换金额由名义本金 200 万美元计算决定
股权收益——浮动利率的 股权互换	A 公司与互换期货商协定互换合约,约定支付 90 天美元 LIBOR 利率,收入 S&P500 指数收益,交换金额由名义本金 200 万美元计算决定

续表

股权互换类型	互换合约
股权收益——另一股权收益的股权互换	美国某大学最近收到一笔 VAMA 公司 10 万股份的捐赠，VAMA 公司是该校一名毕业生创建的。这笔捐赠市价 60 万美元。学校认为这笔捐赠的组合风险太集中，考虑把风险分散，但若把捐赠卖出会冒犯捐赠人，所以学校决定进入一个股权互换：在这个互换中，学校支付 VAMA 股权收益，收入 Russell 3000 指数收益。互换的另一方是互换交易商。通过这样的互换，学校既保留了 VAMA 公司的股份，不致冒犯 VAMA 公司，又分散了组合风险

(四)商品互换合约

商品互换即是商品价格互换。商品互换是一方交付另外一方浮动商品的价格乘以名义数量，而由另外一方收到固定商品的价格乘以名义数量(但通常取其差价)。商品互换本身并不互换商品，其目的是要规避商品价格波动所带来的风险。最早的商品互换，是由美国大通银行在 1986 年所订立的交易合约。

【例 3】中国石油每年需由原油市场以浮动油价进口大量原油，所以原油是中石油的一项最重要的成本，因此原油价格的波动将会造成中国石油成本的变动。为了规避原油价格波动带来的风险，中国石油可以借由国外的原油期货来规避此风险，也可以借由商品互换合约来规避油价的风险。譬如，中国石油可以找一家互换银行(如花旗银行)，彼此约定每半年中国石油将固定的原油价格或是平均 6 个月的油价，乘以某一约定的名义数量(譬如 1 万桶)的金额交给花旗银行，同时从花旗银行收到浮动原油价格乘以名义数量(一般是采用结算差价)的金额。因此，不论现货原油价格的波动如何，中国石油可以借商品互换来规避原油价格波动的风险，其互换过程如图 3-2 所示。中国石油支付固定油价给花旗银行，并从花旗银行收到浮动油价，再以浮动油价到原油市场购入原油。最后中国石油所支付的原油价格为固定油价，从而规避了原油价格波动的风险。

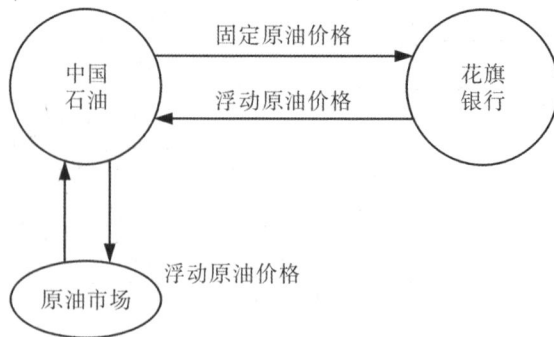

图 3-2　商品互换

商品互换其实可以视为多期的远期商品合约。譬如上述中国石油的例子,假设中国石油和花旗银行所做的互换期限为 5 年,每半年互换油价,那么就可以看成是 10 个远期油价合约,期限分别从半年到 5 年。不同的是在互换合约中,10 期所支付的原油价格是相同的,但是在一连串的远期原油合约中,每一个远期油价的价格可能不一样。

第二节　风险管理典型案例分析：美联储和中国的货币互换实践

一、美联储货币互换背景

(一)布雷顿森林体系时期

布雷顿森林体系时期的国际货币体系是以黄金为基础,以美元作为最主要的国际储备货币,美元直接与黄金按固定比例挂钩。但从 20 世纪 50 年代后期开始,随着美国经济竞争力逐渐减弱,其国际收支开始趋向恶化,出现了全球性"美元过剩"的情况,各国纷纷抛出美元以兑换黄金,美国黄金开始大量外流。为了阻止黄金储备的流失,1962 年 5 月,美联储同法国央行签订首个双边互换协议,到 1962 年年底,美联储已经与其他 8 家央行达成总额为 20 亿美元的货币互换安排;到 1967 年 5 月底,美联储已同 14 家中央银行和国际清算银行签订货币互换协议。这个时期,美联储利用货币互换工具主要是为了进行市场干预,用互换资金购入其他中央银行所持有的美元,以避免这些中央银行向美联储提出兑换黄金的要求,其主要目的在于防止黄金储备流失。

(二)布雷顿森林体系解体后

在布雷顿森林体系崩溃之后,美联储使用货币互换工具主要是为了保持美元币值稳定和维持其他国家持有美元资产的信心。布雷顿森林体系崩溃后,国际货币体系进入所谓的"无体系的体系"时代。在这一货币体系中,美元仍是中心货币,占据着主导地位。美联储已不再面临其他中央银行以美元兑换黄金的压力,保持美元币值稳定和维持其他国家持有美元资产的信心成为美联储的主要任务。为了避免其他国家央行群体性、大规模地抛售美元资产,美联储再次与其他国家央行签订了货币互换协议。20 世纪 70 年代到 90 年代中期,美联储对外签订的货币互换协议金额由期初的 200 亿美元上升到期末的 300 多亿美元。美联储利用与其他中央银行的货币互换协议所得资金购入其他中央银行持有的美元,以达到稳定美元币值和维持他国央行持有资产信心的目的。

(三)特殊事件时期

美国"9·11"事件后,除了事件造成的直接损失外,投资者和消费者的信心受到了前所未有的打击,美元大幅贬值、股市暴跌和石油等战略物资价格迅速上涨,并快速波及欧洲、亚洲等主要金融市场。为防止金融市场巨幅动荡,迅速恢复金融市场和商品市场投资者的信心,防止冲击事件效果的蔓延扩散,美联储紧急与欧盟央行、英格兰银行和加拿大央行签订临时性货币互换协议。

二、货币互换工具在金融危机中发挥作用

在 2008 年金融危机发生前的几年里,与美国金融市场联系紧密的主要经济体国家的金融机构的资产负债表内外拥有大量的美元资产,这些银行的外汇风险显著上升。以欧洲银行为例,据统计资料,从 2000 年至 2007 年的 7 年间,欧洲银行的美元资产风险暴露占到银行外汇风险增加额的一半。欧洲银行美元资产的主要来源有:货币市场资金约 6 000 亿美元～1 万亿美元,货币市场资金来源是其美元资产的主要渠道,货币当局约 5 000 亿美元,外汇掉期市场约 7 000 亿美元。同时还有大量的银行间拆借、欧洲银行在美国设立金融分支机构的美元资金及其他来源。值得关注的是,欧洲银行的表外还大量投资了一些高利率、美元结构性金融创新产品,资产也大部分来源于短期美元资金融资,这可能是欧洲金融机构美元资产风险暴露进一步恶化的关键。这些资产中的绝大部分来源于短期批发市场,而短期批发市场的资金供给状况在遇到外部极端因素冲击的情况下,极易引发金融机构的短期美元融资链断裂。

2007 年美国次贷危机爆发以后,特别是随着危机蔓延和雷曼兄弟倒闭,信贷萎缩和流动性短缺问题升级演变成为广泛的金融体系性问题。到 2008 年夏季,几乎所有的美元资金来源都变得极度紧张,尤其是美元离岸市场、欧洲美元(Eurodollar)市场和外汇掉期市场美元融资的市场压力巨大,导致美元市场融资成本快速上升,美元短期融资市场的隔夜指数掉期利率(overnight indexed swap,OIS)和伦敦银行同业拆借利率(london inter bank offered rate,LIBOR)快速上涨,于 2008 年 9 月达到了历史最高水平。在美元短期市场融资成本高企的情况下,为了获得更多的短期美元流动性支持,首先是从难以在短期市场获得美元融资的银行开始大规模地抛售美元资产,接着许多银行纷纷加入,各个银行出于快速获得美元流动性的目的,在出售资产时银行竞相压低美元资产价格,形成了美元市场价格不断向下的恶性循环,直到市场上没有银行愿意收购美元资产时为止,这就是所谓的市场美元流动性枯竭,此时金融市场必须要有外部干预力量才能逐步恢复市场的融资功能。

为阻隔金融危机的蔓延,给受危机影响的国家和地区提供流动性支持,尤其是为了给美国金融机构的海外分支机构以及海外美国企业提供流动性支持,美联储与其他央行签订货币互换协议,再次启动了货币互换工具。

2007 年 12 月,美联储与欧盟央行、瑞士央行签订了临时货币互换协议,后来陆续有 14 个国家央行与美联储签订了货币互换协议,互换总额从 2007 年的 2 400 亿美元增长到雷曼兄弟倒闭后的 6 200 亿美元,值得注意的是,在 2008 年 10 月中旬,美联储取消了欧洲中央银行、英格兰银行、瑞士央行和日本央行货币互换的规模限制,这意味着这 4 家央行可以获得任意规模的美元流动性。这些美元货币互换协议于 2010 年 2 月 1 日全部到期停止(具体情况如表 3-6 所示)。

表 3-6 2008 年金融危机发生后美联储与其他央行美元货币互换汇总表

日期	事件描述	美联储授权总额
2007/12/12	美联储与欧盟央行、瑞士国家银行分别签订了 200 亿美元和 40 亿美元的美元互换协议,协议期限为 6 个月	240 亿
2008/3/11	欧盟央行和瑞士国家银行的额度分别扩大到 300 亿美元和 60 亿美元	360 亿
2008/5/2	欧盟央行和瑞士国家银行的额度分别扩大到 500 亿美元和 120 亿美元,协约期限展期至 2009 年 1 月 30 日	620 亿
2008/7/30	欧盟央行额度扩大至 550 亿美元	670 亿
2008/9/18	欧盟央行和瑞士国家银行的额度分别扩大至 1 100 亿美元和 270 亿美元。美联储与日本银行、英国央行、加拿大央行分别签订了额度为 600 亿美元、400 亿美元和 100 亿美元的互换协议	2 470 亿
2008/9/24	美联储与澳大利亚储备银行、丹麦央行、瑞典央行和挪威央行分别签订了 100 亿美元、50 亿美元、100 亿美元和 50 亿美元的互换协议	2 770 亿
2008/9/26	欧盟央行和瑞士国家银行的额度分别扩大到 1 200 亿美元和 300 亿美元	2 900 亿
2008/9/29	各央行的额度分别扩大为:欧盟央行 2 400 亿美元,瑞士国家银行 600 亿美元,加拿大央行 300 亿美元,英国央行 800 亿美元,日本央行 1 200 亿美元,丹麦央行 150 亿美元,挪威央行 150 亿美元,澳大利亚储备银行 300 亿美元,瑞典央行 300 亿美元,协议期限扩展至 2009 年 4 月 30 日	6 200 亿
2008/10/13	欧盟央行、瑞士国家银行和英国央行的美元互换取消额度限制	
2008/10/14	日本央行的美元互换限额取消	
2008/10/28	新西兰储备银行申请 150 亿美元额度	
2008/10/29	巴西央行、墨西哥央行、韩国央行和新加坡货币管理局各申请 300 亿美元额度,于 2009 年 4 月 30 日被批准	
2009/2/3	所有互换协议延展至 2009 年 10 月 30 日	
2009/4/6	美联储与欧盟央行、瑞士国家银行、英国央行和日本央行签订协议,为美国金融机构提供外国货币流动性支持	
2009/6/25	所有互换协议延展至 2010 年 2 月 1 日	
2010/2/1	互换协议到期停止	

资料来源:美联储官方网站

三、中国人民银行货币互换工具实践

早在 2001 年,中国人民银行就首次同泰国银行(Bank of Thailand)签署了总额为 20

亿美元的货币互换协议。2008 年国际金融危机爆发后,中国吸取了亚洲金融危机的教训,及时应对可能出现的区域短期流动性困难,并妥善应对国际社会的援助要求,同时便利双边贸易和投资。2008 年 12 月到 2009 年 8 月,中国人民银行先后与韩国央行、香港金融管理局、马来西亚央行、印度尼西亚央行、白俄罗斯央行、阿根廷央行、冰岛央行和新加坡金融管理局签订了金额分别为 1 800 亿、2 000 亿、800 亿、1 000 亿、200 亿、700 亿、35 亿和 1 500 亿元人民币的双边本币互换协议,总金额为 8 035 亿元人民币,互换协议期限均为三年,同时规定如需延期,双方应再次协商(具体情况如表 3-7 所示)。

表 3-7　中国人民银行签署的双边货币互换协议汇总表

经济体	签署日期	金额	有效期
韩国	2008 年 12 月 12 日	1 800 亿人民币/38 万亿韩元	3 年
香港	2009 年 1 月 20 日	2 000 亿元人民币/2 270 亿港币	3 年
马来西亚	2009 年 2 月 8 日	800 亿元人民币/400 亿林吉特	3 年
白俄罗斯	2009 年 3 月 11 日	200 亿元人民币/8 万亿白俄罗斯卢布	3 年
印度尼西亚	2009 年 3 月 23 日	1 000 亿元人民币/175 万亿印尼卢比	3 年
阿根廷	2009 年 4 月 2 日	700 亿元人民币/380 亿阿根廷比索	3 年
冰岛	2010 年 6 月 9 日	35 亿元人民币/660 亿冰岛克朗	3 年
新加坡	2010 年 7 月 23 日	1 500 亿元人民币/300 亿新加坡元	3 年

资料来源:中国人民银行网站

　　中国人民银行实施货币互换工具主要出于以下几个目的:一是为了应对全球金融危机的巨大冲击,解决双边或区域的流动性紧张问题。2007 年美国次贷危机爆发后,迅速蔓延的国际金融危机引发了全球性流动性紧张问题,全球市场需求下降,汇率波动幅度异常,世界经济发展面临着前所未有的困难,这尤其给以外向型经济为主导的亚洲国家的对外贸易带来了巨大困难,出于稳定双边贸易和投资、防止金融危机的蔓延和冲击的目的,根据两国双边市场的需求,中国人民银行与有关国家和地区的货币当局签订了货币互换协议,货币互换工具的实施有效地防范了金融危机的冲击,同时也促进了双边贸易和投资。二是为加强国际金融合作,维护区域金融稳定。区域金融稳定尤其是中国周边国家的金融稳定对我国金融发展和对外贸易意义重大。在金融危机的巨大冲击下,中国周边许多国家由于大量短期美元资金快速撤离,金融市场流动性紧张问题日益突出,一些与我国签订边贸本币结算协议的国家也出现了支付困难,严重影响了中国与周边国家的商品和服务贸易,通过货币互换协议的实施,迅速稳定了双边贸易和投资,增强了中国与有关国家的金融国际合作,维护了区域金融市场的稳定。三是为实现人民币国际化战略创造条件。人民币国际化的前提条件是人民币必须得到国际社会的认可,而货币互换协议的实施,一定程度上说明人民币在国际区域市场上已经得到了认可,货币互换是推进人民币国际化的重要手段,也为深化其发展创造了良好条件。从中国与有关国家和地区签订的货币互换协议来看,为实现人民币国际化的战略目标,中国人民银行在不断地探索和试验。在阿根廷、马来西亚和印尼,人民币主要是在贸易中充当支付结算的角色;在白俄罗斯则将人民币作为储备货币;在韩国主要是帮助在华企业进行融资;在香港主要是为逐步形成人民币离岸市场,为未来外国金融机构发行人民币债券、吸引投资者更多配置人民币资产做准备。

当然,从目前中国人民银行货币互换工具的实践来看,其主要作用还在于稳定双边投资和贸易、解决短期流动性困难以及维护区域金融稳定,中国人民银行货币互换工具使用的国别范围和功能拓展值得进一步探讨和研究。

四、美联储货币互换工具实践的启示

通过比较分析中美两国央行货币互换工具的实践可见,美联储货币互换工具实践对拓展中国人民银行本币货币互换的功能和货币互换范围方面有一定的借鉴意义。

一是货币互换工具可成为中国人民银行紧急应对金融危机或金融市场受到外部极端事件冲击时的措施。在“9·11”事件及 2008 年金融危机爆发后,美联储迅速启动了美元货币互换工具,对防止意外事件引发金融市场巨大动荡,快速恢复市场信心,遏制信贷萎缩和短期流动性枯竭,防止此类事件的冲击效应延续和金融危机的继续扩散功不可没。2008 年金融危机爆发后,中国吸取了亚洲金融危机的教训,中国人民银行与有关国家央行签订了双边本币货币互换协议,这对维护双边投资和贸易、防范金融危机对我国和这些国家和地区的冲击起到了积极作用,同时进一步扩大了中国人民银行干预外汇市场的空间和范围。因此,货币互换工具一定程度上可以成为中国人民银行紧急应对金融危机或金融市场受到外部极端事件冲击时的措施之一。

二是货币互换工具可成为国与国之间进行宏观审慎管理国际合作的补充措施。2008年全球金融危机后,加强宏观审慎管理已经迅速成为各方共识。宏观审慎管理的目标在于维护整个金融体系的稳定,而维护区域金融稳定也是国际实施宏观审慎管理国际合作的领域和目标。在国与国之间的宏观审慎管理国家合作中,中国人民银行通过与我国投资、贸易紧密的国家和地区签订双边本币货币互换协议,可以起到便利双边投资和贸易,降低两国汇率波动风险,提高协议国应对国际短期投机资本冲击的能力,维护区域金融市场稳定,防范化解区域金融风险等积极作用。因此,货币互换工具可成为国与国之间进行宏观审慎管理国际合作的补充措施。

三是货币互换工具可成为人民币国际化战略的措施。对东亚、中亚甚至南美的新兴经济体国家或转型国家来说,实施双边本币货币互换除了满足其双边贸易需求和解决了双边短期流动性问题外,人民币正日渐成为这些国家认可的结算货币,甚至在白俄罗斯已经成为储备货币,这表明中国的贸易伙伴认可了人民币的地位和稳定性,从而给人民币走向国际化带来了良好的机遇。因此,中国人民银行应进一步扩大双边本币互换协议的国别范围。

四是货币互换工具可成为中国企业实现“走出去”战略的金融支持措施。为开拓市场空间,优化产业结构,获取经济资源,争取技术来源,突破贸易保护壁垒,转移过剩的生产能力,培育具有国际竞争力的大型跨国公司,推动和支持中国企业实施"走出去"战略是一种必然选择。中国企业在实施"走出去"战略的过程中,面临的风险之一是汇率的大幅波动,通过中国人民银行与其他国家央行签订双边本币货币互换协议,一定程度上可以消除汇率波动风险,稳定和扩大双边企业的投资和贸易,有力地支持了企业"走出去"战略的实施。因此,货币互换工具可成为我国企业实现"走出去"战略的金融支持工具。

五是货币互换工具可成为形成人民币离岸市场的措施。2008 年全球金融危机后,美联储与 14 家央行签订了货币互换协议,其中主要是欧洲国家,从货币互换总额上看,欧洲国家也占到了绝大部分,这一方面说明与美国紧密联系的欧洲金融市场受到危机的冲击较大,另一方面也说明了稳定欧洲美元离岸市场是美联储防止全球金融危机继续蔓延的关键环节。截至 2008 年年末,欧洲美元市场的美元存款约占到美国 M2 的一半,总额已经达到 4 万亿美元。由于对美国法律、政治、税收、准备金政策和风险的担心,70% 的非居民投资者所持有的美元在美国境外,90% 的非居民发行的美元债券利用离岸市场发行,可以说,没有美元的离岸市场,美元国际化程度远不可能达到现在的程度。美元离岸市场的经验表明,人民币离岸市场对于人民币国际化极其重要。中国人民银行可通过与香港金融管理局的双边本币互换协议,有意识、有步骤、有目标地逐步培养香港人民币离岸市场的形成和发展,为人民币国际化创造有利条件。

第三节 上市公司会计运用分析：万科利率互换套期保值案例

一、万科企业股份有限公司介绍

万科企业股份有限公司(000002.SH)成立于 1984 年,1988 年进入房地产行业,经过三十余年的发展,现已成为国内领先的房地产公司。2016 年首次跻身《财富》"世界 500强",位列榜单第 356 位。

关于万科的战略定位,主要经历了以下升级变迁历程:2012 年万科定位为"三好住宅供应商",2014 年升级为"城市配套服务商",2018 年 3 月万科在业绩发布会上宣布定位为"城乡建设与生活服务商"。对于万科战略定位变迁及内涵,万科提出要把握时代前进方向和行业发展方向,更加关注发展的质量,包括产品、服务的质量以及经营管理的质量。截至 2018 年年末,万科业务生态体系包括:租赁住房(泊寓累计获取超过 10 万间);万科物业(收入增长 67.3%);商业开发与运营(管理面积全国第二);物流仓储(参与普洛斯私有化,组建物流地产基金);养老(15 个城市,约 170 个项目);教育(全日制学校、城市营地、社区营地、户外营地);冰雪度假(2017/2018 雪季累计滑雪人次超过 50 万)。[①]

---

① 数据来源:万科官方微博。

万科销售情况变化如图 3-3 所示。

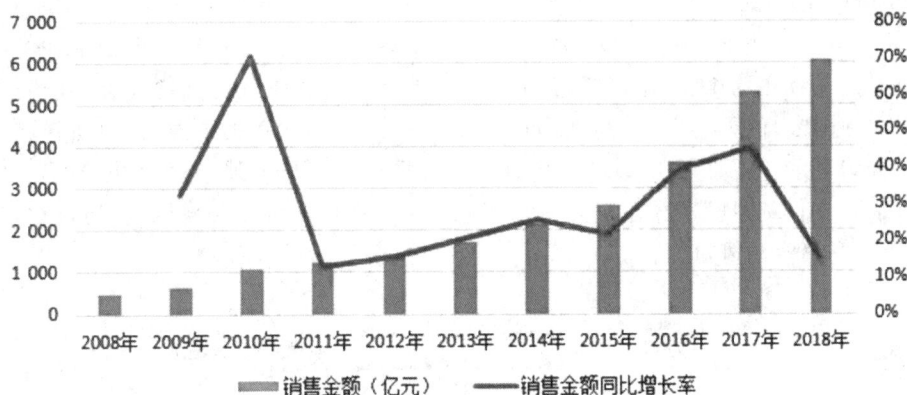

图 3-3　万科销售情况变化

数据来源：巨灵财经

二、万科利率互换合约

万科面临的利率风险主要来源于借款，按浮动利率获得的借款使万科面临现金流量利率风险。根据万科年报的利率敏感性分析，假定其他因素不变，利率每上升 50 个基点所引起的企业税后利润以及股东权益减少的金额，是针对在资产负债表日持有的、利率风险影响其现金流量的浮动利率非衍生工具，按年度估算利息费用和收入的变动额，其中采用利率互换合约对冲利率风险的借款未包括在内，各年的利率敏感性变动值如图 3-4 所示。

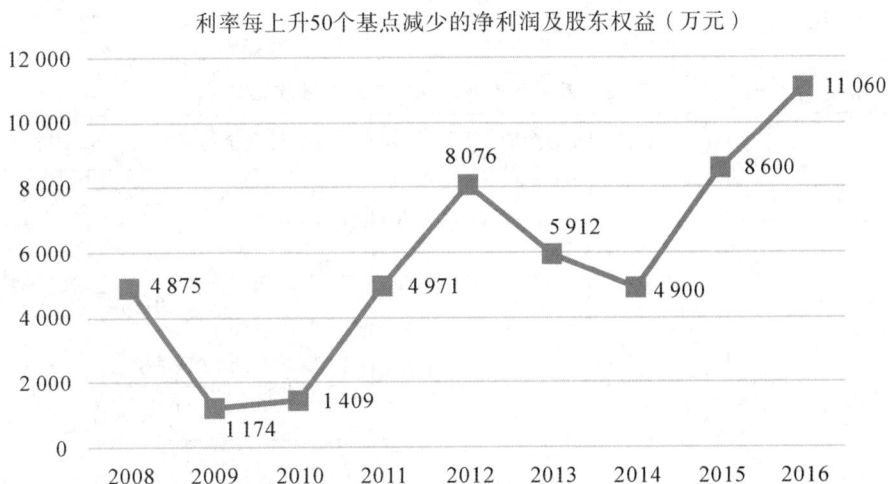

图 3-4　各年敏感性变动情况图

数据来源：万科年报

截至 2016 年年末,利率每上升 50 个基点将会导致集团净利润及股东权益减少人民币约 11 060 万元,是历年来的最高值。

2009 年 11 月 9 日,万科与中国银行(香港)签署了金额为 6 775 万美元的利率互换合约(IRS),合约期限为 1 年,中国银行(香港)按照浮动利率向万科支付利息,万科按照固定利率向中国银行(香港)支付利息,如图 3-5 所示。万科在年报中披露,"公司按照浮动利率向合约对手方收取利息,以向原借款方支付原借款方浮动利息,同时按照固定利率向合约对手方支付利息。"IRS 在相关美元及港元借款的期限和金额范围内,通过锁定远期利率,控制利率变动风险。

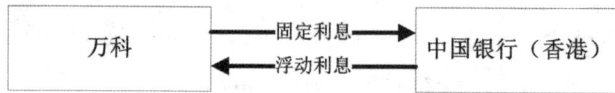

图 3-5　万科利率互换合约

根据万科最新年报披露,2016 年万科针对 3.61 亿美元及 50 亿港元的浮动利息借款签署了相对应的利率互换合约(IRS),公司按照浮动利率向合约对手收取利息,以向债权人支付其应收取的浮动利息,同时按照固定利率向合约对手支付利息,锁定利率变动产生的风险。

三、利率互换会计影响

(一)互换合约公允价值

2009 年至 2016 年,万科各年的利率互换合约金额如表 3-8 所示,报告期末利率互换合约(IRS)的公允价值参照同一到期日的产品的市场报价确定。

表 3-8　万科各年利率互换合约金额及比例

	利率互换合约金额(万元)	利率互换合约金额占期末净资产比例
2009 年	46 261.06	1.24%
2010 年	124 910.94	2.82%
2011 年	307 987.99	5.81%
2012 年	255 379.87	3.11%
2013 年	182 815.55	1.73%
2014 年	—	—
2015 年	—	—
2016 年	2 234.78	0.02%

数据来源:万科年报

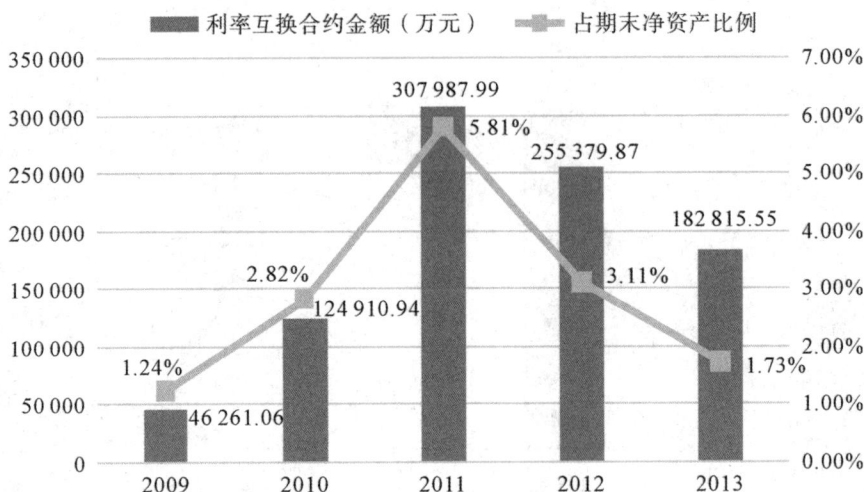

图 3-6　万科各年利率互换合约金额及比例

数据来源：万科年报

万科自 2009 年与中国银行（香港）签署利率互换合约以来，利率互换合约金额在 2011 年达到最大值约 30.80 亿元，2014 年和 2015 年无利率互换投资，2016 年针对美元 3.6117 亿元和港币 50 亿的浮动利率借款签订相应的利率互换合约。各年利率互换合约金额及比例如图 3-6 所示。

截至 2016 年，万科持有的衍生金融资产包括以公允价值计价的未到期的远期外汇合约（DF）及利率互换合约（IRS）形成的资产。其中，未到期的利率互换合约账面金额为人民币 0.22 亿元，未到期的远期外汇合约账面金额为人民币 4.36 亿元。利率互换合约用以规避浮动利率风险，万科共有 5 笔浮动利率借款，合计金额为美元 3.6117 亿元和港币 50 亿，等值人民币 7 013 558 037.00 元。

(二)损益影响

万科对互换合约采用套期会计方法进行计量，即在相同会计期间将套期工具和被套期项目公允价值变动的抵消结果计入当期损益。其中，被套期项目是指企业所面临的现金流量变动风险，且被指定为被套期对象的项目，具体指万科所面临的外汇风险和利率风险。

万科互换合约属于现金流量套期，即对现金流量变动风险进行的套期。会计核算上，对套期工具利得或损失中属于有效套期的部分，将其计入股东权益，并单列项目反映(其他综合收益)；对于套期工具利得或损失中属于无效套期的部分，计入当期损益。有效套期部分的金额为下列两项绝对额中的较低者：(1)套期工具自套期开始的累计利得或损失；(2)被套期项目自套期开始的预计未来先进流量现值的累计变动额。图 3-7 显示 2009—2013 年利率互换合约产生的报告期损益情况。

2016 年，利率互换合约(IRS)在持有期间的公允价值变动对公司报告期内无损益影响。万科将符合套期会计要求的远期外汇合约及利率互换合约公允价值变动确认为其他综合收益。2016 年利率互换合约公允价值变动披露如表 3-9 所示。

利率互换合约报告期损益（万元）

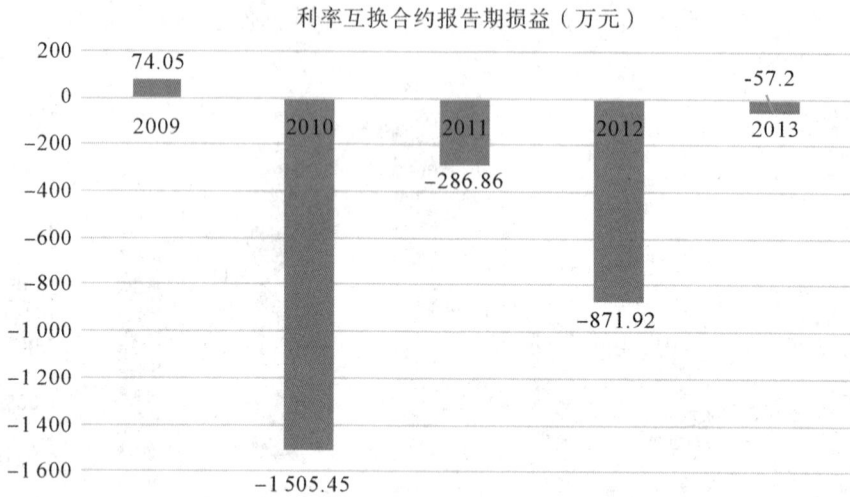

图 3-7　2009—2013 年利率互换合约报告期损益图

数据来源：万科年报

表 3-9　2016 年利率互换合约公允价值变动披露

	现金流量套期损益的有效部分（元）
归属于母公司股东的其他综合收益年初余额	14 527 216.16
本年发生额	
（1）加：本年所得税前发生额	177 885 654.77
（2）减：前期计入其他综合收益当期转入损益	（42 496 731.37）
税后归属于母公司	220 382 386.14
税后归属于少数股东	—
归属于母公司股东的其他综合收益年末余额	234 909 602.30

数据来源：万科年报

第四章

期货风险管理与会计运用

引　导

　　假设你是一位小麦种植者,你和经销商签订小麦销售合同,约定在未来某个时间以一定的价格向经销商销售小麦。但你担心在未来小麦市场行情好转的情况下,会丧失应得利润,于是你通过在期货市场建立相反风险的头寸,即买入小麦期货来抵消价格风险。当未来小麦价格上涨时,期货合同的盈利可以补偿现货市场丧失的应得利润;当未来小麦价格下跌时,现货市场多得的利润和期货合同的亏损总额仍为初始签订合同的金额。期货合约的产生是为了对冲现货市场的价格风险,随着期货市场的发展,期货合约也成为投机者和套利者的盈利工具。

第一节　主要知识点

一、期货合约的基础概念和特点

期货合约的基础概念和特点如表 4-1 所示。

表 4-1　期货合约的基础概念和特点

含义	期货合约(futures contract)是指协议双方同意在约定的将来某个日期按约定的条件(包括价格、交割地点、交割方式)买入或卖出一定标准数量的某种金融工具的标准化协议
相关概念	保证金：买卖双方需支付保证金给经纪商，用以担保履约； 买空：即多头交易，看涨价格并买入期货合约； 卖空：即空头交易，看跌价格并卖出期货合约； 开仓：多头或空头进行下单买卖； 持仓：在实物交割到期之前，投资者没有作交割月份和数重相等的逆向操作(买入或卖出)，持有期货合约； 平仓：开立一个与初始交易相反的头寸结算原先所做的新单； 实物交割：期货合约的买卖双方在合约到期时，根据交易所制订的规则和程序，通过期货合约标的物的所有权转移，将到期未平仓合约进行了结的行为； 现金交割：是指到期未平仓期货合约进行交割时，用结算价格来计算未平仓合约的盈亏，以现金支付的方式最终了结期货合约的交割方式； 头寸限额：指一个投机者最多可以持有的合约数量； 买入套保：指通过期货市场买入期货合约以防止因现货价格上涨而遭受损失的行为； 卖出套保：指通过期货市场卖出期货合约以防止因现货价格下跌而造成损失的行为
交易特点	(1)合约标准化：期货交易是通过买卖期货合约进行的，而期货合约是标准化的。 (2)交易集中化：期货交易必须在期货交易所内进行，期货交易所实行会员制，是一个高度组织化的市场，并且实行严格的管理制度。 (3)双向交易和对冲机制：双向交易即期货交易者既可以买入期货合约作为期货交易的开端(买入建仓)，也可以卖出期货合约作为交易的开端(卖出建仓)，即"买空卖空"；对冲机制是通过与建仓时交易方向相反的交易来解除履约责任，即买入建仓之后可以通过卖出相同合约的方式解除履约责任，卖出建仓后可以通过买入相同合约的方式解除履约责任。 (4)杠杆机制：期货交易中买方和卖方必须按照期货合约价值的一定比率缴纳资金，用于结算和保证履约，期货交易具有杠杆性。 (5)每日无负债结算制度：期货交易实行每日无负债结算制度，在每个交易日结束后，对交易者当天的盈亏状况进行结算，在不同交易者之间根据盈亏进行资金划转。如果交易者亏损严重，保证金账户资金不足时，则要求交易者必须在下一日开市前追加保证金，以做到"每日无负债"
分类	根据标的资产的不同，期货交易可分为商品期货(玉米、生猪、棉纱、金属期货等)和金融期货(外汇、利率和估值期货等)

二、期货合约的实务操作

(一)期货交易的规范和流程

期货交易是指在期货交易所内集中买卖期货合约的交易活动,是一种高度组织化的交易方式,对交易对象、交易时间、交易空间等方面都有较为严格的规定,期货交易的对象是标准化的期货合约。

期货市场上的主体构成包括期货交易者、期货中介机构和期货交易所。期货交易者是指参与期货交易的主体,是期货交易盈亏的直接承担者,包括套期保值者、投机者和套利者;期货中介机构是连接期货投资者和期货交易所的中介者,包括经纪商和期货商;期货交易所是进行集中公开的期货合约买卖的场所,主要提供交易的场所、设施和服务,制定期货交易规则、组织并监督交易等。

对于初次进入期货市场的交易者而言,要进行期货交易需要经历开户、下单、竞价、成交、结算和交割等环节,其中交割非必经环节。期货交易流程如图 4-1 所示。

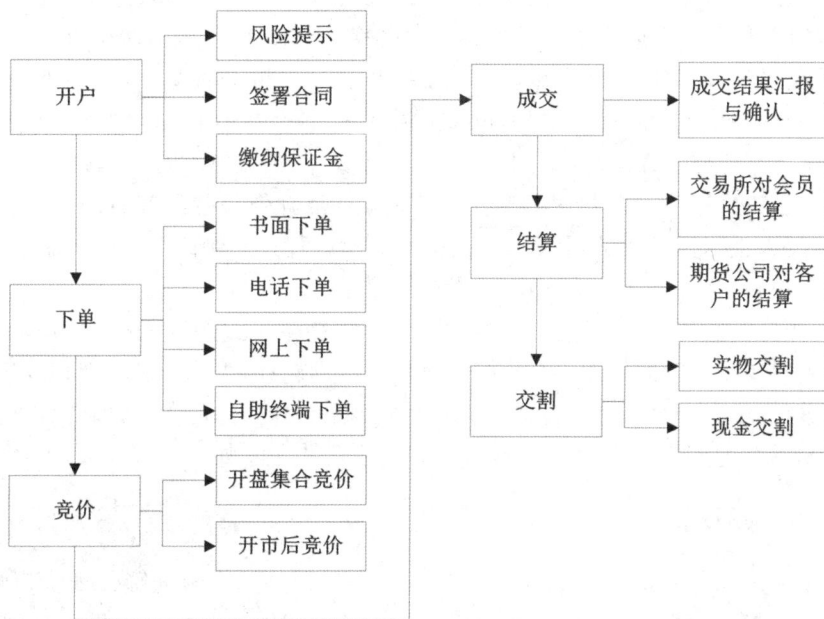

图 4-1　期货交易流程

(1)开户:投资者需要选择期货公司,期货经纪公司在接受客户开户申请时,向客户出具《风险揭示声明书》和《期货交易规则》,向客户说明期货交易的风险和交易规则,双方须签署《期货经纪合同》。客户在经纪公司中开设期货账户和资金账户,并在建仓时存入保证金账户的最低履约保证金(初始保证金)。

(2)下单:客户在每笔交易前向期货经纪公司业务人员下达交易指令,说明拟买卖合约的种类、数量、价格等行为。交易指令的内容一般包括：期货交易的品种、交易方向、数量、月份、价格、日期及时间、期货交易所名称、客户名称、客户编码和账户、期货经纪公司和客户签名等。客户可以通过书面、电话、网上和自助终端进行下单。

（3）竞价：我国期货竞价分为开盘集合竞价和开市后竞价交易两部分。开盘集合竞价在某品种某月份合约每一交易日开市前 5 分钟内进行，其中前 4 分钟为期货合约买、卖指令申报时间，后 1 分钟为集合竞价撮合时间，开市时产生开盘价；开市后竞价是指在开市后，计算机撮合系统将根据不同指令，设置不同竞价程序和规则，以确定该指令能否成交以及成交的价格和数量。国内期货交易所计算机交易系统的运行，一般是将买卖申报单以价格优先、时间优先的原则进行排序。当买入价大于、等于卖出价则自动撮合成交，撮合成交价等于买入价（bp）、卖出价（sp）和前一成交价（cp）三者中居中的一个价格。

（4）成交结果回报和确认：当客户的交易指令在交易所计算机系统中撮合成交后，出市代表应将成交结果反馈回期货经纪公司，期货经纪公司将成交结果记录在交易单上并打上时间戳记返还给客户代理人，再由客户代理报告给客户。成交回报记录包含内容：交易方向、成交手数、成交价格、成交回报时间等，由客户对交易结果进行确认。

（5）结算：结算分为交易所对会员的结算与期货公司对客户的结算。在每日交易结束后，交易所按当日结算价结算所有合约的盈亏、交易保证金、手续费、税金等费用，对应收应付的款项同时划转，相应增加或减少会员的结算准备金；期货公司在闭市后向客户发出交易结算单，当每日结算后，客户保证金低于期货交易所规定的保证金水平时，期货公司按照期货经纪合同约定的方式通知客户追加保证金，若客户不能按时追加保证金的，期货公司应当将该客户部分或全部强行平仓，直至保证金余额能够维持其剩余头寸。保证金通常为期货合约价格的 5%～10%，期货市场价格的涨跌使得交易者的投资收益率（亏损率）成倍地放大，因此保证金制度使得期货交易具有杠杆性。保证金制度的流程如图 4-2、图 4-3 所示。

（6）交割：期货交割是促使期货价格和现货价格趋于一致的制度保证，分为实物交割和现金交割。实物交割即是期货合约标的物所有权的转移，需由会员代理，并以会员名义在交易所进行；现金交割即是通过结算价来计算未平仓合约的盈亏，以现金支付的方式最终了结期货合约。

(二)期货交易策略

套期保值是期货交易的基本功能之一，通过期货市场的交易来降低现货市场价格波动的风险。以煤炭生产企业及其下游需求企业为例，说明交易者执行期货合约的套期保值策略。

【例 1】卖出套期保值策略

4 月下旬，大同某煤矿发热量为 23.027 MJ/kg 的弱黏煤坑口价为 480 元/吨。该煤矿认为，未来两个月随着气温转暖，水电增加，煤炭市场将进入消费淡季，加之经济不景气且煤炭产能过剩，煤炭价格或出现明显下滑。为保证利润，该煤矿在期货主力合约卖出 9 月到期的 10 万吨动力煤期货合约，当前价格为 500 元/吨。6 月下旬，煤炭价格如预期一样大幅下滑，动力煤现货价格跌至 450 元/吨，而动力煤期货 9 月合约价格跌至 460 元/

```
融资买入 ───▶ 非标的证券 ───▶ 无效委托


标的证券 ───▶ 交易系统检测账户  ─不足▶ 无效委托
              中保证金可用余额
                  │
                 满足
                  ▼
              融资买入成交 ─股价上涨─▶ 协议期内持有
                  │
               股价下跌
                  ▼
发送追加保证  ◀─── 保证金比例跌
金通知              破维持担保线
   │
   ▼
投资者在规定   ─不足─▶ 强制平仓至警戒  ───▶ 余额继续持有或
时间内追加保           线或全部平仓           被继续追索
证金到警戒线
   │
  满足
   ▼
继续持有
```

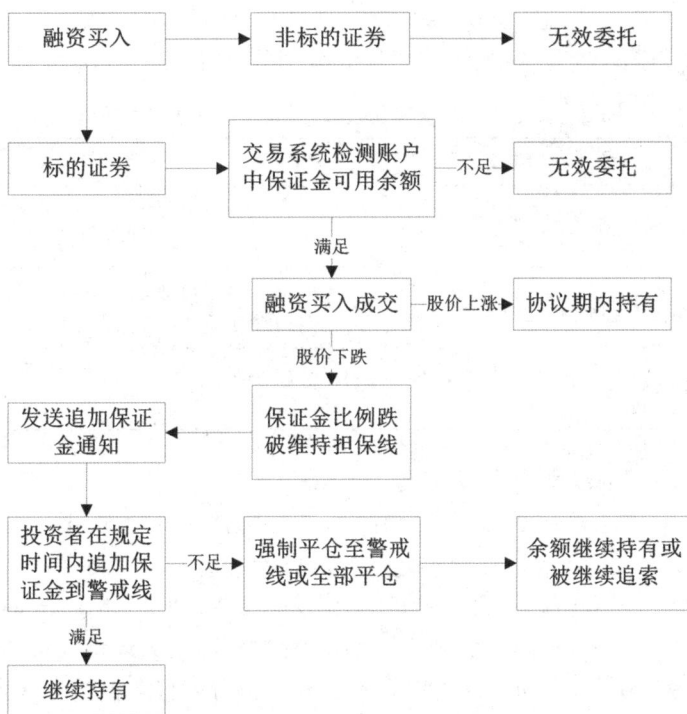

图 4-2 买空交易保证金制度流程规范

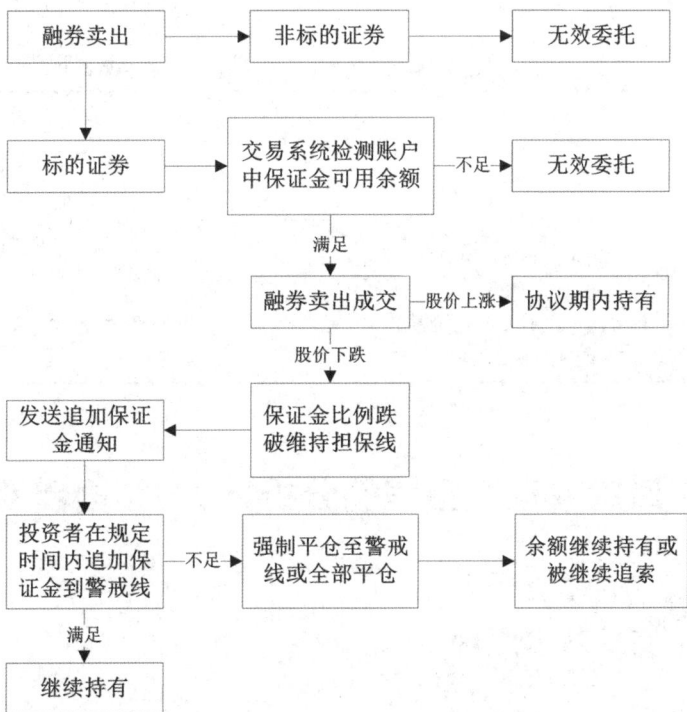

```
融券卖出 ───▶ 非标的证券 ───▶ 无效委托


标的证券 ───▶ 交易系统检测账户  ─不足▶ 无效委托
              中保证金可用余额
                  │
                 满足
                  ▼
              融券卖出成交 ─股价上涨─▶ 协议期内持有
                  │
               股价下跌
                  ▼
发送追加保证  ◀─── 保证金比例跌
金通知              破维持担保线
   │
   ▼
投资者在规定   ─不足─▶ 强制平仓至警戒  ───▶ 余额继续持有或
时间内追加保           线或全部平仓           被继续追索
证金到警戒线
   │
  满足
   ▼
继续持有
```

图 4-3 卖空交易保证金制度流程规范

吨。此时,企业将 10 万吨现货卖掉,并同时将期货平仓出局,卖出买入保值操作效果如表4-2 所示,通过动力煤套期保值操作,用期货市场盈利冲销了现货市场亏损。

表 4-2　卖出买入保值操作效果(手续费等交易成本另计)

时间	现货市场	期货市场
4 月下旬	动力煤价格 480 元/吨	卖出 500 手 9 月动力煤期货合约,价格 500 元/吨
6 月下旬	卖出 10 万吨动力煤,价格 450 元/吨	买入 500 手动力煤 9 月期货合约,实现期货平仓,价格 460 元/吨
保值效果	6 月下旬比 4 月下旬卖出价低了 30 元/吨(少盈利 300 万)	期货市场单价盈利 40 元/吨,盈利 400 万元

【例 2】买入套期保值策略

2013 年 10 月,某电厂或水泥厂认为当下动力煤价格比较合理,但担心后期煤炭价格可能会继续上涨,而现阶段仓库库容不允许加大采购。因此,该企业可以利用期货市场目前的价格进行囤货。2013 年 10 月 9 日,环渤海发热量为 23.027 MJ/kg 的动力煤价格为525 元/吨,随着后期消费旺季来临,加之大秦铁路检修等,动力煤市场可能出现需求好转现象。于是,企业利用 1401 动力煤期货买入 5 万吨动力煤套期保值。一个月后,煤炭价格如期上涨。此时企业买入 10 万吨现货动力煤,并同时将期货平仓出局,买入卖出保值操作效果如表 4-3 所示,通过在期货市场买入套期保值,用期货市场 200 万元的盈利部分弥补了现货市场 150 万元的亏损。

表 4-3　买入卖出保值操作效果(手续费等交易成本另计)

时间	现货市场	期货市场
10 月 9 日	动力煤价格 525 元/吨	买入 200 手动力煤 1401 期货合约,价格 540 元/吨
11 月 9 日	买入 5 万吨动力煤,价格 555 元/吨	卖出 200 手动力煤 1401 期货合约平仓,价格 580 元/吨
保值效果	11 月上旬比 10 月初买入价高出 30 元/吨(采购成本增加 150 万)	期货市场单价盈利 40 元/吨,盈利 200 万元

第二节　风险管理典型案例分析:"327"国债期货事件

一、国债期货交易基本原理

国债期货是利率期货的一个主要品种,是指买卖双方通过有组织的交易场所,约定在未来的特定时间内,按预先确定的价格和数量进行券款交收的国债交易方式。

国债是由国家发行的债券,是中央政府为筹集财政资金而发行的、承诺在一定时期支付利息和到期偿还本金的债权债务凭证。自1981年财政部恢复发行国债至今,中国国债市场规模增长迅速。2016年我国国债发行额为30 665.8亿元,现券交易量(即不包括回购的国债交易额)为126 267.11亿元,是近十年的最高值。2007—2016年我国国债的发行额和增长率、现券交易量和增长率分别如图4-4、图4-5所示。

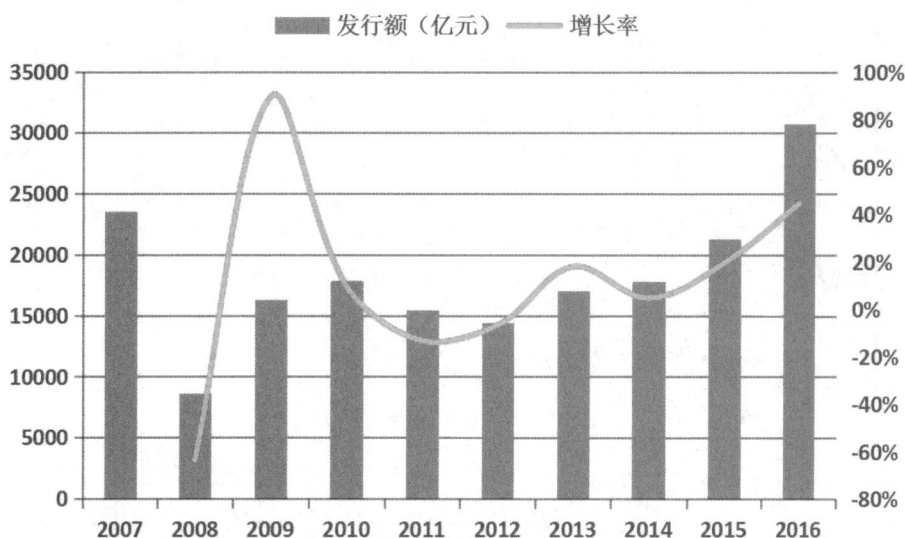

图 4-4 我国国债的发行额和增长率

数据来源:Wind 数据库

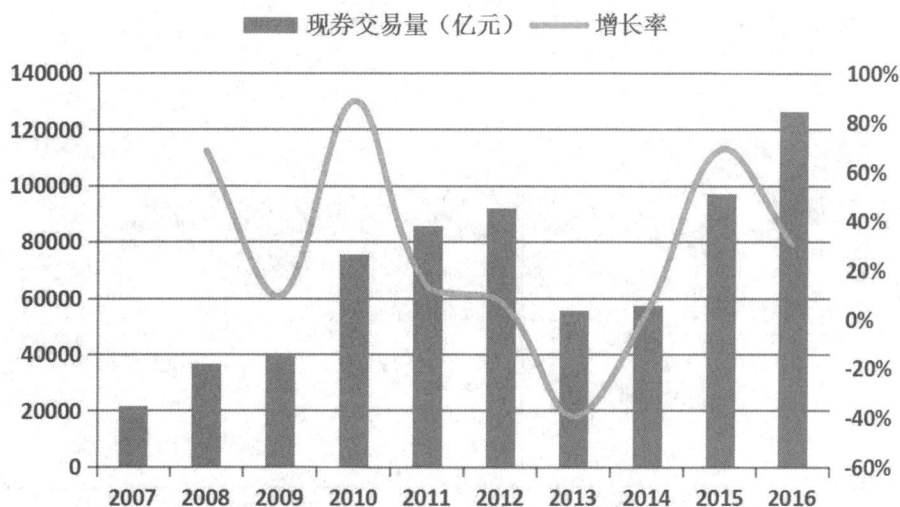

图 4-5 我国国债的现券交易量和增长率

数据来源:Wind 数据库

作为利率类金融产品,国债的价格与市场利率呈反向变动关系:当市场利率上升时,国债的价格下跌,收益率上升;当市场利率下跌时,国债的价格则会上升,收益率下降。

2012 年 6 月与 7 月，中国人民银行连续两次调降存贷款利率，相应 5 年期国债收益率随后下降至 2.8％，7 年期国债收益率下降至 3％，10 年期国债到期收益率下降至 3.2％左右，国债的到期时间越长，其收益率越高。国债收益率作为重要的利率指标能够灵敏地反映国家经济的基本情况。国债到期收益率曲线图和银行间固定利率国债到期收益率分别如图 4-6、图 4-7 所示。

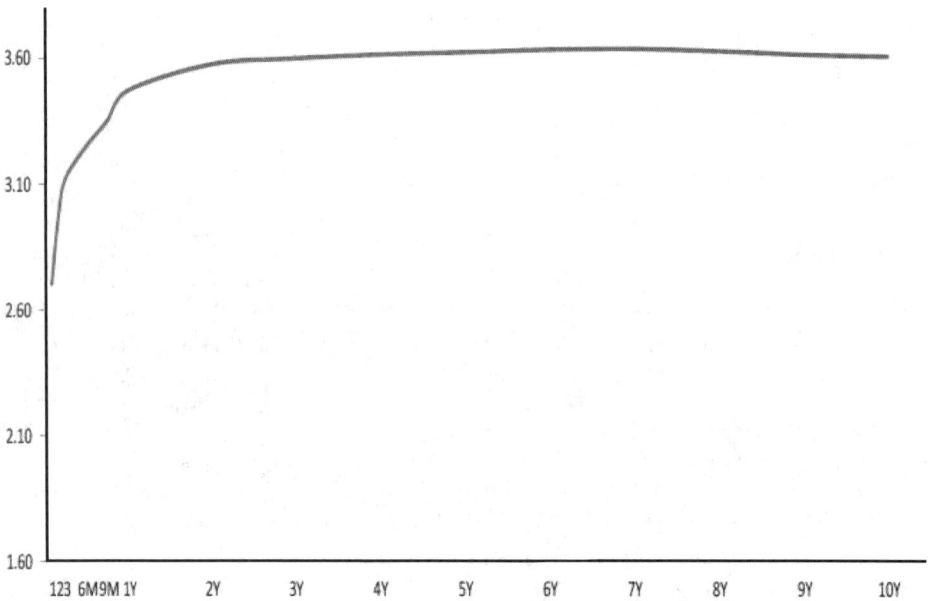

图 4-6　国债到期收益率曲线

数据来源：Wind，广发期货研究中心

图 4-7　银行间固定利率国债到期收益率

数据来源：Wind 资讯，中国债券信息网标的资产价格的不确定性是期货交易展开的基础。在市场化利率中,利率波动导致国债价格存在不确定性,交易者利用国债期货交易规避利率风险或投机获利。国债期货是标准化的合约,套期保值者通过在国债期货市场上建立相应的空头或者多头头寸可以有效地规避利率市场波动带来的潜在风险,从而锁定利润,保障预期的收益。市场投机者和套利者通过对市场利率和国债价格的判断,进行一定的国债期货组合策略来获取收益,例如,跨期套利者利用标的物相同但到期月份不同的期货合约之间价差的变化,买进近期合约,卖出远期合约,待价格关系恢复正常时分别对冲获利。图 4-8、图 4-9 显示当前市场上流通的 5 年期 TF1709 和 10 年期 T1709 国债期货合约在 2017 年 5 月 16 日的交易价格波动情况。

图 4-8　10 年期 T1709 日交易价格图(2017.5.16)

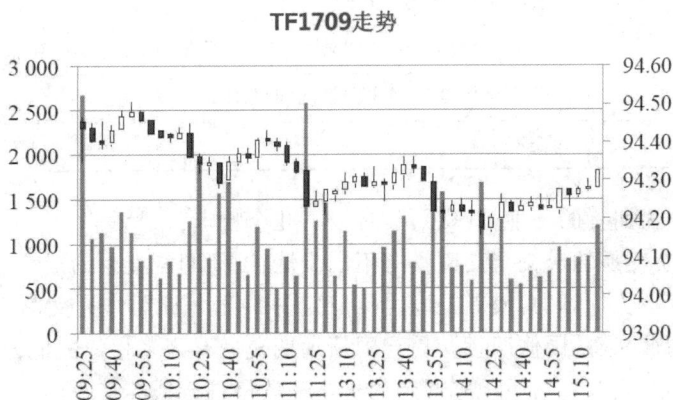

图 4-9　5 年期 TF1709 日交易价格图(2017.5.16)

国债期货合约设计中采用了国际上通用的名义标准券概念(hypothetical standard-ized bond),即票面利率标准化、具有固定期限的假想券,其隐含的收益率可以代表市场对某个期限的收益率水平的预期。实物交割模式下,如果期货合约的卖方没有在合约到期前平仓,理论上需要用"名义标准券"去履约。但现实中"名义标准券"并不存在,因而交易所会规定,现实中存在的、满足一定期限要求的一篮子国债均可进行交割。中金所选择中期国债作为国债期货合约的标的,剩余期限在 4~7 年的国债都可以用于交割,截至 2012 年年末,该期限的国债存量合计约 1.9 万亿元,在各期限中存量最大,抗操纵性最好,是市场上的主要交易品种,被机构投资者广泛用作资产配置和风险管理。因此,名义标准券设计的最大功能在于可以扩大可交割国债的范围、增强价格的抗操纵性和降低交割时的逼仓风险。表 4-4 列示中金所国债期货仿真交易合约,标的资产是名义标准国债。

表 4-4　中金所国债期货仿真交易合约

项目	内容
合约标的	面额为 100 万元人民币,票面利率为 3％的 5 年期名义标准国债
报价方式	百元报价
最小变动价位	0.002 个点(每张合约最小变动 20 元)
合约月份	最近的三个季月(三、六、九、十二季月循环)
交易时间	上午交易时间:9:15—11:30 下午交易时间:13:00—15:15 最后交易日交易时间:上午 9:15—11:30
每日价格最大波动限制	上一交易日结算价的±2％
最低交易保证金	合约价值的 2％
当日结算价	最后一小时成交价格按成交量加权平均价
最后交易日	合约到期月份的第二个星期五
交割方式	实物交割
交割日期	最后交易日后连续三个工作日
可交割债券	在最后交割日剩余期限 4~7 年(不含 7 年)的固定利息国债
交割结算价	最后交易日全天成交量加权平均价
合约代码	TF

国债期货作为期货的一种,其交易具有以下几个特点:

(1)国债期货交易的成交与交割具有不同步性:国债期货交易的成交与交割的时间间隔一般是以月为单位计算的,或者是以每年特定的某几个日期作为交割日。从这种成交与交割分离的情况来看,国债期货交易与国债远期交易有诸多相似的地方,即均是在未来的某一特定时间买卖双方按照预先规定的价格和数量进行钱券交收的。

(2)必须在指定的交易场所进行交易:国债期货交易是一种标准化的交易,通常是在证券交易所或者期货交易所进行,不允许在场外或私下里进行交易,不允许私自对冲。

(3)国债期货交易实行的是保证金交易。实施保证金交易,是一种杠杆交易。

(4)实行无负债的每日结算制度。

(5)国债期货实施实物交割现象较少。由于实物债券交割需要动用远大于保证金的资金量,除特定因素外一般较少发生实物交割。

二、"327"国债期货事件

1995年"327"国债期货事件是我国金融领域改革过程中发生的一个历史事件。它间接导致了我国国债期货市场的关闭,阻碍了我国金融市场发展的进程。了解"327"事件的原因,有利于我们正确认识与发展我国的金融衍生品市场。

1.事件背景

1992年中国国债发行极难。1990年以前,国库券一直是靠行政分配的方式发行的。国债的转让流通起步于1988年,1990年才形成全国性的二级市场。个人投资者普遍把国债作为一种变相的长期储蓄存款,很少有进入市场交易的兴趣。因此,国家决定引入发达国家的交易方式,让国债更具流通性和价格弹性,1992年12月在上海证券交易所设计并推出了12个品种的期货合约。

国债期货试行的两周内,交易清淡,仅成交19口。1993年7月10日,财政部颁布了《关于调整国库券发行条件的公告》,公告称,在通货膨胀居高不下的背景下,政府决定将参照中央银行公布的保值贴补率给予一些国债品种的保值补贴。保值贴息指的是由于通货膨胀带来人民币贬值,从而使国债持有者的实际财富减少。为了补偿国债持有者的这项损失,财政部会拿出一部分钱作为利息的增加,称之为保值贴息。国债收益率开始出现不确定性。国债期货市场的炒作空间扩大了,越来越多的人投身到国债期货市场。

2.事件经过

"327"国债期货合约对应的品种是1992年发行的3年期国库券,该券发行总量240亿元,1995年6月到期兑付,标的物是9.5%的票面利息加上保值补贴率。具体如表4-5所示。

表 4-5 "327"期货合约

项 目	内 容
期货品种	92(3)国债1995年6月份交收
期货简称	F92306
交易代码	310327
合约标的	合计20 000元面值的国债
保证金	初始保证金500元,维持保证金300元
最小变动单位	0.01元
交易时间	周一至周五,10:15—11:45;13:00—16:30
交割方式	现券交割
每日价格最大波动限制	无

1991—1994年,中国通胀率维持在高位,保值贴息率在7%～8%之间波动。1995年,国家宏观调控提出三年内大幅降低通货膨胀率的措施,至1995年年初,通胀率下调2.5%左右。

一方面,基于当时的市场行情,空方主力——万国证券和辽宁国发作出以下预测:(1)保值补贴率将下降。自1995年1月起,我国的通货膨胀率已经见顶回落,抑制通货膨胀率成为经济工作的重点。(2)国债不会贴息。如果财政部对3年期以上的国债贴息,将增加财政支出几十亿,改变国债发行条件优于储蓄的现象。(3)混合交收实行。1995年新债额度将在1 500亿元左右。(4)现券价格和期货价格相差较大,期货市场价值回归,空头行情即将开始。时任万国证券总经理,有中国证券教父之称的管金生预测,"327"国债将以132元的价格兑付。当市价在147元~148元波动的时候,万国证券联合辽宁国发集团,成为市场空头主力进行做空。

另一方面,多方主力——隶属于财政部的中国经济开发信托投资公司则认为:(1)保值补贴率不会降低,因为通货膨胀率依旧处于高位;(2)国债将贴息,"327"国债的利率明显低于同期银行存款利率,不贴息将损害国债"金边"债券的形象,并且影响新债的发行;(3)"327"国债期货相对低估,周边市场的"327"国债期货价格普遍高于上海证券交易所;(4)可交割的现券十分有限,1995年新发行的国债可流通用于交割的很少。因此中经开联合众多市场大户成为多方市场主力。

1995年2月23日,财政部发布公告:1992年7月1日—1993年6月30日按年利率9.5%计息;1993年7月1日—1995年6月30日按年利率12.24%加人民银行公布的当年7月的保值补贴率计息;"327"国债将按148.50元兑付。因此,空方彻底判断错误。

1995年2月22日,上交所收盘价为148.21元;2月23日中经开率领多方借利好大肆买入,将价格推到了151.98元;同时,辽宁国发在形势对空头极其不利的情况下由空翻多,将其50万手做空单迅速平仓,反手买入50万手做多,"327"国债在1分钟内涨了2元。此时万国证券面临60亿元的亏损。

在收市前8分钟,万国证券利用规则设计及系统漏洞,在无相应保证金的情况下突破数量下单,超额卖出国债期货,大举透支卖出国债期货,做空国债:先以50万手把价位从151.30元打到150元,然后把价位打到148元,最后一个730万手的巨大卖单(面值1 460亿元)把价位打到147.40元。收市前8分钟,万国证券共抛出1 056万手卖单(1手为2万元面值的国债),共计2 100亿元的总市值,相当于中国1994年GDP的1/30。当日开盘的多方全部爆仓,并且由于时间仓促,多方未有时间做出反应。这次激烈的多空绞杀以万国证券盈利而告终,以中经开为代表的多头,则出现了约40亿元的巨额亏损。

1995年2月23日晚上十点,上交所在经过紧急会议后宣布:1995年2月23日16时22分13秒之后的所有交易是异常的、无效的,经过此调整,当日国债成交额为5 400亿元,当日"327"品种的收盘价为违规前最后签订的一笔交易价格151.30元。因此,当日收盘前8分钟内空头的所有卖单无效,"327"产品兑付价由会员协议确定。万国证券亏损56亿人民币,濒临破产。

1995年2月24日,上交所发出《关于加强国债期货交易监管工作的紧急通知》,就国债期货交易的监管问题做出六项规定:(1)从1995年2月24日起,对国债期货交易实行涨跌停板制度;(2)严格加强最高持仓合约限额的管理工作;(3)切实建立客户持仓限额的规定;(4)严禁会员公司之间相互借用仓位;(5)对持仓限额使用结构实行控制;(6)严格国债期货资金使用管理。同时,为了维持市场稳定,开办了协议平仓专场。

1995年5月17日中国证监会鉴于当时不具备开展国债期货交易的基本条件,做出了暂停国债期货交易试点的决定,直至2013年才恢复国债期货的交易。

三、风险管理启示

国债期货交易在推出初期存在制度设计缺失、交易保证金过低、无涨停板设置、未控制持仓限额等问题,同时一味追求市场规模和交易量。国债期货赖以存在的基础是利率市场化,而当时的利率市场化尚未实现,金融现货市场亦不够稳定,主要体现在:

(1)国债现货规模不足以支撑当时的国债期货市场。从市场容量来看,市场容量太小是当时国债期货市场的一个主要矛盾。这种市场容量太小,表现在两个方面:一是国债现券的总体规模太小,可以上市流通的债券数量太少。1995年全年的国债现货交易总额为770亿元左右,为国债期货市场暂时关闭前能在上交所流动的国债现券总量,折合成期货合约仅220万手。二是相对于每一具体系列,现券的供应量则更少。没有合理的市场规模,就没有合理的市场价格。市场容量越小,越容易造成价格被人为操纵与控制。

(2)利率的浮动未市场化。从国际惯例来看,国债利率市场化是国债期货市场发展的必然条件。当时的国债利率受有明显政策性因素的保值补贴率的左右,这使得国债期货市场的主要作用——规避利率风险,并不能得到很好的发挥。在我国的国债市场中,保值补贴率是基于当时我国通货膨胀压力日益增大、经济日益紧张、居民储蓄疲软、国债发行受阻等宏观经济背景而采取的。在高通胀的情况下,实施保值补贴率有一定的必要性,但由于我国国债流动性差及品种结构不合理,每月公布一次的保值补贴率成为国债期货市场上最为重要的价格变动指标。从而使我国的国债期货由利率期货演变成一种不完全的通货膨胀期货。

20世纪90年代初期,我国市场经济体制建设刚刚起步,市场化程度不高,尤其在金融市场,法制建设和监管方面缺乏经验。在进行国债期货试点的时候,各交易所缺乏发展金融期货的经验,交易机制尚不健全,风险管理制度也不够完善。其风险管理问题主要体现在以下四个方面:

(1)国债期货过低的保证金比例放大了资金使用效率,成为国债期货投资者过度投机的诱因。偏低的保证金水平与国际通行标准相距甚远,低于国内当时商品期货的保证金水平,市场的投机性过强。

(2)采用"逐日盯市"而非"逐笔盯市"的清算制度,即交易所用前一日的结算价格和静态的保证金制度控制当日动态的价格波动,无法达到监管目的。

(3)未设置涨停板制度。涨停板制度是国际期货界通行的制度,未设置涨停板制度使得当日的涨跌不受控制。

(4)未与现货市场流通量保持比例关系,即国债期货的可持仓量与单笔最大成交量应与现货市场流通量之间保持合理的比例关系,并在电脑撮合系统中设置,在当时也未能实施。

目前市场上新推的国债期货在合约与规则设计方面,更加注重风险管理,同时引入国际通行的名义标准券设计,降低了期货的逼仓风险。新推的国债期货设计和机制的改进体现在：

（1）国债期货标的设计。"327"时期，各交易所的国债期货都选用具体的国债券种作为合约标的，并采用单一券种交割；当前国债期货标的国际上通用名义标准债券设计，采用一篮子可交割债券替代交收制度，可以扩大可交割债券的范围，防范交易、交割风险的发生，也可以给市场提供更加有效的避险工具并充分发挥期货的价格发现功能。

（2）国债期货试点期间采用全价交易，在保值贴补率和贴息政策下，国债期货合约的标的实际上也从固定利率国债变成了浮动利率国债，并因保值贴补和贴息政策的变化而增大了价格波动的幅度，进而增加了市场风险。当前新推国债期货合约采用国际通行的净价报价方式，价格中不包含票息因素，且标的国债为固定利率国债，有效避免了"327"事件中因票息变化而导致的价格剧烈波动。

（3）国债期货试点期间，交易所对市场风险的管理和控制相对较弱，缺少风险防范的制度安排和系统措施。其中，缺乏保证金前端控制制度，保证金比例较低是典型表现。当前新推国债期货合约设定 2% 的最低交易保证金和 2% 的涨跌停板，二者均处于国际较高水平，能够有效控制和防范交易风险。另外，在风险管理方面，中金所借鉴商品期货和沪深 300 股指期货的风险管理经验，建立了持仓限额、大户报告制度、强行平仓制度等一系列行之有效的风险管理制度，为国债期货上市后安全运行打下了良好的制度基础。同时，中金所现有技术系统性能稳定、功能强大，交易前端控制系统能够自动对所有的下单进行保证金和持仓限额检查，只有保证金充足、没有超出持仓限额的单才能够进入交易所市场，确保了国债期货交易的稳健运行。

当前我国国债现货市场日益成熟，机构投资者避险需求日趋强烈，期货市场法律法规及监管制度逐渐完善，合约及规则设计也较为科学，现在推出的国债期货和试点时期相比有了长足的进步，将呈现平稳、逐步发展的局面。

第三节　上市公司会计运用分析：江西铜业套期保值亏损案例

一、江西铜业股份有限公司介绍

江西铜业股份有限公司(以下简称"江西铜业")是在国内 A 股市场和香港股票市场(H 股)上市的企业，是我国最大的铜生产企业，集采矿、选矿、冶炼、贸易、技术为一体。公司铜金属储量约占全国已探明可供工业开采储量的三分之一，自产铜精矿含铜金属量约占全国的四分之一。江西铜业不仅是中国最大的铜生产基地，也是中国最大的伴生金、银生产基地，还是中国重要的化工基地。

江西铜业的主营业务有三项，即：铜矿开采、阴极铜冶炼和铜材加工，基本覆盖了从铜矿开采到最终制成铜材的整个产业链。铜矿开采包括江西铜业对自有的德兴铜矿、永平铜矿等矿山进行开采，并加工成铜精矿，供集团内部的冶炼厂使用；阴极铜冶炼包括江西铜业在贵溪等冶炼厂使用自产铜精矿、进口铜精矿以及购买的粗杂铜冶炼阴极铜,通过赚取加工费获得利润;铜材加工是指江西铜业集团下属的南方总公司等单位使用阴极铜加工铜线杆、铜板带、铜管等,通过赚取加工费获得利润。具体业务流程如图 4-10 所示。

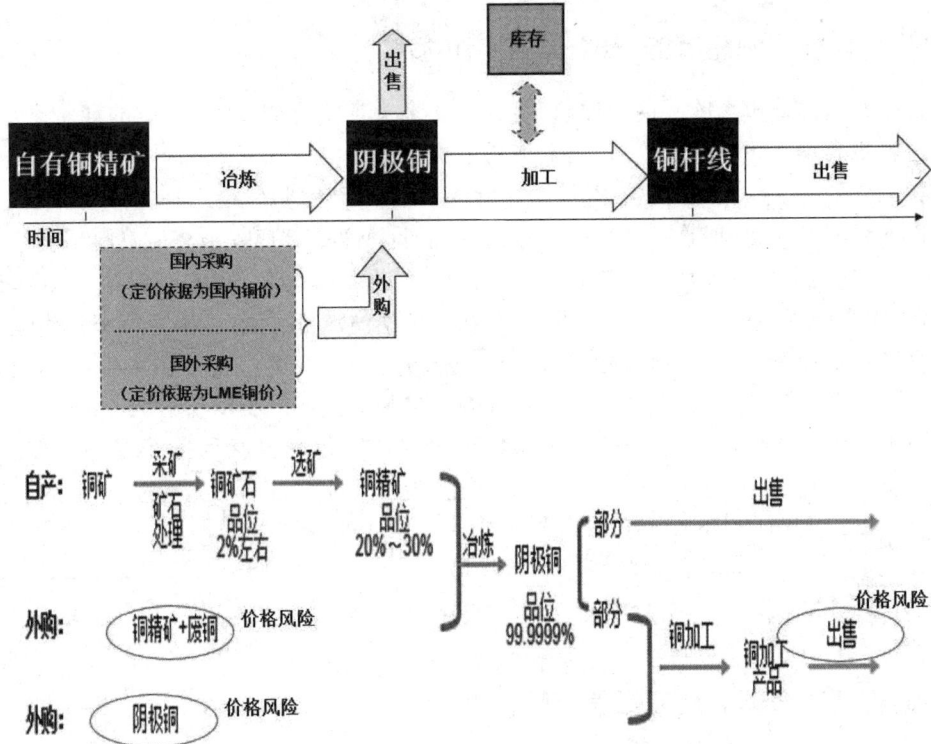

图 4-10　江西铜业业务流程

江西铜业业务风险来源于三个方面:

第一,在进口铜精矿和粗杂铜等原材料的环节,市场化的作价机制给原材料采购带来了价格风险。江西铜业与国外矿山签订长单合同进口铜精矿,价格按照未来某一个月 LME 铜的均价减去加工费(即 TC/RC,粗炼/精炼费用)计算。其中,加工费部分为经双方协议确定且在合同期内不变,价格风险来源于 LME 铜月均价的变化。

第二,在阴极铜的销售环节,大部分阴极铜以长单的形式按照协议价格进行销售,面临的市场风险较小,但在加工铜材使用阴极铜的环节,使用江西铜业自产的阴极铜不会面临原材料价格波动风险,但是使用哈萨克斯坦进口的阴极铜(哈铜)则会面临国外铜价波动风险。

第三,在铜杆等材料的销售环节,为赢得市场竞争,提高市场占有率,拓宽销售渠道,江西铜业采用了现货价格、均价、点价等多种作价方式,向资信较好的几个电缆客户适度开放了远期点价营销模式,因而面临较大的销售价格风险。

二、江西铜业期货交易

江西铜业针对不同业务环节,区分不同风险,设计了不同的保值模式。

(一)铜原材料采购环节的套期保值措施(多头)

对于在国内外市场购买的铜原料,通过建立多头期货合约,买入相应的期货合约,到期后进行平仓操作,规避原材料价格上涨的风险。

如图 4-11 所示,江西铜业根据集团的年度生产经营计划,确定原材料计划耗用总量,再除以期货交易天数,计算每日平均虚拟销售规划量(采购部门虚拟将原材料销售给生产部门)。该规划量扣除每日原材料到货作价量后的差额,即为每日在 LME 或 SHFE 进行期铜买(卖)建仓的数量。当供应商供货后,在点价期内点价时,江西铜业会根据供应商点价指令和点价数量,将原套保头寸进行平仓。通过这种每日建仓的套期保值手段,对冲期货和现货市场,使得江西铜业的实际原料采购成本基本接近市场年度平均价,这样可以有效规避铜原料采购作价方式多样化、采购数量不均衡以及铜价剧烈波动带来的风险。

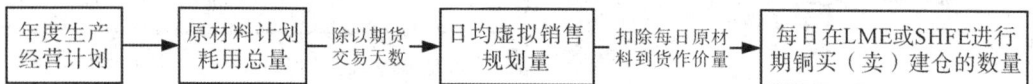

图 4-11　建仓数量的确定方法

(二)铜线杆销售环节套期保值策略(空头)

铜销售环节的风险通常是指由于现货市场上铜价格的下跌导致企业销售收入直接减少的风险。江西铜业建立空头期货合约,根据市场的具体情况在期货市场上建仓,卖出相应的期货合约,在合约到期后进行交割,来规避市场价格下跌带来的风险。

(三)铜库存套期保值策略(空头)

对于公司为生产购进的库存铜,为避免市场价格下跌导致公司铜库存贬值带来的风险,江西铜业在市场价格下跌时在期货市场建立相应的期货空头头寸,通过进行卖出期货合约,在合约到期时平仓,使得现货市场和期货市场的盈亏进行对冲。

三、期货交易会计影响

江西铜业 2008 年实现营业收入 539.72 亿元,同比增长 24.54%;但净利润却同比减少了 49.60%,仅为 21.98 亿元,见图 4-12。导致净利润下滑的原因为:一是其在投资收益方面的损失,截至 2008 年年底,江西铜业在套保方面的已实现损失和未实现损失达到13.6亿元;二是 2008 年铜价暴跌时公司计提了大额的存货跌价准备,资产减值损失达到7.55亿元,同比增加逾 44 倍。

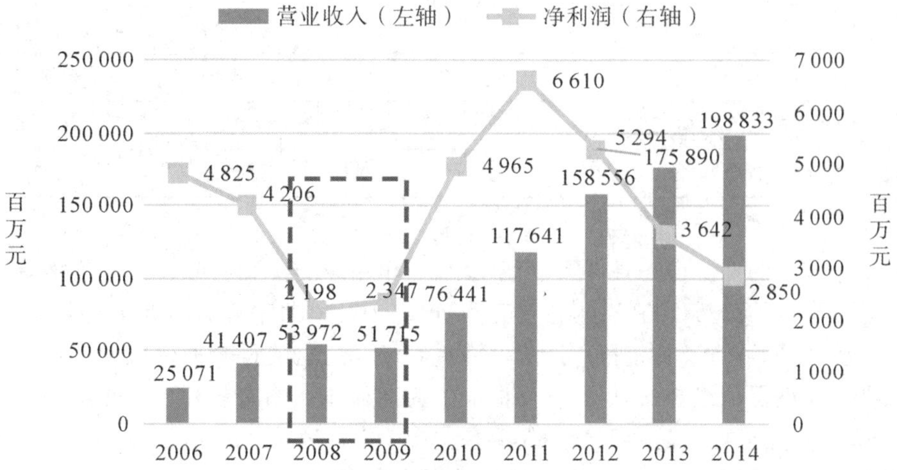

图 4-12 江西铜业近年营业收入和净利润图

江西铜业在 2008 年 10 月以前持有的铜期货头寸多空相抵后,表现为净多头。2008年,全球铜价呈现先扬后抑的走势,10 月份铜价崩溃式下跌,月跌幅超过 43%,在一个月之内完成了牛熊逆转,铜价从每吨 6 900 美元跌至 2 800 多美元,跌幅近 60%,致使公司蒙受巨额的投资损失。

江西铜业 2008 年年报披露,江西铜业不利用衍生金融工具进行投机性投资活动,但部分衍生金融工具不被制定为套期工具或不符合套期会计准则,其公允价值变动产生的利得和损失,直接计入当期损益。年报中披露关于套期保值有效性认定如表 4-6 所示。

套期工具如满足套期会计条件的现金流量套期,涉及套期工具公允价值变动有效部分的利得或损失,先计入所有者权益,在预计交易发生时,再计入当期损益;套期工具利得或损失中属于无效套期的部分,应当计入当期损益。

表 4-6 江西铜业 2008 年年报中披露关于套期保值有效性认定

	有效套期保值	无效套期保值
年报披露	2007 年,金融衍生工具包括人民币 0.23 亿元的金融资产为现金流量套期的有关阴极铜的商品期货合约。此商品期货合约被确认为有效套期工具,以此来规避江西铜业未来应承担的阴极铜销售价格变动风险。该商品期货合约的时期与未来阴极铜的销售时点相一致,以对未来阴极铜销售进行套期	江西铜业利用商品期货合约对未来铜精矿的采购及铜杆、铜线的销售进行套期,目的是为降低随着阴极铜价格变化的铜精矿及铜相关产品价格产生重大波动的风险。该部分套期未符合企业会计准则第 24 号套期保值会计的要求。相关阴极铜商品期货合约的公允价值变动已计入损益表内

资料来源:江西铜业 2008 年年报

2008 年,江西铜业非有效套期保值造成企业公允价值变动损失 3.91 亿元,非有效套期保值的投资损失为 9.72 亿元。如表 4-7 所示。

表 4-7　非有效套期保值对损益的影响

单位：千元（人民币）

	2008 年	2007 年
非有效套期保值的公允价值变动	−391 317	32 107
非有效套期保值的投资损益	−972 177	52 279

数据来源：江西铜业 2008 年年报

在一个有效的期货市场条件下，由于套利的作用，在合约到期时，期货价格等于或非常接近标的资产的鲜活价格，否则存在套利机会。所以，期货合约临近交割期间，现货价格与期货价格的基差（现货价格－期货价格）接近于零，这使得套期保值者能根据这一特点有效评估套期保值组合的风险，从而保证了套期保值额的有效性。但在市场上出现对套期保值不利的异常情况，导致套期保值基差持续大幅度扩大或缩小，从而使套期保值组合出现越来越大的亏损，如果不及时止损，将对套期保值者造成巨大的亏损。

延伸阅读

所罗门兄弟公司使用利率期货避险

所罗门兄弟公司在美国债券市场史上曾占据重要地位，它始于 1910 年，自创业起便专注于固定收益领域的投资，它凭借创新、激进、完美的数学模型，从默默无闻的小公司发展成为 20 世纪 80 年代的"华尔街之王"。作为创新者和开拓者，所罗门兄弟公司对金融衍生品的应用曾一直处于行业领先地位。

布雷顿森林体系奔溃后，外汇风险激增，与此同时，"石油危机"的冲击，使西方国家经济动荡加剧，通货膨胀日益严重，利率波动剧烈。在这种情势下，利率期货合约应运而生。1975 年 10 月，芝加哥期货交易所（CBOT）上市国民抵押协会债券（GNMA）期货合约，这是世界上第一个利率期货合约。投资者认购债券时，利率期货可以助其规避相关利率风险。在利率市场化的条件下，发行债券事先规定利率，会由于市场利率的走高而出现价格走低的情况。此时通过发行卖空利率期货，就可以挽回损失，有效避险。

1979 年 10 月，所罗门兄弟公司在包销 100 亿美元的国际商业机器公司（IBM）的企业债券时，美联储宣布准备放开利率，市场利率大涨，但所罗门兄弟公司由于事先在芝加哥期货交易所中卖出了债券期货，从而成功地防范了此次利率风险。

所罗门兄弟公司、美林公司与其他承销商共同承销发行了一笔 10 亿美元的 IBM 公司债券，所罗门兄弟公司在其中所持有的债券份额最大。按照债券发行的管理，承销商与发行人在签订合同时要约定债券的发行利率，如果在把债券出售给公众之前市场利率上升，债券价格下降，将由承销团而不是发行人承担价格下跌造成的损失。由所罗门兄弟公司与美林公司作为主承销商的承销团承销的 IBM 公司债券，其中 5 亿美元为收益率 9.627% 的 7 年期债券，另外 5 亿美元为收益率 9.41% 的 25 年期债券，这两个收益率低于市场其他债券，仅比同期的美国国债的收益率高 4 个基本点，这来自于 IBM 公司极高的信用等级。10 月 4 日，承销商开始在市场上出售债券时，市场利率微升，IBM 公司债券收益率的吸引力略降;10 月 5 日,仅有 70% 的债券售出,承销团仍然持有 2.5 亿～3 亿美元的债券;10 月 6 日,美联储宣布了一项重要的信贷缩紧政策,利率几乎向上跳了一个百分点。承销团队意识到剩余的 IBM 债券已经不能按原价卖给它的老顾客,因此决定把它们在债券市场上公开出售,此时,这些债券的价值已经下跌近 5%,承销商们在未售出的债券上损失约 1 200 万美元,扣除已出售债券所实现的 500 万美元收益,这笔承销业务的净损失大约是 700 万美元。作为债券持有份额最大的主承销商,所罗门兄弟公司在此次债券发行中损失了大约 350 万美元。

但所罗门兄弟公司却通过持有 1 亿美元的联邦抵押贷款与长期国债利率期货的空头,从而成功对其所持有的 IBM 公司债券进行了套期保值,避免了因利率变动而受到重创。所罗门兄弟公司的利率期货空头头寸使得他们在利率上升时从这些合约中获利,这是因为利率上升时合约所要求交割的债券的价格下降了,所罗门兄弟公司趁机行权套利。在整个事件中,所罗门兄弟公司在期货空头中大约得到 350 万美元的收益,基本抵消了它持有的 IBM 债券所带来的损失。

第五章

期权风险管理
与会计运用

> **引 导**

保时捷公司计划恶意收购大众公司，
最终被收购对象收购

（一）第一阶段：2005—2008 年，保时捷公司计划恶意收购大众公司

2007 年全球经济火热，保时捷公司当年的纯利润高达 64 亿欧元，创下历史纪录，于是决定买下著名的汽车公司德国大众。其实，早在 2005 年 9 月 26 日，保时捷就已经对全世界宣布想要收购大众公司。然而消息传出后，欧洲各大对冲基金使劲卖空大众。对冲基金断定这场收购玩不成的原因，是因为大众公司具有特殊之处。二战期间希特勒曾经征用过大众公司，由此产生了官方股份，战后为了防止这家公司被外国公司收购，德国政府专门为大众公司量身定做了《大众法案》。德国的《公司法》规定，只要对一家公司持股达到 75％，就算取得了该公司的控制权。但《大众法案》规定，持有大众公司的股份 20％ 以下时，按实际持股比例计算投票权，当持股比例超过 20％，其投票权不再增加，除非持有 80％ 以上的大众公司股份。大众的政府持有股份刚刚好是 20.1％，只要政府的股份不出售，任保时捷把市场上的股份买完，也控股不了大众公司。20.1％ 的政府股份由大众公司所在地萨克森州政府持有，法律上讲，归全州纳税人所有，若要释放股份，必须提交州议会表决，或者进而启动公民投票。就因为始终搞不定官方股份，保时捷宣布收购大众都快 3 年了，还一点儿进展也没有，无法对市场上的股份动手。这正是对冲基金敢于做空大众股票的原因。

2007 年大赚之后,保时捷公司在市场上大量购买大众公司的股份,欧洲、美国的对冲基金为此都来做空大众公司股票。其实,保时捷早就把《大众法案》研究清楚。为了解决这个问题,从 2005 年起它就直接向欧洲法庭起诉,指控《大众法案》违反了欧盟的《公平交易法》,这个法案在欧盟号称是"经济领域的宪法",高于各国经济相关的法律,如果《大众法案》违反了《公平交易法》,就会被判无效。对冲基金认为,打官司旷日累时、诉讼难度极高,而且欧盟法庭也不值得为一家企业直接怒败欧盟第一强国德国政府的立法机构,所以市场一边倒看衰保时捷的举动。然而,经过两年多诉讼,2007 年年底欧洲法庭正式判决《大众法案》无效,保时捷收购大众将和收购其他任何德国公司一样,只要股份达到 75%,就能控股大众公司,这正是保时捷在市场上大举买入大众公司股份的原因。但看空的对冲基金在第一局战败后反而大举加码做空。原来,德国的《证券交易法》规定,通过买入股票对一家上市公司持股超过 30% 之后,如再增持便属要约收购,必须公告。保时捷虽然打赢官司废了《大众法案》,但却躲不过《证券交易法》。就在打赢官司的时候,保时捷对大众的持股刚好是 31%,这意味着保时捷公司对大众股份增持以后,每进行一步都要公之于众。31% 的股份占比距离 75% 还有相当的距离,对冲基金在暗处,随时可以相机离开。果不其然,当保时捷持有大众股份的仓位增加到 42.6% 之后,这个数字就再也不往上涨了。市场纷纷传言保时捷的收购遇到障碍。做空大众股份的融券余额开始大幅飙升,最高峰时放空大众的空单总量竟然占到了流通盘的 13%。

疯狂做空并用惯了杠杆的各大对冲基金完全忽略了法兰克福交易所的一项特殊交易规则,而这项交易规则可以让保时捷规避必须公告的要求。这个规定是关于高杠杆的期权交易的。法兰克福交易所规定,如果购买股票期权的人按照股票的全额价款支付期权金,即不使用融资杠杆,就可以自行决定何时公布自己的期权仓位。特别说明,《证券交易法》关于持有股份超过 30% 必须公布的规定,是针对现股买卖的,而交易所的期权交易规则是针对衍生品,两者并不矛盾。期权是一种以小博大的高杠杆交易,对冲基金忽视这个规定,是因为对冲基金都是拿着别人的钱,在挣钱过程中唯恐资金不够,期权交易中愿意使用杠杆——如果按照股票全价支付期权金,还不如直接买股票。所以,法兰克福交易所的这一规定,从来没有被使用过,也不会被注意到。保时捷就利用这条规则,支付全款的期权金,将自己本来处于阳光下的股票仓位悄悄地转移到了暗处。而对冲基金们却对此一无所知,一直还以为保时捷持有的大众公司股份只有 42.6%。实际上,保时捷早已悄悄地购买了大量的大众股份的认购期权且全部采用全款购买,由此控制了额外 31.5% 的大众流通股股份。相加之后,保时捷可控制的大众股份已高达总股本的 74.1%,距离 75% 只有一步之遥。考虑到政府不可能出售的股份,市场上可供交易的大众公司股票,实际上仅剩下 5.8%。

与此同时,在 2008 年 10 月 23 日,由于空头肆无忌惮,大众的空单总量已经高达流通盘的 13%,这相当于总股本的 10.4%。空头是当前的空头,在不持有股份的情况下,按照现在的价格卖给人股份,到了交割日,空方必须履行交割义务,也就是买到股票支付给多方,所以,只有股票跌了,空方才能够挣到钱。现在,如果空单总量高达总股本的 10.4%,而市场上可供交易的股份只有 5.8%,这意味着空方即便把市场上的股票买光,也不够给期权多头交割。理论上说,大众公司的股价可以上涨到无限高。鉴于股份达到 75% 就可以控股大众公司,保时捷将公告自身持有大众看多的期权仓位公布日期选在了 2008 年 10 月 26 日——这天是星期天,股市不交易。当保时捷公布自己持有的大众公司股份加期权总股本已经占比 74.1% 之后,看空的对冲基金经理彻夜难眠。10 月 27 日周一一开盘,法兰克福交易所就爆发了史上最大的轧空行情,凡放空大众的机构,谁也不想被甩在无券可补的 4.6% 里,空头们疯抢股票,即使是比当初放空时高 N 倍的股价也忍痛购买。大众公司的股价两天之内暴涨 500%,从 200 欧元暴涨至 1 005 欧元,大众公司的总市值超越当时的埃克森美孚,成为全球第一大公司。因为大众公司的股份是法兰克福指数的重要成分股,大众股价飙升让整个德国的股市都完全扭曲,如果继续放任下去,不知道会出现什么情况。就在这时,法兰克福交易所出面了,交易所把保时捷和无法平仓的空方叫到一起协商,由保时捷主动释出 5% 的股票让空头得以平仓,由此德国股市的交易才恢复正常。平仓价格当然是按照当时的最高价平仓——市场价格。在这一过程中,各大对冲基金至少赔了几十亿欧元,而保时捷公司则挣了有史以来不靠卖车的最大一笔钱！德国金融监管当局介入调查,但调查结果却是,保时捷毫无违规之处。

(二)第二阶段:保时捷公司最终被收购对象大众给收购

尽管大赚几十亿欧元,但保时捷最终并没有得到 75% 的大众公司股份。因为实在赚钱,保时捷将一部分全价认购股权卖给了别人,认为只要占 51% 的股份,就可以与大众公司合并,然后以保时捷公司的资产做股份,就可以达到 75% 的控股比例。没想到的是,在保时捷持有大众 51% 的股权并提出组建合资公司的建议后,大众公司董事会表示,保时捷公司必须先公布详细债务,努力降低负债率,否则大众不能冒险与之合并。原来,保时捷虽然 2007 年盈利 60 亿欧元,但 2008 年仍然向银行申请了 100 多亿欧元的授信额度。保时捷申请授信的时间是在 2008 年年初,而使用 90 亿欧元授信则恰恰是在保时捷持有大众公司股份达到 42.6% 而不再增加之时。也许是 2008 年只顾着和对冲基金血战,也许是战胜对冲基金之后无心造车,也许是当年全球经济急剧下滑致使跑车销量不佳,或者三方面原因都有,总之,2008 年的保时捷公司赔得一塌糊涂,还有银行的 90 亿欧元贷款等着保时捷公司来还。尽管保时捷拥有大众 51% 的股权,但并没有办法控制大众的董事会。无法控制大众的董事会,也就没有办法使用大众的现金来解决自身的债务问题。

当年正值全球金融危机爆发,保时捷公司陷入现金流困境:(1)要么通过卖出大众公司股票来还贷款。这个方案的问题在于,如果保时捷真的卖股票,股价势必大幅度下跌,原来被吸血的对冲基金可以集中做空大众公司股票,让大众公司股价持续下跌,使保时捷卖股票的损失很可能比原来赚的还要多。(2)继续选择与大众合并,但因为现在净资产太少负债率太高,就不得不降低自己在合资公司中的股份占比。金融危机之下,生存才是第一位的,保时捷只有接受第二种方案。2009 年 8 月,大众汽车与保时捷控股达成一揽子复杂合资协议,大众汽车方面当时以 39 亿欧元价格购得保时捷汽车 49.9% 的股权,并通过中间控股公司控制这部分股权,保时捷控股控制其余的 50.1% 的股权。与此同时,保时捷控股公司可以对剩余 50.1% 的自身股权行使认沽权限,而大众汽车则可行使相应的认购权买下这 50.1% 的股权——时间截止日期都是 2014 年 9 月份。到了 2012 年 7 月 4 日,大众汽车宣布将提前行使协议中规定的认购权,发起了对保时捷汽车的新一轮收购行动,大众汽车对保时捷控股支付 44.6 亿欧元,100% 控股了保时捷。

第一节　主要知识点

一、期权合约的基础概念和特点

假设你看中一辆新款汽车,标价为 20 万元,但你还想观察一下行情,不想立即购买。你可以和汽车销售经理协商,请他将车按照当前价格保留 2 个星期。为此,你愿意支付 1 000 元的押金,到期后不管是否买下这辆车,这 1 000 元都归销售商所有。这是一个试探性出价,如果汽车销售商接受这种方式,双方就签订了一份期权合约。对于你来说,如果未来汽车价格下跌,则会放弃行权(不购买汽车),你的损失最多只有支付的 1 000 元押金;如果未来的价格上涨,则会行权(购买汽车),享受按事先约定的低价购买汽车的权利。期权是一种用于交易资产或商品"选择的权利"。期权合约的基础概念和特点如表 5-1 所示。

表 5-1　期权合约的基础概念和特点

含义	期权合约(option contract)是指期权的买方有权在约定的时间或时期内,按照约定的价格买进或卖出一定数量的相关资产,也可以根据需要放弃行使这一权利
相关概念	权利金:即期权费,是指期权的持有者为获得买入或卖出某项资产的权利而支付的一定的费用; 立权人:是指期权的卖出者,又称授权者; 执行价格:是指期权持有者和立权人确定的行权价格,又称敲定价格、履约价格; 合约到期日:是指期权合约可以被执行的最后日期; 多头:期权合约的买入; 空头:期权合约的卖出
交易特点	(1)期权的买方想要获得权利必须向期权卖方支付一定数量的费用,即权利金; (2)期权买方取得的权利是在未来的,即在未来某一段时间内或在未来某一特定日期; (3)期权买方在未来买卖的标的物是特定的; (4)期权买方在未来买卖标的物的价格是事先约定的价格; (5)期权买方可以买进标的物,也可以卖出标的物; (6)期权合约双方的权利和义务是不对称的,期权合同的买方有权选择是否行权,但期权的买方一旦决定选择行权,期权合同的卖方就有义务卖出或买入标的资产
分类	(1)根据标的物的性质划分,分为现货期权(商品现货期权、股票期权、股票指数期权、外汇期权和债券期权等)和期货期权(外汇期货期权、利率期货期权和股票指数期货期权等); (2)根据期权的方向划分,分为看涨期权(期权买方有权利按事先约定的价格和规定的时间买入一定数量的相关资产或商品的合约)和看跌期权(期权买方有权利按照事先约定的价格和规定的时间向期权的卖方卖出一定数量的相关商品或资产); (3)根据行权的时间划分,分为美式期权(持有者可以在到期日或此前的时间里买入或卖出相关产品的权利)和欧式期权(持有者仅在到期日买入或卖出相关产品的权利)

二、期权合约的实务操作

看涨期权和看跌期权操作组合类型如表 5-2 所示。

表 5-2   看涨期权和看跌期权操作组合类型

组合类型	买入	卖出
看涨期权	买入看涨期权	卖出看涨期权
看跌期权	买入看跌期权	卖出看跌期权

(一)买入看涨期权

看涨期权是指期权的买方向卖方支付一定数额的权利金后,便拥有在期权有效期内或特定时间,按执行价格向期权卖方买入一定数量标的物的权利,但不负有必须买进的义务。买入看涨期权合约的交易图解和收益图如图 5-1、图 5-2 所示。

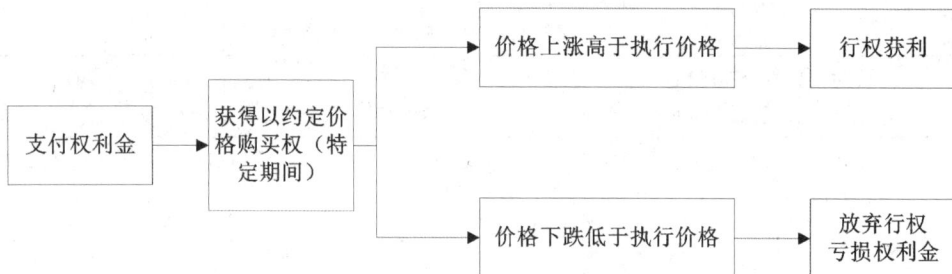

图 5-1   买入看涨期权合约交易图解

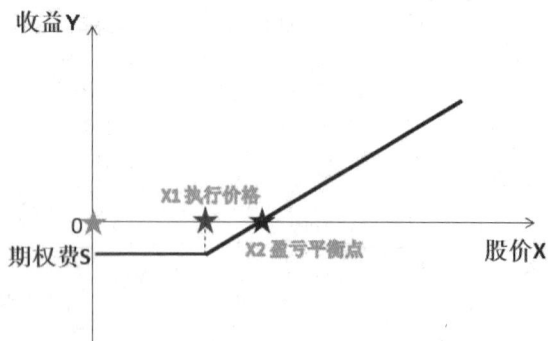

图 5-2   买入看涨期权合约收益图

【例 1】投资人购买一项看涨期权,标的股票当前市价为 100 元,执行价格为 100 元,到期日为 1 年后的今天,期权价格为 5 元。买入后,投资人就持有了看涨期权,期待未来股价上涨以获取净收益。交易策略和收益情况如表 5-3 所示。

106

表 5-3 买入看涨期权的交易策略和收益情况

股价	(0,100]	(100,105)	105	(105,∞)
交易策略和收益情况	• 不执行期权,没有净收入。 • 期权到期日价值＝净收入＝0。 • 净损益＝期权到期日价值－期权成本＝0－5＝－5元	• 假设股价为103元,执行期权,以100元购买公司1股股票,在市场上出售得到103元,净收入为3元。 • 期权到期日价值＝净收入＝3元。 • 净损益＝期权到期日价值－期权成本＝3－5＝－2元	• 执行期权,执行期权,以100元购买公司1股股票,在市场上出售得到105元,净收入为5元。 • 期权到期日价值＝净收入＝5元。 • 净损益＝期权到期日价值－期权成本＝5－5＝0元	• 假设股价为110元,执行期权,以100元购买公司1股股票,在市场上出售得到110元,净收入为10元。 • 期权到期日价值＝净收入＝10元。 • 净损益＝期权到期日价值－期权成本＝10－5＝5元
损益特点	净损失有限(期权成本),净收入无限			

(二)卖出看涨期权

看涨期权的出售者收取期权费,成为或有负债的持有人,负债的金额不确定,处于看涨期权空头头寸。当股票价格上涨时,看涨期权的空头头寸承受巨大的亏损,因此卖出看涨期权的投资组合的风险极高。卖出看涨期权合约的交易图解和收益图如图5-3、图5-4所示。

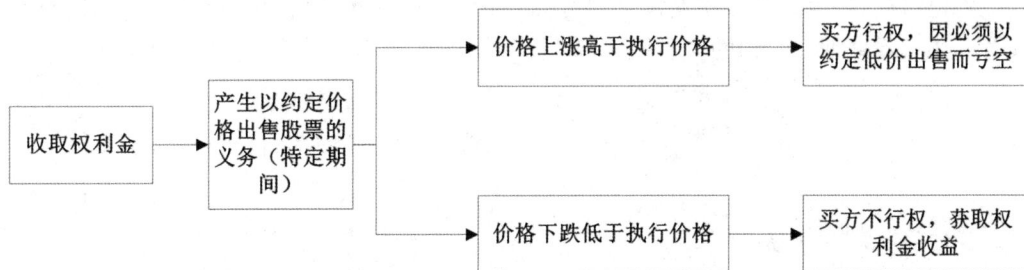

图 5-3 卖出看涨期权合约交易图解

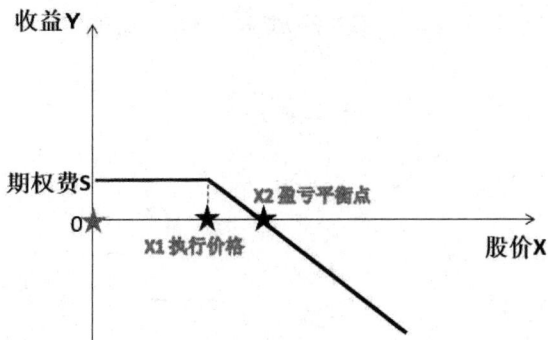

图 5-4 卖出看涨期权合约收益图

【例2】卖方出售1股看涨期权,标的股票的当前市价为100元,执行价格为100元,到期日为1年后的今天,期权价格为5元。交易策略和收益情况如表5-4所示。

表5-4　卖出看跌期权的交易策略和收益情况

股价	(0,100]	(100,105)	105	(105,∞)
交易策略和收益情况	• 买方不执行期权。 • 期权到期日价值=0 • 净损益=期权价格+期权到期日价值=5+0=5元	• 假设股票市价为103元,买方执行期权,卖方有义务以100元执行价格出售股票,并且以103元市价补进股票,净收入为−3元。 • 股票到期日价值=净收入=−3元。 • 净损益=期权价格+期权到期日价值=5−3=2元	• 买方执行期权,卖方有义务以100元执行价格出售股票,并且以105元市价补进股票,净收入为−5元。 • 股票到期日价值=净收入=−5元。 • 净损益=期权价格+期权到期日价值=5−5=0元	• 假设股票市价为110元,买方执行期权,卖方有义务以100元执行价格出售股票,并且以110元市价补进股票,净收入为−10元。 • 股票到期日价值=净收入=−10元。 • 净损益=期权价格+期权到期日价值=5−10=−5元
损益特点	净收益有限(期权价格),净损失无限			

(三)买入看跌期权

看跌期权,是指期权的买方向卖方支付一定数额的期权费后,便拥有了在合约有效期内或特定时间,按执行价格向期权卖方卖出一定数量标的物的权利,但不负有必须出售的义务。买入看跌期权合约的交易图解和收益图如图5-5、图5-6所示。

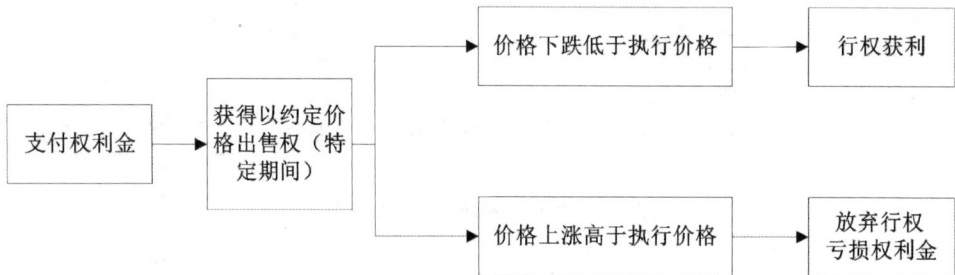

图5-5　买入看跌期权合约交易图解

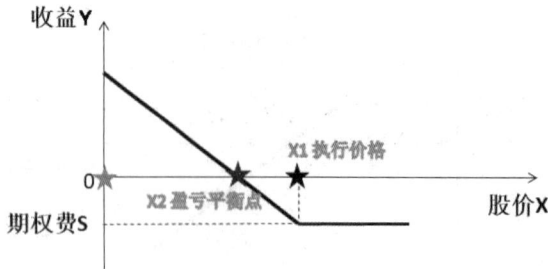

图5-6　买入看跌期权合约收益图

【例3】 投资人购买一项看跌期权,标的股票当前市价为 100 元,执行价格为 100 元,到期日为 1 年后的今天,期权价格为 5 元。买入后,投资人就持有了看跌期权,期待未来股价下跌以获取净收益。交易策略和收益情况如表 5-5 所示。

表 5-5　买入看跌期权的交易策略和收益情况

股价	(0,95)	95	(95,100)	[100,∞)
交易策略和收益情况	• 假设股价为 80 元,执行期权,以执行价格 100 元出售,并在市场上以 80 元购买公司 1 股股票,净收入为 20 元。 • 期权到期日价值＝净收入＝20 元。 • 净损益＝期权到期日价值－期权成本＝20－5＝15 元	• 执行期权,以 95 元购买公司 1 股股票,以执行价格 100 元出售,净收入为 5 元。 • 期权到期日价值＝净收入＝5 元。 • 净损益＝期权到期日价值－期权成本＝5－5＝0 元	• 假设股价为 98 元,执行期权,以 98 元购买公司 1 股股票,以执行价格 100 元出售,净收入为 2 元。 • 期权到期日价值＝净收入＝2 元。 • 净损益＝期权到期日价值－期权成本＝2－5＝－3 元	• 不执行期权,期权到期失效,净收入为零。 • 期权到期日价值＝净收入＝0 元。 • 净损益＝期权到期日价值－期权成本＝0－5＝－5 元
损益特点	净损失有限(期权成本),净收益有限(到期日价值－期权成本)			

(四)卖出看跌期权

看跌期权的出售者收取期权费,成为或有负债的持有人,负债的金额不确定,处于看跌期权空头头寸。卖出看跌期权合约的交易图解和收益图如图 5-7、图 5-8 所示。

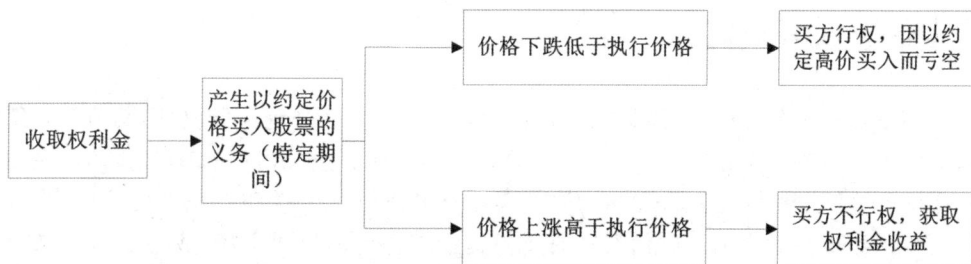

图 5-7　卖出看跌期权合约交易图解

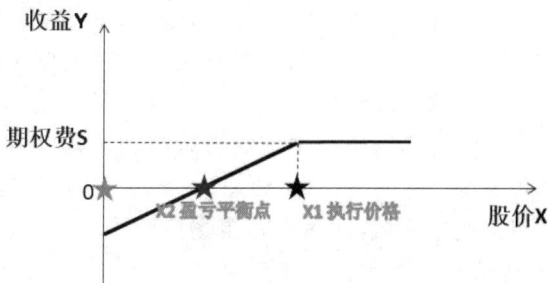

图 5-8　卖出看跌期权合约收益图

【例 4】 卖方出售 1 股看跌期权,标的股票的当前市价为 100 元,执行价格为 100 元,到期日为 1 年后的今天,期权价格为 5 元。交易策略和收益情况如表 5-6 所示。

表 5-6   卖出看跌期权的交易策略和收益情况

股价	(0,95)	95	(95,100)	[100,∞)
交易策略和收益情况	• 假设股价为 80 元,买方执行期权,卖方有义务以 100 元执行价格买入股票,在市场上以 80 元出售,净收入为－20 元。 • 期权到期日价值＝净收入＝－20 元。 • 净损益＝期权到期日价值＋期权价格＝－20＋5＝－15 元	• 买方执行期权,卖方有义务按执行价格 100 元买入股票,在市场上以 95 元出售,净收入为－5 元。 • 期权到期日价值＝净收入＝－5 元。 • 净损益＝期权到期日价值＋期权价格＝－5＋5＝0 元	• 假设股价为 98 元,买方执行期权,买方有义务按照执行价格 100 元买入股票,在市场上以 98 元出售,净收入为－2 元。 • 期权到期日价值＝净收入＝－2 元。 • 净损益＝期权到期日价值＋期权成本＝－2＋5＝3 元	• 买方不执行期权,期权到期失效。 • 期权到期日价值＝净收入＝0 元。 • 净损益＝期权到期日价值＋期权价格＝0＋5＝5 元
损益特点	净损失有限(期权到期日价值＋期权价格),净收益有限(期权价格)			

第二节   风险管理典型案例分析：中信泰富巨亏事件

一、中信泰富公司简介

中信泰富有限公司(以下简称“中信泰富”)于 1990 年在香港注册成立,其前身是信泰发展有限公司,1990 年由中国国际信托投资(香港)集团有限公司购入其 49% 的股份并注入若干资产,并于 1991 年正式易名为中信泰富有限公司。2007 年在香港交易所上市,并成为恒生指数成分股之一。中信泰富的业务集中在香港及内地市场,业务重点以基建为主,包括投资物业、基础设施(如桥、路和隧道)、能源项目、环保项目、航空以及电讯业务。

2008 年中信泰富发生“澳元巨亏”事件,中信集团以 15 亿美元注资当时身处澳元汇兑危机的中信泰富,在中信泰富的控制权从 29% 提升至 57.51%,成为其实际控制人。中信泰富原董事长荣智健辞职,由中信集团副董事长兼总经理常振明接任。2014 年 8 月,中信泰富通过向中信集团和社会公众发行可转换债券进行融资,并收购母公司中信集团的全资子公司中信股份,同时更名为中国中信股份有限公司,由中信集团持股 78%。改制后,中信股份的业务拓展至金融业、资源能源业、制造业、房地产及基础设施业、工程承包业,以及其他行业的诸多业务领域,在海内外市场广泛运营。2014 年改制前后股权结构及业务范围如图 5-9 所示。

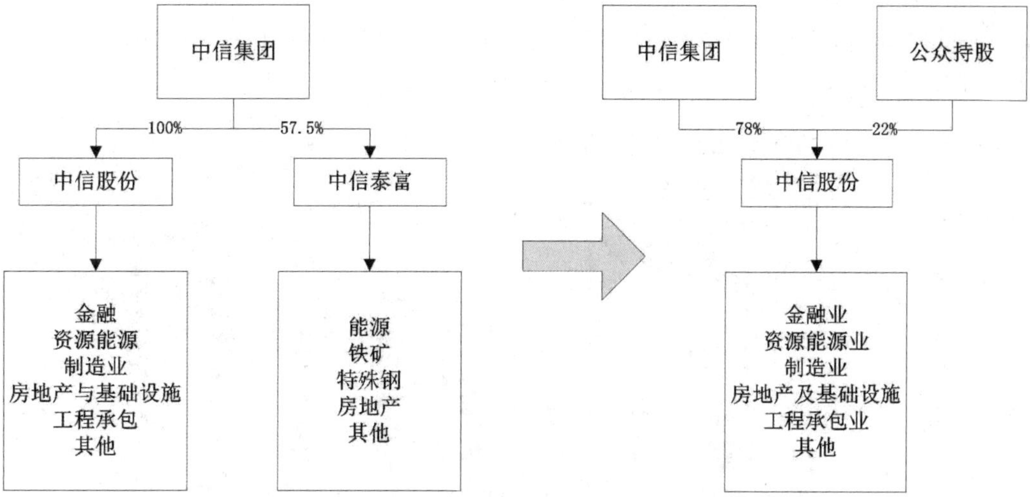

图 5-9　中信泰富 2014 年改制前后股权结构及业务范围

二、中信泰富巨亏事件

2008 年 10 月 20 日,中信泰富披露因投资杠杆式外汇产品而巨亏 155 亿港元,其中包括约 8.07 亿港元的已实现亏损和 147 亿港元的估计亏损,而且亏损有可能继续扩大。中信泰富两名高层即时辞职,包括集团财务董事张立宪和集团财务总监周至贤。莫伟龙获任集团财务董事,负责集团财务及内部监控。

2008 年 10 月 21 日中信泰富股价开盘即暴跌 38%,盘中更一度跌至 6.47 港元,跌幅超过 55.4%,当日报收于 6.52 港元,跌幅达 55.1%,远远超过业界预计的 20% 左右的跌幅。

2008 年 10 月 22 日香港证监会确认,已经对中信泰富的业务展开调查,而由于中信泰富的股价在两天内已经跌了近 80%,联交所公布的公告显示,中信泰富主席荣智健及母公司中信集团,于场内分别增持 100 万股及 200 万股,来维持股价稳定。

2008 年 11 月香港中信泰富在巨额亏损后,中信集团向中信泰富授出 116 亿港元的备用信贷,并认购中信泰富发行的可换股债券,以承担中信泰富在外汇累计期权合约的损失。可转换债券的转换价格为每股 8 港元,该转股完成后,中信集团将持有中信泰富 57.6% 的股权,成为中信泰富绝对控股股东。中信集团组成几个工作组,分别就中信泰富的核心业务、衍生品、银行贷款、审计、法律等领域协助中信泰富。

2009 年 3 月 26 日中信泰富公布 2008 年全年业绩,亏损 126.62 亿港元,董事会主席荣智健强调集团财政状况仍稳健,暂时无供股需要。

2009 年 4 月 3 日中信泰富继早前被香港证监会调查后,3 日再度接受警方调查。警方商业罪案调查科前往中信泰富总部调查,在逗留一小时之后运走大批文件。

2009 年 4 月 8 日中信泰富在港交所网站发布公告称,荣智健卸任中信泰富主席,北京中信集团副董事长兼总经理常振明接任。

中信泰富 2008 年杠杆式外汇期权合约巨亏事件前后年份的营业收入、净利润和每股收益的变化如图 5-10 所示。

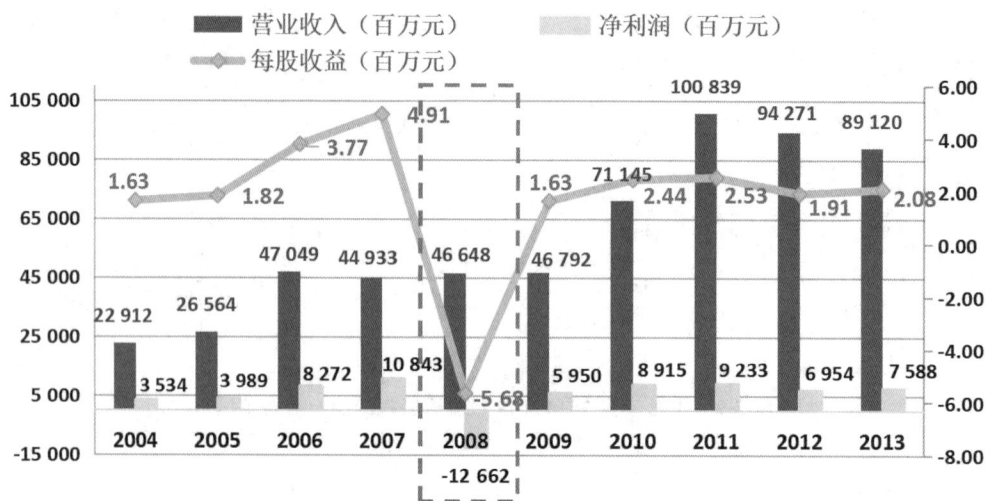

图 5-10 中信泰富巨亏事件前后各年份盈利情况

三、中信泰富杠杆式外汇期权合约交易

(一)中信泰富杠杆式外汇期权合约操作

致使中信泰富遭受巨额亏损的是为其在澳洲的磁铁矿项目规避风险而购买的杠杆式外汇期权合约——Accumulator。中信泰富在澳大利亚有铁矿投资项目，是西澳最大的磁铁矿项目。整个投资项目的资本开支，除前期的 16 亿澳元之外，在项目进行的 25 年期内，还将至少每年投入 10 亿澳元，很多设备和投入都必须以澳元来支付。为了降低公司在澳大利亚铁矿石项目中面临的货币风险，从 2007 年起，中信泰富开始购买澳元的杠杆式外汇期权合约进行对冲。

杠杆式外汇期权合约——Accumulator 合约中规定，在 2010 年 10 月到期前，中信泰富可以行使的澳元兑美元汇率为 0.87，当澳元兑美元汇率高于 0.87 时，中信泰富可以以 0.87 的比较便宜的汇率获得澳元，赚取汇率差价；而当澳元兑美元汇率低于 0.87 时，中信泰富也必须以 0.87 的高汇率水平继续向对家买入澳元。同时，每份澳元累计目标可赎回远期合约规定了中信泰富可收取的最高利润（幅度介于 150 万美元～700 万美元之间），当达到这一利润水平时，合约自动终止，中信泰富不能再以 0.87 的汇率获得澳元；但如果该汇率低于 0.87，却没有类似的自动终止协议，中信泰富必须不断以 0.87 的汇率接盘，直至接收的澳元金额达到 90.5 亿澳元为止。如图 5-11 所示。

因此，与传统的外汇期权合约不同，中信泰富签订的杠杆式外汇期权远期合约不但赋

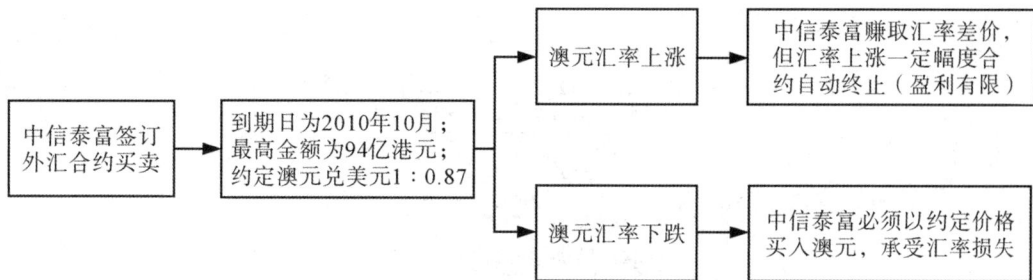

图 5-11　中信泰富杠杆式期权外汇合约交易

予了公司买入澳元的权利,同时还规定了公司买入澳元的义务,即中信泰富的澳元远期合约实质上是同时包括了买入看涨期权和卖出看跌期权。作为期权的买方,当澳元兑美元的汇率超过 0.87 时,中信泰富有权按照 0.87 的汇率购入澳元;作为期权的卖方,当澳元兑美元的汇率低于 0.87 时,中信泰富有义务按照 0.87 的汇率购入澳元。如果中信泰富采用传统的澳元期权合约,仅买入一个看涨期权,则假若澳元下跌,损失仅为支付的权利金而已。然而中信泰富的澳元远期合约里还包括了一项卖出看跌期权,虽然可以收取一定的期权费,但也使公司承担了巨大的风险,并最终付出了巨大的代价。套期保值的操作原则包括商品种类相同原则、商品数量相等原则、交易方向相反原则等,但中信泰富签订的澳元衍生品交易合约违反了数量相等原则和交易方向相反原则,其最终持有的外汇金额比实际矿业投资额高出四倍多,不符合套期保值的要求,具有很强的投机色彩。

(二)累进期权的概念及交易特点

杠杆式外汇期权合约是一种累进期权,以合约形式买卖资产(股票、外汇或其他商品)的金融衍生工具,为投资银行(庄家)与投资者客户的场外交易。累进期权一般由欧美私人银行出售给高资产客户,这种产品可以与外汇或股票挂钩,通常合约期限为一年,最低投资额为 100 万美元(约 800 万港元)。

累进期权合约设有"取消价"(knock out price)和"行使价"(strike price),行使价通常比签约时的市价有所折让。合约生效后,当挂钩资产的市价在取消价和行使价之间,投资者可定时以行使价从庄家买入规定数量的资产;当挂钩资产的市价高于取消价时,合约便终止,投资者不能再以折让买入资产;当该挂钩资产的市价低于行使价时,投资者便须定时用行使价买入双倍甚至四倍数量的资产直至合约完结为止,如图 5-12 所示。

以累进股票期权为例,买入股票的执行价一般比现价低 10%～20%;当股价上涨高于现价的 3%～5%(取消价)时,合约自行取消;当股价跌破执行价时,投资者必须双倍吸纳股票;合约期一般为一年,投资者只要有合约金额 40% 的现金或股票抵押即可购买,因此这一产品往往带有很高的杠杆性,并且其游戏规则较偏袒于投资银行一方,为庄家的损失设立上限。

美国康奈尔大学金融学教授黄明这样解释 Accumulator 合约:"一个典型的 Accumulator 合约,往往是这样的,投行会跟你说,我这里有一只股票,卖 10 块钱一只,但是你是我的高端客户,所以我给你打折,8 块钱,每天买个 1000 股。假如股票跌到一块钱了,

图 5-12 累进期权合约市价与收益图示

你还得一年每天买下去,每天得花 8 块钱一股来买,双倍买。而且不光双倍每天买,而且一直要买一年。"因此,Accumulator 是一种极其高杠杆的复杂衍生工具。

(三)2008 年中信泰富杠杆式外汇期权合约亏损

中信泰富 10 月 20 日披露的公告指出,外汇合约不符合对冲保值的会计准则,因而于会计期末必须按照公允价值计价。合约的巨大风险性和投机性显然与中信泰富高层个人声明中指出的锁定成本的目标存在矛盾。2008 年中信泰富的杠杆式外汇合约亏损高达159 亿港元,年报披露中信泰富已向中国中信集团公司转让最大接受金额为 53 亿澳元的杠杆式外汇合约,在转让日的合约公允价值亏损为 98 亿港元,所有签订的期权合约终止成本为 12 亿港元,交付外币及重组部分合约而产生的易变现亏损为 17 亿港币,其他未到期的杠杆式外币合约的公允价值亏损为 32 亿元,如图 5-13 所示。

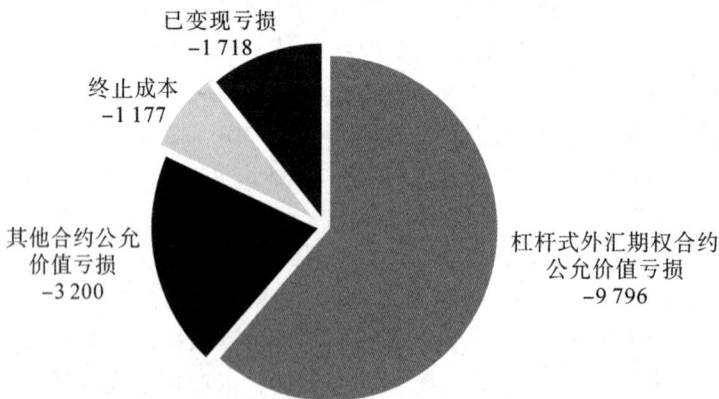

图 5-13 2008 年中信泰富杠杆式外汇期权合约亏损(单位:百万元)

对中信泰富而言,Accumulator 不是套期保值工具,而是对赌澳元价格波动的投机工具。在金融危机中澳元大幅贬值、管理层对澳元走向判断错误的情况下,企业的投机行为给其带来巨大的亏损。事实上,期权作为套期保值的工具之一,如果要控制澳元上涨风险,可以买进看涨期权合约;如果要控制澳元下跌风险,可以买进澳元看跌期权;在澳元涨跌方向不明确的情况下,可以进行对敲操作,同时买进看涨期权和看跌期权,最多损失期权费,但在澳元上涨或下跌时即可获取收益。

四、风险管理启示

中信泰富主席的个人声明指出,这些外汇合约的签订,没有经过合理的授权。公司10月20日的公告指出,公司于9月7日发现了有关情况,并采取补救行动。公司审计委员会调查结果显示,负责集团对冲策略的财务董事没有按照既定的程序事先获得主席许可就进行外汇交易,超越了职权范围;而财务总监没有尽到监督责任,未提醒主席有不寻常的对冲交易。声明并指出,这些合约中潜在的最大风险,也没有被正确的估计到。由此可见,中信泰富在公司治理和风险控制方面存在较大的漏洞,这无疑是造成中信泰富巨亏悲剧的重要因素。中信泰富在衍生工具交易的风险管理漏洞体现在:

(1)为投机目的盲目从事杠杆式衍生工具交易。①交易金额远远超过套期保值的需要,投机成分高于套期保值。据披露,中信泰富现时预计铁矿项目至2010年的资本开支对澳元的需求为16亿澳元,该项目(预计为期25年)在完全营运后的每年营运开支估计约需要10亿澳元,因此中信泰富每年对澳元的实际需求应当不超过30亿澳元。然而,在仍在生效的澳元累计目标可赎回远期合约、每日累计澳元远期合约及双货币累计目标可赎回远期合约下,公司必须接受的最高总金额为94.4亿澳元,中信泰富通过签订杠杆式合约所得到的澳元远远超过其澳大利亚铁矿项目所需资金。因此,这一交易明显带有很强的投机性,绝非为套期保值目的而进行。②衍生工具品种选择错误。Accumulator是一个高风险的投机产品,而非套期保值产品。③合约条款明显不利于公司。每份合约都规定最高利润,且在汇率走低时必须高位接货。有研究者利用蒙特卡罗方法(monte carlo method),按历史汇率(约15%)模拟发现,中信泰富在签订这笔外汇期权时就亏损了667万美元,其原因在于中信泰富得到的一个看涨期权的价值远远小于其送给对手的2.5个看跌期权。

(2)未制定并严格执行适当的限额控制。一方面,在签订的合约中,只规定了盈利的上限,而未规定止损点;另一方面,该公司没有对衍生工具头寸及其风险限额进行严格的限制,从而为巨额损失埋下隐患。

(3)未及时止损。在衍生工具交易中,投资者需要随时关注市场因子的变化,并及时采取风险应对措施(包括终止合约、重组合约等)来控制风险。澳元自2008年7月中下旬便开始下跌,在长达3个月的时间里,中信泰富未及时制止进一步的亏损。

(4)缺乏有限的风险评估与评估机制。①在交易之前缺乏风险识别与评估。就衍生工具而言,在进行交易之前,需要识别相关风险并评估其损失的概率和金额。对于杠杆式外汇交易等高风险品种,投资者在从事交易之前必须对其风险进行完整的评估,而据中信泰富的审核委员会及董事会主席荣智健的相关公告,在进行期权交易之前未评估澳元贬值所构成的风险。②在合约持续期间,企业应当不断关注风险因素并对其发生的概率和损失的金额进行评估,包括影响澳元兑美元汇率的各种政治、经济、法律事项。但在金融危机已经波及众多国家、澳元汇率不可避免地下行时,中信泰富的企业交易人员以及相关机构未采取措施,充分说明企业缺乏相应的风险评估机制。

(5)内部信息沟通不畅和对外信息披露不透明。①内部信息沟通不畅。据披露,中信集团未采取风险管理集中的模式,而是给予子公司极大的自由裁量权。中信集团对子公司的风险事项未多加关注,在一定程度上说明其内部信息与沟通机制不健全。②对外信息披露不透明。中信泰富董事局在知悉公司进行杠杆式外汇期权合约导致巨额亏损后一直未向公众披露,延至公司已损失近一半市值时才作公布。企业在进行平仓时,应依照相关信息披露要求进行披露,以维护投资者的知情权。

因此,中信泰富发生巨额损失,很大程度上是由于金融危机引起澳元汇率下跌产生的市场风险,但更重要的是公司内部控制不严格形成的操作风险。企业在从事衍生工具交易时,需要完善内部控制和风险管理机制,强化授权、职责分离、限额控制、风险识别和评估、内部报告等制度,同时企业管理层和交易人员必须强化风险意识。

第三节　上市公司会计运用分析：东方航空原油期权会计应用案例

一、公司介绍与案例背景

中国东方航空股份有限公司(600115.SH)是我国三大国有骨干航空运输集团之一,东航超过 510 架的机队构建了以上海为核心枢纽,通达世界 177 个国家和地区、1052 个目的地的航空运输网络,年服务旅客 8 000 余万人,机队规模、旅客运输量等多项运营指标跨入全球航空公司十强。

2002 年至 2008 年 7 月,全球原油价格一路飙升,纽约原油期货价格最高触及 147.5 美元/桶。航油成本占东航公司营运成本的比例由 2002 年的 21% 上升到 2008 年的 40%,航油价格的飙升严重影响了公司的经营效益。为规避油价风险,2008 年东航的航油套期保值量占到公司全年预计耗油量的 35.9%。

2003 年,东航开始通过场外市场与多家投行和外资银行签订了一系列价格不同的结构性期权合约来进行航油的套期保值。在油价持续上涨时,其收益可观,直到 2008 年 6 月份之前,其燃油套期保值业务头寸一直都有盈利。2007 年,东航航油套保收益达到投资收益的 62.23%。2008 年,出于对油价较乐观的估计,东航扩大了航油套保的规模。

2008 年 7 月受多方面不利消息影响,油价一路暴跌,国际航协统计全球航空煤油平均销售价格下降 35%。2009 年 1 月 12 日,中国东方航空公司公布,截至 2008 年 12 月 31 日,东航 2008 全年航油套期保值公允值损失高达 62 亿元人民币,占公司总亏损比例的 46%,资产减值 20.22 亿元,占亏损比例的 14.5%。至 2008 年,公司负债率达 115.1%。东航的直接控股方国资委的几十亿的注资,才帮助东航避免了破产。

二、东方航空的原油期权合约

东方航空的交易品种是以美国 WTI 原油、新加坡航空燃油等为基础资产的期权合约,2007—2009 年间签订的期权合约情况如下:(1)2007 年签订的期权合约,东方航空需以每桶 50～95 美元购买航油约 798 万桶,并以每桶 43～115 美元出售航油约 230 万桶,合约到期日分散于 2008—2009 年间;(2)2008 年签订的燃油期权合约,东方航空以每桶 62.35～150 美元购买 1 135 万桶,并以每桶 72.35～200 美元出售 300 万桶,合约到期日分散于 2008—2011 年间;(3)2009 年度,未签订原油期权合约,截至 2009 年 12 月 31 日,其持有的未交割合约看涨期权执行价格的价差约为每桶 10～50 美元,而看跌期权执行价格的价差为每桶 60～83 美元,这些合约将分别于 2010—2011 年间到期,并分期交割。

其中,2008 年签订的燃油期权合约包含了三种期权交易策略,如图 5-14 所示。

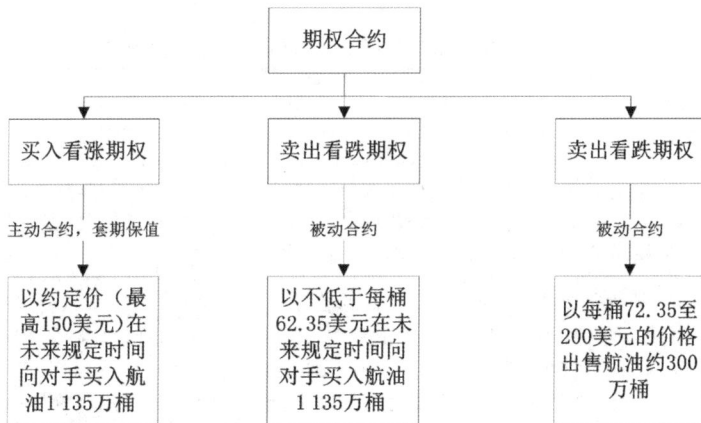

图 5-14　东方航空 2008 年原油期权合约图示

第一份合约为买入看涨期权,2008 年 6 月 30 日,东航以较高约定价格(62.35 美元/桶～150 美元/桶)向对手买入航油 1 135 万桶。东航具有选择权,对手必须接受,并以 72.35美元/桶～200 美元/桶的价格出售航油约 300 万桶,此等合约于 2008 年至 2011 年间到期。

第二份合约为卖出看跌期权,东航承诺以不低于 62.35 美元/桶的价格购买合约对手 1 135 万桶航油,合约截止日时,无论航油价格多少,合约对手有权选择是否卖出,东航必须接受。

第三份合约为卖出看涨期权,东航以更高的合约价格(72.35 美元/桶～200 美元/桶)向对手卖出航油 300 万桶,合约截止日时,不管航油价格多少,对手具有购买选择权,东航必须接受。

东方航空的原油期权交易并非完全的套期保值,采用组合式期权策略,在买入看涨期权的同时卖出看跌期权,试图将燃油价格锁定在一个比较宽泛的区间内,而不是简单的锁定燃油成本,通过非完全的期权合约交易冲销"权利金"以实现"零成本"套期保值,但这使其套期策略蕴含较大的风险。如果航油价格跌破合约中锁定的价格区间，东方航空就会面临较大的风险敞口，进而发生巨额损失。东方航空 2008 年年报披露，由于国际油价大幅下跌，卖出看跌期权生效（即交易对手有权以较高价格向其出售原油），这导致截至 2008 年 12 月 31 日，其持有的原油期权合约发生公允价值变动损失约人民币 62.56 亿元。

三、东方航空原油期权会计披露

航空公司为控制航油成本大多通过原油期权交易进行套期保值，由于其不满足套期会计条件，而只能作为衍生工具核算。现行的会计准则要求对衍生工具按公允价值计量并纳入表内核算，而盯市特征决定公允价值计量会影响企业业绩。

东方航空在 2008 年年报中披露了有关原油期权的交易目的、组合策略、合约数量、交易内容等合约内容，并将原油期权作为交易性金融资产（负债）披露其年末余额和当期交易损益。2008 年年报中披露的有关原油期权合同的文字说明信息如表 5-7 所示。

表 5-7 2008 年年报披露的东方航空原油期权合约

项目	内容
签订原油期权的目的	通过原油期权合约来降低市场航油价格波动对飞机航油成本所带来的风险
原油期权种类或原油期权组合策略	以美国 WTI 原油和新加坡航空燃油等为基础资产的原油期权；原油期权合约大部分为三方组合期权合约，即上方买入看涨期权价差（即本集团与交易对手分别持有一个看涨期权），下方卖出看跌期权
原油期权合约所需交易的航油数量，期末尚未交割的期权价差、到期时间	截至 2008 年 6 月 30 日，根据签订的航油期权合约，东航需以每桶 62.35 美元至 150 美元的价格购买航油约 11 350 000 桶，并以每桶 72.35 美元至 200 美元的价格出售航油约 3 000 000 桶，合约将于 2008 年至 2011 年间到期；至 2008 年 12 月 31 日，本集团持有的尚未交割的看涨期权执行价格的价差约为 10 美元/桶至 50 美元/桶，看跌期权的执行价格为 45 美元/桶至 83 美元/桶，此等合约将分期交割并分别于 2009 年与 2011 年间到期
原油期权公允价值的确定方法	参考美国 WTI 原油和新加坡航空燃油等为基础资产的原油期权的价格，采用"有关蒙特卡罗模拟的回归平均值模型，该模型输入的参数及假设包括价格波动率、长期均衡价格、均值回归速度、无风险利率及信用利差"估值技术确定期权合约的公允价值
原油期权公允价值变动的处理方法	本集团原油期权合约不符合套期会计的运用条件，其公允价值变动直接计入当期损益
原油期权公允价值对原油价格变动的敏感性	本公司通过选择合适的工具等在一定程度上锁定价格区间，但倘若航油价格出现大幅波动并超出设定的价格锁定区间，将可能导致相关交易产生实际交割损失和账面浮亏的风险；倘若原油价格较 2008 年 12 月 31 日收盘价下降或上升 5%，则 2008 年 12 月 31 日的原油期权合约公允价值损失将增加或减少约人民币 5 亿元
公允价值变动损益	2008 年公司共发生公允价值变动损失 64.01 亿元，比上一年增加 64.85 亿元，主要是由于原油期货市场价格在 2008 年下本年大幅下降导致公司原油期权合约产生的公允价值变动损失比上一年增加了 63.53 亿元

由于不符合套期会计原则,东方航空将航油期权合约划分为交易性金融资产或交易性金融负债,现行会计准则要求对其初始与后续计量均采用公允价值,其公允价值变动计入当期损益。2008 年年报中对原油期权期末资产和负债余额以及当期损益情况列示如表 5-8、表 5-9 所示。

表 5-8　东方航空原油期权合约资产和负债金额

单位:千元(人民币)

	2008 年 12 月 31 日	2007 年 12 月 31 日
交易性金融资产		
利率互换合约	988	33 232
外汇远期合约	—	2 847
原油期权合约	123 010	59 468
合计	123 998	95 547
交易性金融负债		
利率互换合约	(182 971)	(39 542)
外汇远期合约	(138 760)	(1 719)
原油期权合约	(6 319 868)	(535)
合计	(6 641 599)	(41 796)

数据来源:东方航空 2008 年年报

表 5-9　东方航空原油期权合约实际交割损益和公允价值变动损益

单位:千元(人民币)

	2008 年	2007 年
实际交割损益(计入航油成本)	(8 577)	120 171
公允价值变动(计入公允价值变动损益)	(6 255 791)	96 576
合计	(6 264 368)	216 747

数据来源:东方航空 2008 年年报

如图 5-15 所示,除 2007 年东方航空处于多头外,其他年份均是空头,这是其面临高风险的原因。2007 年原油价格波动在期权合约锁定的价格区间,交易对手看跌期权没有行使,东方航空获得对手支付的权利金,这降低了公司套期保值的成本;同时其购买的看涨期权又规避了燃油价格上升所带来的燃油成本增加,降低了燃油支出,使得东方航空的期权交易获利。而 2008 年则相反,国际原油价格发生了大幅波动,从 2008 年年初的 92 美元/桶一度飙升到 147 美元/桶,但在下半年油价又发生逆转,急剧下跌至 45 美元/桶,骤升骤降的油价远远超出其期权合约锁定的价格区间,对手行使看跌期权,从而一方面增加了东航的燃油成本,另一方面致使东航遭受期权合约的大额损失。图 5-16 显示东方航空在 2007—2010 年期间的原油期权公允价值变动损益及其利润总额,形成的损益严重影响了当期利润,在极端的 2008 年和 2009 年,原油期权合约损益分别占到利润总额的44.73% 和 584.85%。

119

■ 原油期权合约资产（千元）　■ 原油期权合约负债（千元）

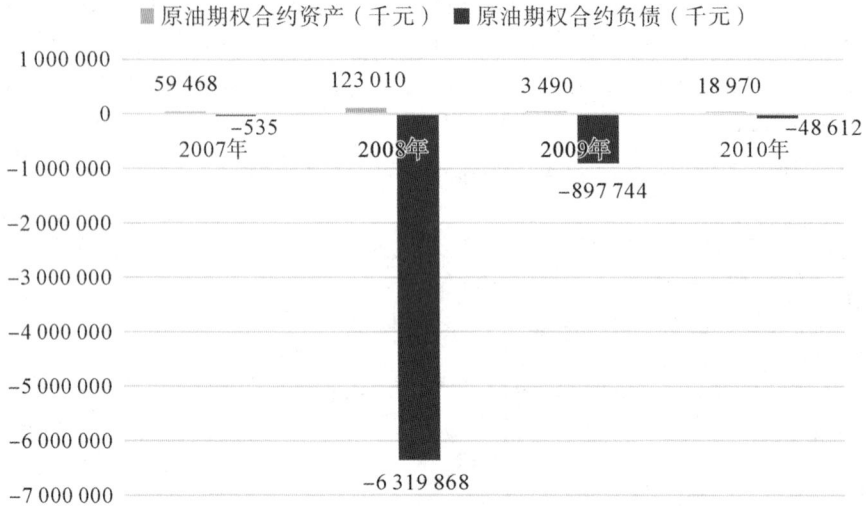

图 5-15　东方航空 2007—2010 年原油期权资产和负债余额

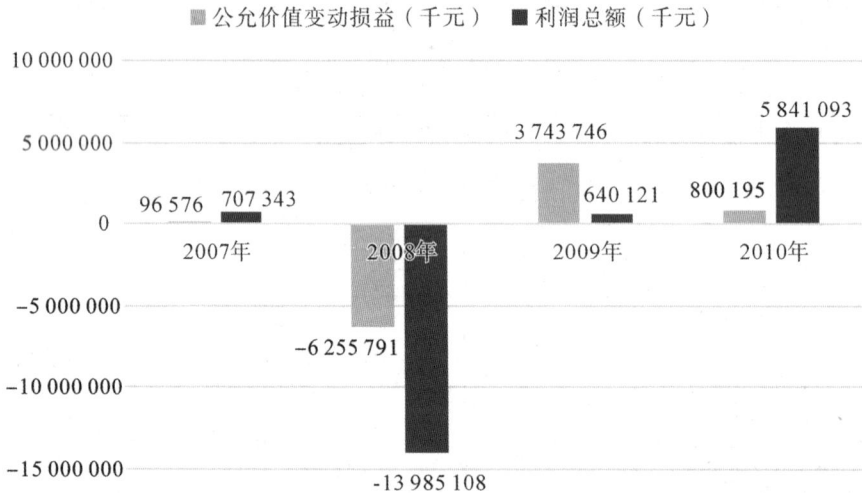

■ 公允价值变动损益（千元）　■ 利润总额（千元）

图 5-16　东方航空 2007—2010 年原油期权的公允价值变动损益和利润总额

　　进一步来看，东方航空的期权合约已超出保值的限度，本质上是对赌行为，东方航空赌的是油价不会跌破 62.35 美元/桶或不会高于 200 美元/桶。然而，自 2008 年 7 月 11 日后油价一路暴跌，2008 年年底曾一度跌破 40 美元/桶。在油价跌破看跌期权行权价的下限 62.35 美元/桶时，东方航空的卖出看跌期权即开始生效造成亏损。东方航空在 2008 年年报中对航油价格风险的披露中指出，如果原油价格较 2008 年 12 月 31 日的收盘价（纽约商品交易所的原油收盘价为每桶 44.60 美元）下降或上升 5％，其原油期权合约的公允价值变动损失将增加（或减少）约人民币 5 亿元。2008 年原油价格急剧下跌至 45 美元/桶，其持有的原油期权合约发生公允价值变动损失约人民币 62.56 亿元，形成巨额亏损。

延伸阅读

认股权证和可转换债券

认股权证作为一种期权类金融衍生工具,又称为"认股权"或"权证"。广义上,认股权证通常是指由发行人所发行的附有特定条件的一种有价证券。从法律角度分析,认股权证本质是一种权利契约,投资人于支付权利金购得权证后,有权于某一特定期间或到期日,按约定的价格(行使价),认购或沽出一定数量的标的资产(如股票、股指、黄金、外汇或商品等)。权证持有人在支付权利金后获得一种权利,行使权利与否由权证持有人决定;而权证的发行人在权证持有人按规定提出履约要求之时,负有提供履约的义务。

可转换债券具有双重选择权的特征。一方面,投资者可自行选择是否转股,并为此承担债券利率较低的机会成本;另一方面,转债发行人拥有是否实施赎回条款的选择权,并为此要支付比没有赎回条款的转债更高的利率。双重选择权是可转换公司债券最主要的特征,它的存在使投资者和发行人的风险、收益限定在一定的范围以内,并可以利用这一特点对股票进行套期保值,获得更加确定的收益。

一、深圳发展银行发行认股权证

深圳发展银行于 2007 年 6 月 8 日召开的 2007 年第一次临时股东大会批准了深圳发展银行发行的认股权证并上市的议案。根据该方案,深圳发展银行拟发行共计 313 013 751 份认股权证,行权价格为 19.00 元,按照 1∶1 的比例行权,即每 1 份权证认购公司 1 股新发行的股份。行权日为权证存续期的最后 30 个交易日。

公司拟按照 2007 年股权分置改革完成后的股本数量为基数,向权证发行股权登记日登记在册的全体股东以 10∶1 的比例免费派发百慕大式认股权证,共计 208 675 834 份,认股权证存续期为权证上市之日起的 6 个月;同时,向权证发行股权登记日登记在册的全体股东以 10∶0.5 的比例免费派发百慕大式认股权证,共计 104 337 917 份,认股权证存续期为权证上市之日起的 12 个月。发行的认股权证充分行权后的募集资金扣除发行费用后将全部用于补充深圳发展银行的资本金。

二、宝安公司发行可转换债券

中国宝安企业(集团)股份有限公司是一个以房地产业为龙头,工业为基础,商业贸易为支柱的综合性股份制企业集团,为解决业务发展所需要的资金,1992 年年底向社会发行 5 亿元可转换债券,并于 1993 年 2 月 10 日在深圳证券交易所挂牌交易。宝安可转换债券是我国资本市场第一张 A 股上市可转换债券。

宝安公司可转换债券发行总额为 5 亿元人民币,按债券面值每张 5 000 元发行,期限是 3 年(1992.12—1995.12),票面利率为年息 3%,每年付息一次。债券载明两项限制性条款,其中可转换债券条款规定债券持有人自 1993 年 6 月 1 日起至债券到期日前可选择以每股 25 元的转换价格转换为安宝公司的人民币普通股 1 股;推迟可赎回条款规定宝安公司有权利但没有义务在可转换债券到期前半年内以每张 5 150 元的赎回价格赎回可转换债券。债券同时规定,若在 1993 年 6 月 1 日前该公司增加新的人民币普通股股本,按下列公式调整转换价格:

$$\frac{（调整前转换价格-股息）\times 原股本＋新股发行价格\times 新增股本}{增股后人民币普通股总股本}$$

根据发行说明书,可转换债券所募集的 5 亿元资金主要用于房地产开发业和工业投资项目,购买武汉南湖机场及其附近土地 270 万平方米,开发兴建中高档商品住宅楼及配套设施;购买上海浦东陆家嘴金融贸易区土地 1.28 万平方米,兴建综合性大楼宝安大厦;开发、生产专用集成电路;生物工程基地建设等。

宝安公司从上市到摘牌,转换为股票的共计 1 350.75 万股。按每股 19.392 元的转换价格计算,转换为宝安 A 股 691 584 股,实现转换部分占发行总额的 2.7％,占比极低。转换失败以及由此带来的巨额资金偿还给宝安公司的经营带来极大压力,需要准备 5 亿元的现金偿还。据宝安公司 1995 年年度财务报告反映,为偿还巨资,宝安公司提前一年准备资金,同时转变经营策略,放弃投资获利机会,使得 1995 年宝安公司的利润下降。

第六章

股指期货风险管理与会计运用

政策暖风频吹，股指期货创阶段新高

股指期货是期货中的一种，是指以股价指数为标的物的标准化期货合约。合约双方约定在未来的某个特定日期，可以按照事先确定的股价指数的大小，进行标的指数的买卖，到期后通过现金结算差价来进行交割。股指期货从股票价格指数衍生而来，价格起伏和股价指数的涨跌保持一致，反映股市的整体行情。投资者看涨指数时买入合约，当指数上涨时就能盈利，反之亏损；如看跌指数则卖出合约，盈亏情况与买入相反。股指期货的合约价值，是根据股票指数乘以一定的金额，比如，沪深 300 指数在 3 000 点位时，将 3 000 点×300 元＝90 万元，就是一手沪深 300 指数期货的价值。沪深 300 股指期货是我国在 2010 年 4 月 16 日正式推出的本土股指期货产品。作为自 1995 年 5 月 17 日暂停国债期货交易试点以来我国推出的首支金融期货产品，沪深 300 股指期货的推出迈出了我国构建多层次金融市场体系的关键一步，是我国金融改革进程中具有里程碑意义的重大事件。

影响股指期货的因素涉及各个方面，其中政策因素具有重要作用。例如，中国证券报在 2019 年 2 月 14 日报道：2019 年春节前后，管理层持续释放政策暖风，在证监会放宽权益类证券风险资本准备计算比例、国务院常务会议决定支持商业银行多渠道补充资本金等政策利好累计效应影响下，A 股连续上涨，2 月 13 日三大股指期货再度发力，不仅 IF 1902、IH 1902 合约均收涨超 2%，而且三大主力合约盘中均创下 2019 年以来的新高。

第一节　主要知识点

一、股指期货合约的基础概念和特点

股指期货合约的基础概念和特点如表 6-1 所示。

表 6-1　股指期货合约的基础概念和特点

含义	股指期货(share price index futures)是一种以股票价格指数为标的物的金融期货合约，由交易双方订立的、约定在未来某一特定时间按约定价格进行股价指数交易的一种标准化合约
特征	1.期货的共同特征 (1)合约标准化：除价格外，期货合约的所有条件都是预先规定好的。 (2)交易集中化：期货市场是一个高度组织化的市场，并且实行严格的管理制度，期货交易在期货交易所内集中完成。 (3)对冲机制：期货交易可以通过反向对冲操作结束履约责任。 (4)杠杆效应：股指期货采用保证金交易。由于需交纳的保证金数量是根据所交易的指数期货的市场价值来确定的，交易所会根据市场的价格变化，决定是否追加保证金或是否可以提取超额部分。 (5)每日无负债结算制度。 2.股指期货的特有特征 (1)股指期货的标的物为特定的股票指数，报价单位以指数点计。 (2)合约的价值以一定的货币乘数与股票指数报价的乘积来表示。 (3)股指期货采用现金交割，不通过交割股票而是通过结算差价，用现金来结算头寸
分类	S&P500 指数、NYSE 综合指数、NASDAQ-100、Russell 2000、道琼斯工业平均指数期货合约、价值线平均股价指数期货合约、主要市场指数期货合约、FT-SE100、恒生指数期货合约和日经 225 指数期货合约等
股指期货与商品期货的区别	(1)标的指数不同：股指期货的标的物为特定的股价指数；而商品期货交易的对象是具有实物形态的商品。 (2)交割方式不同：股指期货采用现金交割；而商品期货可采用实物交割。 (3)合约到期日的标准化程度不同：股指期货合约到期日都是标准化的，一般到期日在 3 月、6 月、9 月、12 月等几种；而商品期货合约的到期日根据商品特性的不同而不同。 (4)持有成本不同：股指期货的持有成本主要是融资成本，不存在实物储存费用，有时所持有的股票还有股利，如果股利超过融资成本，还会产生持有收益；而商品期货的持有成本包括储存成本、运输成本、融资成本。股指期货的持有成本低于商品期货。 (5)投机性能不同：股指期货对外部因素的反应比商品期货更敏感，价格波动更为频繁和剧烈，因而股指期货比商品期货具有更强的投机性

续表

风险控制管理办法	(1)保证金制度。保证金分为结算准备金和交易保证金。交易保证金是已被合约占用的保证金;结算准备金是未被合约占用的保证金;股指期货合约最低交易保证金为12%。 (2)持仓限额制度。持仓限额是指交易所规定会员或客户可以持有的、按单边计算的某一合约持仓的最大数量。客户持仓限额为: ①单个合约单边持仓实行绝对数额限仓,持仓限额为100手; ②对从事自营业务的交易会员某一合约单边持仓实行绝对数额限仓,持仓限额为100手; ③某一合约总持仓量(单边)超过10万手的,结算会员该合约持仓总量(单边)不得超过该合约总持仓量的25%; ④会员和客户超过持仓限额的,不得同方向开仓交易。 (3)大户持仓报告制度。会员或客户的持仓量达到交易所规定的持仓报告标准的,会员或客户应当向交易所报告。 (4)强行平仓。强行平仓条件是结算会员结算准备金余额小于零,并未能在第一节交易时间结束前补足;客户、从事自营业务的交易会员持仓超出持仓限额标准,且未能在第一节交易时间结束前平仓;因违规、违约受到交易所强行平仓处罚;根据交易所的紧急措施应予强行平仓的;其他应予强行平仓的。 (5)强制减仓。即交易所将当日以涨跌停板价申报的未成交平仓报单,以当日涨跌停板价与该合约净持仓盈利客户按持仓比例自动撮合成交。 (6)实行强制减仓条件: ①第t交易日出现单边市; ②第t与第t−1交易日同方向涨跌幅累计大于等于16%; ③第t日收市时,存在以涨跌停板价申报平仓单而无法成交的,且投资者该合约的单位净持仓亏损大于等于第t交易日结算价的10%的所有持仓

二、股指期货合约的实务操作

(一)股指期货交易的规范和流程

股指期货合约的标的是股票指数,其交易规则和流程(如图6-1所示)与第五章期货交易类似,投资者进行股指期货交易需经过开户、入金、交易、结算和交割等环节,但股指期货的交割只采用现金交割的方式,即不需要交割一篮子股票指数成分股,而用到期日或第二天的现货指数作为最后结算价,通过与最后结算价进行盈亏结算了结头寸。

(二)股指期货交易策略

根据投资者的资金实力、风险承受水平、投资目的,股指期货的主要市场操作策略可分为套期保值、套利和投机三种基本类型。

1.套期保值

套期保值是指在股票市场上买进(或在融券市场上卖出)一定数量的股票的同时,在期货市场上卖出(或买进)数量相当的股指期货,以达到防止股票价格下跌(或上涨)的目的,可分为买入套期保值(多头套保)和卖出套期保值(空头套保)。

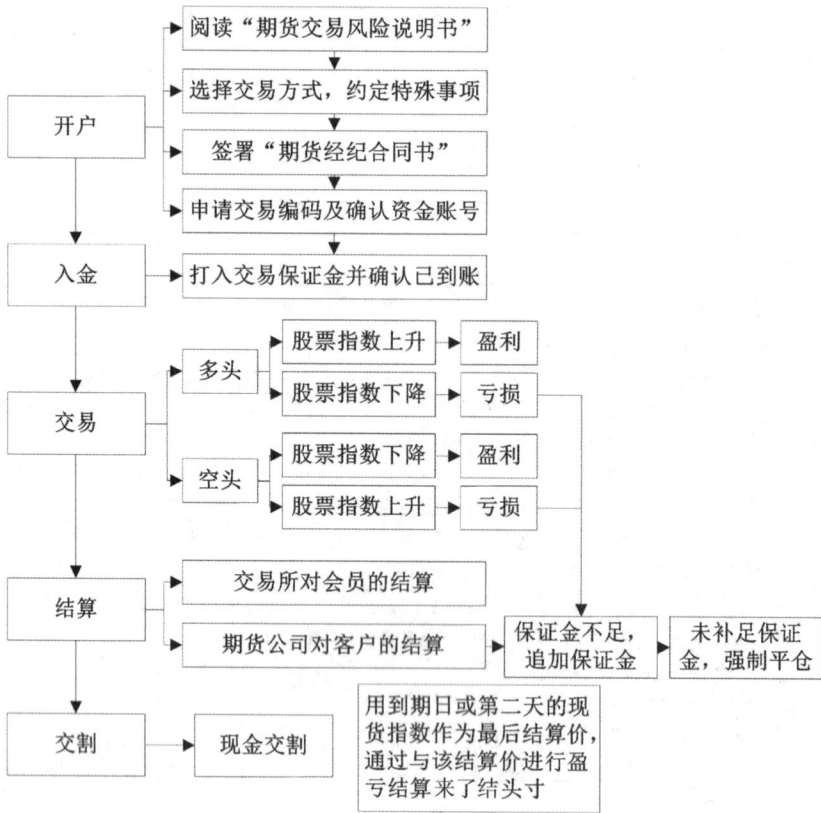

图 6-1　股指期货交易流程

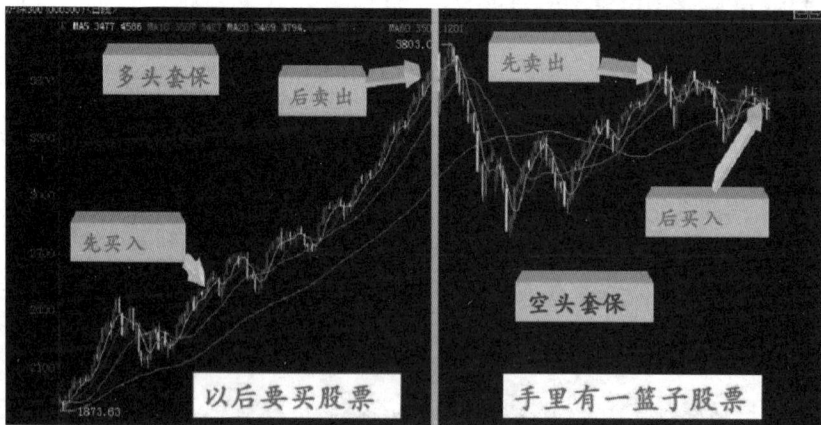

图 6-2　多头套保和空头套保交易策略

买入套期保值(多头套保)是利用股指期货进行预投资,锁定购买成本,规避价格上涨的风险。卖出套期保值(空头套保)是指利用股指期货规避大盘下跌造成的股票缩水的风险,相当于锁定了高位的卖出价格。套期保值者通过品种相同或相近原则、月份相同或相近原则、方向相反原则和数量相当原则,利用股票指数期货交易对上证 180 基金、股票等现货进行套期保值。交易策略如图 6-2 所示。

股指期货的推出意味着中国股市将正式引入做空机制,给了投资者一个规避系统性风险的工具。投资者不仅可以通过在股票市场上做多来获利,也可以利用股指期货做空来对冲股票市场的风险,从而获取利润。现货盈亏和期货盈亏关系图如图 6-3 所示。

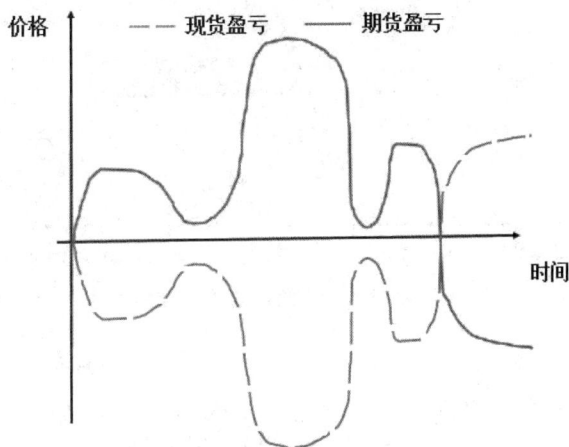

图 6-3 现货盈亏和期货盈亏关系图

2.套利

股指期货价格以股票价格指数为基础,当股指期货价格高于(低于)股指现货价格时,在股票现货市场与股指期货市场之间将出现大量的套利行为,直至股指期货价格最终下降(上升)到与股指现货价格趋于一致的水平。两者的关系如图 6-4 所示。

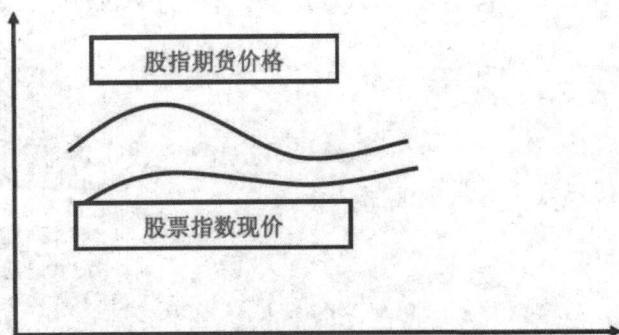

图 6-4 股指期货价格与股票指数现价关系图

套利的类型有很多,如跨期套利(在不同月份合约间套利)、跨市场套利(在不同交易所之间套利)、跨品种套利(在不同交易品种间套利)、期现套利(在期货与现货之间套利)等。以期现交易为例,当期货与现货价格出现顺价差时,投资者可卖空股指期货并同时买进一篮子股票现货组合,当两者的价差收敛时即可平仓获利。同样,逆价差时投资者可进行相反方向的操作。图 6-5 以台湾加权股指期货为例,说明股指期货套利的交易策略。

(单位：新台币元)

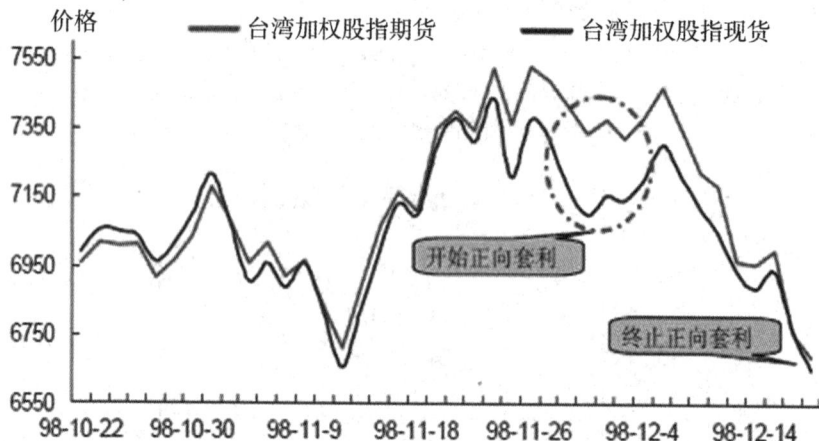

图 6-5　台湾加权股指期货正向套利策略

3.投机

图 6-6 是股指期货合约投机交易图,投机者可根据自己对股票基本面和技术面的判断,如果认为上涨的可能性比较大,就可以买入股指期货,等到期价格上涨即平仓获利;如果预期下跌的可能性比较大,则可以抛空股指期货,等股指期货价格下跌后,再平仓获利。只要投资者判断准方向,就能够在股指期货市场上获利,而如果判断错误就会承担相应的亏损。纯投机的操作方法适合风险承受能力比较强,并且有一定资金实力的投资者。

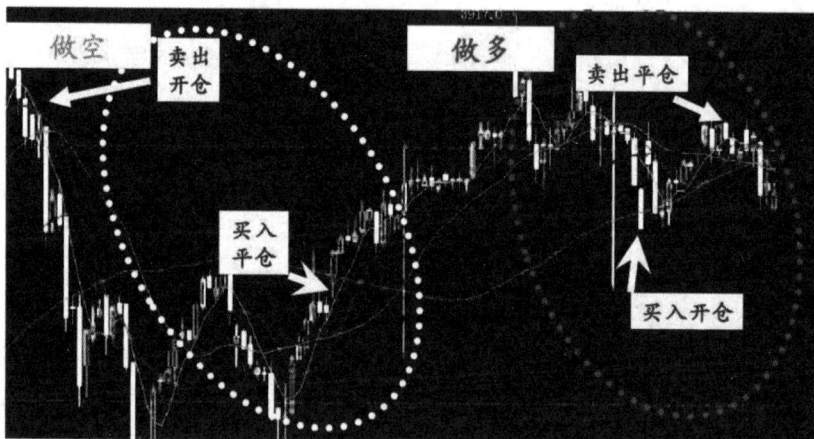

图 6-6　股指期货合约投机交易

2010 年,证监会已正式批复中国金融期货交易所沪深 300 股指期货合约和业务规则,股指期货自 1993 年全面禁止以来在国内再次推出,交易者可以通过股指期货进行做空。目前我国的股指期货有三种,分别以沪深 300 指数、上证 50 指数和中证 500 指数为标的,由中国金融期货交易所推出并进行管理交易。表 6-2 列示了沪深 300 股票指数期货合约。

表 6-2　沪深 300 股票指数期货合约

合约标的	沪深 300 指数
合约乘数	每点 300 元
合约价值	沪深 300 指数点×300 元
报价单位	指数点
最小变动价位	0.1 点
合约月份	当月、下月及随后两个季月
交易时间	9:15—11:30,13:00—15:15
最后交易日时间	9:15—11:30,13:00—15:00
价格限制	上一个交易日结算价的±10%
合约交易保证金	合约价值的 8%
交割方式	现金交割
最后交易日	合约到期月份的第三个周五,遇国家法定节假日顺延
最后结算日	同最后交易日
交易代码	IF

沪深 300 期货(IF 1706)价格走势(2016.10.24—2017.5.19)如图 6-7 所示。

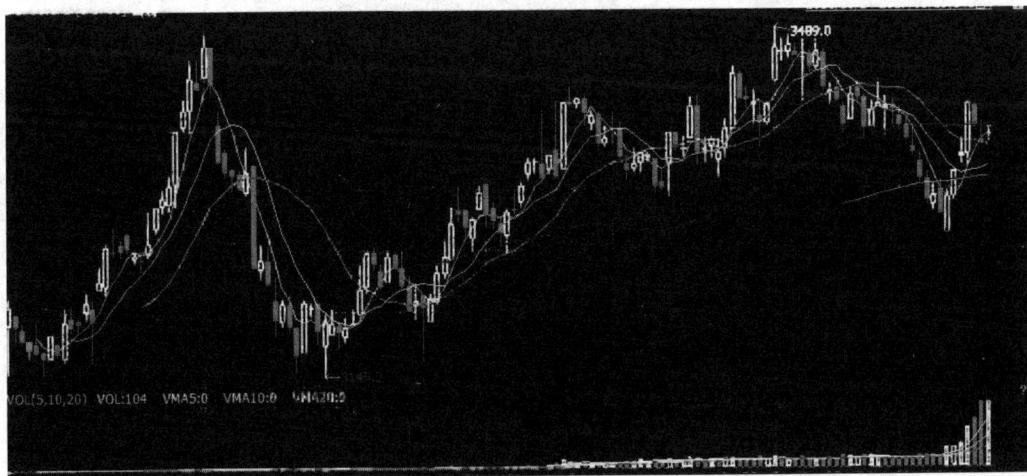

图 6-7　沪深 300 期货(IF 1706)价格走势(2016.10.24—2017.5.19)

截至 2017 年 5 月 24 日,沪深 300 期货合约(IF 1706)多单和空单的持仓排名如图 6-8、图 6-9 所示。

多单量

图 6-8   沪深 300 期货多单持仓排名（2017.5.24）

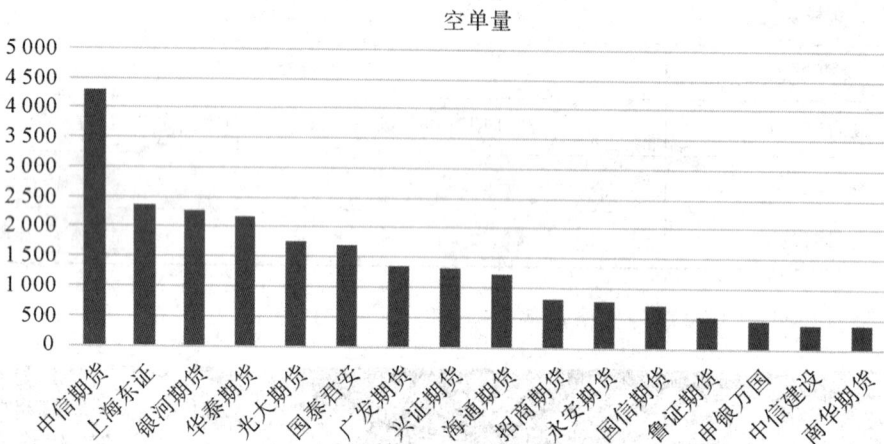

空单量

图 6-9   沪深 300 期货空单持仓排名（2017.5.24）

第二节   风险管理典型案例分析：1998 年香港金融保卫战

一、香港金融危机背景

量子基金（quantum fund）是全球著名的大规模对冲基金，是美国金融家乔治·索罗斯（George Soros）旗下经营的五个对冲基金之一。量子基金投资于商品、外汇、股票和债券，并大量运用金融衍生产品和杠杆融资，从事全方位的国际性金融操作。凭借索罗斯出色的分析能力和胆识，量子基金在世界金融市场中逐渐成长壮大。至 1997 年年末，量子基金已增值为资产总值近 60 亿美元的巨型基金。1969 年注入量子基金的 1 美元在 1996

年年底已增值至 3 万美元,增长了 3 万倍。

　　1997 年,亚洲金融风暴席卷泰国,量子基金对东南亚金融市场发起攻击,大量抛售泰铢,泰国央行被迫宣布放弃固定汇率制而实行自由浮动,泰铢陷入奔溃,急剧贬值。横扫东南亚后,索罗斯带领的国际炒家将目光投向了香港。

　　在 1998 年香港金融危机前的几年中,香港的资产价格,尤其是房地产价格隐现泡沫,加上长期实际利率为负,导致房地产投机盛行。1984 年至 1997 年,主要物业价格上涨了 12 倍,由此造成的经济过热又导致工资水平和股市飙升。1997 年 8 月 7 日,香港恒生指数上涨至 16 673 点的历史最高位,与同年 4 月份的 12 075 点相比,四个月内上涨了约 38%,其中恒生中国企业指数从 7 月 3 日的 996 点上升到 8 月 25 日的 1 727 点,在一个多月的时间内上升了约 73.39%。此时的香港股市隐含着暴跌的危险,房地产泡沫造成经济环境恶化,使得生产和销售成本上升,香港通胀压力逐步累积,依据购买力平价理论,港币在未来有贬值趋势。

二、对冲基金的投机策略

　　量子基金与国际炒家同时在外汇期货市场和股指期货市场上建立以下投机策略(如图 6-10 所示):在同业拆借市场上借入港币,并大量抛售港币兑换成美元,引起港币贬值,对冲基金通过做空外汇期货合约获益;港币贬值迫使香港政府提高利率,利率上升引起股票价格下跌,同时引起衍生市场上恒生指数下跌,对冲基金通过做空股指期货获取收益;恒指期货价格下跌加速股票市场下跌,外国投资者对香港经济和港币信心锐减,纷纷抛出港币换回美元,使港币面临新一轮的贬值压力。对冲基金通过做空外汇期货和股指期货策略,股票市场和外汇市场下跌越多,则其收益越大,而投资的成本仅为拆借资金的利息。

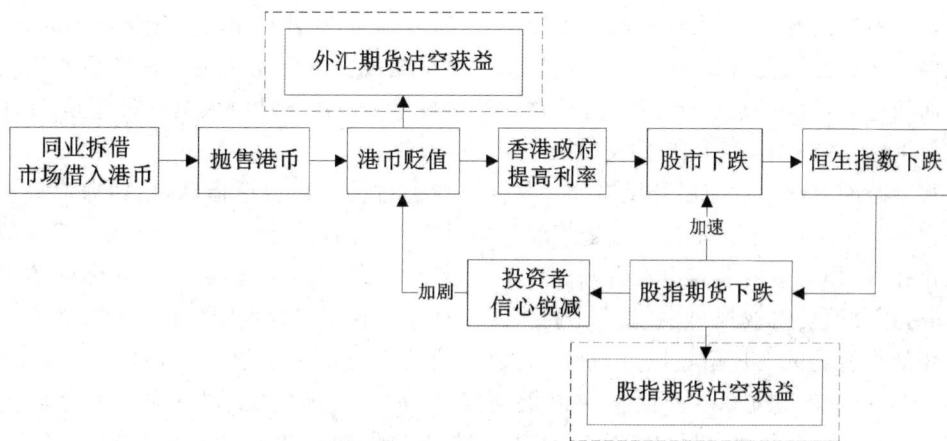

图 6-10　对冲基金投机策略

　　在投机策略中,对冲基金利用香港中央银行的干预(通过提高利率稳定汇率)对股市和股指进行投机,其基础是香港的联系汇率制。所谓联系汇率制,是指港币与美元挂钩,实行 1 美元兑换 7.8 港元的固定汇率制。联系汇率制诞生于 1983 年 10 月,在联系汇率制度的架构内维持汇率稳定是香港金融管理局(金管局)的首要货币政策目标之一,其在促进香港经济良好运行及巩固香港国际金融中心、贸易中心的地位中发挥着重要的作用。在联系汇率制下,汇率与利率存在以下关系:当港元资产的需求减少,港元汇率减弱至兑换保证汇率时,香港金管局便会向发钞银行(汇丰、渣打、中银)买入港元,基础货币随之收缩,利率因而上升,吸引资金流入以维持汇率稳定;当港元资产的需求增加,港元汇率转强,发钞银行向香港金管局买入港元,基础货币扩大,利率因而下调,从而遏制资金继续流入。总之,港元与美元的汇率保持稳定;但利率则可能出现调整。

三、香港金融保卫战过程

(一)前三轮冲击

在 1997 年 7 月至 1998 年 7 月,国际游资首先对港币联系汇率制进行了试探性的三轮冲击,1997 年 10 月 23 日,以索罗斯为首的国际炒家首次冲击香港市场,使得香港的银行同业拆借利率一度狂升,恒生指数和恒指期货下跌 1 000 多点。10 月过后,索罗斯又两度(1998 年 1 月、1998 年 6 月)攻击港元,利用汇市、股市和期市之间的互动规律大肆投机。香港政府通过提高短期利率的手法,击退了国际炒家对港元的攻击,汇市趋于稳定,但股市跌幅惨重。

(二)第四轮冲击

1998 年 7 月,索罗斯等国际炒家开始第四次大规模攻击港元,同样的,还是以香港联系汇率制作为攻击目标。他们采取"双管齐下"的策略,一方面,利用日元疲软大肆散布人民币要贬值的谣言,动摇投资者对港元的信心;另一方面,在外汇市场大量沽出港元,同时在股票市场压低恒生指数,在期货市场累积大量恒指期货的空头头寸。对港币的进攻只是表面的进攻,股市和期货市场才是其真正的主攻目标。由于炒家大笔沽售港元,冲压港股在 7 000 大关失守,8 月 13 日收市报 6 660 点低位。

香港政府对国际炒家展开反击战。与前三轮通过推高隔夜拆借利率、转守汇率不干预股市的政策不同,第四轮香港金融管理当局通过外汇储备直接入市干预,大量买入股票为股市托盘,作为市场参与方在股市、期市、汇市同时介入,力图构成一个立体的防卫网络;同时通过改变游戏规则,主动出击打击国际炒家。新制定的规则包括:(1)向持有超过一万张期指合约的大户增收按金,每张期指合约由 8 万港元加至 12 万港元,增幅达五成;(2)客户持有超过 250 张期指或恒指期权,经纪人必须申报(以往是 500 张以上才须申报);(3)经纪人须申报持有 250 张以上期指或期权的大户的身份(以往只需申报交易额)。

1998 年 8 月 13 日恒指被打压到 6 600 点后,香港政府调动资金入市,与对手展开针对 8 月股指期货合约的争夺战。国际炒家是要打压指数,香港政府则要守住指数,迫使炒家事先高位沽空的合约无法于 8 月底之前在低位套现。香港政府入市后大量买入国际炒家抛空的 8 月股指期货合约,将价格由 6610 点推高到 24 日的 7 820 点,高于国际炒家 7 500点的平均建仓价位。8 月 27 日、28 日,香港政府将所有卖单照单全收,8 月 27 日交易金额达 200 亿港币,28 日交易金额达到 790 亿港币,创下香港最高交易记录。国际炒家认为香港政府投入 1 000 亿港币不能长期支撑下去,因此决定将卖空的股指期货合约由 8 月转仓至 9 月,与香港政府打持久战。从 8 月 25 日开始,国际炒家在 8 月合约平仓的同时,大量卖空 9 月份合约。与此同时,香港政府在 8 月合约平仓获利的基础上乘胜追击,使 9 月份合约的价格比 8 月份合约的价格高出 650 点。香港政府在 9 月份继续推高股指期货价格,迫使国际炒家亏损离场。最终,到 10 月下旬,恒生指数已经反弹至 9 900 点的水平,香港金融保卫战宣告结束。国际炒家退出香港市场,香港联系汇率制度得以保存。如图 6-11 所示。

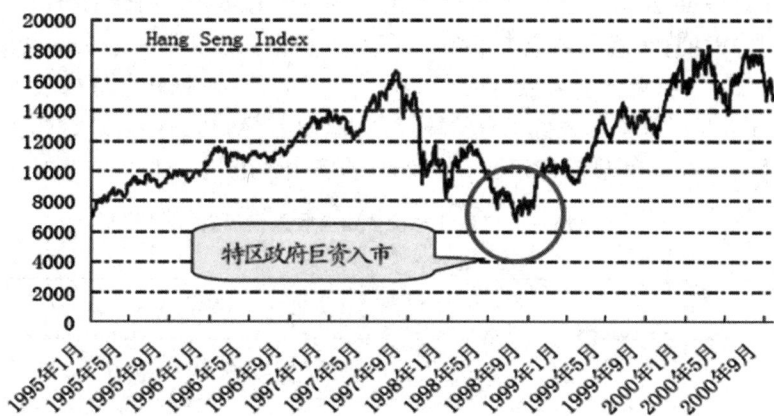

图 6-11　1998 年香港金融危机期间特区政府巨资救市

四、风险管理启示

开展股指期货交易后,由于期货价格对宏观经济形势变化反映较现货市场价格更为敏感和超前,故股市风险很有可能首先在期货市场上显示。期货市场是危机的信号,防止股市风险事件的根本途径是消除经济泡沫与完善制度。金融监管部门加强风险监控,科学制定、严格遵守大户限仓制度,对大额持仓实行提高保证金、禁止联手操纵等一系列期货市场本身应有的规章制度,可防范市场风险和制止国际游资的冲击。

我国的股指期货从 2010 年 4 月份上市交易,市场规模较大,仍然存在许多不足之处,需要防范股指期货市场的风险,促进其长期健康发展,具体措施包括:

(1)完善相关法律法规。明确政府、行业协会、交易市场的监管职责,加强部门间的协调合作,健全跨市股指期货市场的监管机制,并加强对股指期货市场交易行为的规制。

(2)建立严格统一的外资管理制度,掌握股指期货定价权。我国股指期货市场起步较晚,发展不健全,与发达国家有较大的差距,易受到外资的影响,再加上股指期货交易的高度杠杆化和合同条款的高度标准化交易放大了市场风险,政府应当对市场的异常波动情况进行实时监测,必要时进行适当干预,防止国际炒家冲击和操控股票市场。对国际金融资本进入我国市场要建立严格的市场准入和市场监管制度，严防被国际金融资本操控。

第三节 上市公司会计运用分析：广发证券股指期货会计披露

一、广发证券股指期货业务介绍

广发证券是股指期货市场的首批参与者之一，持有的衍生工具包括股指期货、国债期货、商品期货、利率互换及权益互换，使用股指期货对冲公司股票组合的风险。

2010 年股指期货正式登陆资本市场，广发证券积极做好原有品种的量化策略投资业务，并在公司证券自营业务获取股指期货交易编码后，加大对创新业务的投入力度，为公司利用量化方法开展自营业务做了有益探索。表 6-3 显示广发证券 2010 年和 2009 年证券投资收益情况，图 6-12 显示广发证券自 2010 年开始的股指期货投资情况。

表 6-3　广发证券投资业务收益情况表

单位：元

项目	2010 年	2009 年
证券投资收益	927 831 735.20	1 146 776 894.40
其中：		
出售交易性金融资产的投资收益	−173 232 985.56	541 946 980.24
出售可供出售金融资产的投资收益	95 130 341.05	94 942 010.42
衍生金融工具的投资收益	110 422 864.22	341 394.26
金融资产持有期间取得的投资收益	895 511 515.49	509 546 59.48
公允价值变动损益	25 666 948.85	11 229 391.59
其中：		
交易性金融资产公允价值变动收益	−27 888 571.15	11 229 391.59
衍生金融工具公允价值变动收益	53 555 520.00	—

股指期货名义金额

图 6-12　广发证券股指期货投资情况

二、股指期货会计披露

衍生工具于相关合同签署日以公允价值进行初始计量,并以公允价值进行后续计量,公允价值变动计入当期损益。

广发证券通过"结算备付金——自有资金"科目核算存放在期货公司拟用于股指期货交易的保证金,并通过"存出保证金"科目核算实际被股指期货合约占用的保证金。将持有期间股指期货合约价值的变动确认为一项金融资产(或负债),并将有关合约价值变动形成的损益计入当期损益;同时根据股指期货无负债结算的特点,将每日收到或支付的现金作为暂收暂付款计入应付款项,如表 6-4 所示。

表 6-4　广发证券股指期货相关会计处理

会计处理	盈利	亏损
每日确认浮盈/亏损时	借:衍生工具——股指期货 　　贷:公允价值变动损益——股指期货	借:公允价值变动损益——股指期货 　　贷:衍生工具——股指期货
每日确认收到/支付现金时	借:结算备付金——自有资金——期货公司 　　贷:应付款项——股指期货暂收暂付款	借:应付款项——股指期货暂收暂付款 　　贷:结算备付金——自有资金——期货公司

若股指期货交易每日无负债结算确认的相关金融资产和金融负债,即"衍生工具——股指期货"和"应付款项——股指期货暂收暂付款",以相互抵消后的净额在资产负债表内列示,并同时在财务报表附注中对股指期货合约的公允价值及净额列示情况做出相关解释说明。表 6-5 显示广发证券 2016 年境内外股指期货业务的金额披露。

表6-5   2016年股指期货名义金额和公允价值

	名义金额(元)	公允价值	
		资产(元)	负债(元)
境内股指期货业务	691 748 676.00	—	—
境外股指期货业务	68 616 061.48	—	14 144.20

　　在当日无负债结算制度下,广发证券于2016年年末所持有的境内股指期货合约所产生的持仓损益,已经结算并包括在结算备付金中。因此,衍生金融工具项下的境内股指期货合约形成的金融资产或金融负债与相关业务的暂收暂付款(结算所得的持仓损益)之间按抵消后的净额列示,为人民币0元。期末抵消前衍生金融资产与相关暂收款的金额均为人民币134 032 678.00元。

资产证券化风险管理与会计运用

第七章

欢乐谷主题公园入园凭证专项资产管理计划案例

该资管计划于 2016 年 4 月 30 日发行,属于旅游业资产证券化产品,共募集资金 18.5 亿元,其交易结构如图 7-1 所示。

欢乐谷主题公园入园凭证专项资产管理计划购买的基础资产为原始权益人根据政府文件,因建设和运营欢乐谷主题公园而获得的自专项计划成立之次日起五年内特定期间拥有的欢乐谷主题公园入园凭证,该入园凭证包括各类门票(包括但不限于全价票、团体票、夜场票、优惠票)、各类卡(包括但不限于年卡、情侣卡、家庭卡)及其他各类可以入园的凭证。

该资管计划的增信措施包括华侨城集团担保、原始权益人差额支付、优先级/次级产品结构分层机制。其中,原始权益人差额支付是指原始权益人对基础资产的最低销售均价以及最低销售数量进行承诺,当基础资产销售均价低于约定的最低销售均价或销售数量低于约定的最低销售数量时,原始权益人承诺分别进行补足,以规避其道德风险。优先级/次级产品结构分层机制为:优先级资产支持证券本金规模为人民币 17.5 亿元,次级资产支持证券目标募集规模为人民币 1 亿元,占专项计划资产支持证券目标募集总规模的 5.41%,全部由华侨城 A 认购,可为优先级资产支持证券提供信用增级。

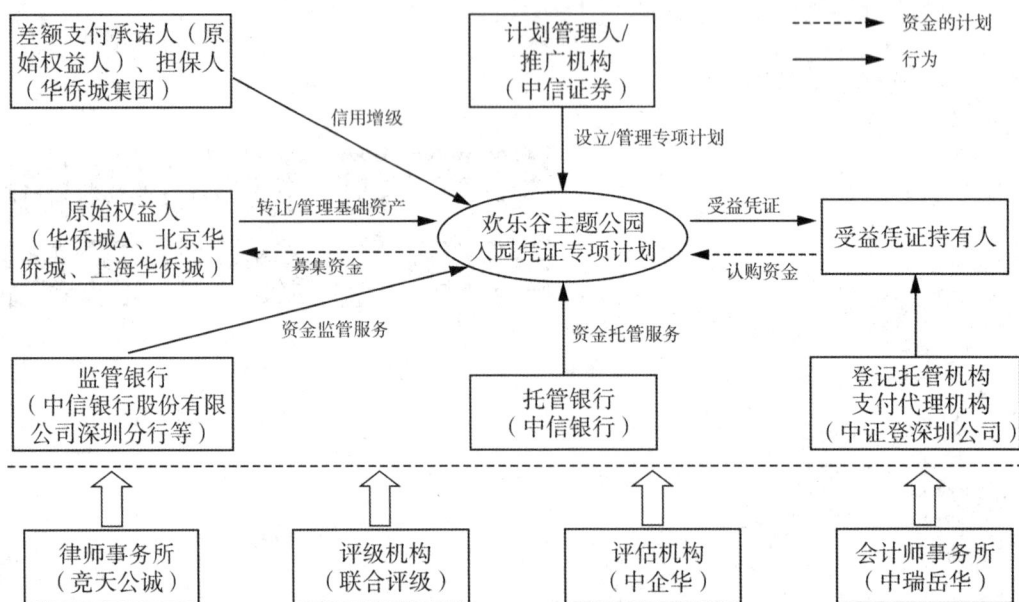

图 7-1　欢乐谷入园凭证专项资管计划交易结构图

摘自专项计划说明书

第一节　主要知识点

一、资产证券化的基础概念和特点

资产证券化,指通过对一组预计将来能够产生稳定的、独立的现金流但又缺乏流动性的资产进行结构性的重组和安排,充分考虑其资产风险和现金流特点且进行相应的信用增级,从而把预计未来产生的现金流转变成可供出售的、可以流通的证券商品的融资过程。

美国是资产证券化的起源地,也是资产证券化最为发达的国家,习惯上根据基础资产的不同将资产支持证券分为 MBS、狭义上的 ABS、CDO 等产品类型。美国资产证券化发展历程如表 7-1 所示。

表 7-1　美国资产证券化发展大事记

时间	内容
19 世纪 70 年代	发行第一支不动产抵押贷款债权担保证券
20 世纪 30 年代	成立联邦住房贷款银行、联邦住房管理局、联邦国民住房抵押贷款协会(联邦住房贷款银行,以财政部资金为住房抵押贷款发放机构提供资金支持;联邦住宅管理局,为贷款发放机构提供保险;联邦国民住房抵押贷款协会,为市场提供流动性支持)

续表

时间	内容
1986 年	通过《住房与城市发展法案》,允许发行住房抵押贷款证券。为配合证券的发行,将联邦国民住房抵押贷款协会分拆为联邦国民抵押贷款协会(简称"房利美")和美国国民抵押贷款协会(简称"吉利美"),成立联邦住宅抵押贷款公司(简称"房地美")。"吉利美"为证券化产品提供担保,"房地美""房利美"发行证券化产品(1981 年"房利美"已发行 MBS(mortgage-backed security),但 MBS 期限过长,基础资产出现违约和提前偿付的风险较大,发展受限制)
1985 至 1991 年	出现 CMO(collateralized mortgage obligation,抵押担保债券)、ABS(asseted-backed security,资产支持证券)、CDO(collateralized debt obligation,担保债务凭证)等产品,对基础资产的现金流进行主动管理
2008 年	美国金融危机爆发。大量住房抵押贷款证券化并出售给投资者,但发起人仍对特殊目的实体提供融资承诺,在资产支持证券出现大面积违约时,发起机构因流动性短缺而导致破产(次贷危机与资产证券化关系如图 7-2 所示)

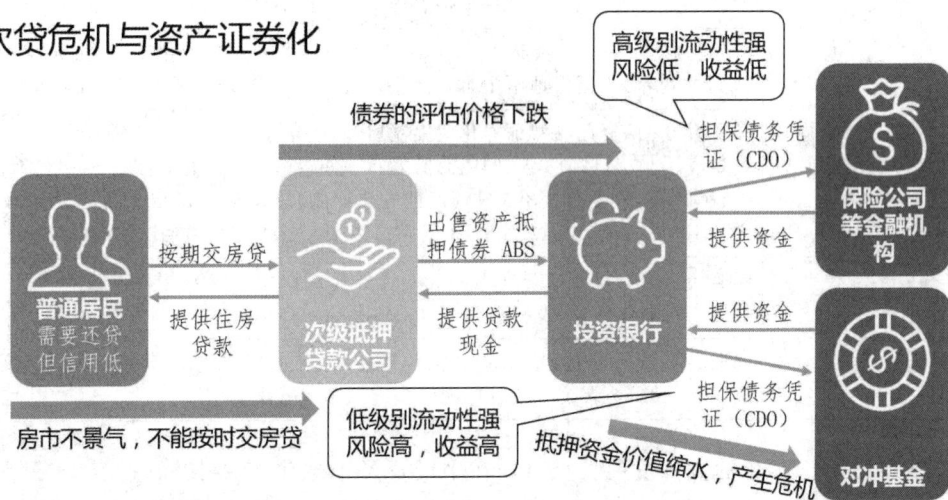

图 7-2 次贷危机与资产证券化关系

中国资产证券化依据主管机构不同,划分为企业资产证券化、资产支持票据、信贷资产证券化,其主管机构分别为证监会、央行和银监会、交易协商会。同时,根据证券化产品的基础资产,中国目前已发行的资产证券化可划分为债权类基础资产(如银行贷款、企业应收账款等)的证券化,以及收益权类基础资产(如景区门票、高速公路收费等)的证券化。中国资产证券化发展历程如表 7-2 所示。

表 7-2 中国资产证券化发展大事记

时间	内容
1992 年	三亚市开发建设总公司以三亚市丹州小区 800 亩土地为标的资产,发行三亚地产投资券,是房地产证券化的先河

续表

时间	内容
2003 年	华融资产管理公司和中信信托投资有限责任公司合作发行优先受益权,被称为"准资产证券化",拉开了金融资产证券化的序幕
2004 年	中国工商银行和瑞士一波(瑞士信贷第一波士顿银行)、中信证券、中诚信托等签署中国工商银行宁波分行不良资产证券化项目的相关协议,这是首次真正意义上的不良资产证券化
2005 年	这一年被称为"国内资产证券化元年"。2005 年 3 月中国人民银行、银监局成立试点工作协调小组,4 月正式颁布《信贷资产证券化试点管理办法》,首批两家试点银行,国家开发银行和中国建设银行发行 3 只信贷资产证券化产品即为 05 开元、05 建元和莞深收益。2005 年至 2008 年期间,中国发行资产证券化项目总单数 26 个,发行总金额为 932.83 亿元
2009 年至 2010 年	受美国金融危机影响和风险监管的原因,停止资产支持证券的发行
2011 年	市场开始再次恢复
2012 年	2012 年 5 月发布《关于进一步扩大信贷资产证券化试点有关事项的通知》
2013 年	国务院发布《关于金融支持经济结构调整和转型升级的指导意见》、2014 年发布 39 号文,指出为更好地给中小企业提供资金支持,中国将推进信贷资产证券化
2015 年	2015 年 1 月,资产支持证券化备案制启动,确定了 50 000 亿信贷资产证券化试点规模。2012—2015 年,国内总共发行 436 单资产证券化,计 1 200 多亿元。其中,2015 年,共发行 1 386 只资产证券化产品,总金额 5 930.39 亿元,较 2014 年增长 79%。2015 年 12 月末,市场存量为 7 178.89 亿元,同比增长 128%
2016 年	银监会工作会议要求开展不良资产证券化试点。2016 年中国共发行 108 单信贷资产证券化产品,发行金额 3 909.53 亿元
2017 年	证监会加强了与中国人民银行的沟通协调,就共同推动完善基础法律制度、解决税收问题、协调统一监管标准等多方面达成共识

中国资产证券化的业务发展特点:(1)在中国资产证券化产品中,企业信贷资产支持证券(collateralized loan obligation,CLO)长期来一直是主要发行品种,但 2016 年所占的比例与 2015 年相比有所下降。(2)以住房公积金、个人消费贷款、金融租赁、不良资产重组和设备按揭贷款为基础资产的信贷资产证券化逐步增加。(3)尽管信贷资产证券化产品信用层次开始逐步呈现多样性特点,但仍以 AAA 级和 AA＋级的高信用等级的优良资产为主。市场上已经发行的不良贷款信贷资产证券化产品,通过基础资产的筛选、产品结构的设计和增信措施的设置也使其优先档证券的评级达到 AAA 级。(4)资产证券化业务发展中,信贷支持证券化业务存在多头监管现象,《公司法》对特殊目的实体尚未有明确定义,税收也存在重复征税问题,中介机构合规内控薄弱,尽职调查不充分,这些都需要监管部门高度重视。

二、资产证券化实务操作

（一）资产证券化的主要参与主体与基本流程

1.资产证券化主要参与主体（见表7-3）

表7-3　资产证券化主要参与主体

参与主体	职责与作用
发起机构 （发起人）	业务的发起者和融资方，筛选自身拥有的基础资产，组建资产池，并将其出售给特殊目的实体
特殊目的实体	向发起机构购买基础资产，通过构建交易结构进行证券化，可实现破产隔离
投资者	购买证券，以求获利
受托机构 （受托人）	信贷资产证券化中起主要作用的中介机构，作为特殊目的实体的代表对基础资产相关的各类权益进行监督和管理
承销商	发行证券，参与产品设计、管理等多个环节，作为协调者负责与其他中介机构进行沟通，并提供财务顾问及承销等服务
评级机构	对基础资产的质量、交易结构的安排等因素进行充分的评估，为投资者提供重要的投资参考依据，保护投资者的权利
律师事务所	负责对发起机构和基础资产的法律状况进行调查和评估，同时明确资产证券化项目中的各个参与者的权利和义务
会计师事务所	提供会计和税务咨询，并向特殊目的实体提供审计服务
其他参与者	资产服务机构为基础资产提供后续服务（一般由原始权益人发起机构担任）；信用增级机构提供增信服务；资金保管机构作为第三方保管业务中涉及的资金；登记机构和支付代理机构完成证券存续期间的登记和支付工作

信贷资产证券化与企业资产证券化的比较如表7-4所示。

表7-4　信贷资产证券化与企业资产证券化的比较

项　　目	信贷资产证券化	企业资产证券化
监管机构	中国人民银行；中国银行业监督管理委员会	中国证券监督管理委员会
发起人	银行业金融机构	企业
管理人	依法设立的信托投资公司或中国银监会批准的其他机构	证券公司
基础产品	信贷资产、不良资产等	债券类资产、收益权类资产及中国证监会认可的其他资产
登记公司	中央国债登记结算有限责任公司	中国证券登记结算有限责任公司
法律法规依据	《信贷资产证券化试点管理办法》《金融机构信贷资产证券化试点监督管理办法》《信托法》等	《证券公司及基金管理公司子公司资产证券化业务管理规定》《私募投资基金监督管理暂行办法》《证券法》等

2.资产证券化的基本流程

(1)资产证券化的资产转让步骤与流程(见表 7-5)

表 7-5　资产证券化的资产转让步骤与流程

步骤与流程	具体内容
第一步 构建资产池	资金需求方发起机构明确自己的融资需求和拥有资产的情况,向专项计划转让符合证券化要求的基础资产,实现基础资产破产隔离的目的。可证券化的资产要求"拥有独立、持续、稳定、可预测的现金流"
第二步 设立特殊目的实体 (SPV)	特殊目的实体购买信贷资产作为基础资产,并构建出能产生稳定现金流的资产池,作为资产支持证券的基础。计划管理人作为 SPV 的管理人和代表,是发起人和投资者之间的桥梁,同时负责整个业务过程中 SPV 的运营。 通过资产转让方将资产转让给特殊目的实体(SPV)、特殊目的实体将资产转让给信托或法律载体两个步骤,资产证券化的转让资产一般能实现在法律上的"隔离"或"独立"。但特殊目的实体将资产转让给信托或法律载体,不一定是真实销售,特殊目的实体的破产受托人理论上可能有权对信托中的资产进行追讨
第三步 设计交易结构	特殊目的实体与托管银行、承销机构、担保公司签订托管合同、承销协议、担保合同等,完善交易结构,进行信用增级(可以采用结构化重组的内部增级方法,或者第三方提供担保等的外部增级方法)
第四步 发行资产支持证券	特殊目的实体通过承销机构向投资者销售资产支持证券后,特殊目的实体将募集资金用于支付发起人基础资产的转让款,发起人实现筹资目的。证券发行完毕后到交易所挂牌上市,实现流动性。在资产支持证券的存续期间,SPV 用基础资产产生的现金流,按协议约定向投资者偿付本金和收益,直至到期,整个资产证券化过程结束

典型的资产证券化如图 7-3 所示。

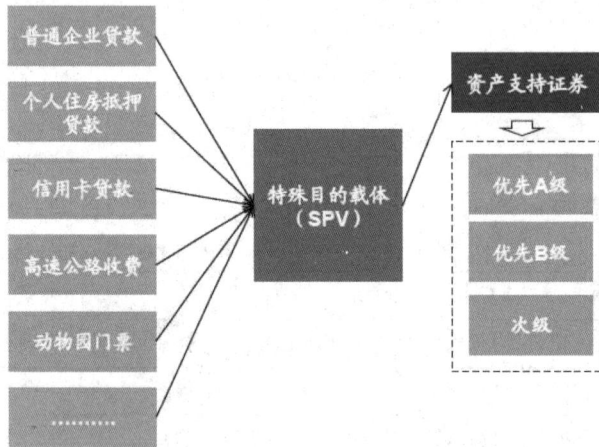

图 7-3　典型的资产证券化

按照图 7-4 的交易结构图,可以把企业资产证券化流程拆分为以下步骤:

第一步:构建资产池。由发起人根据自己的融资需求和拥有资产的情况,将符合证券化要求的基础资产汇集成资产池。可证券化的资产要求:拥有独立、持续、稳定、可预测的现金流。

第二步:设立特殊目的载体(SPV)。计划管理人根据发起人的委托,设立资产支持专项计划,发起人向专项计划转让基础资产,实现基础资产破产隔离的目的。计划管理人作

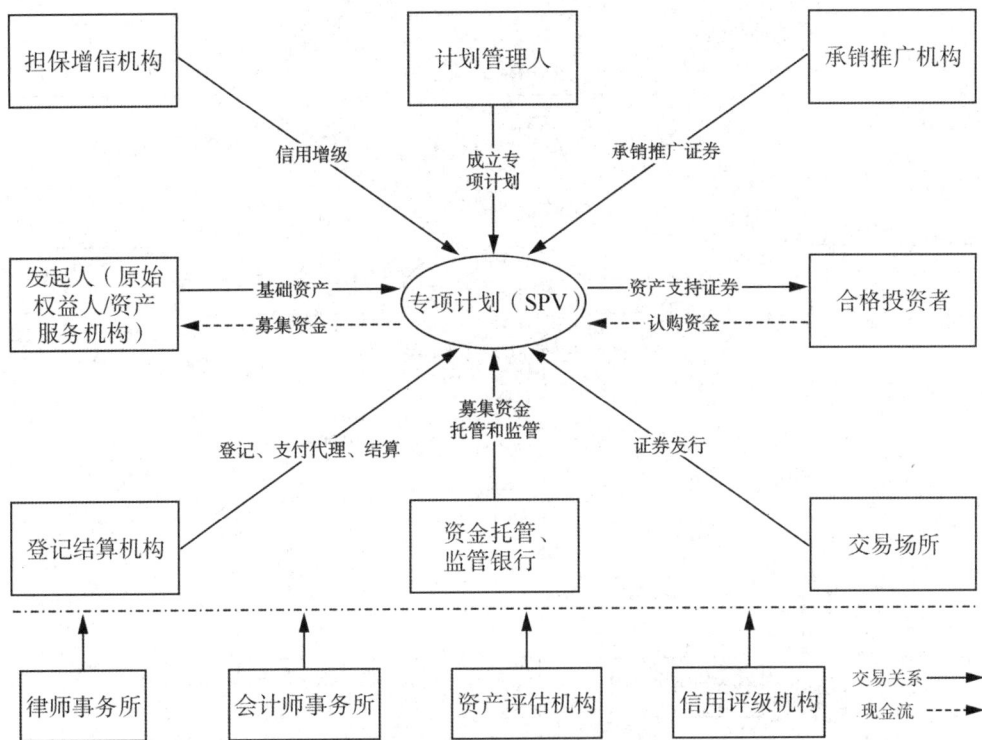

图 7-4　企业资产证券化交易结构

为 SPV 的管理人和代表,是发起人和投资者之间的桥梁,同时负责整个业务过程中 SPV 的运营。

第三步:设计交易结构。SPV 与托管银行、承销机构、担保公司签订托管合同、承销协议、担保合同等,完善交易结构,进行信用增级。

第四步:发行资产支持证券。SPV 通过承销机构向投资者销售资产支持证券,投资者购买证券后,SPV 将募集资金用于支付发起人基础资产的转让款,发起人实现筹资目的。证券发行完毕后到交易所挂牌上市,实现流动性。在资产支持证券的存续期间,SPV 用基础资产产生的现金流,按协议约定向投资者偿付本金和收益,直至到期,整个资产证券化过程结束。

在上述过程中,律师事务所、会计师事务所、资产评估机构、信用评级机构作为中介机构,在各自的领域里为整个资产证券化过程提供专业服务。

与企业资产证券化相比,信贷资产证券化流程(见图 7-5)的特点主要有两点:

(1)发行载体不同。企业资产证券化的载体是资产支持专项计划,信贷资产证券化的载体是特殊目的信托(SPT),这是由于两者的监管部门和适用法规不同所造成的。企业资产证券化由证监会监管,适用法规为《证券公司及基金管理公司子公司资产证券化业务管理规定》,信贷资产证券化由中国人民银行和银监会监管,适用的法规为《信贷资产证券化试点管理办法》,该办法规定,信贷资产证券化中特定目的信托受托机构是因承诺信托而负责管理特定目的信托财产并发行资产支持证券的机构,受托机构由依法设立的信托

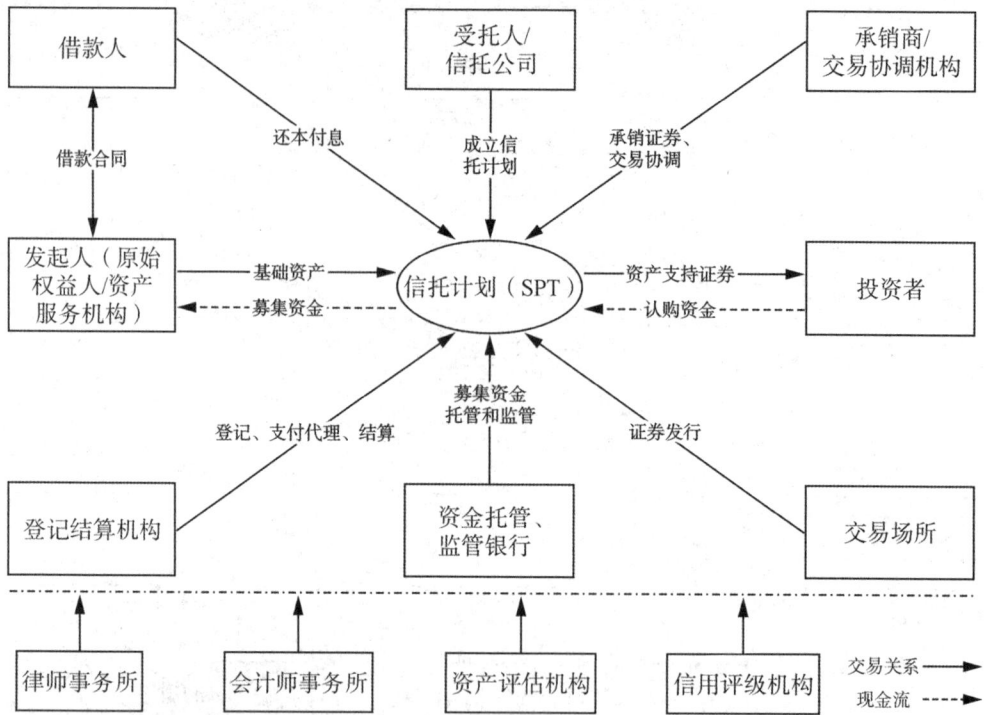

图 7-5　信贷资产证券化交易结构

投资公司或中国银监会批准的其他机构担任。SPT 跟 SPV 一样，具有破产隔离的功能，这是由《信托法》规定的。

（2）参与主体略有不同。与企业资产证券化相比，信贷资产证券化增加了借款人，减少了外部担保机构，这是由于信贷资产证券化的发起人为银行或银监会监管的其他金融机构，基础资产为其拥有的债权，信用资质一般较好，因此较少采取担保等外部增信措施，主要靠产品内部交易结构的设计来进行增信，如将产品设为优先级和劣后级，劣后级的结构安排即是为了实现内部增信。

(二)资产证券化意义

资产证券化意义如表 7-6 所示。

表 7-6　资产证券化意义

利益主体	意义
发起机构	提高资产流动性和资本利用效率。通过证券化手段，发起机构能够将流动性较差的基础资产打包出售，转化为可以流通的证券，在不增加相应负债的前提下及时回笼资金并用于再投资，提高发起机构的资金周转效率。对于商业银行而言，可以通过信贷资产证券化的基础资产完全出表，获得更高的资本充足率，缓解资本压力
	可获得较低的融资成本。以特定资产为基础，通过外部和内部增信措施、破产隔离等设计，提高支持证券的信用，从而获得较低的融资成本，拓宽融资渠道
	增加收入来源。通过在交易中拥有多重身份，如担任资产服务商，取得服务收入

续表

利益主体	意义
投资者	可丰富投资品种。资产支持证券通常以超过一个基准利率的利差进行交易,其支持证券的期限、利率和风险各不相同,为风险偏好不同的投资者提供了更大的选择范围
	扩大投资者的投资规模。资产支持证券要求的风险权重比基础资产本身的风险权重低许多,机构投资者投资这类产品,可以大大降低对资本充足率的要求,通过节约资本金来扩大自身的投资规模
市场	通过对现金流和风险的重新组合分配及标准化设计、参与主体的专业分工,提供可供市场流通的证券,缓解流动性风险,提高市场资本配置的有效性

三、资产证券化会计处理模式与规范

具体包括两个内容:发起机构是否应该合并特殊目的实体;被证券化的基础资产是否应该在发起机构报表中终止确认。

(一)资产证券化的会计处理模式

"作为真实销售(表外)处理"与"作为担保融资(表内)处理",是资产证券化的两种会计处理模式,具体内容涉及"发起机构是否应该合并特殊目的实体""被证券化的基础资产是否应该在发起机构报表中终止确认"。将资产证券化作为表外处理,发起机构可以实现"表外融资"和"风险隔离"功能,这也是资产证券化的核心会计问题。资产证券化表外处理的功能与优缺点如表 7-7 所示。

表 7-7　资产证券化表外处理的功能与优缺点

功能	优点	缺点
表外融资	①可将流动性较差的资产或不良资产从资产负债表中转出并直接确认当期净损益,达到迅速回笼资金、提高资本利用效率、缓解资本压力、"美化"财务报表的作用,帮助发起机构在一定程度上解决融资难的问题。②避免股票发行融资方式下,信息披露成本过高、融资成本较高及股东权益被稀释的风险	①信息披露透明度降低。发起机构在表面利用"风险隔离"达到"表外融资"目的的同时,实际上仍与特殊目的实体保持各种关联关系,从而隐瞒巨额负债、虚增会计利润、粉饰财务报表,影响财务报告的真实性、相关性和可靠性。发起机构原有债权人利益可能因"销售"过程中人为因素的影响而受损害。如,利用资产定价的不确定性,操纵资产价值;发起机构将其大量优质资产证券化而将大量劣质资产保留在资产负债表中,显著提升发起机构财务风险和经营风险;发起机构将资产证券化获得的大量资金再投资于高风险高收益领域,增加其债权回收风险。②真实销售使发起机构承受更重税负(转让资产所获得的收益及取得的服务费收入,均需要缴纳企业所得税)
风险隔离	确保发起机构的其他资产与证券化特定资产的法律隔离,避免证券化资产经营不善而给发起机构带来重大影响的风险	过度资产证券化,导致银行信用风险急剧膨胀并不断传播和转移,危害金融系统

(二)资产证券化会计处理模式的财务后果

资产证券化会计处理模式的财务后果如表7-8所示。

表7-8　资产证券化会计处理模式的财务后果

	资产负债表影响	利润表影响	财务指标影响
作为真实销售（表外）处理	①交易实质相当于资产证券化发起机构为获得现金而卖出基础资产。筹集资金的同时，不会在财务报表中新增负债。②基础资产信用评定只与基础资产质量有关，与发起机构整体信用无关。发起机构还可以采取第三方担保、结构设计、增信等信用增级方式提高证券的信用等级，进一步降低发起机构的筹资成本，为优化发起机构的资本结构打下基础	①交易实质相当于发起机构将某项或者某些能产生未来现金流量的基础资产提前变现。发起机构须终止确认"卖出"的资产，将交易对价与账面价值和交易费用的差额确定为当期损益。当期利润的增加或减少，取决于发起机构对基础资产的定价和收到的对价及交易费用。②此外，项目的违约率、风险程度等因素，也会对发起机构当期利润产生影响	随着当期利润的增加（减少），所有者权益、净资产收益率等相关财务指标随之上升（下降）
作为担保融资（表内）处理	发起机构相当于普通融资交易的借方，基础资产是其为借入现金而支付的担保。发起机构获得的款项记为资产负债表中的一项负债，证券化资产不能终止确认，与交易相关的费用须根据实际情况资本化或费用化	资产证券化对于发起机构的利润表没有影响，发起机构按照一般的担保借款计提利息归还本金	基础资产无法从发起机构的资产负债表中终止确认，增加资产的同时也增加负债，发起机构偿债能力指标表现更差

(三)资产证券化的相关会计准则规范演进

资产证券化业务所涉及的会计准则有两方面：一方面，金融资产转移后，需要判断发起人是否仍对相应金融资产保留控制权，如保留控制权则需并表，涉及合并财务报表准则。另一方面，当基础资产打包入池后，通过合同安排，转移给特定目的实体时，需要对相应资产的转移程度进行分析，即基础资产是否符合出表条件，涉及金融工具准则中的终止确认部分。

1.特殊目的实体合并的会计准则

从表7-9、表7-10中可以看到，在特殊目的实体的合并问题上，FASB和IASB都强调对控制权的判断，但在具体判断标准和内容上有所差异。国际会计准则IASB从着重于对风险和报酬的判断转变为对风险报酬和控制权的双重判断，对特殊目的实体的判断依据是与一般企业合并判断相同的通用准则，重点在于通过对权力、可变回报和权力与回报的关系这三大要素，对是否形成控制、是否需要合并进行判断，并根据继续涉入程度允许部分终止确认。美国FASB制定了专门的会计准则，从单纯控制权的判断演变为提出VIE(variable interest entities)的全新概念，并强调以"控制性财务利益"为合并基础，对首要受益人进行测试后，判断VIE是否需要进行合并，按照合并流程进行操作。

表 7-9 特殊目的实体合并的会计准则:美国会计准则

年度		会计准则	规范演进与具体内容
表决权阶段	1959 年	会计研究公告第 51 号《合并财务报表》——合并要求:以表决权的多少作为判断控制和合并的标准(表决权大于 50% 为控制)	①ARB 51 以表决权多少作为判断是否形成控制的标准。当直接或间接持有子公司 50% 以上表决权时即形成控制,必须纳入合并范围。在此判断方式下,由于资产证券化中特殊目的实体的出资人不是发起机构,或者其出资所拥有的权益资本比例达不到 50%,导致发起机构不需合并特殊目的实体,可利用会计处理规范上的漏洞操纵会计信息,转移负债、增加利润、逃避监管机构监管。②EITF Topic NO.D-14、EITF Issue NO.90-15,重新设定特殊目的实体的合并标准,提出如果是独立第三方拥有权益比例达到特殊目的实体总资产价值的 3% 及以上时,发起机构能够免于合并该特殊目的实体。③FAS 125、FAS 140 提出概念"合格特殊目的实体(qualified special purpose entities, QSPE)"和"非合格特殊目的实体(non-qualified special purpose entities, NQSPE)",认为 QSPE 无须合并,NQSPE 则在达到 3% 比例时需合并。据这些规定的漏洞(即:只要独立第三方拥有特殊目的实体的权益超过 3%,即便风险主要由发起机构承担,发起机构也可以免于合并该特殊目的实体),安然公司设立了大量的特殊目的实体作为隐瞒债务和损失的工具
	1989 年	紧急事务处理委员会第 D-14 号,涉及特殊目的实体的资产转让——合并要求:第三方持有的权益比例占特殊目的实体的总资产价值的 3% 及以上时,可免于合并该特殊目的实体	
	1990 年	紧急事务处理委员会第 90-15 号,综合租赁剩余值以及其他形式的担保——合并要求:第三方持有的权益比例占特殊目的实体的总资产价值的 3% 及以上时,可免于合并该特殊目的实体	
	1996 年	美国会计准则第 125 号,金融资产的转让、服务及债务的偿清	
	1996 年	紧急事务处理委员会 90-21 号,涉及特殊目的实体对综合租赁的补偿问题会计处理	
定量可变利益阶段	2003 年	第 46 号解释公告,可变利益实体的合并——对会计研究公告第 51 号的解释——合并要求:豁免 QSPE 合并;以承担 VIE 大多数预期损失或享有 VIE 大多数预期收益为合并基础	①美国历史上第一个关于特殊目的实体合并的系统性会计规范 FIN 46 及第 46 号解释公告修订版 FIN 46(R),提出"可变利益实体(variable interest entities, VIE)"概念、"可变利益(variable interests)"概念及"可变利益法"新合并方法。②VIE 是 FIN 46(R)中认为需要进行合并的实体,需要满足三个条件:a.没有额外的资金支持,股权投资的风险不能满足其经营活动需要。b.整体来看,承担风险的权益投资者没有下列控制实体财务利益的特征:利用表决权或者直接(间接)利用类似权利决定该实体的经营决策;承担该实体预期损失;收取该实体剩余收益。c.如部分投资者的投票与其承担的预期损失或收取的剩余收益不成比例;或者,如一个实体的所有活动触及或代表一个只有少数表决权的投资者的利益,权益投资者被视为缺少情况 a 特征。③在可变利益法下,对实体是否形成控制、是否需要合并,应以实体收益和损失的潜在变动为基础。如某企业在某实体中拥有可变利益,将承担主要的预期损失或获得主要的预期收益或二者兼而有之,该企业作为主要受益人应合并该实体,该实体即为 VIE。④FIN 46(R)的缺陷在于,由于豁免 QSPE 的合并,很多发起机构就通过设立 QSPE 使特殊目的实体免于合并,进而不需要披露转移的大量风险资产,成功规避监管
	2003 年	第 46 号解释公告修订版,可变利益实体的合并——对会计研究公告第 51 号的解释(FIN 46(R))——合并要求:豁免 QSPE 合并;以承担 VIE 大多数预期损失或享有 VIE 大多数预期收益为合并基础	
	2009 年	会计准则第 166 号,金融资产的转让——取代会计准则第 140 号	

续表

年度		会计准则	规范演进与具体内容
定性可变利益阶段	2009年	会计准则167号,可变利益实体的合并——取代第46号解释公告修订版(FAS 167) ——合并要求:包括 QSPE 合并;以"控制性财务利益"为合并基础,原则导向无定量规定	①取代 FIN 46(R),主要变化:a.修改了 VIE 的评估,将 QSPE 重新纳入 VIE 评估范围,取消 FIN 46(R)下困难债务重组不用进行 VIE 评估的规定,增加主要受益人重新对实体进行 VIE 评估的事项。b.对主要受益人的测试程序进行了更新,取消定量评估的方法,提出一套更重实质的判断逻辑。c.对主要受益人和 VIE 的重新评估要求更加严格,要求在整个会计报告期内持续地对主要受益人和 VIE 进行重新评估,以防止突发事项发生或者经济环境的改变。d.合并流程从规则导向过渡到原则导向
	2015年	会计准则更新第 2015-2 号,合并(主题 810):对合并分析的修订 ——合并要求:包括 QSPE 合并;以"控制性财务利益"为合并基础,原则导向无定量规定	
	2016年	会计准则更新第 2016-17 号,合并(主题 810):对合并分析的修订:共同控制下关联方持有的权益。 ——合并要求:包括 QSPE 合并;以"控制性财务利益"为合并基础,原则导向无定量规定	
	2017年	会计准则更新第 2017-02 号,非营利性实体合并(主题 958-810):明确普通合伙人或有限合伙人的非营利实体应合并盈利有限合伙或类似实体。 ——合并要求:包括 QSPE 合并;以"控制性财务利益"为合并基础,原则导向无定量规定	

资料来源:①FASB 公告②熊辩,2017,信贷资产证券化的会计确认问题研究,厦门大学硕士论文。

表 7-10   特殊目的实体合并的会计准则:国际会计准则

项目	年份	会计准则	规范演进与具体内容
表决权阶段	1989年	国际会计准则第 27 号:合并财务报表和单独财务报表(IAS 27)	要求以表决权或者投票权等相关权利为基础进行是否合并处理的判断。企业表决权不到半数但也视为控制的情况为:通过与其他投资者签订协议的方式,获得半数投票权;根据法律法规或者相关协议,对另一方的财务或者经营有决策权;有权任命或撤销董事会(或类似机构)
风险报酬阶段	1998年	国际会计准则委员会常设解释委员会公告第 12 号:合并——特殊目的实体(SIC 12)	SIC 12 是 IASC 首个针对特殊目的实体合并的会计公告。SIC 12 将是否承担大部分风险或享有大部分收益纳入了控制判断与 IAS 27 判断范围,提出即使不实施某项权利,拥有该权利也可能表明对实体存在控制

续表

项目	年份	会计准则	规范演进与具体内容
可变回报阶段	2011年	国际财务报告准则第10号：合并财务报表（IFRS 10）	取代 IAS 27 和 SIC 12，对控制的判断标准做出较大幅度修改，使合并会计处理的准则更加偏向于原则导向。IFRS 10 适用于所有实体的合并，认为当投资方对于因涉入被投资方而产生的可变回报承担风险或拥有权利，且有能力运用其对被投资方的权力来影响上述回报时，投资方即控制被投资方。 IFRS 10 摒弃量化的判断方式，具体提出判断控制的三要素：a.权力。投资方有能力掌握被投资方与获得重大回报相关的活动时，投资方对被投资方拥有权力。b.可变回报。投资方由于涉入被投资方而获得回报，这些回报受到被投资方的业绩影响。c.权力与回报的关系。投资方拥有对被投资方权力的同时，还因获得可变现回报承担了风险，同时也有能力运用对被投资方的权力影响获得的回报，投资方就控制被投资方

资料来源：①IASB公告②熊辩，2017，信贷资产证券化的会计确认问题研究，厦门大学硕士论文。

在此相关准则变化的过程中，FASB 和 IASB 的共同特征是都存在一个由规则导向到原则导向转变的趋势。规则导向下不断地打"补丁"形成大量的解释和指南使准则更加复杂，造成"准则过载（standards overload）"，增加了会计信息理解的难度，使人们只关注交易的经济形式而非经济实质，使新型交易结构可以轻易逃脱会计监管，造成会计信息滞后甚至不相关、不真实。原则导向下的会计准则对市场交易不断变化的适应性更强，强调实质重于形式，不易被精心策划的复杂交易结构所规避，可反映交易的经济实质，但由于主观判断的增加，也使实务操作难度上升。

特殊目的实体合并的中国会计准则如表 7-11 所示。

表 7-11　特殊目的实体合并的会计准则：中国会计准则

项目	年份	会计准则	规范演进与具体内容
表决权阶段	2005年	《信贷资产证券化试点会计处理规定》	2005 年颁布的《信贷资产证券化试点会计处理规定》第九条规定，如果发起机构能够控制特殊目的信托，则发起机构需要合并该特殊目的信托，原则上应用《合并会计报表暂行规定》中的要求进行，即母公司拥有子公司半数以上的权益资本视为控制。
	2006年	《企业会计准则第33号——合并财务报表》（2006 年版 CAS 33）——合并要求：以表决权或类似权利为控制基础	2006 年版 CAS 33 对控制权的要求、判断与 IAS 27 相一致，且没有专门提出特殊目的实体的概念及其合并的具体规范。在合并范围的考虑上有缺陷，如部分企业提出投资性主体不需要进行合并处理
风险报酬阶段	2010年	《企业会计准则讲解（2010 版）》——合并要求：增加风险和收益两个维度来判断是否控制特殊目的实体	这是中国对特殊目的实体的合并问题所做的第一次规范。能否控制特殊目的实体，需从四个方面进行判断：a.为了特定业务需要直接或间接设立特殊目的实体；b.能够控制特殊目的实体的经营决策；c.能获取特殊目的实体大部分的收益；d.承担特殊目的实体大部分的风险

续表

项目	年份	会计准则	规范演进与具体内容
可变回报阶段	2014年	《企业会计准则第33号——合并财务报表（最新修订）》（2014版CAS 33）——合并要求：明确控制是投资方拥有对被投资方的权力，通过参与被投资方的相关活动而享有可变回报，并且有能力运用对被投资方的权力影响其回报金额	①在借鉴IFRS 10的基础上，对2006年版CAS 33在控制的定义、范围和判断等方面进行较大幅度修改。弱化了对股权的描述，细化了控制的实质性权力和情形。其有关合并范围的描述，是关于发起机构是否需要合并特殊目的实体的判断依据。 ②强调判断财务报表是否需要合并及合并范围，应以是否能够形成"控制"这一关键要素为基础。控制是指投资方拥有对被投资方的权力，通过参与被投资方的相关活动而享有可变回报，并且有能力运用对被投资方的权力影响其回报金额。其中： 关于"权力"，需注意四个方面：a.权力可主导和影响相关活动即可，不要求一定行使该权利。b.只考虑与被投资方相关的实质性权利。c.保护性权利，通常只能在被投资方发生根本性改变或某些例外情况发生时才能够行使，它既没有赋予其持有人对被投资方拥有权力，也不能阻止其他方对被投资方拥有权力。该权利不作为投资方拥有"权力"的依据。d.结合其他因素综合判断是否获得权力，这些因素包括但不限于与被投资方的关联关系、潜在表决权、其他合同安排产生的权利等。 关于"相关活动"，需考虑投资方设立的初衷，是能够对其获得的回报产生重大影响的活动。如特殊目的信托的相关活动包括基础资产的转移和筛选、对相关资产进行的持续管理和服务等。 关于"可变回报"的判断，需注意两个方面：a.基于合同的实际安排而非法律形式；b.对可变回报的判断应该关注其存在性，而非获得可变回报金额的大小，一些可变回报是可以被量化的如被投资方分派的股息红利，另一些可变回报无法被量化如投资方获得的未来流动性

2.基础资产终止确认的相关会计准则规范

从表7-12、表7-13中可以看到，在基础资产终止确认的会计问题上，FASB和IASB都提出风险报酬和控制概念。但IASB提出继续涉入概念，优先考虑风险和报酬转移的规范要求，即首先考虑金融资产的风险和报酬是否全部转移。如果资产转出方没有对资产拥有控制，但保留了部分风险和收益，不能完全终止资产的确认，须根据继续涉入程度进行部分确认。FSAB主要强调以控制权为基础，列举出表示控制权转移的具体情形。严格区分"已确认金融资产的再确认、终止确认"问题与"因金融工具转让合约所产生的新金融工具确认"问题。基于控制权的规范要求，可以终止确认转出资产，但因金融工具转让合约而产生的可能获得的收益或需要承担的风险，需要确认新的金融工具。

表 7-12 基础资产终止确认的会计准则规范:美国会计准则

项目	年份	会计准则	规范演进与具体内容
"追索权"阶段	1983年	美国会计准则第77号,转让方转让附有追索权的应收账款的报告问题(FAS 77)	①FAS 77、FAS TB 85-2在终止确认条件的确定上,均强调放弃资产的未来经济利益且不再承担资产所具有的风险,实质是以追索权的判断为核心,对风险和报酬是否转移进行判断——基础资产终止确认条件:金融资产上的风险和报酬是否转移。 ②FAS 77将资产证券化基础资产的转移视为应收账款的出售处理,以"追索权"为判断关键,确认基础资产的转移是否能够被终止确认。终止确认需满足三个条件:a.转让方放弃对所转让资产未来经济利益的控制;b.转让方追索权下的义务能够被合理预估;c.除追索权外,不得要求转让方回购标的资产。如上述三个条件无法被满足,应收账款的转移应作为担保融资处理。
	1985年	美国财务会计准则委员会技术公报85-2,抵押担保契约会计(FAS TB 85-2)	③FAS TB 85-2为债务工具作为销售交易处理提供会计指引,认为抵押担保债券的终止确认需要满足以下三个条件:a.发起机构已放弃了资产未来的经济利益;b.这些经济利益实质上已转移给购买债券的投资者且正好满足投资者的求偿权;c.发起机构没有义务偿付抵押担保债务
金融合成分析法	1996年	美国会计准则第125号,金融资产转让和服务以及债务解除的会计处理(FAS 125)	FAS 125、FAS 140,倾向于将金融资产在报表中终止确认。FAS 125提出了资产转移确认的金融合成分析法。该方法为适应日益复杂的金融环境变化需要,为金融交易的创新和管理创造了良好的会计环境,改变以往要等到合约实际交割时才进行会计确认的做法,更偏向于把资产转移作为出售来进行会计处理。——基础资产终止确认条件:是否放弃对金融资产的控制。 FAS 140对金融合成分析法进行补充和完善,提出"非微小利益"和"清偿期权"概念。
	2000年	美国会计准则第140号,金融资产转让和服务以及债务解除的会计处理——取代美国会计准则第125号美国会计准则(FAS 140)	金融合成分析法的关键在于控制。FAS 125认为,以下条件成立时视为放弃控制,可以终止资产的确认:a.完全隔离,即便破产(或其他情况),金融资产的转移方和债权人都不能控制该金融资产;b.受让方有权交易收到的金融资产,并且不受任何限制(包括受让方为特殊目的实体的情况);c.转移方无法强制在到期日前赎回或回购资产,也无法要求受让方返还资产
修订的金融合成分析法	2009年	美国会计准则第166号,金融资产转让	①FAS 166要求提供关于金融资产转让的更多信息,其中包括证券交易以及公司面临的有关转让的金融资产风险方面的信息。该公告取消了QSPE的概念,改变了终止确认金融资产的要求,同时还对额外披露做出了严格要求。 ②FAS 166关于金融合成分析法的最大突破是在涉及金融资产转让的情况下,将已确认过的金融资产的再确认和终止确认问题与因金融工具的转让合约所产生的新金融工具的确认问题严格区分开。在此框架下,资产证券化中基础资产是否能够终止确认取决于该基础资产的"控制权"是否由发起机构转移到了特殊目的实体,不管采取什么样的交易形式。 满足下面三个条件时,FAS 166认为可以视为放弃控制:a.转让的资产在法律上实现隔离。b.资产的受让方有权抵押或出让该资产。c.资产的受让方是否有权利要求转让方以有利的协议价格回购资产,转让方很可能行使这一权利

表 7-13　关于基础资产终止确认的会计准则：国际会计准则

确认方法	年份	会计准则	规范演进与具体内容
风险和报酬分析法①	1991 年	第 40 号征求意见稿，金融工具（ED 40） ——终止确认条件：判断金融资产上的风险和报酬是否实质性转移，全部转移才能终止确认	①ED 40 首次提出风险和报酬分析法，认为金融资产和负债只有假定全部风险和收益转让给他人时才允许进行终止确认。 ②风险和报酬分析法的特点，是将资产池作为一个不可分割的整体，基础资产的转让是一个"非此即彼"的过程。如果终止确认资产池中的基础资产，则资产池中的所有基础资产均不能发生"后续涉入"的情况，否则资产池中的基础资产均不能终止确认。 风险和报酬分析法主要有两个方面的缺陷：一方面，由于资产证券化可能出现多种后续涉入情况，如追索权、提供后续服务、提供担保服务等，因此这种"一刀切"会计处理的做法存在无法真实反映交易实质的缺陷。另一方面，对于风险和报酬转移的判断尚未有更具体的说明，在实践操作中存在难度
	1994 年	第 48 号征求意见稿，金融工具（ED 48） ——终止确认条件：判断金融资产上的风险和报酬是否实质性转移，全部转移才能终止确认	
	1995 年	国际会计准则第 32 号，金融工具：列报（IAS 32） ——终止确认条件：判断金融资产上的风险和报酬是否实质性转移，全部转移才能终止确认	
后续涉入法	2004 年	国际会计准则第 39 号，金融工具：确认和计量（IAS 39） ——基础资产的终止确认条件：对风险报酬和控制权均进行判断，根据继续涉入程度允许部分终止确认	明确采用后续涉入法，允许对转让资产根据后续涉入情况的不同进行部分的终止确认或者继续保留，并规定无论采取什么样的形式，对风险和报酬的评价要优于对控制权的评价
	2009 年	国际财务报告准则第 9 号，金融工具（IFRS 9） ——基础资产的终止确认条件：延续 IAS 39 的做法，明确判断标准和顺序	沿用后续涉入法，进一步明确了金融资产终止确认的相关概念以及运用顺序，提出在三种情况下应该终止确认金融资产：a.取得资产现金流量的权利已经过期；b.实体已经转移了几乎所有的风险和报酬；c.实体未保留对金融资产的控制

与基础资产终止确认相关的中国会计准则如表 7-14 所示。

---

　　①　风险与报酬分析法，将资产的风险和收益是否完全转移作为资产是否完全转移的判断标准。偏向于把金融资产转移作为担保融资来处理。只有当被转让资产的全部风险和收益都转移时才能对该资产进行终止确认。在资产转移过程中，如资产转移发起人保留有资产的风险和收益，应将该次转移认定为担保融资。在此方法下，以风险和报酬作为判断资产出售与否的基础，增加了资产转移确认的不确定性。资产转移各方可通过不同的交易形式安排来达到不同的会计处理，左右会计上对资产的确认和终止，扭曲会计信息，损害会计对交易处理的可比性原则。

表 7-14　基础资产终止确认的相关会计准则：中国会计准则

确认方法	年份	会计准则	规范演进与具体内容
后续涉入法	2005 年	信贷资产证券化试点会计处理规定——基础资产的终止确认条件：判断金融资产上的风险和报酬是否几乎所有转移(95%)；控制权是否保留；根据继续涉入程度允许部分终止确认	《信贷资产证券化试点会计处理规定》在解释发起机构会计处理时指出，基础资产的终止确认应当采用后续涉入法。 当发起机构已将基础资产所有权上几乎所有(通常指95%以上的情形)的风险和报酬转移时，应当终止确认该基础资产。并将该基础资产的账面价值与因转让而收到的对价之间的差额，确认为当期损益。发起机构保留了基础资产所有权上几乎所有的风险和报酬时，不应当终止确认该基础资产；转让该基础资产收到的对价，应当确认为负债。满足下列两个条件，表明发起机构放弃了对转让基础资产的控制：a.基础资产与发起机构实现破产隔离；b.特定目的信托机构按信托合同约定，能够单独将该基础资产出售给与其不存在关联方关系的第三方，且没有额外条件对该项出售加以限制
	2006 年	企业会计准则第 23 号——金融资产转移(CAS 23)——基础资产的终止确认条件：取消 95% 的量化标准，取消"破产隔离"的控制权标准，对各情形的判断具体细化	CAS 23 将所有金融资产转移纳入准则范围，其特点主要为：a.取消了 95% 的量化标准，在风险和报酬转移的描述中采取 IASB"几乎所有"的描述方法。b.风险和报酬转移的考量主要考察金融资产转移前后未来现金流量净现值及时间分布的波动使转让方面临的风险。c.取消了"破产隔离"的控制权判断标准，关注受让方对金融资产实际出售的能力。d.更加注重实质重于形式的判断，并对特殊的交易结构如回购协议的交易等做出了具体安排。 对于资产证券化中基础资产终止确认的问题，CAS 23 的判断涉及两个方面，即基础资产是否构成转移、基础资产转移的风险和报酬程度。金融资产转移有两种情况：第一种情况，企业将收取金融资产现金流的权利直接转移给另一方。第二种情况，企业保留了收取金融资产现金流的权利，承担最终将收取的该金融资产产生的现金流支付给另一方的义务，同时需要满足以下三个条件：a.企业收到金融资产对等的现金流时才有义务将其支付给另一方；b.企业不能出售所转出金融资产，也不能将该金融资产作为担保物，但是可以将其作为对另一方支付现金流的保证。c.企业有义务将来自于金融资产的现金流及时支付给另一方。企业没有权利将该现金流量进行再投资，但根据合同约定在相邻两次支付间隔期内，企业所收到的现金流量进行现金或现金等价物投资的除外，且应该将投资获得收益向另一方支付

　　对于企业转移金融资产可能出现的结果，CAS 23 指出具体分为三种：①终止确认金融资产；②按照继续涉入程度确认有关的资产和负债；③继续该金融资产，将收益确认为负债。如图 7-6 所示。

判断金融资产转移结果的关键点（见表 7-15）：首先，判断该金融资产所有权上风险和报酬的转移情况。如果企业面临的风险因为金融资产转移这一事件发生了实质性改变，则认为企业已经将该金融资产上几乎所有的风险和报酬转移给了另一方。比较转移发生前后金融资产未来现金流量的现值和时间分布情况，是对风险进行定量判断的方法之一。其次，企业是否放弃了对该金融资产的控制。判断控制要素时，应关注转入方出售该金融资产的实际能力。如果可以不受转出方影响，同时不受任何限制地单独将该金融资产出售给不存在关联关系的第三方，即表明转入方能够控制该金融资产。

表 7-15　判断金融资产转移结果的关键点与转移确认结果

金融资产转移的情形		金融资产转移确认结果
企业已经将金融资产所有权上几乎所有的风险和报酬转移给另一方		终止确认该金融资产（确认新的资产或负债）
企业既没有转移也没有保留金融资产所有权上几乎所有的风险和报酬	放弃对金融资产的控制	
	未放弃对金融资产的控制	按照继续涉入金融资产的程度确认有关金融资产，并相应确认有关负债
企业保留了金融资产所有权上几乎所有的风险和报酬		不应当终止确认该金融资产

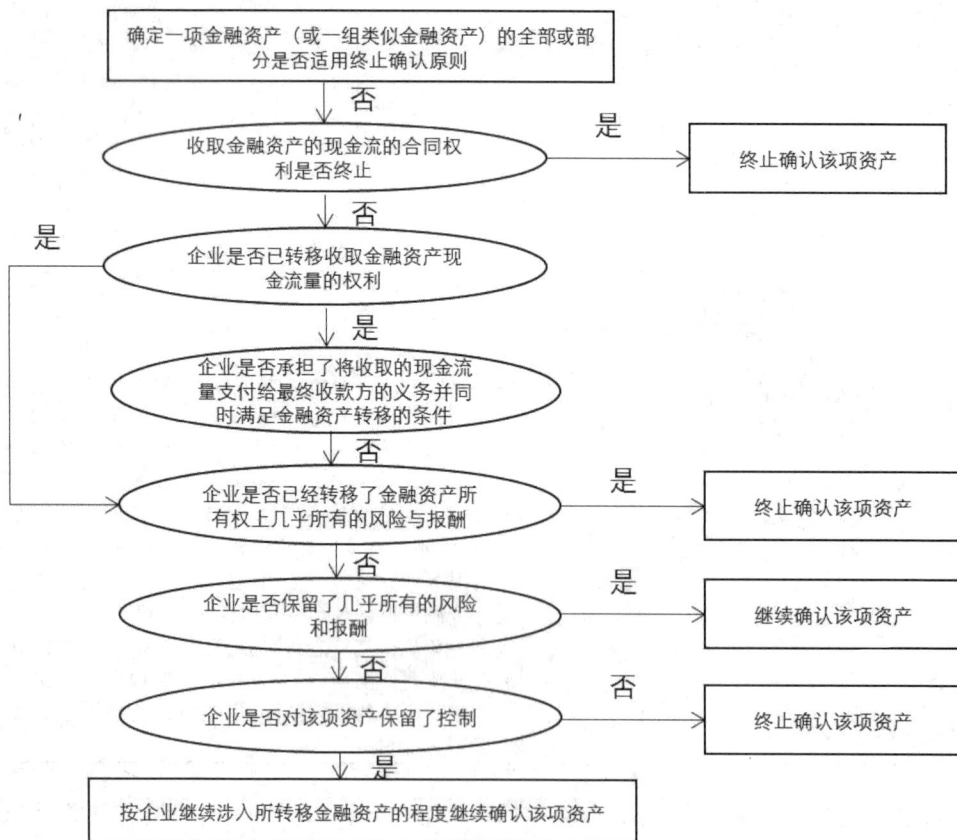

图 7-6　金融资产转移会计处理判断

第二节 风险管理典型案例分析：招商银行和信资产支持证券案例

招商银行和信 2015 年第二期汽车分期资产证券化属于汽车分期贷款 ABS，产品在结构设计中采用循环购买结构，具体的结构设计如下：华润信托（买方）与招商银行（卖方）签署《持续购买合同》，约定在持续购买期间（为期一年），华润信托有权以资产池的本金回收款向招商银行持续购买新的汽车分期资产。持续购买入池的资产将构成资产池和信托财产的一部分，用于支持资产支持证券的偿付。卖方向买方提供的备选资产池本金规模不小于买方当期拟购买的资产规模的 2 倍。买方有权根据每一个信托分配日分配完成后可使用的本金回收款、卖方提供的备选资产清单、卖方汽车分期资产整体质量等情况综合确定当期是否进行持续购买以及持续购买的规模。具体交易结构如图 7-7 所示：

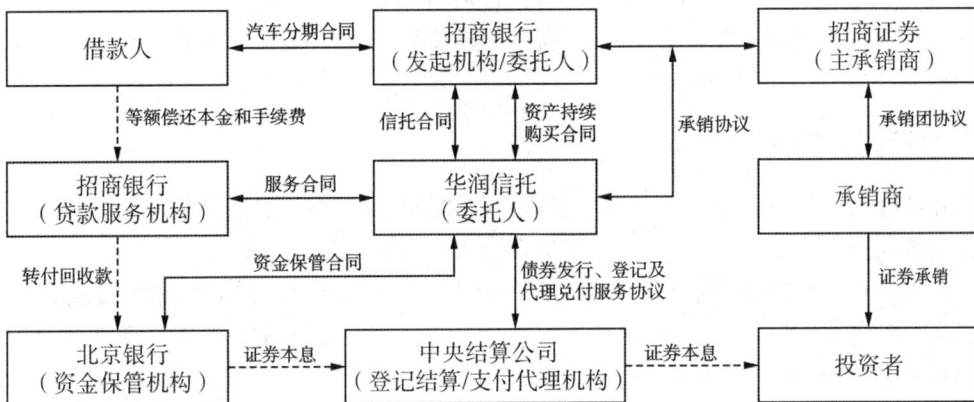

图 7-7 招商银行和信 2015 年第二期汽车分期资产证券化信托资产支持证券

一、招商银行的相关活动与权力

根据《信托合同》约定，招商银行作为发起机构将相关资产委托给作为受托机构的华润信托设立和信 2015 年第二期汽车分期资产证券化信托。受托机构将发行以信托财产为支持的资产支持证券，所得认购金额支付给发起机构。受托机构向投资者发行本期资产支持证券，并以信托财产所产生的现金为限支付相应税收、费用支出、信托应承担的报酬及本期资产支持证券的本金和收益。招商银行的权力主要有以下三个方面：

（一）对资产筛选、转移的权力

两次资产选择的机会和权力，分别是：特殊目的信托设立之前资产池中资产的筛选、转移；在持续购买阶段是否进行持续购买的选择和对持续购买资产的筛选、转移。其中，在首次基础资产的筛选和转移中，招商银行应根据约定好的资产陈述和保证对自身拥有的资产进行筛选,在合格资产中自行选择并拟定资产清单,列明所选资产所需的全部信息,并将这部分资产作为基础资产信托于华润信托。

招商银行作为资产支持证券的发起人需要将原属自身的资产出售给受托人华润信托,以此设立特殊目的信托。就被出售的资产而言,需要满足该交易中《信托合同》和《资产持续购买合同》中相关条款所做出的资产状况的全部陈述和保证,这些陈述和保证包括但不限于:借款人为中国公民,且在申请信用卡账户时已经年满18岁;借款人在招商银行的全部信用卡账户下部存在正在进行的逾期;委托人是每一笔账单分期的唯一债权人;每笔账单分期都能够并始终与委托人未信托给受托人的其他债权或资产相分离等。在信托期间,一旦委托人、受托人或者资产服务机构发现资产池中存在不合格资产,则作为受托人的华润信托有权通知招商银行将不合格资产予以赎回。由此可见,在持续购买阶段,招商银行需要提供满足交易文本中约定条件的较大规模和范围的资产清单供华润信托进行选择,华润信托有权选择进行或不进行资产额持续购买活动。当华润信托确定了持续购买的具体资产清单后,招商银行只有权复核资产信息的准确性及是否满足交易文本中的约定条件,不得基于其他理由更改持续购买组成清单,如持续购买清单发生了更改,需要得到华润信托的确认才可生效。因此,在持续购买阶段,招商银行对资产的筛选和转移不具有相应的权力。

(二)资产定价的权力

在特殊目的信托设立之前的首次资产转移和持续购买资产的过程中均会涉及转移资产的定价问题,应判断招商银行是否对资产购买的对价具有权力:

首次基础资产的转移定价。招商银行首次出售基础资产获得的对价实质上是本次资产支持证券募集的资金总汇,而非初始起算日基础资产池总金额。本次资产支持证券总共募集资金约为32.19亿元,初始起算日基础资产池总金额约为31.89亿元,由于循环购买结构的特殊设计使得该资产支持证券实现了一定比例的溢价发行。溢价发行并非是具有相关权力导致的结果。一方面,证券的发行规模主要取决于未来可能产生的现金流情况,由资产的性质决定,招商银行一般情况下无法对其产生影响。另一方面,发行规模确定后,证券能够募集到的资金总和主要取决于市场对证券的投资判断,招商银行无法实施影响。因此,对于首次基础资产的转移定价,招商银行不具有相应的权力对其进行影响。

持续购买阶段资产的转移定价。根据《资产持续购买合同》中的规定,持续购买资产清单中每一笔资产的购买价格为该笔资产在持续购买基准日零点的未偿还本金余额。因此招商银行对持续购买资产对价也不具有相应权力。

(三)对基础资产后续管理的权力

招商银行对基础资产后续管理的权力主要源于其作为贷款服务机构的身份。根据《服务合同的规定》,对基础资产后续管理的权力包括:

(1)账单分期事项的管理。招商银行应该根据相关交易文本中约定的事项,对账单分期、借款人等事项进行管理。

(2)回收款的收取和转付。招商银行应遵循相关的法律规定,并按照以不低于自身管理自有信用卡资产的水平提供相应的服务。招商银行需要按约定回收贷款的本金、手续费、利息、罚息、滞纳金等借款人偿还的款项,并于每一个回收款转付日将所有回收款划付至信托账户。招商银行的信息系统可以确保在不同的还款方式下,证券化资产和非证券化资产还款资金的独立识别,并在交易文本中承诺保证信息系统的相关设置在信托期间不发生变化。

第三节　保利 REITs 案例分析：长租公寓 REITs

近年来,住房租赁利好政策不断推行,长租公寓市场成为一片新蓝海。2017 年,我国租赁人口总量高达 1.6 亿,远超美、英、日等国。但我国租赁房屋的供给仅 4 600 万套,不足以满足 1.6 亿人群的需求。未来 10 年,中国租赁人口将达到近 2.3 亿人,租房市场租金年交易总额将接近 3 万亿元,到 2030 年,租赁人口将达到近 3 亿人,租金年交易总额将达 4.6万亿元。

在“租购并举”的政策红利影响下,2017 年龙头企业快速布局长租公寓品牌,长租公寓类 REITs(real estate investment trusts)集中发行。2017 年 10 月至 12 月,作为国内首单长租公寓资产类 REITs 产品的新派公寓权益型房托资产支持专项计划和招商创融—招商蛇口长租公寓资产支持专项计划相继获得深交所审核通过;国内首单储架发行类 REITs——中联前海开源—保利地产租赁住房一号资产支持专项计划获得上交所审核通过。2017 年几单具有代表性的类 REITs 项目相继落地,标志着国内长租公寓 REITs 向前迈进了一大步。

REITs 作为解决融资问题,应对资金供应及周转困境的有效金融工具,在美国已经发展得非常成熟,但是在国内才刚刚起步,其涉及的交易结构较复杂,国内的相关政策、法规也尚未完善。国内长租公寓 REITs 尚在试水阶段,基于此,笔者拟通过对中联前海开源—保利地产住房租赁 REITs 的分析,探讨长租公寓 REITs 发行主要涉及的财务问题,分析国内长租公寓 REITs 落地面临的困境,尝试提出自己的建议,以期对 REITs 所面临的政策环境和市场环境的改善有所裨益,也为更多长租公寓 REITs 的成功推行提供借鉴。

一、发展环境

从政策角度来看,近年来,住房租赁的利好政策不断出台。2015 年 1 月,住建部发布《住房城乡建设部关于加快培育和发展住房租赁市场的指导意见》,首次提出租购并举,培育和发展住房租赁市场。2016 年 6 月,国务院办公厅发布《国务院办公厅关于加快培育和发展住房租赁市场的若干意见》,明确提出“支持符合条件的住房租赁企业发行债券、不动产证券化产品。稳步推进房地产投资信托基金(REITs)试点”,同时提出到 2020 年形成规范稳定的住房租赁市场体系。2017 年,《住房租赁和销售管理条例(征求意见稿)》《关于在人口净流入的大中城市加快发展住房租赁市场的通知》《利用集体建设用地建设租赁住房试点方案》等文件相继发布,党的十九大报告提出"购租并举"的供给方式,要求加快建立多主体供给、多渠道保障、租购并举的住房制度。政府大力推动住房租赁市场发展,积极支持并推动 REITs 发展的态度十分明朗。

从市场发展的角度来看,我国租赁人口在 2017 年已达 1.6 亿,房屋租赁市场需求上涨,供应紧张。我国租赁房屋平均租金为 1 800 元/月/套,相比日本 3 255 元/月/套、英国 798 英镑/月/套、美国 959 美元/月/套,还有很大的上涨空间。我国租赁人口占比 11.6%,租赁房屋占比 18%,而在美、英、日等成熟市场,租赁人口和租赁房屋占比都在 35%以上。由此可见,我国租赁市场还具备非常可观的发展空间。

长租公寓作为住房租赁市场中新兴的细分市场,前期资金需求量大,回收期长,融资困难成了制约其发展的重要原因。对此,多家房企尝试利用资产证券化拓宽融资渠道。但是在国内市场上发行的产品都只符合了国外成熟市场 REITs 的部分特征,具备 REITs 全部特征的产品还未出现,因此称其为类 REITs。2017 年中国类 REITs 市场增长迅速,共发行 16 单类 REITs 产品,发行总额 379.67 亿元,较 2016 年增长 156.1%。在国内市场上,至 2018 年 4 月 8 日,类 REITs 已经发行 32 单,发行总额 687 亿元。

二、运作模式

区别于美国 REITs 公司制的运作模式,亚洲主要采用信托制或基金制 REITs,在这种模式下,REITs 为信托或基金实体,投资者持有信托凭证或基金份额。而我国类 REITs 产品目前主要采用发行专项资产支持计划即契约型的操作模式,在交易结构设计上通常采用设立专项计划购买私募基金份额,私募基金全额收购基础物业资产的方式。因此在募集形式上,我国的类 REITs 多为私募,以固定收益产品为主,募集范围一般在 200 人以下。在投资期限、投资标的、信用增级等方面的设计均与成熟市场 REITs 有所不同。国内类 REITs 一般期限较短,普遍有信用增级。基础资产在专项计划成立时已确定,在产品存续期内,专项计划通常不会新增物业资产,因此类 REITs 的规模一般是固定的。其项目收入也仅限于基础物业公司的运营收入以及产品到期退出时物业资产的处置收入或原始权益人支付的权利对价等。资产支持证券一般存在分层设计,优先级只享有固定收益或享有部分在计划退出资产处置时产生的增值收益;次级证券在收益分配时劣后于优先级证券,但享有剩余全部收益。

三、财务处理问题

(一)会计处理

从 REITs 的交易结构入手,发起人将资产出售给一个 SPV(Special Purpose Vehicle,特殊目的实体),SPV 由发起人设立,与发起人之间关系密切,同时它承担了发行证券给投资者的工作,证券一般会进行分级,分为优先级和次级。这个特设机构从法律上讲,需要满足破产隔离的需要,在会计上则要考虑出表与不出表的问题,具体需要考虑以下四个方面：(1)发起人是否需要合并 SPV。判断该问题时需要考虑以下三个因素：①发起人是否拥有对 SPV 的权利；②发起人发起了 REITs 之后是否享有可变回报；③拥有的权力和可变动回报之间是否具有相关性，即发起人是否能运用该权利影响其回报。如果三个判断都是肯定的，那么发起人需要合并 SPV。(2)入池资产。在发起 REITs 时需要确定进入资产池的是房产的所有权还是基于房产的收益权。(3)过手原则。资产入池后，需要判断发起人收取现金流的权利是否转移。若已经直接转移，则直接考虑风险和报酬转移问题；若发起人保留了该权利，并且有义务将收取的现金流量支付给最终收款方，则需要同时满足不垫款、不挪用、不延误原则，即间接完成收款权的转移。(4)风险和报酬是否转移。发起人保留了几乎所有的风险和报酬，则该部分资产不能出表，应该继续确认。发起人已经转让了几乎所有的风险和报酬，则该部分资产可以出表，予以终止确认，并重新确认新的资产和负债；既没有保留也没有转移几乎所有的风险和报酬。在该情形下需要判断发起人是否保留了对该资产的控制。若发起人放弃对资产的控制，则可以实现出表；若保留控制，则要按照继续涉入程度确定发起人需要确认的资产和负债。

(二)税务问题

目前国内并没有针对 REITs 出台具体的税收规定，也少有针对 REITs 的税收优惠政策，总体税负水平较高。REITs 各参与主体的纳税义务根据不同的交易结构设计也会有所不同。我国目前常见的交易结构主要有通过私募基金持有项目公司股权与债权的模式和项目公司股权直接由专项计划持有的模式。

以前者为例，其纳税主体的纳税义务主要发生在设立项目公司及转移项目公司股权的阶段。

从原始权益人的角度而言，在划转物业资产设立项目公司的过程中需要缴纳的税种包含土地增值税、增值税、企业所得税、印花税等。作为原始权益人，通过划转物业资产出资设立项目公司，该行为属对外投资，应做视同销售处理进行收入确认。按照物业资产市场评估价扣减相关成本费用后作为计税基础，计算相应的土地增值税；按照物业资产的取得方式区分为自行开发的不动产和从外部购入的不动产，分别计算对应销售额作为纳税基础，计算缴纳增值税；按照产权转移书据记录的金额计算印花税；若在转让过程中，该物业资产的市场评估价值高于资产账面价值，应确认非货币性资产转让所得并计入应纳税所得额，以此计算企业所得税。

从私募基金的角度而言，在获取项目公司股权的过程中，由于项目公司一般为非上市公司，转让其股权不属于转让有价证券范围，无须缴纳增值税。在此过程中只进行股权转让，不涉及不动产产权转让，因此也不必缴纳土地增值税与契税。此外，契约型基金不是独立的纳税主体，也无须缴纳所得税。

从项目公司角度而言，物业资产的受让属于"同一投资主体内部所属企业之间土地、房屋权属的划转"，免征契税，但是需要按照实收资本的增加额征收印花税。

在专项计划存续期间，项目公司通过公寓出租取得的租金收入将以股东分红或股东借款利息的形式流向私募基金，在专项计划层面和投资者层面确认为投资收益。从项目公司角度来看，需缴纳房产税、城镇土地使用税、增值税、企业所得税。从私募基金角度而言,若私募基金存在通过发放股东借款向项目公司划转资金的情况,则其取得的利息收入应缴纳增值税。基金管理人应按照其收取的基金管理费计算缴纳企业所得税。从资产支持专项计划角度来看,计划管理人涉及收取管理费的增值税应税行为,应按"直接收费金融服务"缴纳增值税。从投资者角度来看,机构投资者和个人投资者应根据其投资收益分别计算企业所得税和个人所得税。

我国类 REITs 通常通过交易结构设计来达到避税、节税的目的。而在成熟的 REITs 市场如美国,则针对 REITs 给予了一定的税收优惠,例如规定在满足投资范围、收入比例、组织形式等各方面要求后,若将 REITs 公司应税收益的 90% 以上分配给投资者则免征公司层面的所得税,仅投资者个人需缴纳个人所得税。因此美国的 REITs 多为税收驱动型,而在我国,高税负则成为阻碍 REITs 大规模发行的重要因素。

四、保利 REITs 的交易结构及其财务效应分析

(一)交易结构

中联前海开源—保利地产租赁住房一号资产支持专项计划是国内首单央企租赁住房 REITs,也是首单储架发行 REITs。该专项计划拟在两年内储架分期发行 50 亿,第一期计划发行 16.76 亿,其中优先级 15 亿,次级 1.76 亿,次级资产支持证券由保利地产自持。产品期限 18 年,每年付息一次,最后一年还本付息。其底层资产为 10 个物业资产的租金和保利地产对私募基金支付的权利维持费,提供差额支付承诺、评级下调承诺、保证金机制、开放退出及流动性支持等增信担保措施,由保利集团提供外部增信。其交易结构如图 7-8 所示:

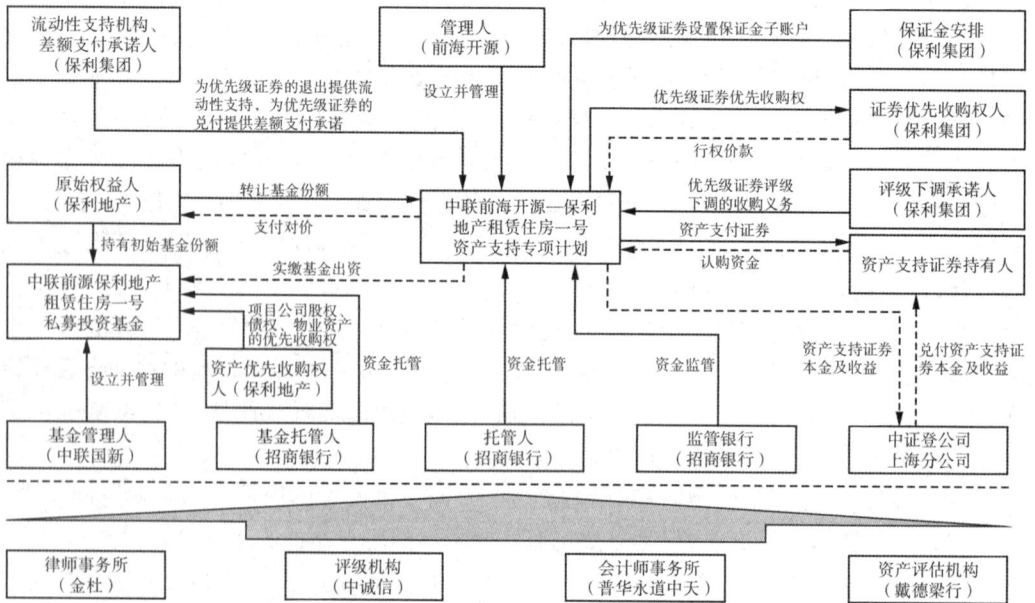

图 7-8　中联前海开源—保利地产租赁住房一号资产支持专项计划交易结构图

(1)基金管理人(中联国新)设立保利地产租赁住房第一期私募投资基金。原始权益人(保利地产)认购取得全部基金份额,保利地产提供过桥资金实缴 100 万,对应 100 万份基金份额,剩余的 16.69 亿按照约定的时间进度缴足。

(2)管理人(前海开源)设立并管理专项计划,投资者进行认购。

(3)管理人(前海开源)与原始权益人(保利地产)签订《基金份额转让协议》及《基金合同》,专项计划购买原始权益人持有的全部基金份额。自此原始权益人完成退出,私募基金份额的所有权和其他附属权益及衍生权益成为专项计划的基础资产。这一步将基础资产与原始权益人的固有财产分离,实现了第一重风险隔离,是一种破产保护措施,保证了原始权益人在破产的情况下,私募基金份额不会被视为其破产财产。

(4)保利地产将 10 个物业资产转让给 10 个新设立的项目公司。

(5)私募基金购买 10 个项目公司的所有股权,通过委托行向项目公司发放委托贷款。至此,私募基金实现对 10 个项目公司的投资、控制,原始权益人不再对项目公司享有任何权利,实现了第二重风险隔离,在原股东破产的情况下,项目公司的股权及其拥有的物业也不会被视为其破产财产。

(6)最终退出的可能性包括原始权益人(保利地产)行使优先收购权,按照目标资产初始评估值收购项目公司股权完成退出、项目公司处置不动产或投资者在二级市场转让基金份额,但是第三种方式在我国目前的政策、市场环境下还无法实现。

(二)财务效应

1.公司发展战略

保利地产提出以房地产开发经营为主、以房地产金融和社区消费服务为翼的"一主两翼"的战略布局。随着房地产行业进入愈加复杂多变的发展阶段,政策调控也在不断影响着行业发展环境。保利地产在既定战略的基础上,不断微调战略方向,灵活修正经营策略,改善其利润增长模式。

在房地产金融方面,保利地产以房地产基金和普惠金融为基础,对前沿产业进行探索布局,培育公司新的业务增长极,并且积极整合公司优质资源,借助 ABS、REITs、基金等工具让优质物业进入资本市场,实现其融资功能,由此来提升自身资产的周转效率。

社区消费服务方面,保利地产依托房地产开发和经营主业,以长租公寓、物业服务、社区商业为重点,充分挖掘业户资源的消费需求,通过市场化、资本化的方式延伸社区消费服务价值链,实现在社区消费服务领域的多元化快速发展。

因此该租赁住房专项计划的发行契合了保利地产的发展战略,将其自持物业资产置入下设的公寓品牌运营,将物业资产未来租金收入证券化,实现融资目的,既是在房地产金融领域的积极尝试,也是在社区消费服务方面的布局。

2.资源与能力

面对长租公寓这个新兴的细分市场,多家房企积极布局(见表 7-16)。除此之外,初创公司创立的 YOU+国际青年公寓、米域、湾流等,传统酒店类演变而来的城家、自如寓等也已经进入该领域。

表 7-16　标杆房企长租公寓布局情况统计表

企业	公寓品牌	进入时间	定位	目前布局	发展计划
万科	泊寓	2014年	以万科驿为主，万科派、被窝公寓为辅的产品体系	已进入28个城市，获取房间数为8.4万间，开业6个月项目出租率约为93%	2018年，万科将拓展公寓目标45万间，预计年收入94亿元
碧桂园	BIG+ 碧家国际社区	2017年	长租公寓+联合办公+商业的多元业态项目	已在北京、上海、广州、深圳、厦门和武汉开启长租公寓的项目	三年内建设100万套长租公寓
旭辉	领寓国际	2016年	高端：博乐诗服务公寓 白领：柚米国际社区 初入社会：菁社青年公寓	2017年已开发1万间，筹建运营28万间，完成国际化布局，同时实现IPO上市	5年运营管理20万间，进入上海、北京、无锡、苏州、南京、杭州等13个城市，单店全部盈利
龙湖	冠寓	2016年	集长租公寓、联合办公以及配套商业于一体的小综合体形态	已布局北京、上海、广州、深圳、重庆等16个城市	2020年数量达成行业前三，营业收入达20亿元
金地	地产：荣尚荟 商业：草莓社区	荣尚荟：2015年 草莓社区：2016年	荣尚荟：依托地产和物业，以现有物业托管为主 草莓社区：打造社区化青年公寓品牌	荣尚荟：遍及全国60余座大中城市，服务客户累积达180余万人 草莓社区："金地金谷公寓"已在深圳南山区落地运营，而位于龙华新区的"草莓社区优城店"亦推出	荣尚荟：2020年内，国内开业公寓80余家，持房量达到3万间 草莓社区：未来两年内实现10万间公寓的管理与运营

　　为了抢占市场份额，获得未来的竞争优势，保利地产从2016年起布局长租公寓板块，创立了瑜璟阁、N＋等公寓品牌。此次作为REITs底层资产的10个物业资产也由这些公寓品牌运营。这10个物业资产市场价值16.78亿元，根据计划说明书中的现金流预测情况，这10个物业资产每年将产生不低于7 400万的现金流入，并且在项目公司经营净现金流每年下跌幅度不高于9％的情形下，专项计划净现金流均能保证优先级资产支持证券利息的及时足额兑付（见表7-17）。物业资产未来现金流入预测情况如图7-9所示。

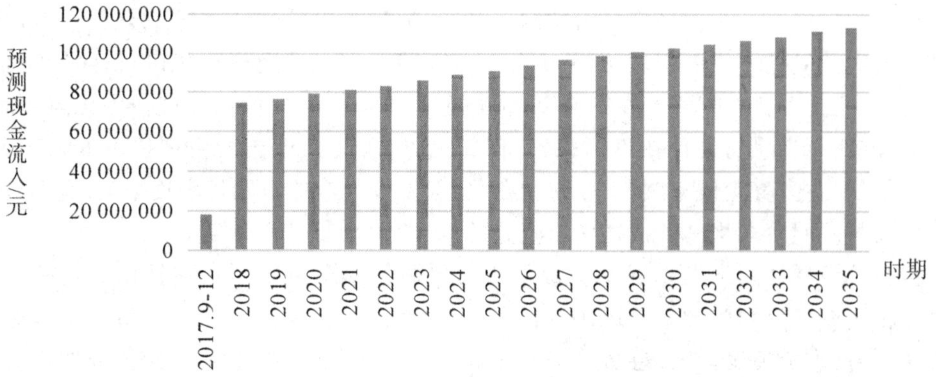

图 7-9　物业资产未来现金流入预测情况

表 7-17　物业资产运营收入减少的压力下专项计划优先级资产支持证券的覆盖情况

单位:倍

项目公司经营净现金流跌幅	优先级资产支持证券利息覆盖倍数
5%	1.0604~1.2068
9%	1.0123~1.1564

因此,物业资产本身产生的未来现金流入足以覆盖融资成本,但现金流量预测在一定程度上会偏向乐观,项目公司将这 10 个物业资产整租给保利商业和保利安平,签订《整租协议》,约定租金水平,降低运营收入波动风险,并且该 REITs 提供的差额支付承诺,会进一步降低投资者面临的风险。

一方面,保利集团作为保利地产的母公司,为这个项目提供外部增信,通过其雄厚的实力来保障优先级的安全性,这也会影响 REITs 的评级和定价,专项计划在评级、定价的过程中,会基于保利集团的资本实力进行评估而非仅仅评估项目本身,这有利于保利地产在降低融资成本的同时吸引更多投资。

另一方面,长租公寓前期需要较大的成本投入,且资金回收期长,这说明物业资产中有很大一部分资金沉淀,这部分资金若由保利地产直接承担,长此以往资金链会承受较大压力,因此保利地产需要探索新的融资方式,灵活运用金融工具。2017 年,在房地产融资趋于缩紧的政策环境下,保利地产凭借其雄厚的实力和良好的企业信誉仍然取得大量借款,从 2017 年的筹资活动现金流来看,其取得借款收到的现金流入大幅度增加,由 2016 年的 556.7 亿增加到 1 141.58 亿,这使得 2017 年的筹资活动净现金流入增长了 694.93%。但是其经营活动现金流和投资活动现金流由于拓展项目和收购活动都呈现净流出状态。从负债结构来看,其长期借款占所有借款的 97.97%,截至 2017 年年底,保利地产在建及拟建项目有 527 个,预计未来短期内在建项目的支付压力较大,公司面临经营活动现金流大幅波动的风险。近几个月来,房地产行业去杠杆信号不断加强,银行信贷、信托、资管通道、债券融资等融资方式均受到不同程度的限制,2018 年融资形势将愈加严峻,保利地产需要探索新的融资渠道,为公司的可持续发展做好资金准备。

3.财务后果

目前针对房地产行业的融资监管政策收紧、银行贷款额度严控、利率上行,信托等非标资金流入房地产行业也受到严格控制,开发商融资渠道受到限制,从传统渠道获取资金的难度加大。但是在住房租赁板块,目前国家政策大力支持发展 REITs,开发商通过发行 REITs 可以从资本市场上募集资金,缓解企业资金压力。保利地产作为优质央企,在融资上具备一定优势,并且在不断探索、创新融资方式,积极尝试租赁住房 REITs,构建以银行信贷为主,直接债务融资、股权融资、创新融资为辅的多元化融资渠道,有助于其在行业发展的不同阶段均具备快速获取资金的能力,助力公司可持续发展。

但是该专项计划优先级资产支持证券的预期收益率为 5.5%,并且提供差额支付承诺。在整个专项计划的设立及运作过程中,保利地产还要承担一系列税费。反观保利地产 2017 年的融资情况,其有息负债综合融资成本仅 4.82%,上半年直接债务融资的票面利率大部分不超过 5%,最高为 5.25%,因此该专项计划的发行在短期内会导致保利地产融资成本的提高。具体的直接债务融资情况如表 7-18 所示。

表 7-18　截至 2017 年 6 月 30 日原始权益人存续期内的直接债务融资情况

发行人	发行规模	期限	起息日	到期日	票面利率
保利房地产(集团)股份有限公司	10 亿元	5 年	2014.12.25	2019.12.25	4.80%
	30 亿元	5 年	2015.02.12	2020.02.12	4.70%
	30 亿元	5 年	2015.05.22	2020.05.22	4.60%
	30 亿元	3+2 年	2015.12.11	2020.12.11	3.40%
	20 亿元	5+2 年	2015.12.11	2022.12.11	3.68%
	25 亿元	3+2 年	2016.01.15	2021.01.15	2.95%
	25 亿元	5+2 年	2016.01.15	2023.01.15	3.19%
	20 亿元	3+2 年	2016.02.25	2021.02.25	2.96%
	30 亿元	10 年	2016.02.25	2026.02.25	4.19%
Poly Real Estate Finance Ltd.	5 亿美元	5 年	2013.08.06	2018.08.06	4.50%
	5 亿美元	5 年	2014.04.25	2019.04.25	5.25%

此外,REITs 的发行过程中原始权益人需要缴纳土地增值税、增值税、企业所得税、印花税等多种税费,进一步增加了融资成本。

从资本结构来看,该 REITs 中保利地产将物业资产及未来租金收入证券化,未来租金收入不能被确认为资产,应视为债务融资,而保利地产享有项目公司股权、债券、物业资产的优先回购权,且持有该专项计划的全部次级资产支持证券,融资金额占比 10.5%,不满足转移了与所有权相关的几乎所有的风险和报酬的条件,资产不能出表,融资应确认为负债,因此该 REITs 会推高财务杠杆,进一步提高企业的资产负债率水平。2017 年保利地产资产负债率水平由于增加大量的长期借款已有所提高,利息保障倍数显著下降。若财务杠杆进一步提高,企业的长期偿债能力风险也将增加。保利地产近三年主要偿债能力指标如表 7-19 所示。

表 7-19　保利地产近三年主要偿债能力指标

财务指标	2017 年 12 月 31 日/ 2017 年度	2016 年 12 月 31 日/ 2016 年度	2015 年 12 月 31 日/ 2015 年度
资产负债率	77.28%	74.76%	75.95%
流动比率	1.78	1.74	1.73
速动比率	0.57	0.53	0.43
EBIT 利息保障 倍数(倍)	2.11	3.80	3.05
EBITDA 利息保障 倍数(倍)	2.17	3.92	3.11

目前国家大力支持发展租赁行业,通过 REITs 等创新金融工具助力市场发展。但是我国的类 REITs 与成熟市场的 REITs 还存在部分差异,运作过程中涉及较复杂的会计处理和税收筹划。在现有环境下,优质房企纷纷抢占长租公寓市场,通过 REITs 进行融资可以有效缓解资金压力,但在 REITs 设计中若无法实现资产出表,则会给企业未来的财务状况造成其他负面影响。目前,长租公寓 REITs 的规模化发行还存在一定难度。长租公寓前期成本投入大,运营费用高,近二十年来虽然房价飙升,但租金涨幅不大,租金收益不高,目前国内商品住宅的租金收益率只有 2%~3%,租售比与租金回报率明显低于境外成熟市场。低收益率使得 REITs 发展受限。发展租赁市场,需要提高资源的利用效率,正确匹配用户需求和租赁住房供给,提高长租公寓运营方的运营管理水平,提高用户满意度。推动租售比回归合理水平,提高租金收益率,使房地产市场回归理性才能激发租赁市场的活力,推动长租公寓市场规范发展,也有利于 REITs 的推行和我国房地产金融市场的发展。

此外,目前国内的类 REITs 产品绝大部分都通过私募发行,在投资资金、投资者人数等方面都有较高要求,主要面向机构投资者,交易对手较少,REITs 产品的流通受到限制。REITs 公募化有利于提高流动性,降低投资门槛,满足普通个人投资者的投资需求,以获得不动产资产的稳定收益。但是公募 REITs 所涉及的投资人员较多,且群体风险承受能力不如私募高,因此公募 REITs 的落地本质上还有赖于法律规范、监管措施、税收政策的完善,如此才能有效控制风险,保证金融市场的健康发展。

第四节　资产证券化会计运用分析:"京东白条"与江苏连徐公司车辆通行费的资产支持专项计划案例

一、债权类企业资产证券化案例:"京东白条"专项计划

京东白条,指消费者在京东购物便可申请最高 15 000 元的个人贷款支付,并在 3 个

月～24 个月内分期还款。这是一款面向个人用户的信用支付产品,京东将在线实时评估客户信用,白条用户可选择最长 30 天延期付款或者 3 个月～24 个月分期付款等两种不同消费付款方式,最高可获得 15 000 元信用额度。

(一)"京东白条"专项计划具体内容

2015 年 10 月 28 日由华泰证券(上海)资产管理有限公司作为管理人的"京东白条应收账款债权资产支持专项计划"(以下简称"京东白条专项计划")在深圳证券交易所成功挂牌转让。京东白条专项计划募集规模为 8 亿元,存续期限为 24 个月。优先级、次优级、次级资产支持证券比例为 75∶15∶10,优先级和次优级资产支持证券评级分别为 AAA 和 AA-,发行利率分别为 5.1%和 7.3%。京东白条 ABS 的发行流程已从过去的审批制改为备案制,这意味着,京东消费金融业务的资金流动性将逐渐增强。

"京东白条 2015-1"产品的资产池情况:"京东白条 2015-1"产品的基础资产,为北京京东世纪贸易有限公司通过京东商城网站向合格用户以"白条"的形式进行赊销商品所产生的应收账款、服务费和其他应付款(例如违约金)的债权。该基础资产存续期很短,流动性较强,其法律性质是基于商品买卖合同所产生的企业应收账款。在循环期内,基础资产不断产生现金流,专项计划就用此现金流定期购买新的符合标准的基础资产,所构成的资产池为一个动态资产池。京东世纪贸易在当时的所有白条应收账款资产中抽取一部分资产来组成基础资产池。"京东白条 2015-1"产品的具体信息见图 7-10、表 7-20。

京东白条的证券化产品

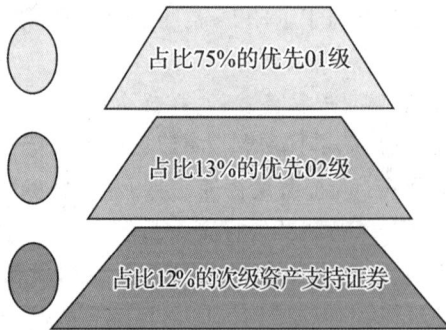

白条的收费方式

分期期数（月）	分期服务费率（月）
3期	0.5%~1%
6期	0.5%~1%
12期	0.5%~1%
24期	0.5%~1%

京东发放的白条贷款未来会"收回还款和利息"→"可产生现金流的资产"从贷款里收回的资金会"优先偿付"优先01级产品,然后偿付优先02级,最后剩下的给次级。在京东这个案例中,优先01级的产品和优先02级的产品卖给了其他机构投资者,次级档的产品则由原始权益人(也就是京东自己)持有。

图 7-10 "京东白条 2015-1"证券化产品

表 7-20　"京东白条 2015-1"产品信息

证券代码	119249	119250	119251
证券简称	京东优01	京东优02	京东次级
发行金额（亿元）	6	1.04	0.96
预期收益率（%）	5.1	7.3	-
评级	AAA	AA-	NR
转让起始日	2015-10-28	2015-10-28	不转让
到期日	2017-9-26	2017-9-26	2017-9-26
管理人简称	华泰资管	华泰资管	华泰资管
产品全称	京东白条应收账款债权资产支持专项计划	京东白条应收账款债权资产支持专项计划	京东白条应收账款债权资产支持专项计划
每份面值（元）	100	100	100
资产池类型	动态循环购买，循环期12个月，分配期12个月		
还本付息方式	循环期每季度付息、分配期过手摊还本息	循环期每季度付息、分配期过手摊还本息	分配期优先级本息偿还后获得全部剩余利益
产品设立日	2015-9-15	2015-9-15	2015-9-15
存续期（年）	2	2	2
推广对象	境内具备适当分金融投资经验和风险承受能力、具备完全民事行为能力的合格投资者（法律法规和有关规定禁止参与者除外）		
托管银行	兴业银行股份有限公司		
发行方式	私募		
原始权益人	北京京东世纪贸易有限公司		
法律顾问	奋讯律师事务所		

（二）"京东白条 2015-1"产品的交易结构

第一步，投资人和华泰资管签订《认购协议》并缴付认购资金。华泰资管设立和管理"京东白条应收账款债权资产支持专项计划"，投资人取得资产支持证券，成为持有人。第二步，华泰资管以专项计划的募集资金购买京东世纪贸易有限公司的应收账债权资产，即京东世纪贸易对消费者的应收账款和服务费的请求权以及其他附属权利（只与京东进行资产转让交易）。第三步，华泰资管委托京东世纪贸易有限公司担任资产服务机构，让其负责对基础资产进行管理，例如基础资产资料的保管、对消费者应还价款的催收等。第四步，兴业银行根据《托管协议》，管理专项计划的账户，服从华泰资管的划款指令为此专项计划的资金往来办理业务。第五步，依据合同约定，华泰资管把基础资产的收益分配给该计划的投资人。

"京东白条 2015-1"的循环交易结构[①]为"12＋12"的模式：循环阶段为前 12 个月，用之前资产池中应收账款的回收款继续购买符合标准的基础资产，并把新购买的基础资产持续加入到资产池中。前 12 个月还要按时支付优先级投资者利息，托管人要对每日的资金进行盘点，持续如此循环直到循环阶段结束或者发生加速清偿事件；后 12 个月不再购

---

① 循环购买，是在一定时间内企业不断用新的基础资产多次发行资产证券化产品。由于基础资产池内新注入的基础资产具有同质性，相对于单独再次重新发行，循环购买的形式对于基础资产的核查具有规模经济的优势。循环购买的频率最快可以达到每天一次，主要取决于基础资产的注入频率以及企业和监管机构的归集、核查能力。

买新的基础资产,只按时支付投资者本金和利息,剩下的资产再偿付给次级投资者。该动态资产池的现金回流时间较为分散,而专项计划期限为两年,以此循环结构设计,能够解决基础资产的流动性和发行期限的固定性的期限错配问题,对实时监控资金动态过程中资金流的稳定性有很大帮助。京东白条专项计划交易结构如图 7-11 所示。

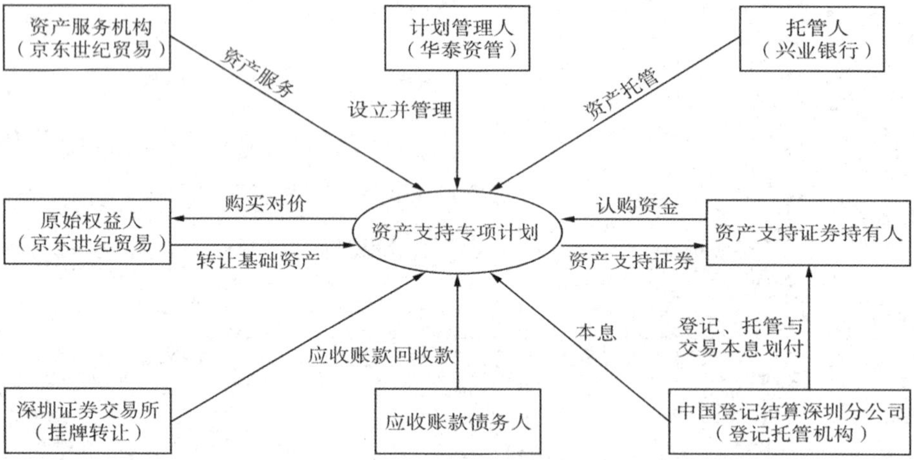

图 7-11　京东白条专项计划交易结构图

(三)"京东白条 2015-1"产品的信用增级方式

优先/次级安排:本息偿付先后不同,劣后得到偿付的投资人为优先得到偿付的投资人提供信用增级:京东白条 2015-1 的 02 级为 01 级证券提供信用增级,次级为优先级提供信用增级。次级资产支持证券全部由原始权益人认购,并且其不可转让所持的部分或全部次级证券,风险自留。

信用触发机制:相关的加速清偿事件。一旦触发加速清偿事件,专项计划账户内的资金将不会用于继续购买新的基础资产,华泰资管会立马向京东世纪贸易发出指令,让其把服务账户的所有余额全部转到专项计划账户。之后如果服务账户仍然收到款项,则应继续转入专项计划账户,专项计划账户里的所有金额均用来向持有人分配,分配顺序为:相关税费—优先 01 级预期收益—优先 02 级预期收益—优先 01 级本金—优先 02 级本金—次级。

"京东白条 2015-1"产品的破产隔离:京东世纪贸易按照《资产买卖协议》,把基础资产转让给华泰资管,华泰资管支付的对价是市场公平价格。如果京东世纪贸易破产,按照《企业破产法》的规定,法院撤销《资产买卖协议》里的债权转让行为的可能性很低,因此对于已经成为资产专项计划的"京东白条"应收账款债权,不应被法院认定是京东世纪贸易的破产财产,即产生了破产隔离。京东白条专项计划的产品优势如图 7-12 所示。

"京东白条应收账款债权资产支持专项计划"

证券化产品的优势

自身增信　　1　分层的证券化产品可以通过内部分级的方式，做到自己给自己增信。由于有了次级档产品的缓冲，优先产品的安全性就有了提高。因为发生大规模坏账，让优先档投资人"亏到肉里去"的概率很低，这也是一些证券化产品能够获得高评级的原因。京东的这两档优先产品就获得了联合信用评级有限公司AAA评级与AA-评级。

提高流动性　2　标准化就意味着更好的流动性。因为它标准化了，大家都能认同，都更愿意接受。如果平台要出售某项标准化的产品，就会比零碎的债权更容易卖出去。对平台来说，就更容易让资金流动起来。

目前互联网金融平台面临的一个大风险就是流动性风险，标准化产品能在一定程度上解决这个问题。

图7-12　京东白条应收账款债权资产支持专项计划的产品优势

(四)基础资产的终止确认、会计计量与报表合并问题

据"京东白条2015-1"资产支持专项计划发行说明书，京东世纪贸易对优先级的两档证券采取私募的方式发行，对次级档证券则自己持有，保留风险。如果原债务人违约超过了次级档的证券，投资者就要承担损失；如果原债务人发生违约，首先应当由江苏京东信息技术有限公司持有的次级档证券承担损失，京东保留了次级档的风险。因此，京东世纪贸易的优先级证券有关的风险报酬都已转移，应进行终止确认。与次级档证券有关的风险报酬还没转移，不符合终止确认条件，应当保留在发起机构的财务报表上。

在会计计量问题上，使用继续涉入法对证券资产进行计量。首先，把整体的账面价值在未终止确认部分和终止确认部分之间按照各自的公允价值占整体公允价值的比例进行分摊，并确认出表部分的损益。对于保留的次级部分证券，由于其也参与收益分配，并且不能在期中转让，应确认为持有至到期投资核算。具体而言：

转让优先级证券所得对价为70 400万元人民币，次级档所得对价为9 600万元人民币。设基础资产的总账面价值为B，证券化过程中发生的相关费用(如服务费)为S，则：

证券化资产总公允价值 $F=(70\ 400+9\ 600)$

未终止确认部分的账面价值 $=B\times(9\ 600/F\times100\%)=B\times[9\ 600/(70\ 400+9\ 600)\times100\%]$

终止确认部分的账面价值 $=B\times(70\ 400/F\times100\%)=B\times[70\ 400/(70\ 400+9\ 600)\times100\%]$

终止确认部分的转让损益 $=70\ 400-$ 终止确认部分分摊的账面价值 $-$ 相关费用

$$=70\ 400-B\times[70\ 400/(70\ 400+9\ 600)\times100\%]-S$$

借：银行存款	$70\ 400-S$
持有至到期投资——次级权益	$9\ 600$
贷：应收账款	$B\times[70\ 400/(70\ 400+9\ 600)\times100\%]$
长期应付款	$9\ 600$
营业外收入	$70\ 400-S-B\times[70\ 400/(70\ 400+9\ 600)\times100\%]$

在SPV报表合并问题上，京东集团在美国披露的2015年年报显示，将SPV纳入合并报表，该资产支持证券在资产负债表里，根据预期还款日，被报告为短期和长期负债。

此外，由于从目前公开的信息中，无法看到京东世纪贸易与华泰资产管理有限公司之前签订的协议内容，因此很难判断京东世纪贸易是否对该项计划进行了控制。

二、江苏连徐公司车辆通行费资产支持专项计划

(一)江苏连徐公司车辆通行费的专项计划具体内容

2015 年 8 月 28 日，"连徐公司车辆通行费资产支持专项计划"成功发行。该项目由上海银行和国泰君安联手共同推出，是华东地区首单以车辆通行费收益权为基础资产的资产证券化产品，也是市场上为数不多的由商业银行全程参与的资产证券化产品。该专项计划发行总规模 11.22 亿元，其中优先级资产支持证券共分为 5 个品种，信用评级均为AAA，期限分别为 2 年、3 年、5 年、5＋1 年和 5＋2 年，较好满足了不同期限偏好的投资需求。该专项计划的资产证券化主体和流程如图 7-13 所示。

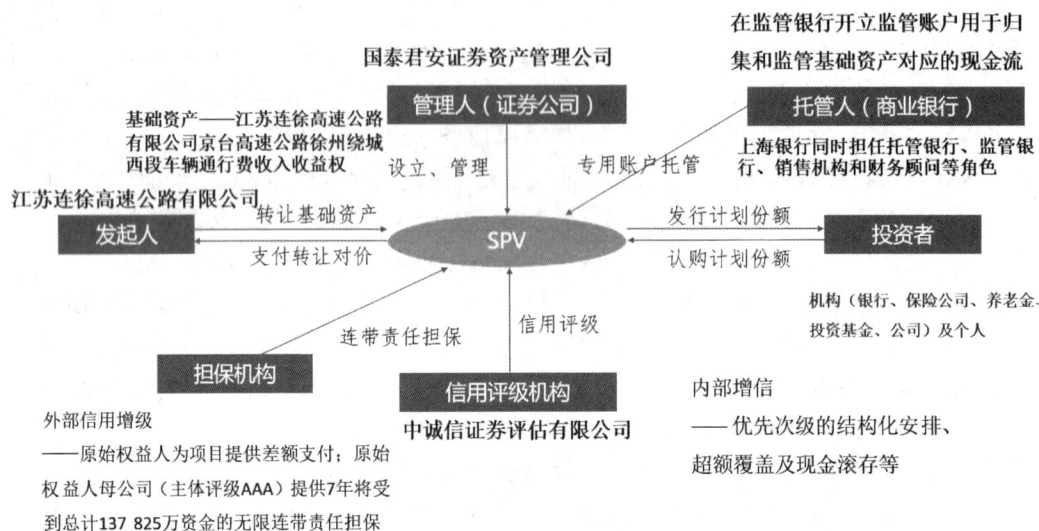

图 7-13 江苏连徐公司车辆通行费专项计划的资产证券化主体和流程

(二)江苏连徐公司车辆通行费专项计划的产品交易结构

从产品结构看，该专项计划采用了优先级、次级的分层结构，其中优先级资产支持证券分为 5 个品种，分别为优先级 01、优先级 02、优先级 03、优先级 04、优先级 05，募集规模分别为人民币 1.06 亿元、1.16 亿元、3.27 亿元、2.07 亿元和 2.40 亿元，募集总规模为 9.96亿元。次级资产支持证券募集规模为人民币 1.26 亿元，由原始权益人全额认购。

(三)江苏连徐公司车辆通行费专项计划的信用增级方式

该专项计划除了采用优先级/次级的结构化安排、超额覆盖及现金滚存等内部增信措施外，还采取了原始权益人为项目提供差额支付、原始权益人母公司(主体评级 AAA)提

供无限连带责任担保等较为完善的外部信用增级措施,并设计投资者回售和原始权益人回购条款。

(四)基础资产的终止确认问题与会计计量问题

江苏连徐公司案例中,作为基础资产的车辆通行费符合收入定义,应确认预收收入而非收入,其原因:

首先,收入还未实现。江苏连徐公司的义务是每季度末把特定金额的车辆通行费用划入专项计划托管账户。之后,计划管理人才获得当季度特定通行费的几乎全部经济利益。根据收入准则,企业在履行了合同中的履约义务后,才可确认收入,且客户要取得相关商品或服务的控制权。在未来通行收入低于优先级资产抵押证券本息金额的情况下,江苏连徐公司有差额支付责任,因此相当于担保融资。

其次,转让基础资产当日,对应的未来营业成本(如公路保养维修费)未发生,根据配比原则,转让基础资产当日虽一次性收到对价,还不能确认为收入。

最后,江苏连徐公司的车辆收费证券化,具备了资产证券化的核心要素,即真实出售、破产隔离、信用增级。在未来通行费收入低于优先级资产抵押证券本息时,连徐公司具有差额支付的责任,即保留继续涉入的程度,因此继续涉入部分应当视为融资活动,确认为长期应付款,其余应视为预收收入。

据此,发起人会计为融资活动或预收收入。在融资活动方面,未来车辆通行费被视为融资的抵押品。当江苏连徐公司收到证券化现金时,应确认已偿负债,即长期应付款。在预收收入方面,车辆通行费至少有一部分应视为预收收入,即在收到证券化现金时,应确认一项预收账款,一项长期负债。

根据收入准则,企业应当将有关的交易价格分摊至各单项履约义务,并根据每一单项履约的完成情况确认相应的收入。江苏连徐的各履约义务为其每季度向专项计划托管账户划转特定金额的款项,履约义务的交易价格即为特定金额的车辆通行费。每季度末,应把之前计入预收账款的金额,按协议约定的每期金额,逐步转入主营业务收入。其具体会计处理如下:

①融资时

借:银行存款

　长期预收账款未确认融资费用

　长期应付账款未确认融资费用

　贷:长期预收账款

　　长期应付账款

②独立处理购买次级证券

借:持有至到期投资——次级证券

　贷:银行存款

③存续期(每季度末)

借:长期预收账款

　长期应付账款

　贷:主营业务收入

借：财务费用
　　贷：长期预收账款未确认融资费用
　　　　长期应付账款未确认融资费用

衍生阅读

中国银行中誉 2016 年第一期不良资产支持证券案例

2016 年 5 月 26 日，"中誉 2016 年第一期不良资产支持证券"采取簿记建档的方式在全国银行间债券市场进行发行，是 2016 年不良资产证券化正式重启以来境内首单不良资产证券化产品。产品交易结构如图 7-14 所示。

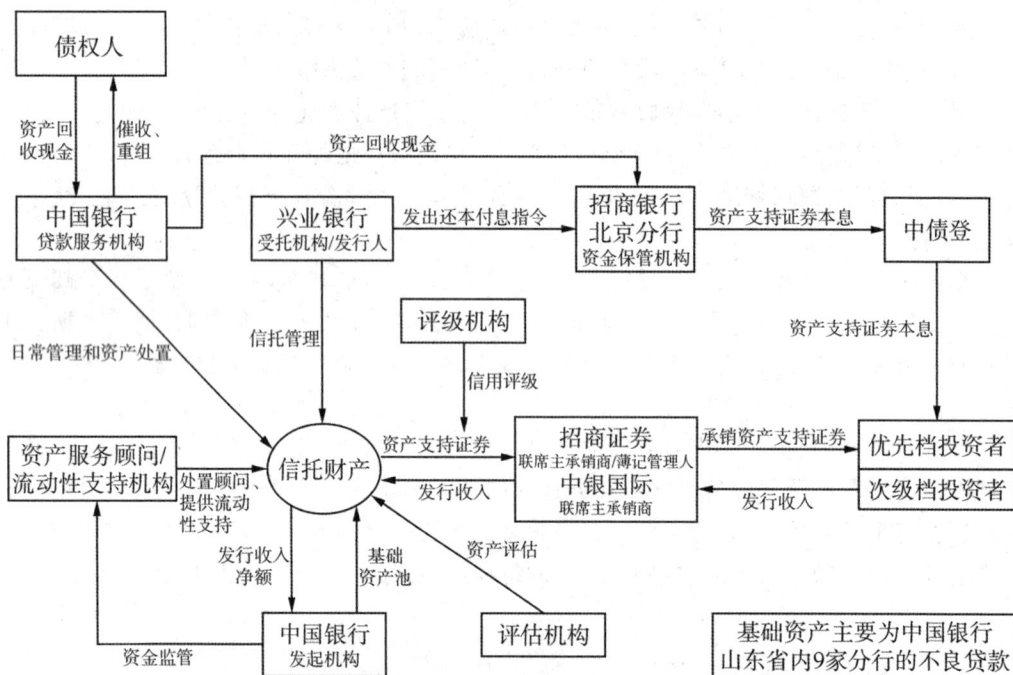

图 7-14　中国银行中誉 2016 年第一期不良资产支持证券

该单 ABS 由中国银行发起，基础资产主要为中国银行山东省内 9 家分行的不良贷款，涉及 42 个借款人的 72 笔不良贷款，未偿本息余额为 12.54 亿，其中不良贷款分类中次级占比为 96.69％，可疑类占比为 3.31％。证券分为优先档和次级档，其中优先档资产支持证券可以获得次级档资产支持证券 22％的信用支持。16 中誉 1 的信用增级主要分为内部信用增级和外部信用增级措施，内部信用增级措施主要是指采取了优先档、次级档的分层安排和设立了流动性储备账户。

第八章　行业背景视角的衍生金融工具及其会计运用

第一节　能源行业视角的衍生金融工具及其会计运用

一、能源行业相关背景概述

(一)能源行业简介

　　能源工业又称燃料动力工业,指开发利用自然界中各种能量资源及其转变为二次能源的工业生产部门。能源工业是国民经济发展的先行工业部门之一。能源工业的发展对于国民经济的发展具有十分重要的作用。我国能源资源十分丰富,是世界能源大国之一,能源的开发和利用在经济发展中具有重大的战略意义。能源工业一般分成两大类:一类是能源开采工业,其产品为"一次能源",如煤炭工业、石油工业、天然气工业、制氧工业等;另一类是能源加工转换工业,其产品为"二次能源",如炼焦工业、石油冶炼工业、电力工业和蒸汽动力工业等。能源工业涉及的能源类型主要有煤、油、气、核、新能源、可再生能源等。

　　能源属于第二产业,从图 8-1 可以看出,近 17 年来我国能源行业在全国 GDP 的占比非常大。虽然我国能源资源十分丰富,但是需求量更大,所以能源的开发和利用在我国的经济发展中具有重大战略意义。

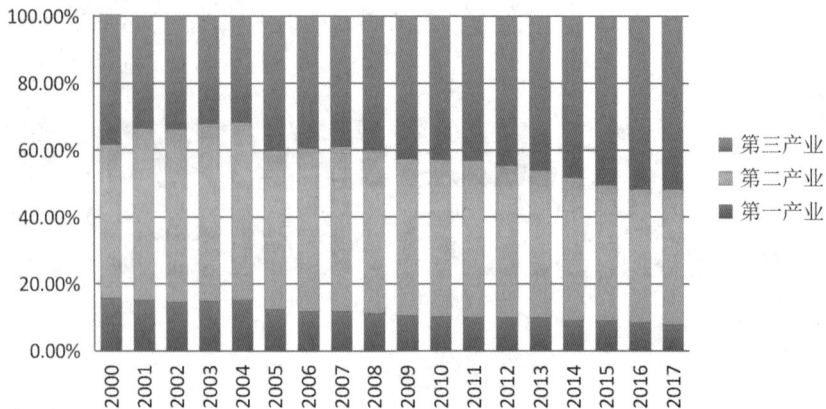

图 8-1　近 17 年来中国三大产业占 GDP 的比重

数据来源：Wind 数据库

(二)能源金融及能源金融衍生品

能源金融,即通过能源资源与金融资源的整合,实现能源产业资本与金融资本不断优化聚合,从而促进能源产业与金融产业良性互动、协调发展的一系列金融活动。目前能源市场不再是单纯的商品市场,金融市场日益成为能源市场问题的归宿,能源市场逐渐成为金融机构瞩目的焦点。能源金融一体化是正在兴起的国际金融发展趋势,它是能源与经济相互融合的必然产物。

作为能源金融的重要组成部分,能源金融衍生品是 20 世纪中后期兴起的新事物,能源金融衍生品市场是以石油、原油、天然气、煤炭等能源性产品为基本标的,通过金融工具进行即期和远期金融衍生交易的新型金融市场。与欧美发达国家的能源金融体系相对完善、通过能源金融衍生品基本上掌握了石油等能源价格主动权所不同,目前我国国内能源金融市场产品开发尚处于起步阶段。我国自 1990 年建立期货市场后,1993 年上海石油交易所推出石油期货业务,但无序发展与监管不力导致石油期货交易被停止,所有石油期货交易所全部关闭。1995 年发生了"327"国债期货事件,受其影响,石油期货业务全面终止。2004 年 8 月,燃料油期货品种 180CST 在上海期货交易所重新上市。2018 年中国原油期货在上海期货交易所子公司——上海国际能源交易中心正式挂牌交易,这是中国发展石油期货的一个重要标志。在这之前,我国虽然是能源大国,但是在原油定价体系中并没有充分的话语权。

(三)能源企业风险管理的必要性

能源价格波动较大,能源企业所面临的风险种类多而复杂。其中,境外直接投资所面临的风险主要包括国家政治风险、制度风险、外汇风险、政策风险、融资财务风险、勘探风险、开采与加工相关的技术风险、生产经营与销售风险、环境保护风险等(刘传哲、何凌云,2008)。我国原油对外依存度水平较大且逐年提升(如图 8-2),国际能源价格的上涨直接增加了我国工业生产成本,带来通货膨胀的压力。加强能源风险管理,有效利用衍生工具规避能源价格风险,具有重要意义。能源金融衍生工具主要包括能源远期合约、能源期货合约、能源期权交易和能源互换协议。作为金融市场的重要组成部分,能源金融衍生品的发展对于完善市场结构、充分发挥市场功能、扩大市场规模具有重要作用。

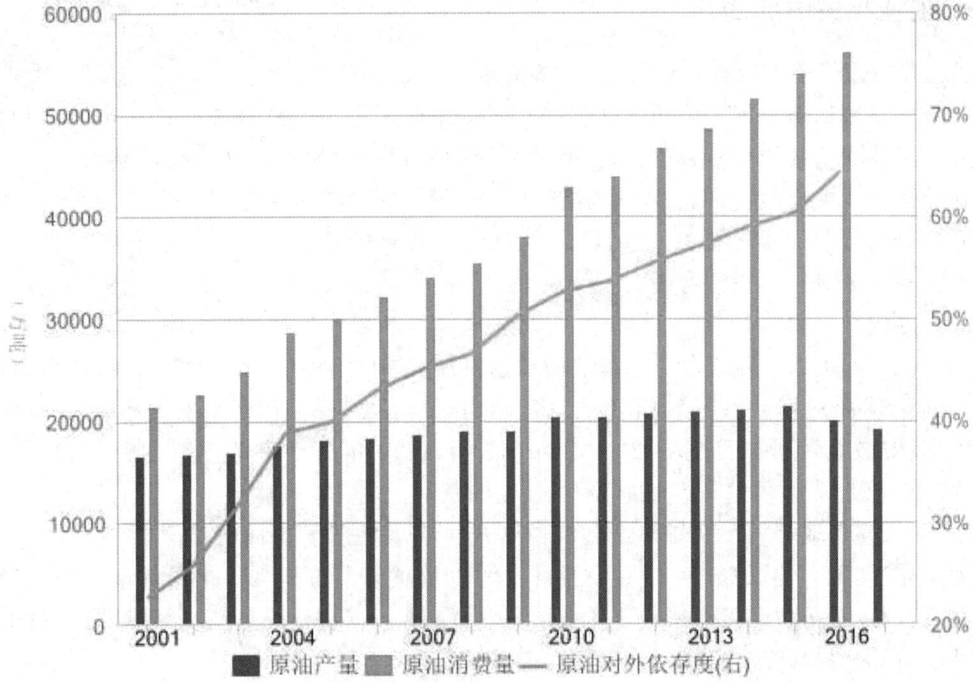

图8-2　我国能源对外依存度水平

数据来源:Wind 数据库

目前我国对能源金融衍生品的政策主要有以下三方面:(1)2015 年 6 月 26 日中国证监会正式发布《境外交易者和境外经纪机构从事境内特定品种期货交易管理暂行办法》,确定原油期货为我国境内特定品种。《暂行办法》共 35 条,具体包括四方面的主要内容:一是扩大我国期货市场参与主体,允许境外交易者和境外经纪机构从事境内特定品种期货交易。二是为境外交易者和境外经纪机构提供了多种参与模式。三是规范境内特定品种期货交易涉及的主要业务环节,包括开户、运营、结算、保证金收取及存管要求、大户报告、强行平仓、违约处理、纠纷调解处理等。四是规定了对境外交易者、境外经纪机构从事境内特定品种期货交易及相关业务活动的违法违规查处和跨境执法等监督管理职责。(2)国家发改委 2016 年提出《关于推进“互联网＋”智慧能源发展的指导意见》,要求利用能源互联网催生一批能源金融、第三方综合能源服务等新兴业态。(3)2018 年 3 月 26日,我国重点能源金融衍生品——原油期货几经波折后终于上市,由上海期货交易所下属的上海国际能源交易中心负责具体的交易政策安排,并出台《上海国际能源交易中心交割细则》。

二、嘉德瑞案例分析：实操视角

(一)企业相关情况简介

1.青岛嘉德瑞工贸有限公司(简称嘉德瑞)

青岛嘉德瑞工贸有限公司成立于 2007 年,注册地位于风景秀美的青岛市,公司由国内知名聚酯和塑料技术专家创办,具有著名跨国公司技术研发背景。嘉德瑞公司是一家专业经营化工类产品的企业,以销售 PTA(精对苯二甲酸)为主导,包括 PTA 大单、小单以及仓单销售的一体化销售模式,辅以其余化工品原料的销售。目前该公司的 PTA 销售额已高于 30 亿元,销售量超 70 万吨。公司自创立以来,凭借完善的服务体系和良好的信誉与国内众多粉末聚酯厂、薄膜生产厂家、电缆厂和塑钢型材厂等大中小客户建立了优良的互信合作关系。随着服务端行业的快速发展,公司的业务领域也得以迅猛拓宽,目前在粉末涂料用聚酯行业的客户群遍布珠三角、长三角和环渤海等经济发达地区,并将继续向河南、安徽等内陆省份拓展,2015 年、2016 年、2017 年其销售额分别达到了 32 亿、48 亿、63 亿,现已成为国内同行业中最大、最佳的贸易商之一。

同时,嘉德瑞公司在期货市场上也表现出色,作为主流贸易商的嘉德瑞公司,在 PTA 行业中充当"蓄水池"的角色,通过自身的资源以及贸易渠道积极寻找期货市场中的套利机会,运用金融衍生品工具来锁定企业贸易利润,使 PTA 期货与现货紧密结合。目前该企业已被郑州商品交易所指定为市场功能"点"基地。

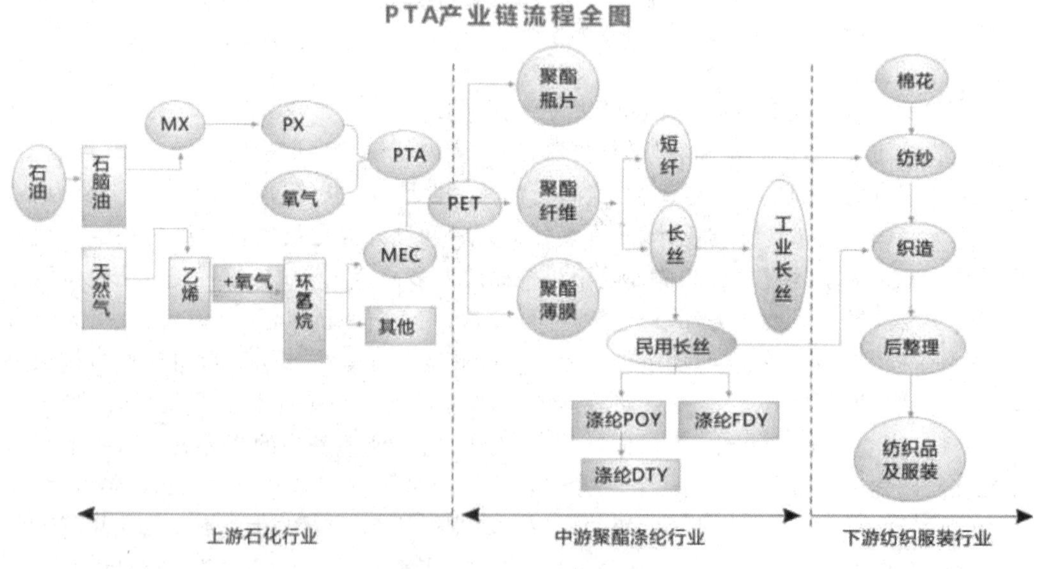

图 8-3　PTA 产业链流程图

资料来源:郑州商品交易所

2.PTA 介绍

PTA 是精对苯二甲酸(pure terephthalic acid)的英文缩写,是重要的大宗有机原料之一,其主要用途是生产聚酯纤维(涤纶)、聚酯瓶片和聚酯薄膜,并广泛用于化学纤维、轻工、电子、建筑等领域。PTA 是石油的末端产品,其原料是对二甲苯(简称 PX),而 PX 的原料是石油。同时,PTA 也是化纤的前端产品,其下游产品主要为涤纶长丝、短纤、切片(包括纤维切片、瓶用切片、薄膜切片)。

3.PTA 公允价格指数

PTA 行业传统挂、结牌价方式中生产商拥有挂牌价以及结牌价的定价权,但这种定价方式正在逐步被新的定价模式所替代,越来越多的现货商使用新的月度均价减阿尔法定价。在新定价模式中,挂牌价仍然由生产商单方面定价,但结牌价引入了第三方定价。随着期货市场的不断深化,现货商与上下游之间的定价也经常使用点价模式,并同时进行期货套期保值操作。嘉德瑞公司与业内资深贸易人士联手发起了 PTA 公允价格指数,简称海岩指数,其反映了 PTA 现货市场的日均价格情况,目前在业内市场上已具备一定的指导价值,海岩指数致力于成为最真实反映现货的公允价格。

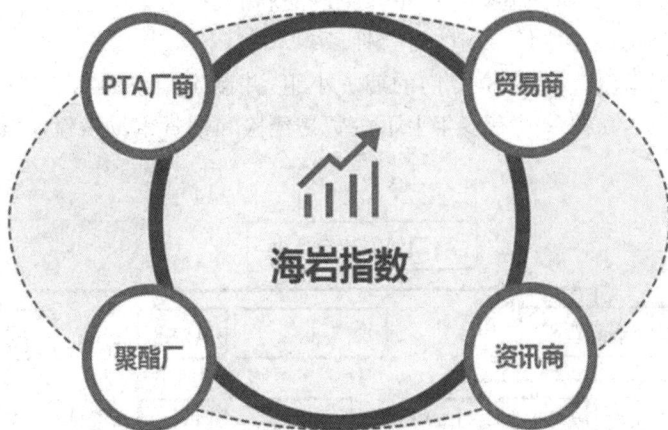

图 8-4 PTA 海岩指数

资料来源:嘉德瑞官网

(二)案例背景

1.产能过剩背景下能源化工产业的困境

(1)行业供给过剩压力增大,整体盈利下降

该行业的产业链长且复杂,企业分布广,细分子行业也更多,实体企业因难以获得全面且充分市场信息,投资决策具有较高的盲目性,导致出现严重的产能过剩;同时,行业的整体盈利下降导致行业间"优胜劣汰"与产业结构自我优化的步伐加快。

(2)国内政策限制 PTA 的上游原材料,如石油,因其具有高能耗性与污染性,政府对该行业在资源及污染治理等方面政治倾斜有更大的敏感性。2013 年国务院发布《大气污染防治行动计划》后,各部门陆续出台相关法规政策,全面支持大气污染防治工作。其中针对能源化工行业,出台《石油化学工业污染物排放标准》,这对能源化工行业造成了一定的限制。

（3）世界能源结构转变油气供应日趋宽松,这将削弱能源化工行业的成本优势,同时资源环境的约束也将日趋增强。在原油下跌和下游需求放缓的大背景下,大部分化工品种包括PTA整体价格偏软。总的来说,能源化工行业面临行业洗牌,而期货市场可以成为实体企业稳定生产经营的有效金融工具。

2.嘉德瑞公司参与期货市场的必要性

（1）现金流紧张

自2011年起,能源化工行业的整体低迷导致企业面临大量的应收款难以收回,占用了大量的资金;同时,大量库存也导致了大量现金流被占用。

（2）利润不断压缩

PTA行业的风险敞口是两端开口型,即一方面是合约现货面临着月底结算的不确定性,另一方面是已采购的现货库存面临行情下跌的风险。由于采购合约现货比现货拥有更大的价格优势,因此公司生存空间不断被压缩,在利润愈发微薄的情况下,企业只能结合期货市场积极参与套期保值操作以争取更多的利润。

（3）嘉德瑞公司参与期货市场的可行性

首先,嘉德瑞高度重视,成立专门的期货小组,并制定相应的期货风险管理制度与内部控制体系。其次,嘉德瑞具有多年上下游贸易经验和期货市场敏锐洞察力,能发现套利机会。

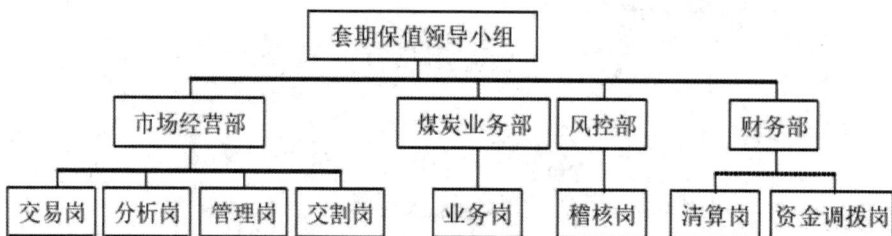

图8-5　嘉德瑞公司套期保值业务实施组织构架
资料来源:嘉德瑞官网

从期货市场与现货市场来看:第一,PTA期货市场交易活跃,且运行良好。2006年12月18日,经国务院同意,中国证监会批准精对苯二甲酸(简称PTA)期货合约在郑商所上市交易。中国是全球首个上市PTA期货的国家。近几年,PTA期货市场交易都十分活跃,且市场运行良好。作为全球唯一的PTA期货市场,PTA期货市场的价格的国际影响力也在逐步增强。第二,PTA期货流动性较高,套期成本较低。PTA期货成交量逐步上升,反映了市场流动性的增长,高流动性使得期货市场能使企业在较低成本下进行套期,并且PTA期货持仓量上升明显,表明市场参与者对于PTA期货的持仓信心充沛。第三,PTA期货市场价格与现货市场价格有着较高联动性。从图8-7可看出,2014—2016年之间,PTA现货与期货的价格联动性高达95%。根据2016年的数据,PTA的期货价格变动趋势领先于现货价格,体现了期货市场的前瞻性。

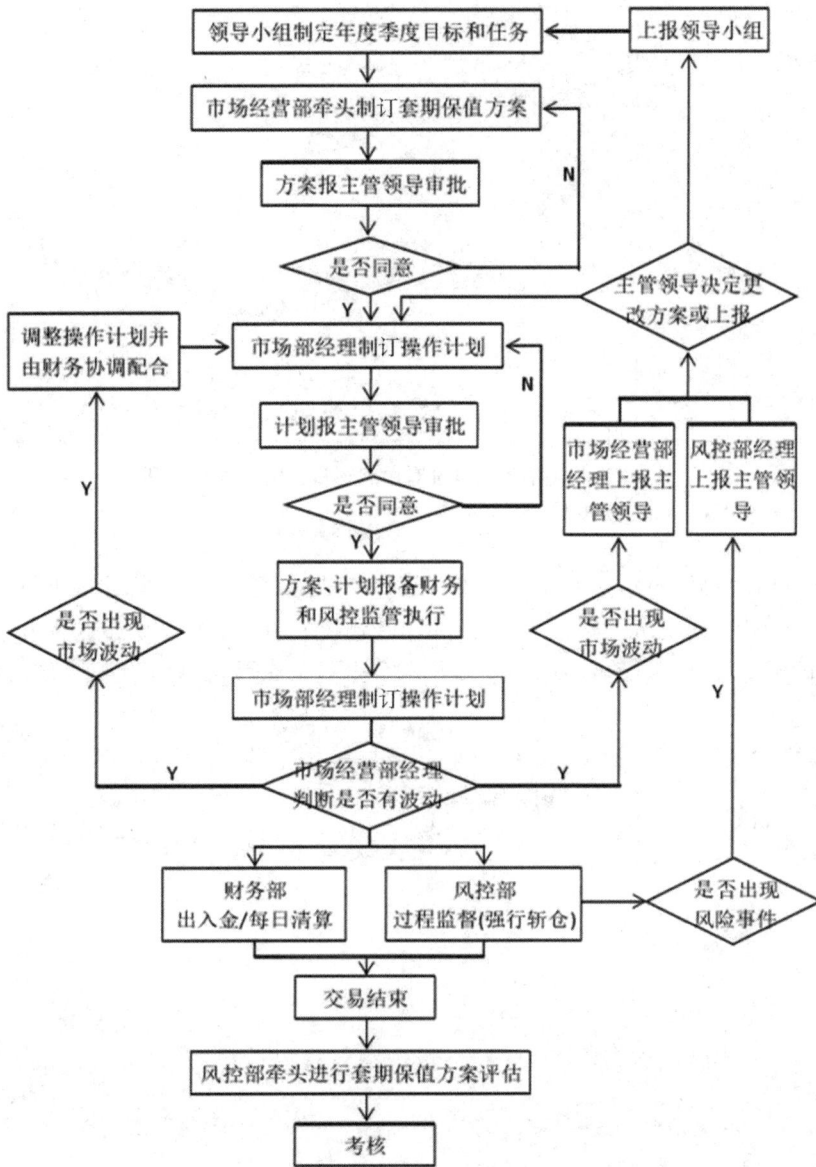

图 8-6　嘉德瑞公司套期保值业务实施总流程图

资料来源:嘉德瑞官网

3.套期保值过程

　　嘉德瑞在进行期货操作前,全面分析了当时的市场环境、存在风险、操作可行性,并制定了严谨的操作程序,适时选择入场时机。在套期保值中,严格执行规避风险措施,根据不同情况选择平仓或交割方式,最终达到了预期的套期保值效果。

　　(1)在下跌行情中的套期保值

　　2015 年 4 月底,嘉德瑞分析 PTA 现货及期货盘面认为:前期期货盘面因国内某化工

图 8-7 PTA 期货结算价对数和现货价格对数趋势图

数据来源：Wind 数据库

生产企业爆炸而应声大涨，后市期货价格大概率将回归理性。此外，上游原油基本面消极，价格出现下跌，而下游消费持续低迷，无回暖迹象。再加之期货价格大幅升水于现货，期货当前价格已有下跌迹象，因此可考虑介入空单对企业现有 10 000 吨库存进行保值。

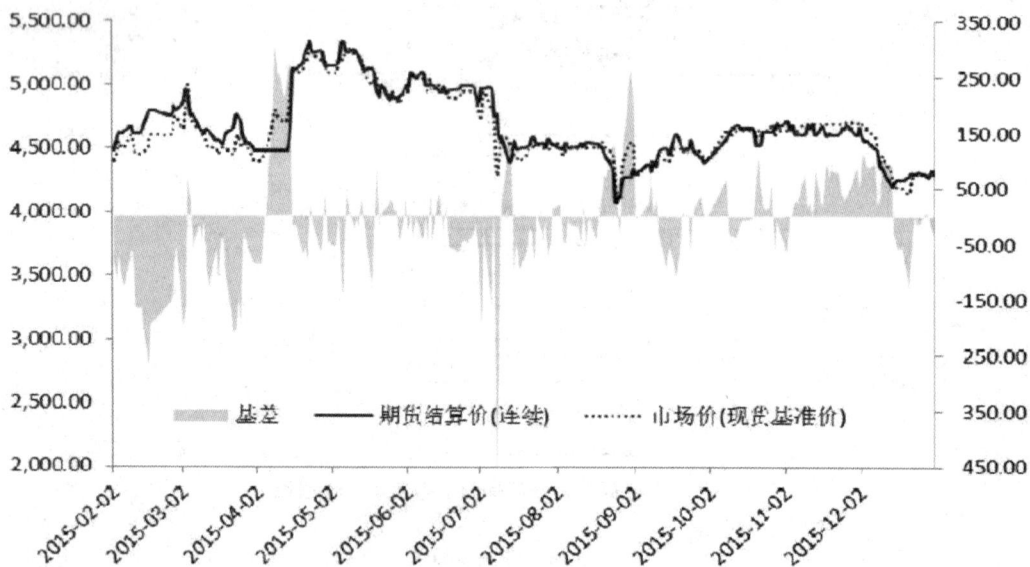

图 8-8 2015 年 PTA 基差走势图

数据来源：郑州商品交易所

嘉德瑞制订并执行了逢高卖出的操作计划，对库存的 85% 头寸（即 8 500 吨）进行了套期保值。2015 年 5 月 4 日，嘉德瑞在当日盘中进行了分批卖出操作，当日累计成交 700 手，均价 5 200 元/吨。随后一周内，PTA 创新高后反弹，至 5 月 8 日当日累计成交 1 000 手，均价 5 280 元/吨。6 月份后，一方面嘉德瑞的库存逐步消化，6 月中旬逐步结束期货头寸,另一方面随着 5 月份期货价格连续下跌,PTA 基差也逐步恢复至正常范围。整体而言,嘉德瑞规避了现货库存近 150 万元的贬值,获取了较高的卖出保值收益。

表 8-1　嘉德瑞卖出保值操作盈亏表

交易日期	期货市场操作	期货成交均价	合同结算均价
5 月 4 日	卖出开仓 700 手	5200 元/吨	5120 元/吨
5 月 8 日	卖出加仓 1000 手	5280 元/吨	5220 元/吨
6 月 9 日	买入平仓 1200 手	5000 元/吨	5000 元/吨
6 月 12 日	买入平仓 500 手	4960 元/吨	4950 元/吨
合计	期货总盈利:220 万元(不含手续费等)		现货库存贬值:144.5 万元

数据来源:郑州商品交易所

(2)在价格上升行情中的套期保值

2016 年初,嘉德瑞需要提前为春节假期备货,因此领导小组和操作小组对近段时间期货操作情况及现货经营情况、后市宏观环境、后市甲醇需求状况等进行了分析。他们判断,在国际原油企稳回升、PTA 装置阶段性检修、投机资金重新流入市场的大环境下,PTA 基本面利空出尽,且期货大幅贴水于现货,价格市场重心有望上移。

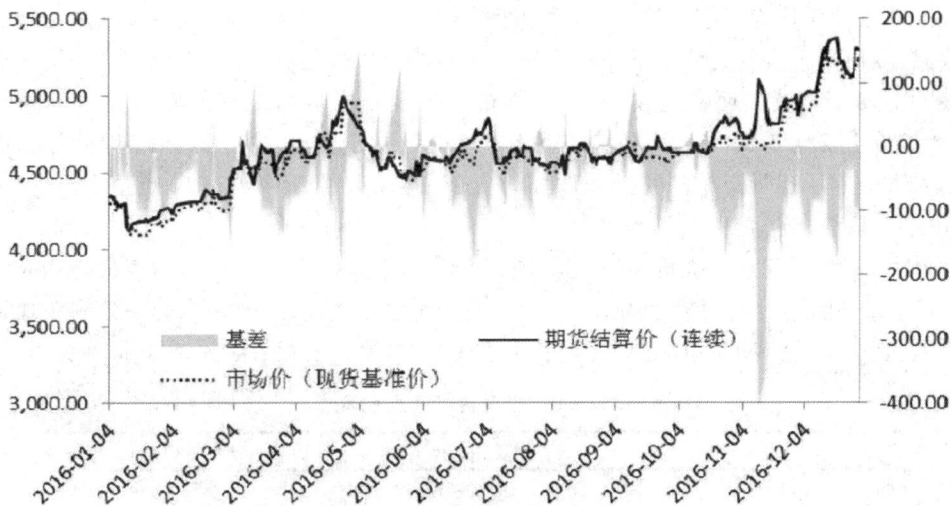

图 8-9　2016 年 PTA 基差走势图

数据来源:郑州商品交易所

最终,嘉德瑞期货小组确定了具体的后期操作思路:公司每月先安排现货采购,并将合同采购的时间尽量向后延迟,使公司现货采购成本尽可能降低。与此同时,月初在期货市场上开仓与当月采购量相当的多头头寸,并在实际购进原料时相应平仓,使公司尽可能规避现货价格上涨造成的利润损失。整体而言,通过期货市场的套期保值操作,嘉德瑞不仅在备货过程中降低了成本,还在期货市场上获得了一定的额外收益。

表 8-2　买入保值操作盈亏表

交易日期	期货市场操作	期货成交均价	现货市场操作	现货合同均价
1 月 12 日	买入开仓 500 手	4155 元/吨		4250 元/吨
1 月 13 日	买入开仓 600 手	4130 元/吨		4250 元/吨
1 月 18 日	卖出平仓 200 手	4175 元/吨	现货采购 1000 吨	4200 元/吨
1 月 23 日			现货采购 2000 吨	4300 元/吨
1 月 25 日	卖出平仓 400 手	4210 元/吨		4400 元/吨
1 月 29 日	卖出平仓 300 手	4260 元/吨	现货采购 1500 吨	4350 元/吨
2 月 5 日	卖出平仓 200 手	4280 元/吨	现货采购 1000 吨	4400 元/吨
合计	期货总盈利:48.75 万元(不含手续费等)		现货采购亏损: 35 万元	

数据来源:郑州商品交易所

（3）运用期现套利获得稳定收益

嘉德瑞公司与业内资深贸易人士还联手发起了 PTA 公允价格指数,简称海岩指数,其反映了 PTA 现货市场的日均价格情况,目前在业内市场上已具备一定的指导价值。海岩指数致力于成为最接近、真实反映现货的公允价格,未来将进一步结合期市价格发现功能,期望使根据期货指引产生的现货贸易价格成为未来企业间合约结算价格的重要组成部分。

嘉德瑞公司作为一家贸易公司,通过期货市场进行保值、套利操作,利用多元化的定价模式,在市场不景气的背景下主动把握了更多的交易机会。在 2015 年 7 月的接现货保值案例中,2 日期货盘面临近收盘时,现货市场出现自提价为 4 850 元/吨的 1 000 吨报单,当期价上涨至 5 000 时,期现基差就将超过－110 到－100 的正常范围,因此嘉德瑞立即与对方敲定了现货交易,同时在期货市场上按 85％头寸比例于 5 010 点位卖出 170 手,成功锁定基差－160 点。

之后,有买家询盘自提价 4 685 元/吨的 1 000 吨现货,公司与买家协商最终达成自提价 4 870 元/吨,同时在期货市场上以 4 990 空头平仓。整个操作中,嘉德瑞公司在现货市场总共盈利 2 万元,期货市场总共盈利 17 000 元,扣除手续费后净盈利 32 574 元。

表 8-3　接现货保值盈亏表

	现货市场	期货市场
数量	1000 吨	850 吨
入场价格	4850 元/吨 (买入)	5010 (卖空)
出厂价格	4870 元/吨 (卖出)	4990 (买平)
盈亏	20000 元	17000 元
费用	增值税:2906 元 仓储费:500 元	手续费:1020 元
净盈利	32574 元	

数据来源：郑州商品交易所

（4）影响

优化现货库存管理。对于嘉德瑞而言,其受上游原油价格波动影响较大,库存成为企业经营的主要风险敞口之一。在日常库存的管理方面,嘉德瑞公司为避免市场行情在下跌时将带来的日常库存减值风险,随即上报领导小组,通过期货市场对日常库存进行卖出保值操作,成功降低了现有库存减值的损失。如在2015年4月底,在市场下跌行情中,嘉德瑞进行了卖期保值,成功规避了现货库存近150万元的贬值,并获取了约70万元的卖出保值收益。

提高现货经营灵活性。在现货市场需求旺盛时,嘉德瑞进货、销货时能够获得较高的价差收入。但是在能源化工产业中,企业需要定期对设备装置进行常规检修,停产检修会导致产量减少,嘉德瑞就将面临市场现货不足带来的上端风险敞口压力。例如在2016年初,嘉德瑞有季节性备货需求,依据宏观背景分析,后市会发生大概率上涨事件,因此嘉德瑞积极采取"期货+现货"的备货模式,成功避免了货源不足以及价格上涨带来的现货亏损,并取得了近10万元超额收益。嘉德瑞的期现交割业务在有效规避价格波动风险的同时,还为该企业的日常经营拓宽了销售渠道,提高了企业经营的灵活性。

提高资金利用率。期货市场的保证金制度以其资金占用率低的优势吸引着市场投资者的广泛参与。对嘉德瑞而言,参与期货操作仅占用企业少量资金,明显减少了资金压力。另外,嘉德瑞企业在进、销货运营的过程中,有时会遇到资金短缺的问题。此时,公司将自身拥有甚至拟交割的标准仓单抵押给银行等金融机构,能够获得一定金额的信贷资金。这在最大限度上利用期货市场实现了资金利用率的最大化,提高了公司的资金周转率。

提升自身议价能力。对于传统的PTA现货市场定价模式,当月现货成交均价处于核心地位,对像中下游嘉德瑞等贸易、消费类企业的库存管理产生重大影响。因此嘉德瑞与业内资深贸易人士联手发起了PTA公允价格指数,反映PTA现货市场的日均价格情况,使其能够充分掌握期货市场与现货市场的动向,制定有效的期货策略。在当前PTA多元化定价的背景下,嘉德瑞充分使用期货市场工具,通过套期保值、套利、点价交易、期转现等多途径,为自身争取到了更多的议价权。

二、远兴能源案例分析:财务报表角度

(一)企业相关情况

1.远兴能源简介

内蒙古远兴能源股份有限公司坐落在锦绣斑斓、丰饶富裕的鄂尔多斯高原,是一家以新能源为主导,拥有多级产业以天然气化工为主的跨地区、跨行业的大型现代化工企业。公司于1997年1月23日成立,2007年公司证券简称变更为"远兴能源"。远兴能源致力于新能源的开发与研究,总资产规模约为220亿元,是内蒙古自治区化工企业中颇具规模和实力的企业。公司主营甲醇、纯碱小苏打和煤、煤制尿素等化工产品。公司年生产小苏打近2 000万吨,目前是全国范围内产量最高的生产小苏打的企业。其甲醇的年产量达到135万吨,这样的规模和实力使得企业在这个领域独占鳌头。公司发展具有以下优势:公司有丰富的煤炭资源和碱湖资源;公司"大牛地"牌精甲醇产品被国家科技部列为"国家重点新产品计划";公司在国内创建了完善的营销网络和物流配送系统,产品远销日本韩国等亚洲地区及南美等国家和地区。但因受到技术水平限制,公司主要依靠天然气制造

甲醇,对天然气依赖较大,在天然气价格变化剧烈的现阶段,这极大地限制了公司的发展。我国在 2012 年 10 月 14 号颁布的《天然气利用政策》中,明确禁止以天然气代煤制甲醇项目或新建以天然气为原料生产甲醇及甲醇下游装置,这更加制约了远兴能源煤制甲醇工艺的开发。

表 8-4   2016—2017 远兴能源财务指标变化情况

	2017 年	2016 年	本年比上年增减	2015 年
营业收入（元）	10,303,946,253.58	9,135,944,524.33	12.78%	7,318,091,305.65
归属于上市公司股东的净利润（元）	711,511,011.43	-512,775,990.21	238.76%	56,803,633.18
归属于上市公司股东的扣除非经常性损益的净利润（元）	715,535,439.66	-512,869,276.41	239.52%	42,636,012.72
经营活动产生的现金流量净额（元）	1,408,247,711.54	482,272,003.75	192.00%	645,562,586.45
基本每股收益（元/股）	0.18	-0.16	212.50%	0.04
稀释每股收益（元/股）	0.18	-0.16	212.50%	0.04
加权平均净资产收益率	8.39%	-7.95%	16.34%	0.94%
	2017 年末	2016 年末	本年末比上年末增减	2015 年末
总资产（元）	22,038,382,607.56	22,233,426,491.44	-0.88%	19,381,734,997.38
归属于上市公司股东的净资产（元）	8,807,023,331.02	8,124,702,327.50	8.40%	6,059,739,913.26

数据来源:2017 年远兴能源年报

从远兴公司 2017 年报表中摘录的公司主要会计数据和财务指标我们可以看出,同 2016 年相比,2017 年公司净利润有了巨大的增长,这主要是由纳入合并报表范围的子公司的变动造成的。

2.甲醇行业分析

甲醇,化学式 CH_3OH,是结构最简单的饱和一元醇,是一种重要的有机化工原料,主要用于生产甲醛,其次还可以用于生产甲酸甲酯、氯甲烷、醋酸等。

甲醇的用途广泛,不仅是一种基本的用于合成甲醛、二甲醚、醋酸等有机化工原料,而且是涂料燃料清漆、油墨等的有机溶剂。甲醇通过精细加工能成为一种汽车防冻液和清洗金属表面油渍的新型清洁燃料,还能代替汽油燃料成为车用燃料,甚至能与汽用燃料混合直接用于柴油机或发电站。甲醇在农业上也发挥着作用,它是生产多菌灵敌百虫等杀虫剂等农药的原料之一,还是较好的人工合成蛋白原料,其蛋白转化率较高,价格便宜,无毒性,并且世界上已有大量专业的甲醇制蛋白的工业装置投产。制甲醇的方式主要有天然气制甲醇、煤制甲醇以及焦炉气制甲醇三种。墨西哥、新西兰等欧美国家具有丰富廉价的天然气资源,是世界生产甲醇的集中地。天然气制甲醇具有成本低、节能环保等优点。我国拥有丰富的煤炭资源,但缺少天然气,因此生产甲醇的主要原料为煤炭,天然气为原料的甲醇生产占我国甲醇总产量的 20% 左右,独有的是国内有小部分企业使用焦炉气生产甲醇。煤炭是我国分布最广、产量最多的可再生资源,产量居世界第一,生产区主要集中在山西省,其中无烟块煤是制甲醇的主要品种。天然气主要分布在我国的中部和西部地区,与煤制甲醇相比,天然气制甲醇设备装置投资少,操作简单,节能环保。我国用焦炉煤气制甲醇的区域主要集中在山东、华北和西北地区。

在供求情况方面,2017 年全国甲醇产量 5,415 万吨左右,同比增长 2.6%;进口量 814 万吨,同比减少 7.5%,2017 年表观消费量 6,252 万吨,同比增加 1.6%。我国甲醇市场整体表现为供需齐增,阶段性供应偏紧。预计 2018 年环保政策不会放松,国际油价预计保持 60 美元以上,天然气紧张难以缓解,市场行情总体看好。图 8-10 是 2017—2018 年我国甲醇消费量与需求量对比图,数据来自 Wind 数据库,消费量由累计消费量计算所得,产量选取了样本企业的产量数据。从图中可知,2017 年甲醇供给基本小于需求,产量变动较小,而消费量波动较大。2018 年初甲醇产量有较大提升,这是受到新能源汽车推广影响,甲醇汽车试点圆满结束让甲醇生产企业预计甲醇需求增加,从而增加了生产。

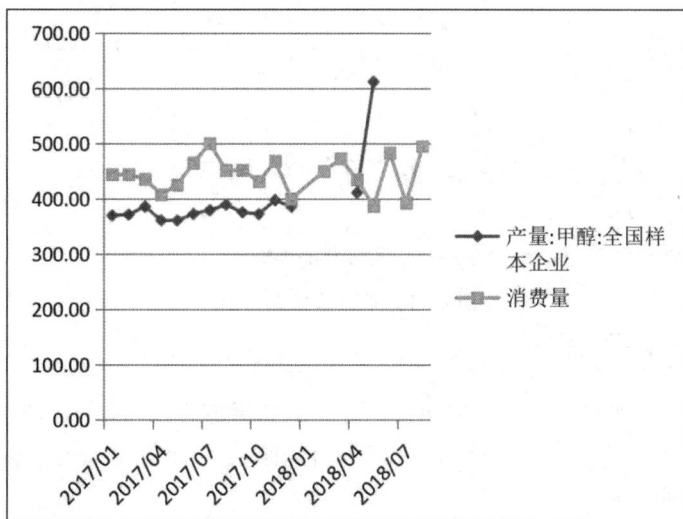

图 8-10　甲醇供给需求对比图
数据来源:Wind 数据库

在价格趋势方面,除基本的供求因素外,上游行业价格走势对甲醇价格的影响也较大。此外,如政府的环保政策、房地产市场等都有可能通过影响甲醇的需求从而影响甲醇的价格。从 2017 年至 2018 年 7 月的 36 个城市的甲醇平均价格走势图中可见,甲醇价格在 2017 年间明显降低(图 8-11),这主要是受到房地产企业整体表现下滑的影响。甲醇的主要用途是合成甲醛,而甲醛在房地产行业和家居建材行业应用最为广泛,甲醛的产能过剩会导致对甲醇的需求降低,从而导致价格的下降。2017 年后期,受到天然气价格的影响,甲醇生产减少,价格回升。预计甲醇的价格在短期内将保持稳定状态。

3.远兴公司甲醇生产情况

2016 年远兴公司天然气制甲醇装置因产品售价及原材料价格的原因,处于半停产状态。远兴公司控股子公司博源联化甲醇装置于 2017 年 5 月恢复生产,此时甲醇价格有所回升。2017 年年底,受冬季天然气供应紧张因素影响而停产。公司控股子公司博源联化一套 40 万吨/年的甲醇装置于 2018 年 3 月 4 日恢复生产,另一套 60 万吨/年的甲醇装置

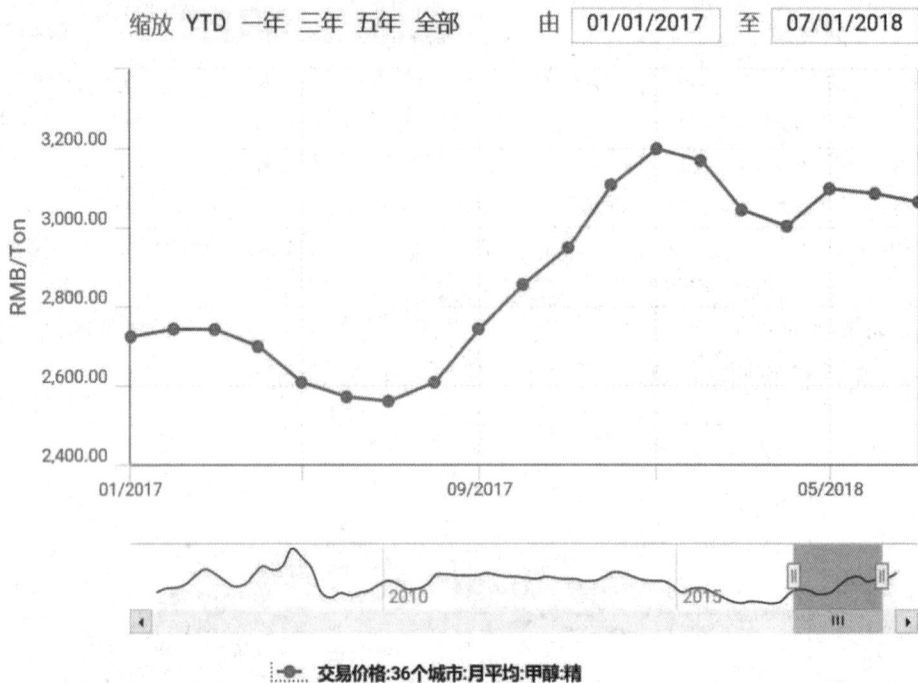

图 8-11　甲醇价格走势图

数据来源：CEIC 数据库

于 2018 年 4 月 8 日恢复生产。2017 年,公司共生产甲醇 26 万吨。2018 年上半年度,公司生产甲醇 23.24 万吨。这对于公司 135 万吨的生产能力而言是远远不够的。

4.动力煤行业分析

动力煤指用于作为动力原料的煤炭。从狭义上说,是指用于火力发电的煤;从广义上来讲,凡是以发电、机车推进、锅炉燃烧等为目的,产生动力而使用的煤炭都属于动力用煤,简称动力煤。

2017 年煤炭行业调控政策已经由 2016 年的"去产能,限产量"逐渐调整为"保供应,稳煤价"。2017 年全国煤炭产量、销量和净进口量均呈增长态势。据统计,2017 年全国规模以上煤炭企业原煤产量 34.45 亿吨,同比增长 3.2%;2017 年全国煤炭销量累计完成 33.55 亿吨,同比增长 3.55%;累计进口煤炭 2.71 亿吨,同比增长 6.1%。价格方面,2017 年动力煤港口 5 500 大卡市场均价 635 元/吨,较上年同比上涨 32.85%。

从图 8-12 可以看出,原煤产量要低于需求量,2015 年开始,受"到三去一补一降"政策影响,原煤产量有所降低,而后随着供给侧改革的推进,产量开始回升。

从动力煤长期的价格来看,近几年有起有伏,且无论涨跌,价格的变动幅度都较为剧烈。

5.远兴公司煤炭资源情况

截至 2017 年末,远兴公司控股湾图沟煤矿(公司持股 70%),探明储量为 2.53 亿吨,可采储量为 1.47 亿吨。此外,公司还持有纳林河二号矿井 34% 的股份,而该煤矿探明储

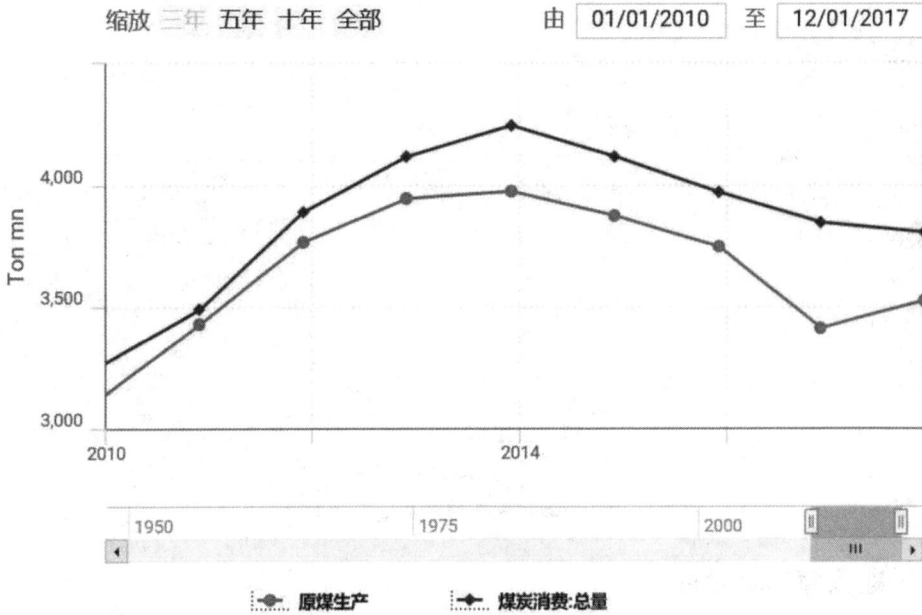

图 8-12　原煤产量与消费量趋势图

数据来源：CEIC 数据库

图 8-13　动力煤价格趋势图

数据来源：CEIC 数据库

量和可采储量分别为 12.31 亿吨和 7.62 亿吨，公司煤炭资源储备丰富。2018 年上半年，公司生产商品煤 130.42 万吨。

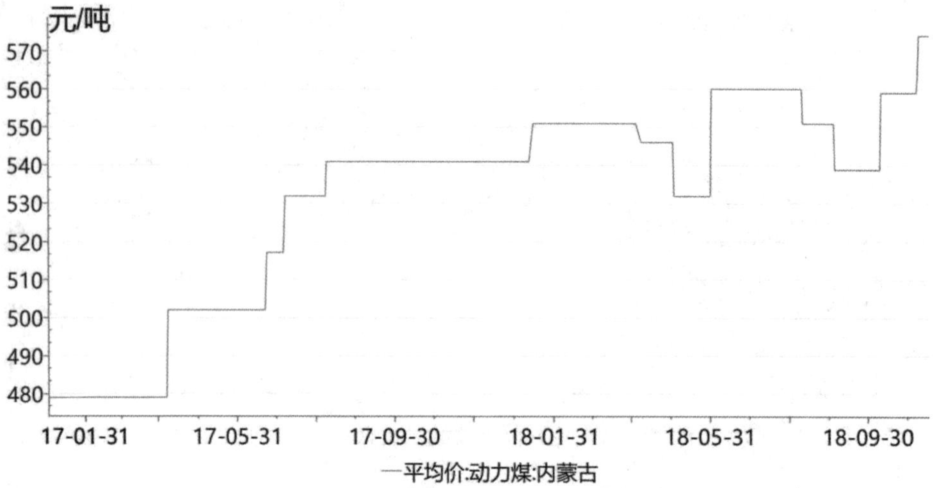

图 8-14　内蒙古动力煤平均交易价趋势图

(二)套期保值的必要性

1.甲醇套期保值

远兴公司认为,甲醇是一种市场需求量很大的化工原料,产业链十分复杂,广泛应用于多个领域,在我国的经济发展中起到了巨大的推动作用。然而甲醇的市场价格极其不稳定,在微观经济上,主要是受上下游产品价格波动的影响;在宏观经济上,主要是因为市场内的企业众多,导致受市场的影响也很大,所以,无论是生产甲醇的企业还是消费甲醇的企业,都要规避市场风险。尤其是生产甲醇的各个企业,在近年我国甲醇行业长期产能过剩的格局下,无法取得甲醇价格的定价权,当甲醇价格跌破底价时,企业常常会面临严重的市场危机。远兴能源作为生产甲醇的龙头企业,如果能及时开展套期保值业务,运用期货就可以规避企业在生产经营中的各种风险,获得良好的经济效益,实现企业的做大做强的根本目标。

2.动力煤套期保值

煤价格受到政策影响较大,近几年价格波动幅度较大。通过对动力煤进行套期保值,能够稳定动力煤的价格,有利于经济的平稳发展,也使远兴公司在套期保值的过程中实现价格发现。对于公司自身来说,由于公司拥有大量的煤矿资源,煤炭生产以及相关的行业是公司营业利润的重要来源,对动力煤进行套期保值有利于公司获得稳定的收入。

(三)相关期货产品

1.甲醇期货

郑州商品交易所于 2011 年 10 月 27 日发布了甲醇期货合约上市挂牌基准价。图 8-15 即为甲醇期货合约。

甲醇期货在 1506 合约以前的合约代码是 ME,交易单位为 50 吨/手,在 1506 合约以后,交易单位降低到 10 吨/手,代码也改为 MA。为了方便企业的套期保值,1 至 12 月均可交割。在最后交易日之前,客户可以通过会员系统提出交割请求,在最后交易日当天,

交易品种	甲醇
交易单位	10吨/手
报价单位	元(人民币)/吨
最小变动价位	1元/吨
每日价格最大波动限制	不超过上一交易日结算价±4%及《郑州商品交易所期货交易风险控制管理办法》相关规定
最低交易保证金	合约价值的5%
合约交割月份	1—12月
交易时间	每周一至周五（北京时间 法定节假日除外）：上午 9:00-11:30 下午 1:30-3:00;（夜盘）21:00—23:00
最后交易日	合约交割月份的第10个交易日
最后交割日	合约交割月份的第12个交易日
交割品级	见《郑州商品交易所期货交割细则》
交割地点	交易所指定交割地点
交割方式	实物交割
交易代码	MA

图 8-15　甲醇期货合约

资料来源：郑州商品交易所

未进行交割的合约将被系统自动平仓,且在次日进行通知,并于最后交割日办理交割结算。甲醇期货的交割方式为实物交割,且在交易所指定地点进行交割,交割由会员代理,交割结果由客户承担。甲醇运达交割仓库指定货位前的一切费用由卖方客户承担,货物装到汽车板后的一切费用由买方客户承担。入库的检验费由卖方承担,复检费由过错方承担。空方通过会员系统在网上提交交割预报,缴纳定金,进行数量验收和质量检验,验收无误后在交易所进行注册。多方通过会员系统向交易所提交注销申请,按照时间优先原则选择仓库提货。

甲醇交易实行保证金制度,在离交割日期远近的不同月份,保证金比例不同,而在不同的期货公司,保证金比例不能低于最低标准,但可以自行上调。图 8-16 是郑州商品交易所对甲醇期货合约保证金的一般规定。

动力煤期货合约同甲醇期货合约的规定是类似的。唯一特殊的是动力煤期货交割有一种叫车船板交割的交割方式。车船板交割是指在交易所指定交割计价点,货物装至买方汽车板、火车板或轮船板完成货物交割的一种交割方式。买卖双方以货物装上车船板为界,实现所有权和风险转移。

一般月份甲醇保证金

品　种	一般月份期货合约
甲醇	6%

交割月前一个月各品种的保证金标准

品种	交割月前一个月		
	上旬	中旬	下旬
甲醇	6%	15%	25%

图 8-16　郑州商品交易所对甲醇期货合约保证金的一般规定

资料来源：郑州商品交易所

交易品种	动力煤
交易单位	100吨/手
报价单位	元(人民币)/吨
最小变动价位	0.2元/吨
每日价格波动限制	上一交易日结算价±4%及《郑州商品交易所 期货交易风险控制管理办法》相关规定
最低交易保证金	合约价值的5%
合约交割月份	1-12月
交易时间	每周一至周五（北京时间法定节假日除外）上午 9:00-11:30 下午 1:30-3:00 最后交易日上午 9:00-11:30
最后交易日	合约交割月份的第5个交易日
最后交割日	车（船）板交割：合约交割月份的最后1个日历日 仓单交割：合约交割月份的第7个交易日
交割品级	见《郑州商品交易所期货交割细则》
交割地点	交易所指定交割地点
交割方式	实物交割
交易代码	ZC

图 8-17　动力煤期货合约额

资料来源：郑州商品交易所

(四)套期保值业务分析

远兴能源开展套期保值业务起步较晚,2015、2016 年交易规模都还较小,交易水平较低,只是试验性、小比例地参与。直至 2016 年 6 月 1 日,公司正式发布公告,远兴能源才逐渐增加了规模。年报中披露的独立董事对套期保值的意见也从"目前处于前期尝试阶段,操作数量小,操作风险完全可控"变成了"公司已就参与期货交易建立了健全的组织机构及《期货业务管理制度》"。

从远兴能源的年报中,我们可以了解到公司套期保值业务的一些相关情况。这家公司从事金融活动较少,没有持有至到期投资、可供出售金融资产全部以成本计量、长期股权投资金额的变动只简单地与增加投资,或者权益法下因联营企业净利润增加而确认的投资收益有关,而以公允价值计量且变动计入当期损益的金融资产也很容易地分析出来龙去脉。所以从财报中可以很清晰地得到了每半年因为套期保值业务产生的公允价值变动损益以及投资收益。

对于套期保值业务,企业可以选择采用套期会计准则处理,也可以简单地将衍生品计入交易性金融资产,并按公允价值进行后续计量。远兴能源采用了后一种计量办法。图 8-18 及图 8-19 是远兴能源 2016 年半年报中的数据。

单位：元

项目	本期发生额	上期发生额
权益法核算的长期股权投资收益	2,421,583.72	-8,547,895.54
处置以公允价值计量且其变动计入当期损益的金融资产取得的投资收益	332,675.16	284,778.71
处置以公允价值计量且其变动计入当期损益的金融负债确认的投资收益	-540,000.00	
合计	2,214,258.88	-8,263,116.83

图 8-18　远兴能源 2016 年投资收益情况

√ 适用 □ 不适用

单位：万元

衍生品投资操作方名称	关联关系	是否关联交易	衍生品投资类型	衍生品投资初始投资金额	起始日期	终止日期	期初投资金额	报告期内购入金额	报告期内售出金额	计提减值准备金额（如有）	期末投资金额	期末投资金额占公司报告期末净资产比例	报告期实际损益金额
内蒙古博源联合化工有限公司	控股子公司	否	甲醇期货	0	2016 年 01 月 01 日	2016 年 06 月 30 日	0	135.41	168.67		70.15	0.00%	33.27
合计				0	--	--	0	135.41	168.67		70.15	0.00%	33.27
衍生品投资资金来源	自有资金												
涉诉情况（如适用）	无												
衍生品投资审批董事会公告披露日期（如有）	2016 年 06 月 01 日												
衍生品投资审批股东会公告披露日期（如有）													

图 8-19　远兴能源 2016 年衍生品投资情况

以下三张是远兴能源 2017 年年报中报告的数据。

（2）衍生品投资情况

√ 适用 □ 不适用

单位：万元

衍生品投资操作方名称	关联关系	是否关联交易	衍生品投资类型	衍生品投资初始投资金额	起始日期	终止日期	期初投资金额	报告期内购入金额	报告期内售出金额	计提减值准备金额（如有）	期末投资金额	期末投资金额占公司报告期末净资产比例	报告期实际损益金额
银河期货	无	否	商品期货	0	2017年01月01日	2017年12月31日	0	6,910.47	7,143.14		0	0.00%	2,135.58
华泰期货	无	否	商品期货	0	2017年01月01日	2017年12月31日	0	5,141.09	1,794.82		9,050.6		10.23
永安期货	无	否	商品期货	0	2017年01月01日	2017年12月31日	0	60.65	39.27		0		13.68
合计				0	--	--	0	12,112.21	8,977.23		9,050.6	0.00%	2,159.49

三、非主营业务分析

√ 适用 □ 不适用

单位：元

	金额	占利润总额比例	形成原因说明	是否具有可持续性
投资收益	44,092,567.77	3.80%	煤炭期货及联营企业确认的投资收益	
公允价值变动损益	27,906,320.00	2.41%	煤炭期货期末确认的公允价值变动损益	

图 8-20 远兴能源 2017 年衍生品投资情况及非主营业务分析

单位：元

项目	本期发生额	上期发生额
权益法核算的长期股权投资收益	11,505,341.73	-33,706,418.48
处置长期股权投资产生的投资收益	82,288.57	-3,267,739.20
以公允价值计量且其变动计入当期损益的金融资产在持有期间的投资收益	0.00	698,911.93
处置以公允价值计量且其变动计入当期损益的金融资产取得的投资收益	21,594,937.47	
可供出售金融资产在持有期间的投资收益	10,910,000.00	0.00
处置以公允价值计量且其变动计入当期损益的金融负债取得的投资收益	0.00	-540,000.00
合计	44,092,567.77	-36,815,245.75

图 8-21 远兴能源 2017 年投资收益情况

在 2016 年年报中,可以看到处置以公允价值计量且其变动计入当期损益的金融资产而取得的投资收益为 33.27 万,与财报中披露的衍生品投资情况取得的投资收益一致,说明这就是与套期保值相关的收益。同理可以得到 2016 年、2017 年、2018 年的相关数据,汇总得到表 8-5。

表 8-5　远兴能源 2016—2017 年套期保值相关财务数据汇总表

单位:%,元

日期	2016-6-30	2016-12-31	2017-6-30	2017-12-31	2018-6-30
交易性金融资产			26 354 672.00	27 906 320.00	5 156 283.60
公允价值变动损益			8 672 240.00	27 906 320.00	−36 172 140.00
投资收益	332 675.16	698 911.93	1 632 702.11	21 594 937.47	19 536 400.00
利润总额	141 757 905.58	−515 216 215.09	523 430 552.64	1 159 326 753.91	494 108 169.16
总损益占利润总额的比	0.23%	−0.14%	1.97%	4.27%	−3.37%

从年报的披露中可以发现,远兴能源 2016 年只投资了甲醇期货,年末持仓数量为 0。2017 年第三季度开始投资煤炭期货。通过分析远兴能源与套期保值有关的收益,我们发现,与利润总额相比,不论是实际损益还是浮盈浮亏,都只占很小的比例。占比最低的年份,收益只占到利润总额的 0.14%,占比最高的年份,占比也不超过 5%。

(五)影响与评价

第一,企业一开始的投资规模比较小,直到 2017 年下半年才逐渐增加规模。整个过程中,运用的衍生品只有简单的一种期货,这对于一个处于尝试阶段的企业是比较适合的。企业的利润主要来自主营业务,套期保值产生的盈亏在整体利润中所占比例不高,而且盈利的时候较多,偶有亏损,但金额较小并且可控。所以整个套期保值业务很好地控制了风险,对企业的生产经营不会产生重大影响。总的来说,远兴能源的套期保值做得还是比较成功的。

第二,套期保值以后的利润与未套期保值时相比,波动更加平稳,这说明选择了正确、合理的套期保值合约,能够起到对冲风险的作用。

第三,采取衍生金融工具进行保值后,企业的预期收益能够控制在合理的预期内,这可以让企业有针对性地对其各项活动进行安排,提高资金的使用效率。

但在分析了甲醇、煤炭的价格变动、供需变动的同时,该企业也发现天然气价格的变动对其造成了很大的影响。远兴能源多次因天然气这一原料价格的上涨而停产。图 8-22 列出了天然气的价格变动。

之前远兴做甲醇期货,是因为那段时间房地产企业遇冷,甲醇需求比较大。而通过对 2017—2018 年市场的分析以及目前政策的预期,甲醇行业在未来将会有一个较好的发展。公司应当抓住这一机会,发挥产能优势,提高产量。因此,我们有充分的理由认为,远兴能源今后可增加对天然气的套期保值业务。

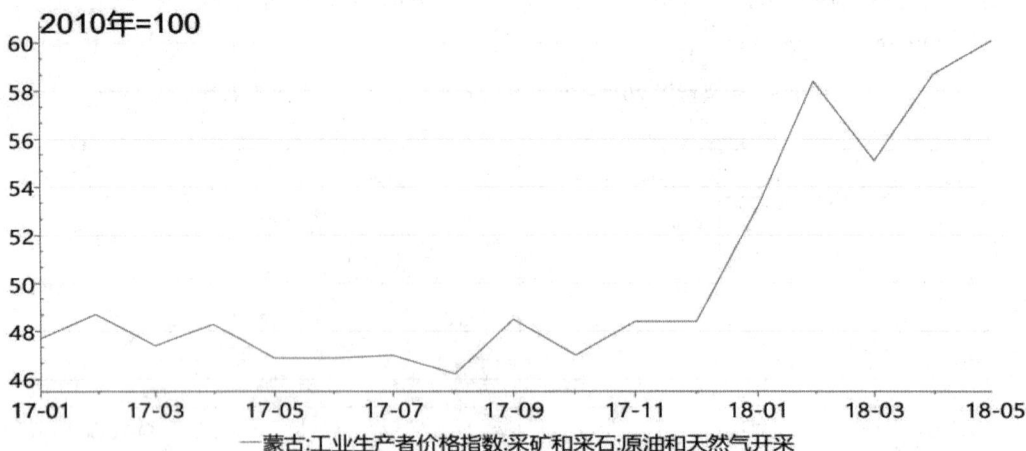

图 8-22　天然气价格变动趋势图

数据来源：Wind 数据库

第二节　钢铁行业视角的衍生金融工具风险管理及其会计运用

一、钢铁行业相关背景概述

(一)钢铁行业简介

1.产业链分析

钢铁行业是指生产销售钢铁产品的行业。钢铁是铁与 C(碳)、Si(硅)、Mn(锰)、P(磷)、S(硫)以及少量其他元素组成的合金,其中除 Fe(铁)外,C(碳)的含量对钢铁的机械性能起着主要作用,故统称为铁碳合金。它是工程技术中最重要也是最主要的、用量最大的金属材料。钢铁产业链根据上游、中游、下游可以大致分为四部分:上游产业为炼铁,主要是将矿石转化为生铁的过程。中游部分分为两类产业,第一类为炼钢,是将生铁、废钢等原材料经过一系列加工炼成普钢、特钢、钢坯三种产品的过程;第二类产业是对第一类产业产出的普钢、特钢进行进一步加工,形成螺纹钢、热轧板等钢铁制品。下游产业主要是将中游产业的产品进行进一步加工并应用到其他行业,下游行业范围相对广泛,包括房地产、机械制造业等。具体产业链划分如图 8-23 所示。

2.主要产品

根据长江证券研究部的调研报告,钢铁行业中游产业中的主要钢材产品可以根据产品性质的不同划分为七类,每类产品的主要用途具体情况如表 8-6 所示。

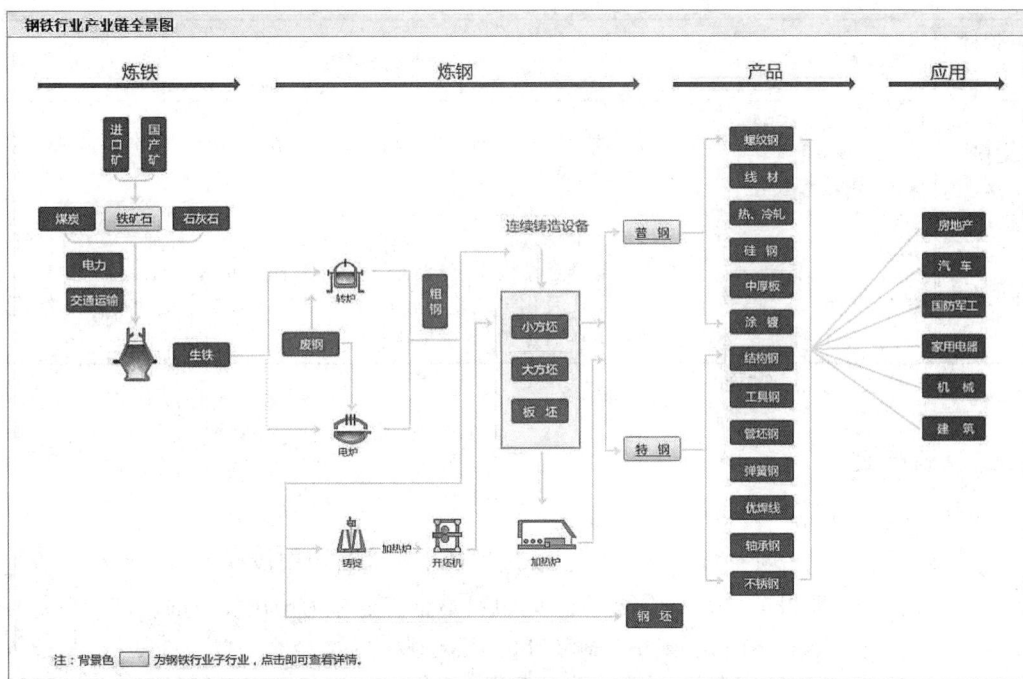

图 8-23 钢铁产业链

资料来源：Wind 数据库

表 8-6 钢铁行业中游产业主要产品用途一览表

钢材大类	品种	主要用途
长材	螺纹钢、线材、铁道用钢材、大型型钢、中小型型钢	主要用于各种建筑结构、桥梁、车辆、机械制造业等。其中，螺纹钢广泛应用于房屋、桥梁、道路等土建工程建设；线材除直接用作建筑钢筋外，还可加工成各类专用钢丝，如弹簧用钢丝、焊丝、镀锌丝、通讯丝、钢帘线、钢绞线等，或可加工成其他金属制品，如铆钉、螺钉、铁钉等；钢轨用于铁道和矿山运输等
板带材	热轧卷/板/带、冷轧卷/板/带、中厚板/带、镀层板/带、涂层板/带	广泛应用于车辆、船舶、家电、集装箱、机械设备制造业及建筑、桥梁、道路建设
管材	无缝钢管、焊接钢管	多用于输送水、气、油等，在石油、煤气、化学、汽车、飞机、地质钻探等部门中，有着广泛的用途；在国防工业方面，用于制造各种常规武器（如枪筒、炮筒等）
其他钢材	硅钢片金属制品其他	硅钢片主要应用于发电机、变压器制造，是电力、电信和仪表工业中不可缺少的重要磁性材料，也用于电机、家电等配件
钢坯	板坯、方坯、管坯	用于轧制钢材的半成品，板坯主要用来轧制板材，方坯主要用来轧制螺纹钢、线材、型钢等

续表

钢材大类	品种	主要用途
不锈钢	奥氏体不锈钢、铁素体不锈钢、马氏体不锈钢	主要应用于建筑装饰领域、化工、机械设备制造业、厨房用品，家电、汽车、小五金配件等
铁合金	硅铁、锰铁、钒铁、铬铁、钛铁	主要用作钢铁冶炼过程中的脱氧剂、合金添加剂和孕育剂。其中：硅铁广泛应用于低合金结构钢、弹簧钢、轴承钢、耐热钢及电工硅钢之中，另外在铁合金生产及化学工业中常用作还原剂。锰铁广泛地应用于结构钢、工具钢、不锈耐热钢、耐磨钢等合金钢

资料来源：长江证券研究部

(二)发展概述

1.行业发展概述

十一届三中全会后(1978—2005 年)，中国钢铁工业在新中国成立以来形成的基础上有了很大的发展，取得了显著的成绩。十四大后，冶金工业作为国民经济的基础产业得到了迅速发展。到 2000 年底，全国销售额在 500 万元以上的冶金企业达 4 376 家，从业人员约 261 万人。其中钢铁企业 2 506 家(总资产 8 252 亿元，从业人员约 127 万人)，独立矿山 537 家，铁合金企业 515 家，碳素制品企业 157 家，耐火材料企业 661 家。

表 8-7　1979—2005 钢铁行业宏观数据

单位：万吨

年份	粗钢产量	同比增长率	钢材产量	钢材进口量	钢材出口量	钢材净出口量
1979	3 448.0		2 496.8	847.3	36.8	−810.5
1980	3 712.0	7.66%	2 716.2	500.6	39.8	−460.8
1981	356.0	−90.41%	2 670.1	331.9	61.7	−270.2
1982	3 716.0	943.82%	2 902.0	393.8	110.1	−283.7
1983	4 002.0	7.70%	3 071.9	978.0	49.2	−928.8
1984	4 347.0	8.62%	3 372.3	1 345.7	20.3	−1 325.4
1985	4 679.0	7.64%	3 692.8	1 963.5	18.1	−1 945.4
1986	5 220.0	11.56%	4 058.1	1 742.2	19.7	−1 722.5
1987	5 628.0	7.82%	4 385.1	1 195.1	27.7	−1 167.4
1988	5 943.0	5.60%	4 689.4	871.9	66.1	−805.8
1989	6 159.0	3.63%	4 859.1	837.2	90.1	−747.1
1990	6 635.0	7.73%	5 153.3	415.4	261.1	−154.3
1991	7 100.0	7.01%	5 638.1	371.9	437.8	65.9
1992	8 094.0	14.00%	6 695.6	808.9	403.7	−405.2
1993	9 856.0	21.77%	7 711.9	3 686.9	141.2	3 545.7
1994	9 261.0	−6.04%	8 423.4	2 581.3	256.6	−2 324.7
1995	9 536.0	2.97%	8 968.2	1 480.6	1 074.5	−406.1

续表

年份	粗钢产量	同比增长率	钢材产量	钢材进口量	钢材出口量	钢材净出口量
1996	10 124.1	6.17%	9 334.1	1 617.8	670.1	947.7
1997	10 894.2	7.61%	9 855.5	1 345.6	850.7	−494.9
1998	11 559.0	6.10%	10 737.8	1 293.5	544.8	−748.7
1999	12 426.0	7.50%	12 109.8	1 695.0	565.8	−1 129.2
2000	12 850.0	3.41%	13 146.0	2 090.5	1 115.9	−974.6
2001	15 163.4	18.00%	16 067.6	2 560.8	727.6	−1 833.2
2002	18 236.6	20.27%	19 251.6	2 928.7	664.2	−2 264.5
2003	22 233.6	21.92%	24 108.0	4 319.5	824.4	−3 495.1
2004	28 291.1	27.24%	31 975.7	3 322.1	2 007.4	−1 314.7
2005	35 324.0	24.86%	37 771.1	2 731.2	2 741.4	10.2

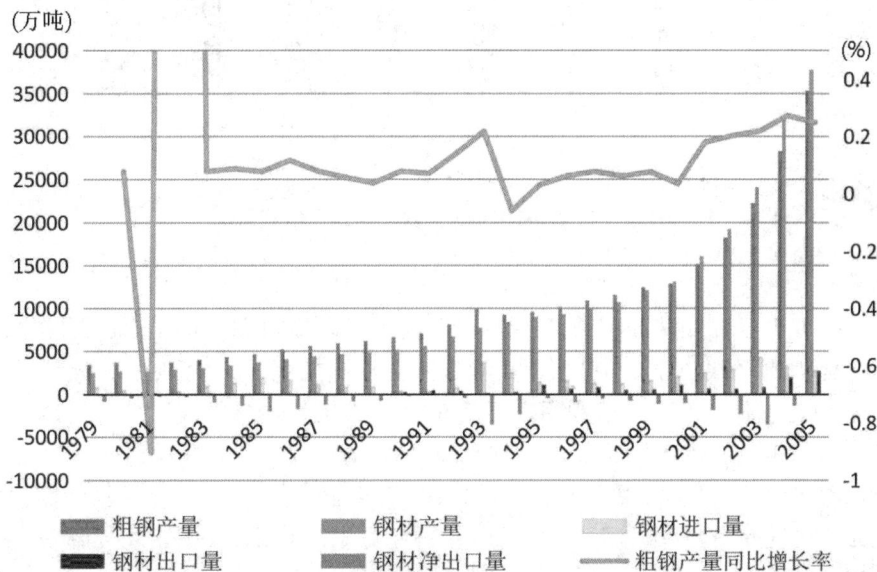

图 8-24　1979—2005 钢铁产量及进出口量

数据来源:《中国统计年鉴》

回顾 1978 年至 2005 年数据,2005 年,中国首次扭转钢铁出口量的贸易逆差。此外,据《世界钢铁统计》显示:2003 年中国人均钢产量(173 kg)首次超越世界人均钢产量(152 kg);截至 2005 年,中国人均钢产量达 268 kg,中国钢产量占世界总产量的比重为 25.6%。2005 年是中国钢铁产业发展划时代的一年,国家发展和改革委员会颁布并实施了《钢铁产业发展政策》,从钢铁产业发展目标、发展规划、布局调整、技术政策、企业组织结构、投资管理、原材料政策、钢材节约使用等方面给出了最为全面且具备可操作性的产业指导意见,这对钢铁产业结构调整、布局改善、技术水平提高、循环经济发展、转型升级等方面提供了政策支撑,中国钢铁产业迈入了成熟期。2005 年,中国钢铁行业已能冶炼1 000多个钢种,能够箱制和加工的品种、规格形状达40 000多个,85%的产品达到国际标准,其中三分之一的产品达到国际先进水平。但是,在以扩张数量为主的发展时期后,中国钢铁产业内部调整不够,转型升级力度不够,导致产能不断扩大直至过剩,且钢铁产业与过高的能耗、严重的污染也有着必然的联系。据统计,中国钢铁产业能耗占全国工业总能耗的 23%,占全国总能耗的 16%。

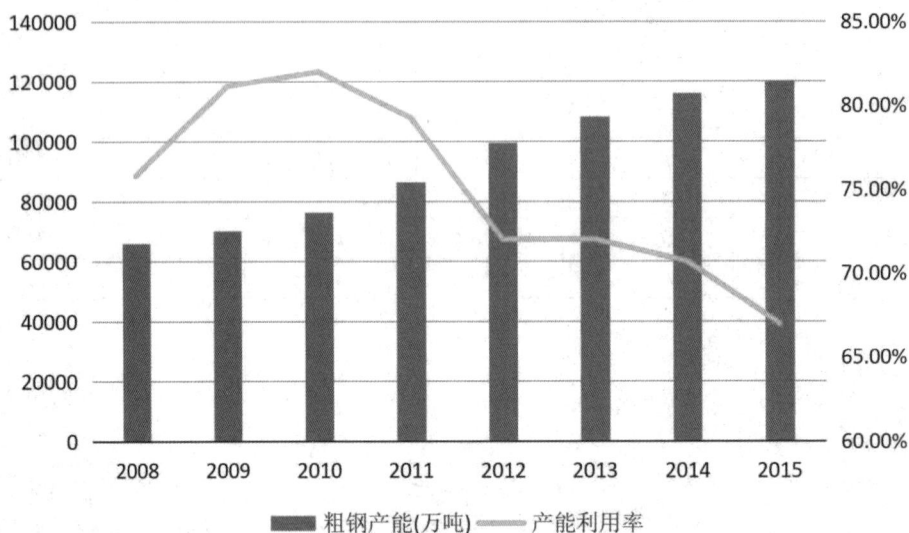

图 8-25   2008—2015 钢铁产能及产能利用率

数据来源:Wind 数据库

从数据可看出,中国粗钢产能利用率呈明显下降趋势,其中 2012 年后,粗钢产能利用率持续在合理水平线以下,2015 年,中国粗钢实际产能超过 12 亿吨,粗钢累计产量 80 383 万吨,同比下降 2.3%,产能利用率不足 67%。据统计,生铁累计产量 69 141 万吨,同比下降 3.5%;钢材累计产量 112 350 万吨,同比增长 0.6%。中国粗钢累计产量自 1981 年以来首次出现负增长;反观需求量,粗钢表观消费量下降 5.1%,2015 年的国内钢材需求量仅为 7 亿吨左右,需求日益萎靡,已连续两年呈下降趋势。粗钢产量和需求量都进入下行趋势。

2016 年国务院再次加大钢铁产业去产能力度,发布了《关于钢铁行业化解过剩产能实现脱困发展的意见》,明确指出在近年淘汰落后钢铁产能的基础上,从 2016 年开始,5 年内再减产能 1 亿~1.5 亿吨,推进行业兼并重组,优化产业结构,提高资源利用效率,提升产品质量和高端产品供给能力,实现企业经济效益好转。

2.期货市场发展概述

对于钢铁产业链而言,上市最早的是钢材期货。2009 年 3 月 27 日,上海期货交易所的螺纹钢期货和线材期货上市运行,上市九年来其交易量和持仓量略创新高,交易者更加广泛,属于国内较活跃的商品期货品种。2017 年螺纹钢累计成交总量 7.02 亿手,占中国期货市场交易总量的 22.8%。截止到 2017 年 12 月末,螺纹钢持仓量 1459373 手,占比达到 11.99%。随着企业对套期保值重要性的进一步认识,产业链期货品种数量逐渐增加。上游原材料焦炭、焦煤、铁矿石的期货品种分别于 2011 年 4 月 15 日、2013 年 3 月 22 日和

2013 年 10 月 18 日上市运行。2017 年全年焦煤期货、焦炭期货和铁矿石期货累计成交总量分别达到了 4219 万手、4012 万手、3.28 亿手,分别占全国期货市场交易总量的 1.37%、1.3%、10.69%。至此,中国期货市场已基本覆盖钢铁产业链上游,形成了以焦煤期货、焦炭期货、铁矿石期货为主的产业链上游期货。2014 年 3 月,热轧卷板期货在上期所正式运行,形成了以螺纹钢、线材、热轧卷板为主的产业链下游期货品种体系。截至 2017 年底,钢铁产业链上有 8 个期货品种,包括铁矿石、焦煤、焦炭、动力煤、铁合金、螺纹钢、热轧卷板和线材。8 种期货总体运行平稳,流动性良好(卜咪咪,2018)。

表 8-8　2017 年年底钢铁产业链企业参与套期保值情况

钢铁产业链企业参与期货市场情况	上游企业		中游企业	下游企业
	铁矿石企业	焦煤焦炭行业		
参与度	40%	26%	30%	17%

数据来源:卜咪咪《钢铁产业链企业套期保值研究》

(三)钢铁行业宏观环境

1.经济环境在描述钢铁行业整体现状时,引入 Wind 行业指数的概念。

Wind 行业指数的样本范围根据各上市公司的 Wind 行业分类归属确定,Wind 行业指数成分股仅包含 A 股股票。股票在上市次日(优先)或者调入该行业日记入指数开始计算,退市日或退出该行业日剔除出指数。

计算公式为:

$$\frac{实时指数}{上一交易日收盘指数} = \frac{\sum 成分股实时成交价 \times 成分股权数}{\sum 成分股前收盘价 \times 成分股权数}$$

其中:

- 实时指数:每交易日实时计算的指数。
- 上一交易日收盘指数:上一交易日指数的收盘点数。
- 成分股实时成交价:交易时间内成分股最新成交价格,成分股当日无成交,取上一交易日收盘价,成分股暂停交易,取最近的成交价。
- 成分股前收盘价:成分股上一交易日的收盘价格,如果成分股当日出现除权除息的价格调整,以交易所公布的调整后的前收盘价为准。
- 成分股权数:成分股当日的流通 A 股股数。

根据 1999 年至 2018 年 Wind 中国行业—钢铁指数(886012)绘制的折线图所示,在 2007 年与 2015 年,钢铁行业指数出现两个较大波峰。2007 年,在国内钢铁产量高速增长、国际市场强劲需求、钢材价格震荡走高的三个因素共同作用下,钢铁行业形势较好,2008 年的经济危机对行业产生负面影响,但经济危机过后有所反弹,最终还是趋于原有指数水平。

2014 年 11 月 4 日,发改委取消外商投资钢铁行业,次年 5 月国务院出台一系列钢铁

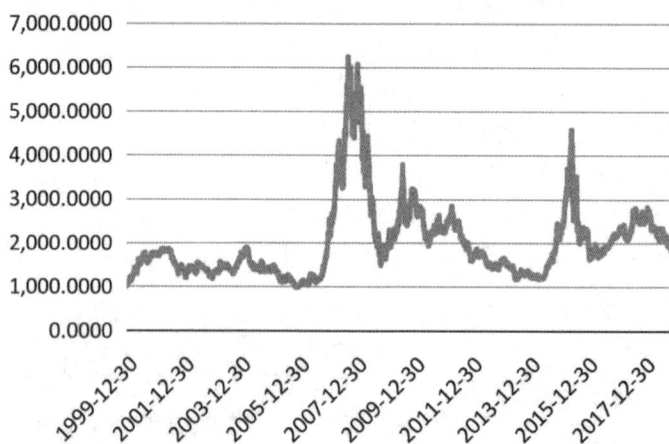

图 8-26　钢铁指数

数据来源：Wind 数据库

行业利好文件,包括鼓励钢铁电商、推动钢铁出口等。同年 6 月,发改委发文钢材价格难以持续快速上涨,在此节点后,行业指数断崖式下跌。2015 年 7 月到 9 月,国家出台推动互联网＋、废钢绿色产业化等政策,并拟投 300 亿建印尼工业园,促使行业指数又达到一个小高峰。

2.政策环境

图 8-27　2017 年 1 月 1 日至今钢铁行业指数及重要事件节点标记

2017 年 1 月:国家多部门推动钢铁行业去产能

发改委、工业和信息化部联合出台了文件,对钢铁行业实行更加严格的差别电价政策和基于工序能耗的阶梯电价政策。中钢协 2017 年理事会会议中,工信部、发改委领导列席会议并强调钢铁行业去产能。钢铁产能的压缩刺激了钢铁行业过往产能过剩情况的反转,通过降低企业成本,使钢铁企业盈利状况有所改善,进而提高企业的短期、长期偿债能力,降低企业财务风险。

2017 年 12 月:工信部新修订《钢铁行业产能置换实施办法》

2017 年 12 月 31 日,办法规定凡涉及炼铁、炼钢设备建设必置换,要求但凡建设内容涉及建设炼铁、炼钢冶炼设备,就必须实施产能置换。此规定避免了通过新建、改建、扩建还是"异地大修"等任何性质的钢铁项目新增产能。产能置换能够使产能在空间上的布局更加合理,但从国家宏观数据来看,并没有对国家整体产能有所改变,在目前国家钢铁行业供给远过于需求的情境下,这一政策具有一定的短期效应,可以使钢铁行业在短期内形势有所改善,但并非长久之计。

2018 年 5 月:钢铁煤炭行业化解过剩产能和脱困发展工作部际联席会议组织专项抽查

2018 年 5 月 22 日至 6 月 15 日,经国务院同意,钢铁煤炭行业化解过剩产能和脱困发展工作部际联席会议组织 8 个抽查组分赴 21 个省(自治区、直辖市)开展钢铁行业化解过剩产能、防范"地条钢"死灰复燃的专项抽查。抽查重点包括各地区防范"地条钢"死灰复燃和已化解过剩产能复产、淘汰落后产能、严禁新增产能等工作开展情况。该方案的实施是对政策执行状况的检验,从行业指数在该新闻公布后的波动来看,很多政策并没有实际落实到位,还是走形式主义。

2018 年 9 月:生态环境部正式印发《京津冀及周边地区 2018—2019 年秋冬季大气污染综合治理攻坚行动方案》

2018 年 9 月 27 日,生态环境部正式印发《攻坚行动方案》的通知,与其征求意见稿相比,正式文件将"2+26"城市 PM2.5 平均浓度同比下降 5% 左右和重度及以上污染天数同比减少 5% 左右均将调整为 3%,并且取消了相关城市 30% 或 50% 的限产比例。这对钢铁行业的企业而言是相对利好的消息,但立足于整体钢铁行业,这则消息说明中国钢铁行业去污染的使命仍旧任重而道远,侧面反映出落后生产模式仍旧无法在较短时间内得以取缔的现实。

(四)供需分析

1.需求分析

(1)国内需求分析

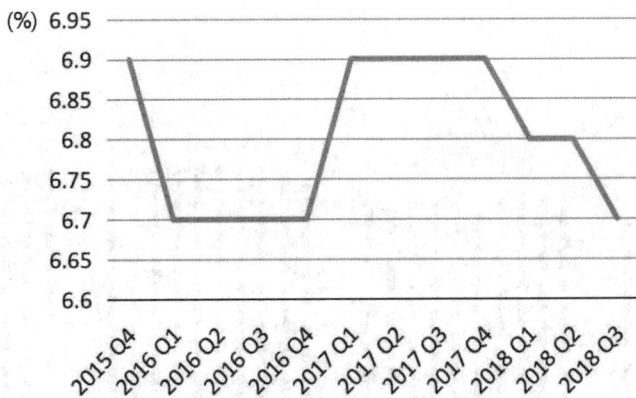

图 8-28　2015—2018 年 GDP 增速

数据来源:Wind 数据库

影响钢铁需求的主要因素有四点:GDP 增速、第二产业、固定资产投资、人均消费钢的变化情况。历史数据表明,GDP 增速的增加会带动钢铁需求的增加,两者之间呈显著的正相关关系。除 GDP 增速外的其他三种因素,也能在钢铁行业下游企业的分布中得以印证。

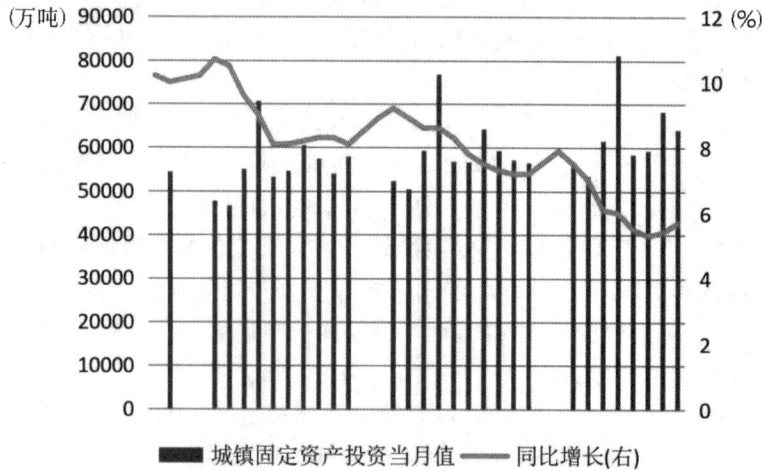

图 8-29 城市固定资产投资月度数据

数据来源：Wind 数据库

根据智研咨询整理的数据,中国钢铁行业下游企业超过半数为房地产与基建企业,位居第二、第三的分别是机械、汽车,三者累计超过钢铁行业下游行业总数的 75％。观测期内,GDP 增速、固定资产投资增速等宏观指标均呈现下滑趋势,钢铁行业需求本应随之下滑,但根据粗钢表观消费量数据,发现钢铁需求量并没有下滑趋势,具体数据如图 8-30 所示。

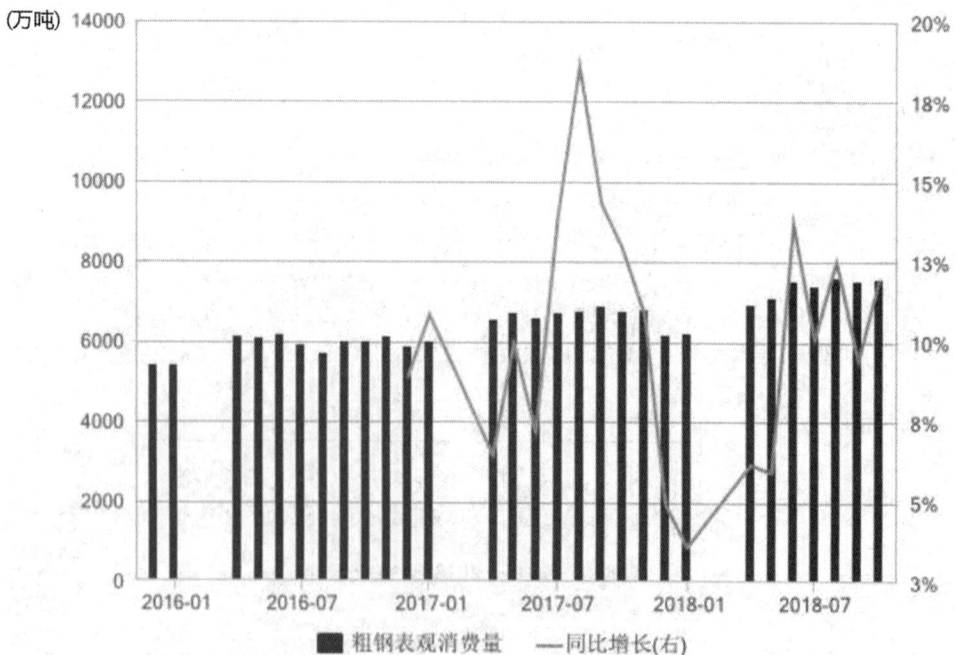

图 8-30 中国钢铁表观消费量

资料来源：Wind 数据库

　　具体到观测期(2017 年 1 月至 2018 年 10 月),由于观测期内 10 月的粗钢表观消费量数据尚未公布,因此数据截止到 9 月。从数据来看,提取观测期的阅读数据,重新绘制折线图。由于国内 1 月、2 月施工单位处于放假阶段,钢铁需求量异常,在数据库中缺失数值,因此剔除每年 1 月、2 月数据,调整后绘制 2017 年 3 月至 2018 年 9 月粗钢表观消费量月度数据折线图。此外,由于粗钢表观消费量每年随月份呈季度性波动,11 月与 12 月表观消费量较低,对数据进行进一步处理后,得到新的图表。

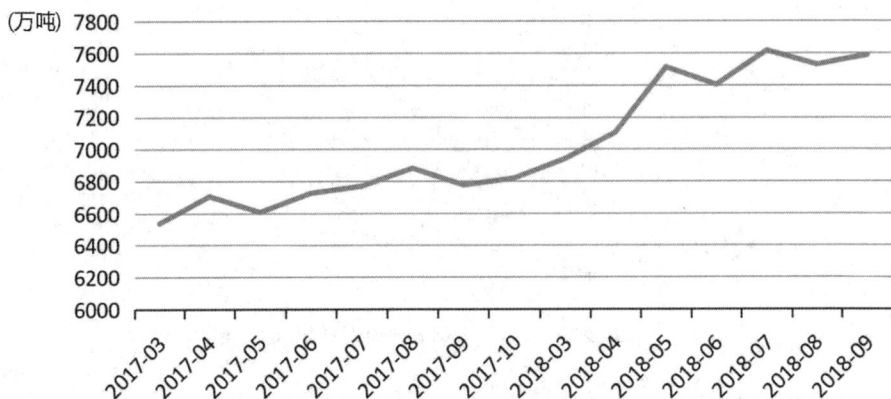

图 8-31　粗钢表观消费量(剔除 2017 年 11 月至 2018 年 2 月数据)

数据来源:Wind 数据库

　　根据 Wind 数据库分析,2013 年以来中国月度粗钢消费量增速稳定在 10% 左右,高于产量增速 7%。2018 年 3 月至 9 月粗钢月度表观消费量同比 2017 年 3 月至 9 月数据,平均增长率为 9.96%,即保持在 10% 左右的水平。国家宏观数据解读与粗钢表观消费量数据解读不一致,猜测可能原因为宏观数据对钢铁表观需求量的影响存在延迟效应。根据图表趋势,可以看出粗钢表观消费量增速有所降低,在一定程度上可以验证猜测,因此预计钢铁表观消费量增速将会有所放缓。但众所周知,中国经济具有强政府管控的特征,目前国内基础建设工程仍旧十分浩大,钢材表观消费量增速可能会有所放缓,短期内可能会有所波动,但长期来看粗钢表观消费量不会有所下滑,甚至可以猜测,目前宏观数据与粗钢表观消费量的不一致是政府管控的结果,但无法得到证据进行进一步佐证。

　　(2)出口需求分析

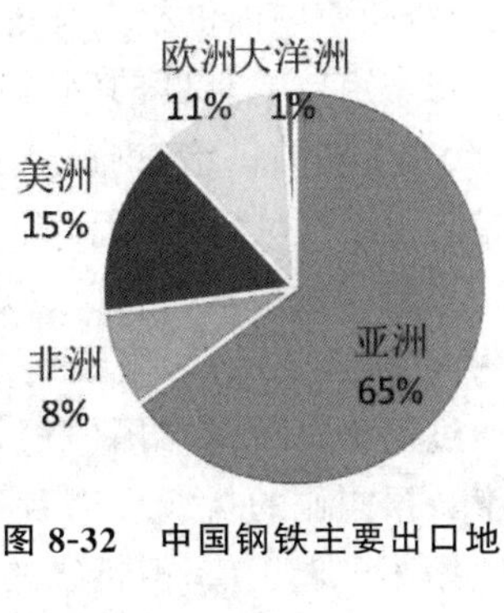

图 8-32　中国钢铁主要出口地

中国钢铁主要出口地为亚洲,其次是美洲和欧洲。亚洲、非洲多为发展中国家,美洲未对北美及拉丁美洲进行进一步划分,但仅从图8-32中数据可以推测,中国钢材出口还是以发展中国家为主,对于亚洲为主要出口地区除了地理位置导致运输成本较低外,也可能得益于一带一路工程建设,使国内钢材走出去,扩大需求端,以改善目前国内钢铁产能过剩的情况。

2.供给分析

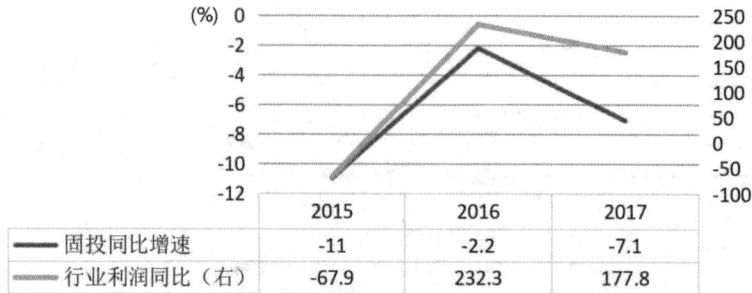

图 8-33　2015—2017 国内钢铁供给

由于相关数据的统计没有月度数据,若只用2017年的年度数据无法分析,因此国内供给部分使用2015至2017年的年度数据分析(图8-33)。触发产能需要调整的直接原因在于行业回报率下降,产能变化只是盈利波动的结果。高的行业回报率可以使更多资金流入行业,更多的资本流入能促使固定资产投资(以下简称"固投")增加,进而影响行业供给。当行业利润同比增速有所下降的时候,固投同比增速反应更大,而行业固投近乎可以与行业新增产能画等号。可以说,行业回报率是原因,产能增速是结果,而这产能增速还能将行业利润的波动放大。除此之外,可以看出中国钢铁产业的固投同比增速都是负数,即产能增速都在减缓,这可能也是供给侧改革政策的结果。总体而言,国内钢铁供给虽然仍旧保持上升态势,但增速会有所减缓。

3.供需比较

国内钢铁供给与需求在每年内也会随月份呈周期性变化,以1996年至2018年10月的供需数据为例分析:相比于进出口,国内生产与消费的钢材量占主要地位。从历史数据看,自2001年后,国内粗钢产量及耗用量在波动中上升,且供给逐渐超过需求。国外钢材进口量一直稳定在相对较低的水平,即使国内供给端超过需求端,进口量仍旧在较低范围内波动,由此可以推断,对某些存在一定技术难度的钢材,国内供给仍然无法满足国内需求,甚至可能无法生产。而对于低端市场的供给,钢铁行业整体规模效益已经开始显现,国内低端钢铁产品行业将会通过规模生产、技术革新、将厂址布局合理化等途径,降低产品成本,从而获得更大市场份额,目前供过于求的状况也是由低端钢铁产品市场导致的。

2017年1月至2018年10月的数据显示,中国钢铁进口量基本持平,出口量虽呈现周期性波动但整体依然平稳。通过钢材出口量与国内钢材需求量的对比可以发现,钢材需求主要为国内市场。根据月度数据同比的折线可以看出,中国月度出口钢材量呈下降趋势,至2018年6月月度同比数据才出现正值,但折线的趋势给出了相对积极的信号,中

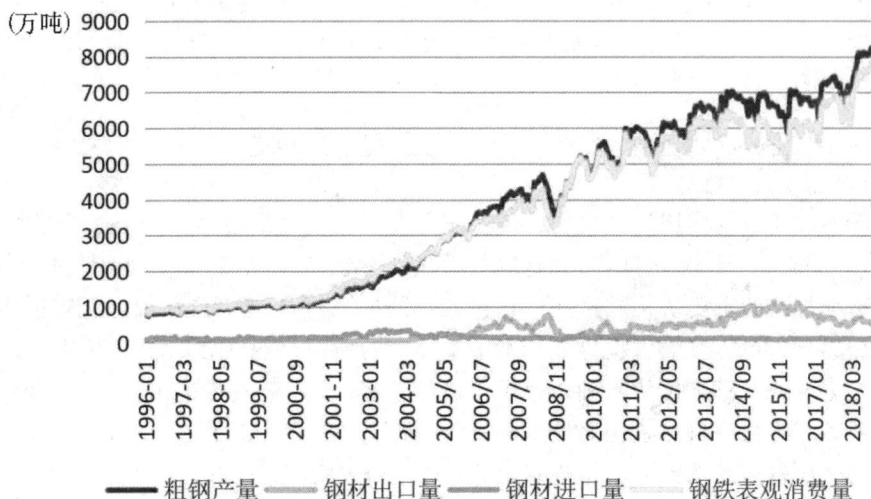

图 8-34　1996—2018 年我国钢材供需情况

数据来源：Wind 数据库

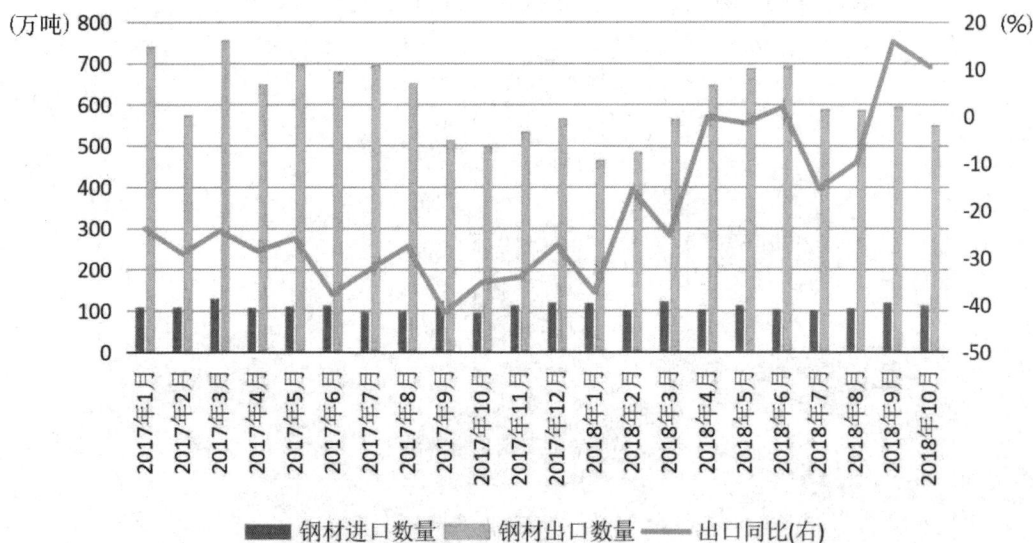

图 8-35　2017—2018 年我国钢材进出口量情况

数据来源：Wind 数据库

国钢材出口量下降趋势将得以减缓，且有增长的态势。

(五)价格分析

1.原材料价格分析

(1)普氏价格指数普氏价格指数数据是普氏能源资讯(Platts)制定的，通过电话问询等方式，向矿商、钢厂及钢铁交易商采集数据，其中会选择 30 至 40 家"最为活跃的企业"

进行询价,其估价的主要依据是当天最高的买方询价和最低的卖方报价,而不管实际交易是否发生。2010 年,普氏价格指数被世界三大矿山选为铁矿石定价依据。普氏价格指数与期货价格的换算公式为:

$$期货盘面价格 = \frac{普氏价格指数 \times 1.17 \times 当日汇率 \times 0.9 + 港杂费}{0.9}$$

普氏能源资讯与信用评级机构标准普尔同属于美国麦格希集团公司。根据媒体报道的材料,普氏能源资讯是全球领先的能源、石化和钢铁信息提供商,是评定现货市场和期货市场基准价格的重要机构。这些信息包括:碳排放、煤炭、电力、石油、天然气、钢铁、核能、石化和海运市场,影响了世界上 150 多个国家的能源企业。普氏能源资讯对铁矿石的估价成为全球铁矿石定价的基础。普氏价格指数于 2008 年 6 月推出,尽管时间不长,但在三大铁矿石指数中仍然是历史最长的,因此更多地被买卖双方接受。从影响力来说,国际上有三个比较通用的铁矿石定价指数分别是普氏能源资讯的普氏价格指数、世界金属导报(Metal Bulletin)的 MBIO 指数和环球钢讯(SBB)的 TSI 指数。普氏价格指数定位于贸易结算工具,TSI 指数则专注于铁矿石金融衍生品市场,为后期铁矿石进一步金融化做好准备。而包括力拓在内的国际铁矿石供应商短期定价的主要参照标准是普氏资源价格指数,因此,普氏价格指数被认为是决定铁矿石价格的官方指数。

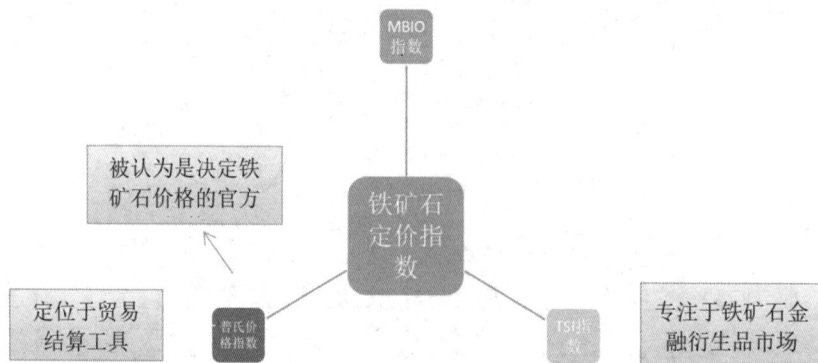

图 8-36　铁矿石定价指数示意图

(2)概况

铁矿石是钢铁行业最主要的原材料之一。目前国内钢铁市场供给超过需求,使钢铁产业链上商品受到影响,矿石价格受此影响,表现势弱,整体处于较低水平。在海外矿上产能集中投放导致矿石供给增多的情况下,进口矿石价格跌幅更大,造成目前进口矿石价格指数低于国内矿石价格指数。据中泰证券《中国钢铁数据》研究报告显示,钢铁行业原材料库存平均可用天数约为 40 天,除了产成品价格波动外,若财务报告时点铁矿石成本暴跌,必然会影响利润表,财务报告公示后还会影响到公司股价,对企业经营管理形成压力。除铁矿石外,钢铁行业原材料还包括废钢、方坯、部分铁合金,以及提供能源的燃料焦煤与焦炭。本次课题调研的研究对象为钢铁行业最主要的原材料铁矿石,除了钢铁,还挑选了间接辅助生产且现货与期货价格走势相对特殊的原材料焦炭。

（3）期货与现货价格对比

据《第一财经日报》2013 年 7 月 1 日报道，目前国内铁矿石期货合约以含铁量 62％的进口铁矿石粗粉作为交易标的。本次选用的现货价格指数是普氏铁矿石指数：62％CFR。由于美元与人民币之间存在汇率波动，取 investing.com 记录的每日汇率收盘价作为换算价格。根据现货价格折线波动可以看出，铁矿石价格波动较大，企业对原材料的购买成本也存在较大的不确定性，仅在观测期两年内，铁矿石现货最高价（2017 年 2 月 21 日）654.33 元/吨，与现货最低价（2017 年 6 月 13 日）367.15 元/吨，相差 287.18 元/吨，占最高价的 43.89％。对比现货价格与期货价格走势可以发现，两者变化几乎是一致的，涨幅与跌幅相差也不大。当现货价格处于波峰或波谷时，期货价格也处于波峰或波谷。因此，钢铁企业可以选择期初卖出钢铁期货，提早锁定原材料价格，以期控制成本，减少企业运营风险。

焦炭是钢铁行业的主要燃料材料之一，本次现货对象为唐山产二级冶金焦的到厂价，期货观测对象为大连商品交易所焦炭价格，其标的为冶金焦炭。根据期货与现货走势来看，现货波动迟于期货价格波动，但这并不意味着有套利空间。查阅相关文献，发现煤炭价格受到较强政府管控，自 2016 年下半年以来，采用"基准价＋浮动价"形式的价格双轨制，即在 535 元/吨的基准价基础上，根据上个月的煤炭价格指数进行调整，具体计算方式为："煤炭价格＝535×50％＋上个月月底的煤炭价格指数×50％"，其价格无法及时反应焦煤市场的状况，而是根据上月煤炭价格指数进行调整，且理论上，煤炭现货价格波动比之价格指数波动要小一半，因此可以解释煤炭现货价格走势晚于煤炭期货价格走势。除此之外，焦炭的购买是通过特定时点进行与上游企业签订较长期限内的采购协议，约定在未来一段时间内以某一固定价格采购焦炭数量，有些类似于远期合约。

2.商品价格

（1）概况

钢铁产业的主要产品有 9 种，包括热轧卷板、冷轧卷板、螺纹钢、中厚板、线材、炼钢生铁、镀锡板产品、冷轧无取向硅钢、取向硅钢。其中，国内期货市场成交量较大的是螺纹钢。因此本次观测期内选择对螺纹钢商品的现货价格走势与上期所螺纹钢期货价格走势进行比照分析。

（2）期货与现货价格对比

螺纹钢期货是质量符合 GB1499.2-2007《钢筋混凝土用钢第 2 部分：热轧带肋钢筋》牌号为 HRB400、HRBF400、HRB335、HRBF335 的有关规定的螺纹钢为标的物的期货。北京与上海生产的 20MM 的螺纹钢都符合该标准要求。对比分析两地螺纹钢现货，从历史均价水平上看，上海产的 20 mm 螺纹钢单价高于北京产的 20 mm 螺纹钢。上海螺纹钢价格最大值（2017 年 12 月 5 日）与最小值（2017 年 1 月 9 日）分别为 4 980 元、3 120元，北京螺纹钢最大值（2017 年 12 月 12 日）与最小值（2017 年 1 月 5 日）分别为 4 650 元、3 150 元。两地螺纹钢观测期内最大值的出现相差不超过一周，最小值也如此，但无论哪种螺纹钢现货，都有可能在一年内跌幅超过 30％，上海螺纹钢降了 1 860 点，占价格最大值的 37.35％；北京螺纹钢降了 1 500，占最高点的 32.26％，价格都存在极大的不确定性。观测期内，期货价格的最大值与最小值与现货相差较大，分别出现在 2018 年 8 月 20 日

(最大值)4 396 点、2017 年 4 月 18 日(最小值)2 824 点,相差 1 572 点。但从总体走势上看,期货与现货价格走势大致相似,局部也可能出现价格走势不一致的情况。

尽管存在局部走势不一致,仍然可以通过期货对冲现货一定的价格波动风险。在现货价格最大值出现的日期前后,期货价格也处于一个波峰的顶点位置,11 月 22 日,期货出现过一个相对波峰,点数达到 4 070 点。同样,在现货出现最小值的日期前后,期货价格也处于相对较低的位置,即 2017 年 1 月 3 日出现的 2 851 点。因此,进行数量相等、方向相反的操作,可以对冲大部分现货价格波动风险。结合 2017 年 1 月 1 日至今的数据,钢铁行业从原材料采购价到商品销售价,甚至物流成本都存在较大的波动。除上述图表分析之外,企业还存在跨国贸易的商业行为,汇率波动在前三个因素之外,又增加了企业的风险,当前宏观环境,包括现任美国总统特朗普的新政、俄罗斯领导人即将换任、英国脱欧等因素,都会增加汇率的不稳定性。因此,有必要利用套期保值提早锁定价格,包括远期合同、期货、掉换或其他组合工具。由于期货走势与现货走势趋同,利用收集到的期货数据,有利于企业提早锁定商品价格,减少企业因存货、汇率等因素造成的经营风险。

(六)国内上市公司

在 Wind 数据库中,对行业地位排名使用的是沪深 300 的行业市盈率,而非整个行业加权平均数。在沪深 300 方法计算下,钢铁行业的市盈率为 6.67,在上市的 70 个行业中(72 个行业,剔除烟草业与 REITS 行业查询结果中无相关数值)排名第 66,总市值排名第 24。其实钢铁行业的经营效率不高,投资回报率并不可观,散户投资者不适合持有钢铁行业的股票。2017 年行业沪深 300 的数据显示,钢铁行业的市场表现在 70 个行业中排名 37,跌幅达 26.42%,整体经济形势不佳,仅有机场与燃气两个行业有涨幅,钢铁行业的表现只能算在中下水平。此外,根据总市值与公司数,计算平均市值为 75.85 亿元,是市值中位数的 2.45 倍,行业市值最高的公司宝钢股份(600019.SH)市值 1 540.94 亿元,占行业总市值的 21.44%。从中可以看出,钢铁行业上市公司中资金分布相对集中,如图 8-37 所示,超过半数的钢铁行业仅在新三板上市。

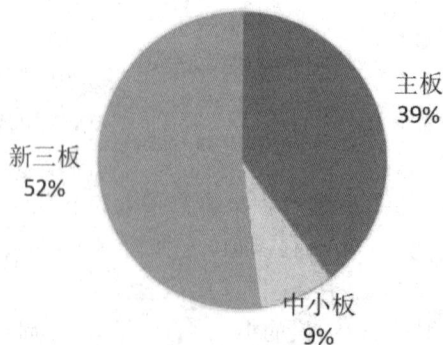

图 8-37　上市企业分布
数据来源:Wind 数据库

钢铁需要规模生产,占用大量资金,这无形中提高了钢铁行业的准入门槛,2017年版的投资项目负面清单也将钢铁列入其中,且有新闻宣称国家为进一步推动"三去一降一补",加快供给侧改革,2018年钢铁行业或入准入负面清单。

图 8-38　钢铁行业的上市公司分布图

图片来源:Wind 数据库

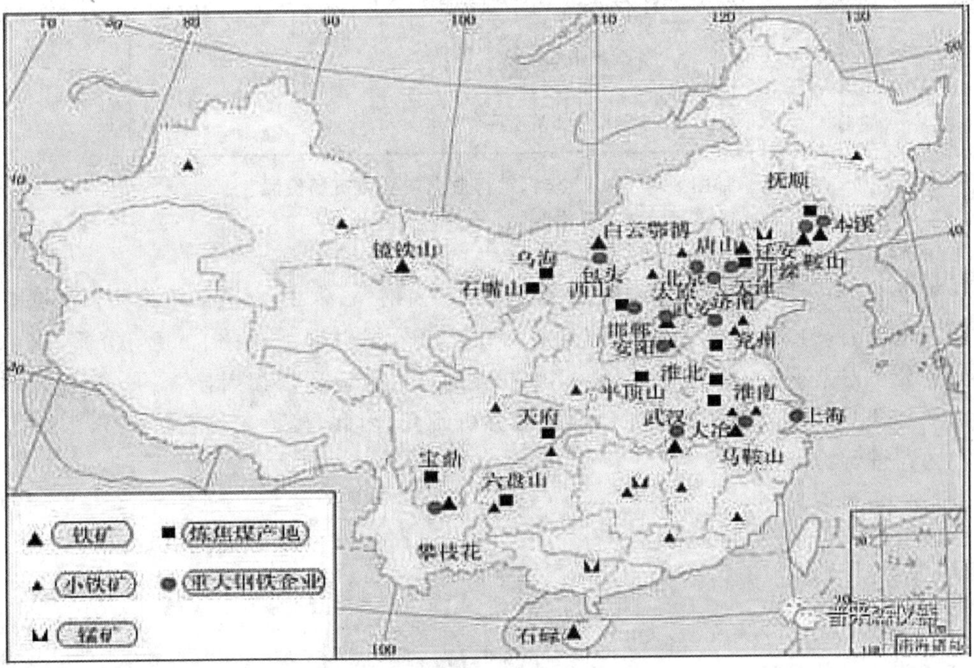

图 8-39　中国矿资源分布图

图片来源:微信公众号——普来森仪器

　　钢铁行业的上市实体多数分布于东部沿海地区，往内陆地区数量减少。钢铁企业的分布受自然矿产资源及物流成本影响。最主要的影响因素为自然矿产分布，比照钢铁行业上市公司分布图与中国矿产资源分布图，很容易发现，铁矿密集之处上市企业分布也相对密集，而西南地区无铁矿分布，西藏自治区与云南省无上市钢铁企业。此外，东部沿海地区钢铁上市企业数也相对较多。

　　有可能的原因如下：第一，东部地区经济相对发达，基础建设相比于内陆地区好，可以有效控制陆路运输成本；第二，东部地区临海，多港口，钢铁出海选择海运也能有效控制成本；第三，四个一线城市都地处东部沿海区域，此外还有许多重要的交通枢纽也处于东部沿海，便于商业洽谈。由于无法直接获取市场份额数据，利用 94 家上市公司 2017年财务报告中的总收入推算国内市场占有率，并将市场份额低于 1% 的上市公司计入其他。以此方法得出的统计图表存在较大误差，实际公司市场份额占有率较该方法计算出的低。

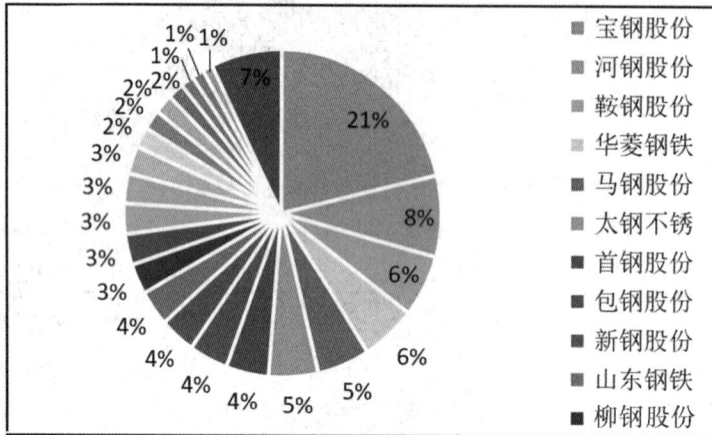

图 8-40　2017 年钢铁行业上市公司市场份额

图片来源：Wind 数据库

　　根据 2017 年国内上市公司总收入数据，除了宝钢外，第 2～6 名的上市公司占据市场份额差距较小，94 家上市公司中，排名前十的上市公司占据了 65% 的市场份额，排名前16% 的公司占据了 81% 的市场份额，钢铁行业的马太效应还是相当显著的。更深入的分析需要结合上市公司的具体财务数据进行分析研究，因此，接下来选取沪深 A 股市值前十的公司进行深入分析。

　　2.沪深 A 股典型企业分析

表 8-9 沪深 A 股估值排名前十的上市公司

排名	代码	证券简称	总市值	市盈率 TTM	市净率 MRQ	企业价值
1	600019.SH	宝钢股份	15231253.95	6.55	0.89	20495944.52
2	600010.SH	包钢股份	7156850.13	24.19	1.38	9915314.51
3	000898.SZ	鞍钢股份	3986379.12	4.34	0.78	5899812.45
4	000709.SZ	河钢股份	3174963.75	10.61	0.57	9510423.95
5	600808.SH	马钢股份	2826150.00	4.05	1.00	4694987.65
6	000825.SZ	太钢不锈	2614577.74	4.01	0.88	4283433.46
7	002110.SZ	三钢闽光	2199881.08	3.29	1.29	2347811.08
8	000959.SZ	首钢股份	2015257.44	7.78	0.77	7583733.44
9	002075.SZ	沙钢股份	1986094.59	14.95	4.63	1999394.59
10	000932.SZ	华菱钢铁	1927000.37	2.74	1.24	4014362.30
11	沪深 A 股平均值		1561916.65	27.73	1.38	2481677.45

货币单位：万元

数据来源：Wind 数据库

在估值前十的沪深 A 股上市公司中，市盈率都低于沪深 A 股上市公司的平均值 27.73，一方面，这说明这些股票相对值得投资，另一方面也反映出这些公司相比于行业中市值较低的公司，不被投资者看好。比较出乎意料的是，排名前 10 位的公司有 6 家市净率小于 1，其中，前 5 名中有 3 家企业市净率小于 1。市净率小于 1 通常有两种情况：第一，每股内含净资产值高而每股市价不高，投资价值大；第二，每股净资产与股价都很低，说明公司经营状况差，没有发展实力，面临退市风险。显然，钢铁行业前 5 名中市净率小于 1 的公司属于后者，由于他们的资金流都相对充足，持续经营没有出现异常，因此这些企业根据调研报告计算的价值都高于其市值，退市倒闭只有可能因为政策调整，比较大的可能性也是没有发展前景。事实上，钢铁股破净被认为很正常，因为钢铁企业已经发展超前，主要是产能方面而非技术创新方面，也不被国家重视发展；相反，2017 年正是国家提出去产能的开始，而获取的时点数据都是 2017 年的年报数据，因此钢铁股破净既没有释放利好信号也没有释放不好信号，只是投资者不看好其前景，加上国家准入门槛日趋提高，导致投资者望而却步，不愿意承担这样的风险。

表 8-10　沪深 A 股估值排名前十的上市公司部分财务指标

排名	代码	证券简称	ROA	销售毛利率	营业利润率	销售净利率	总资产周转率	存货周转率
2	002110.SZ	三钢闽光	28.17	25.47	24.25	17.91	1.57	10.96
8	002075.SZ	沙钢股份	8.06	17.65	15.07	11.48	1.41	5.88
13	000898.SZ	鞍钢股份	6.32	12.79	7.63	6.73	0.94	6.58
14	000825.SZ	太钢不锈	6.28	15.82	9.14	6.48	0.92	8.27
15	600019.SH	宝钢股份	6.2	13.5	8.87	7.09	0.93	6.6
17	600808.SH	马钢股份	5.97	12.32	8.93	7	1.05	5.78
19	000932.SZ	华菱钢铁	5.65	13.17	9.23	6.96	1.04	8.1
22	沪深 A 股平均值		4.89	15.13	6.25	3.95	0.87	6.97
33	000959.SZ	首钢股份	1.69	12.37	8.27	5.21	0.46	9.56
35	600010.SH	包钢股份	1.43	15.14	8.75	3.84	0.37	2.65
41	000709.SZ	河钢股份	0.97	11.94	6.88	1.96	0.58	3.61

数据来源：Wind 数据库

钢铁行业中，估值前 10 的公司，根据 ROA 进行排名，除了沙钢股份和三钢闽光两家企业仍在前 10 位，其他企业都位居第二梯队，甚至河钢股份位居倒数 5 名之列。根据央行数据，2017 年中国通货膨胀率为 7.5%，与该数字进行比照，我们发现只有沙钢和三钢闽光两家公司总资本是保值增值的。三钢闽光财务指标都很好，总资产周转率、存货周转率体现其运营效率较高，可猜测三钢闽光在战略转型过程中获得成功或技术创新上获得突破，但是查阅公司公告发现，三钢闽光 2017 年 7 月开始就处于停牌状态，2018 年 3 月份复牌，与往年 ROA 等指标对比，发现 2017 年数据为异常值，参考价值不大。总体而言，钢铁行业的企业在营运能力、盈利能力两个方面的指标表现都不尽如人意。而且，根据存货周转率计算出的平均存货持有天数为 33.30～137.74 天，钢铁企业持有存货需要面对存货价格波动风险较高，需要适当使用金融衍生品对企业商品进行套期保值，锁定价格，降低企业经营风险。

3.衍生品使用情况

在此，为方便信息获取，将观测对象局限于上市公司范畴，根据重要性原则进一步筛选样本。因为沪深 A 股钢铁行业上市公司总市值占钢铁行业总市值的 79.33%，因此，最终将观测样本确定为沪深 A 股的 45 家钢铁行业上市公司。数据来源为 45 家沪深 A 股钢铁行业上市公司 2018 年的半年报，利用查找"衍生"一词对半年报进行查找统计，观测 45 家沪深 A 股上市公司的半年报中披露的衍生品使用情况。需要说明的是，有些企业可能持有衍生品，但在半年报的报告时点企业未持有金融衍生品，因此实际使用衍生品的数量可能高于本次观测结果。这 14 家上市公司在报表衍生品投资一栏勾选适用并披露相关信息或金融衍生资产/金融衍生负债半年报中科目余额不为 0,具体名单有:宝钢股份、鞍钢股份、华菱股份、马钢股份、太钢不锈、首钢股份、新钢股份、南钢股份、韶钢松山、八一钢铁、永兴特钢、久立特材、武进不锈、海南矿业。其中,9 家公司半年报中有披露部分使用的衍生工具,具体信息如表 8-11 所示。

表 8-11　钢铁行业上市公司 2018 年半年报中披露的衍生品使用情况

公司名	半年报中披露使用的金融衍生工具
宝钢股份	远期外汇、货币汇率互换合同
鞍钢股份	期货
华菱钢铁	期货
马钢股份	远期外汇、期货
太钢不锈	远期外汇、期货
首钢股份	远期外汇、货币汇率互换合同、利率互换合同、外汇期权合同
韶钢松山	远期外汇、货币掉期
久立特材	远期结汇、人民币对外汇期权、远期售汇合约、掉期
南钢股份	期货
海南矿业	远期商品合约

数据来源:Wind 数据库

针对该半年度报告有披露的金融衍生工具情况来看,在 45 家上市公司中有 14 家上市公司明确披露使用衍生品进行套期保值,占比 31.11%,部分企业并未对衍生品投资状况进行详尽披露。根据观测结果,最多使用的衍生品为远期外汇(67%),其次是期货(56%)。汇率波动对钢铁企业影响较大,外汇波动一方面可能影响生产成本,另一方面可能营销销售收入。从成本构成上考虑,在之前原材料价格时候图表显示进口铁矿石价格指数 2017 年低于国产矿价格指数,质量相近的情况下,企业会愿意选用更廉价的原材料以缩减成本,还有一些粗加工的半成品从澳大利亚、印度等地购入,如纽曼粉、粉矿等,也会涉及外币业务;出口的运输费用不一定以人民币结算,同样也涉及外币折算。从销售收入上看,钢铁出口量自 1996 年以来呈不断上升趋势,国内钢铁企业海外销售量必然日趋提升,对于议价能力强的客户,企业无法要求对方使用某种交易币种。此外,公司在海外营销、设立海外办公地点或者分公司,到会计期末需要进行外币折算也会受外汇波动的影响。自 2013 年以来,中国对期货交易逐渐放开,交易体系也日渐完善,现在除了企业套期保值,也有一些个人投资者视期货为一种收益可观的理财方式。构建合理的期货组合可以对冲企业运营风险,尤其是像钢铁这样需要较长时间持有较大规模存货的行业,期货市场上也有相关原材料、产成品的期货产品,便于构建企业对冲风险的衍生品组合。但是期货也是双刃剑,它提供了较高的杠杆,如果以投机的心态去操作,妄图以小博大,又或者错误地同向操作,很可能会陷入更窘迫的财务困境。

4.案例选取

在此,选取鞍钢股份、南钢股份两家 A 股上市公司分析钢铁行业利用金融衍生品所进行的套期保值。其中,鞍钢股份为国有企业,南钢股份股东为复兴集团,属于民营企业。

(1)鞍钢股份

鞍钢系国有大型钢铁企业,其市值位居 A 股第三位。以净利润指标来看,鞍钢股份近两年来的净利润较为可观,远超行业平均水平,跻身行业第二。但与净利润排名第一的宝钢股份相比,包括鞍钢在内的其他钢铁企业与其存在明显的利润差距,因此,鞍钢股份虽然在行业中排名前列,但仍存在较大的发展空间。

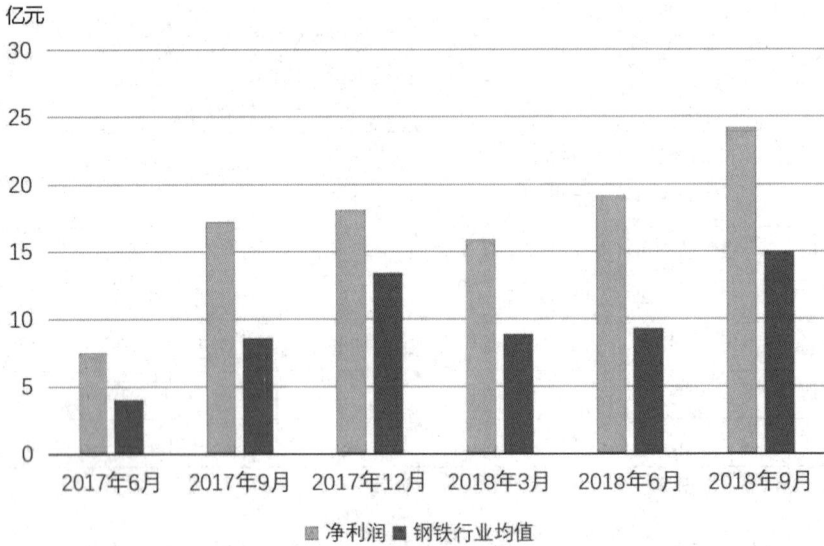

图 8-41　净利润指标对比

数据来源:新浪财经

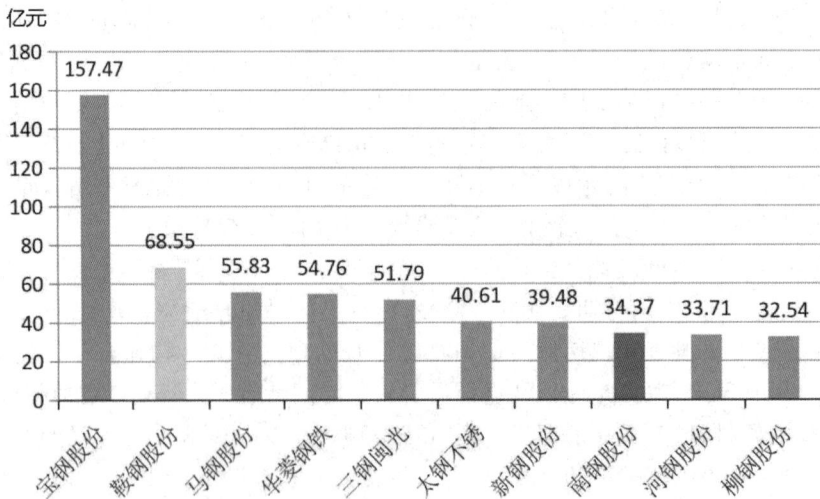

图 8-42　排名前十的钢铁公司净利润情况

数据来源:新浪财经

(2)南钢股份

南钢公司虽然规模不大,在公司规模上无法与鞍钢、首钢等大型国企相比,但南钢的盈利状况较好,在行业中排名靠前,如图 8-43 和图 8-44 所示,2018 年第三季度数据表明,南钢净利润位居行业第八,净资产收益率位居行业第六。

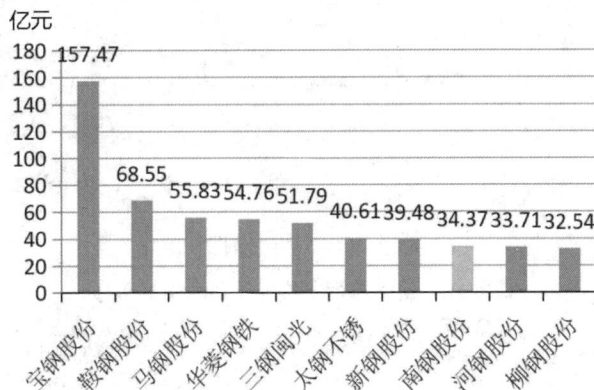

图 8-43　排名前十的钢铁公司净利润情况

数据来源:新浪财经

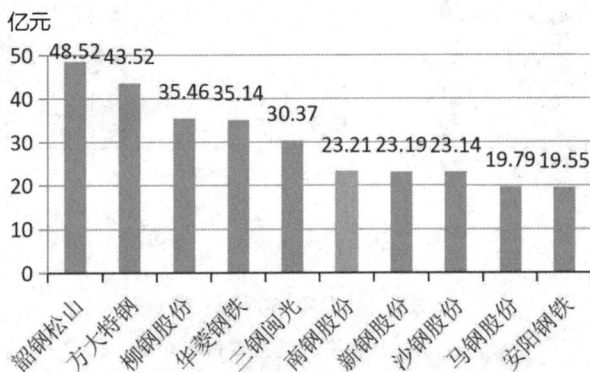

图 8-44　排名前十的钢铁公司净资产收益率情况

数据来源:新浪财经

统计 2017 年 6 月至 2018 年 9 月南钢股份的企业定期报告,对比同行业平均数据,分别绘制南钢股份与行业均值的净利润、净资产收益率条形统计图。从图 8-45 和图 8-46 看出南钢股份的净利润、净资产收益率均高于钢铁行业平均水平,市场对公司的预期较好,市盈率在钢铁行业中排名靠前。

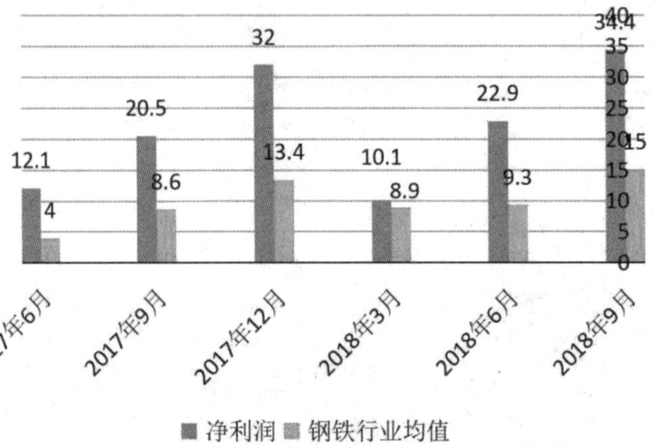

图 8-45 南钢与行业均值净利润指标对比

数据来源:新浪财经

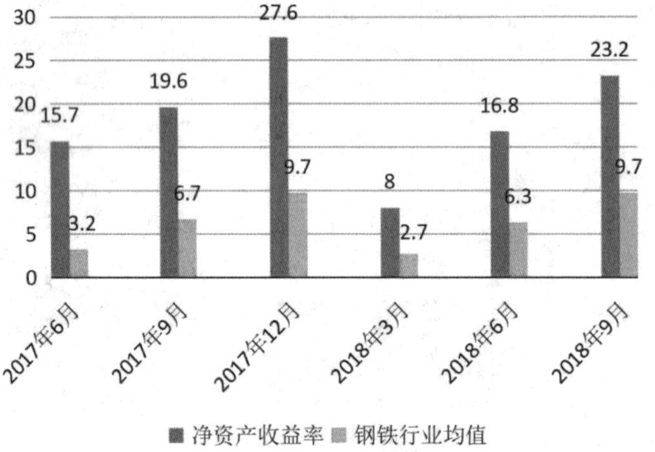

图 8-46 净资产收益率指标对比

数据来源:新浪财经

二、鞍钢企业

(一)集团简介

鞍钢集团于 2010 年 5 月由鞍山钢铁集团公司和攀钢集团有限公司联合重组而成。鞍山钢铁集团公司是新中国第一个恢复建设的大型钢铁联合企业和最早建成的钢铁生产基地,为国家经济建设和钢铁事业的发展做出了巨大贡献,被誉为"新中国钢铁工业的摇篮"、"共和国钢铁工业的长子";攀钢集团有限公司是世界最大的产钛企业,是中国最大的钛原料和重要的钛白粉生产基地。

鞍钢股份有限公司是鞍山钢铁集团公司的子公司,是国内大型钢铁生产和销售企业之一,拥有烧结、焦化、炼铁、炼钢、轧钢等完整的钢铁生产流程及配套设施。公司主要产品涵盖热轧板、冷轧板、镀锌板、彩涂板、中厚板、大型材、重轨、线材、无缝钢管、冷轧硅钢等。产品广泛应用于机械、冶金、石油、化工、煤炭、电力、铁路、船舶、汽车、建筑、家电、航空等行业。

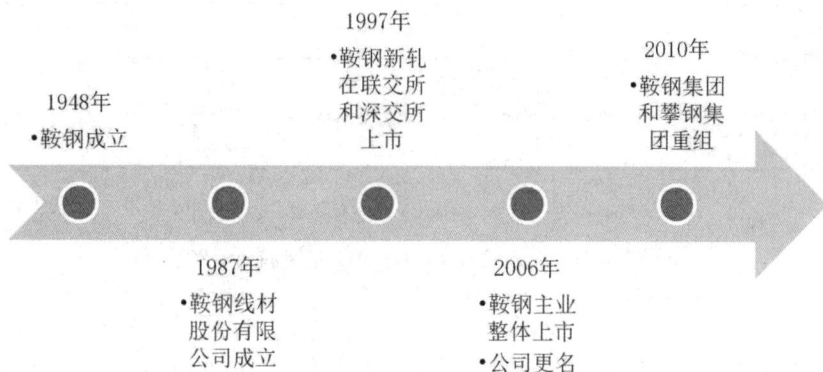

1948年
•鞍钢成立

1987年
•鞍钢线材股份有限公司成立

1997年
•鞍钢新轧在联交所和深交所上市

2006年
•鞍钢主业整体上市
•公司更名

2010年
•鞍钢集团和攀钢集团重组

图 8-47　鞍钢发展历程

(二)套保动机

1.经营原因

由于 2015 年钢铁企业经营异常困难,原料端价格下滑慢于终端产品,挤压公司利润,公司利润下滑。如表 8-12 所示,2013—2015 年,鞍钢的营业收入、营业成本和营业利润持续下滑,尤其在 2015 年明显下降,营业利润甚至为负数,而管理费用的下降也说明了公司为应对粗钢价格下降而采取了降低成本的非常规措施。

表 8-12　营业相关指标

单位:百万元

	2013 年	2014 年	2015 年	2016 年	2017 年
营业收入	753	740	528	579	843
营业成本	669	655	495	502	727
营业利润	6.64	15.65	-38.73	15.91	55.26
管理费用	32.70	18.50	18.08	16.26	18.07

数据来源:鞍钢股份 2013—2017 年年报

2.财务原因

(1)存货水平

钢铁行业属于重资产行业,拥有大量固定资产、存货等实物资产。如图 8-48 和表 8-13 所示,鞍钢 2013—2017 年存货占流动资产的水平高达 40% 左右,占总资产的水平也在

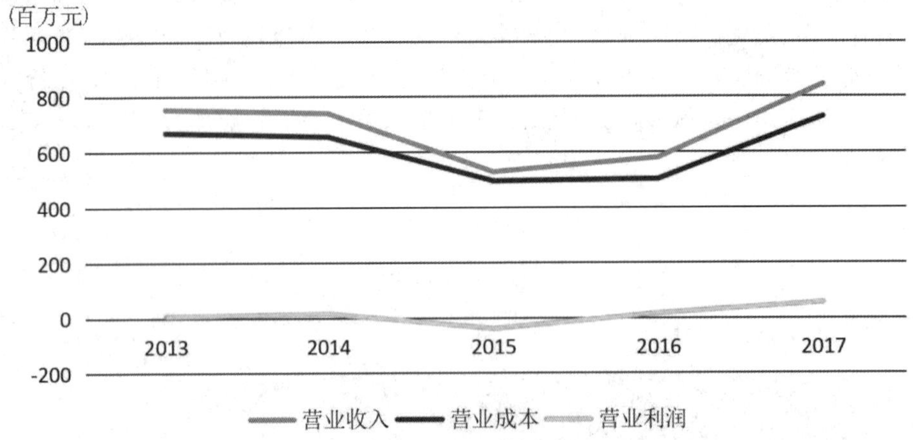

图 8-48 鞍钢股份 2013—2017 年利润变动图

数据来源：鞍钢股份 2013—2017 年年报

9％～14％中间波动。存货具有价值贬损风险，尤其是在钢铁行业供大于需、经济不景气的情况下，这种风险更甚。从表 8-13 和图 8-48 中可以看出，2013—2016 年资产减值损失大部分为存货跌价准备计提而来，占营业总成本的 3％左右。至 2017 年存货跌价损失占总资产减值损失的比例为 32.62％，占营业总成本的 0.13％，可见存货确实存在价值贬损的情况。由此看来，利用期货工具通过对集团经营范围内产品链内的存货进行套期保值，是集团规避存货价格波动风险的一种手段。

表 8-13 鞍钢股份存货历年水平

单位：百万元

	2013 年	2014 年	2015 年	2016 年	2017 年
存货	12,356	10,865	8,008	10,466	11,643
流动资产	29,299	26,624	23,595	25,980	28,576
总资产	92,865	91,291	88,596	88,343	89,204
占流动资产比例	42.17%	40.81%	33.94%	40.28%	40.74%
占总资产比例	13.31%	11.90%	9.04%	11.85%	13.05%

数据来源：鞍钢股份 2013—2017 年年报

注：鞍钢股份根据 2016 年 12 月 3 日财政部印发的《增值税会计处理规定》的通知，将"应交税费"科目下的"应交增值税""未交增值税""待抵扣进项税额""待认证进项税额""增值税留抵税额"等明细科目年初及年末借方余额根据流动性等情况，重新分类至"其他流动资产""其他非流动资产"科目。因此 2016 年年报"流动资产""总资产"年末数与 2017 年年报年初数不一致，这里采用 2017 年年报年初数（即会计政策变更之后的金额）。

图 8-49 鞍钢股份存货历年水平趋势

表 8-14 鞍钢股份存货减值情况

单位:百万元

	2013 年	**2014 年**	**2015 年**	**2016 年**	**2017 年**
存货跌价损失	1873	2,110	1,869	1,421	107
资产减值损失	1866	2,111	1,869	1,421	328
占比	100.38%	99.95%	100%	100%	32.62%
营业总成本	75,220	73,154	57027	56,718	79,282
占比	2.49%	2.88%	3.28%	2.51%	0.13%

数据来源:鞍钢股份 2013—2017 年年报

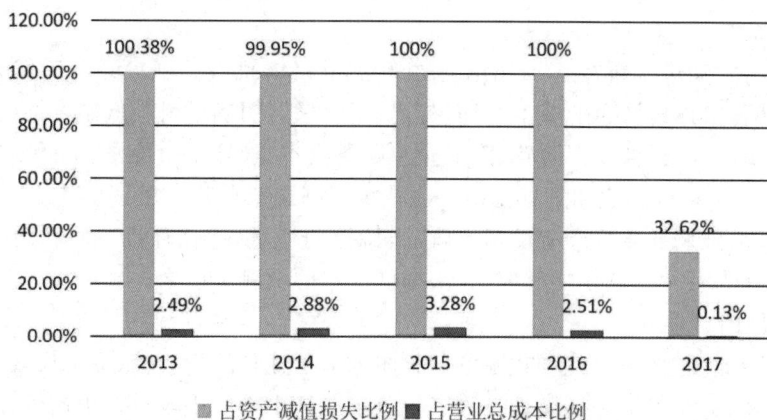

图 8-50 鞍钢股份存货减值情况趋势

(2)盈利水平

选取销售净利润率、销售毛利润率、净资产收益率三个指标分析鞍钢的盈利水平,从

表 8-15 和图 8-50 中可以发现鞍钢股份在 2013 年和 2014 年时盈利微薄,而在 2015 年三个指标均为负值,盈利水平大幅下降,在 2016 年以后有所好转,2017 年增长明显。由此可见,从 2013 年开始,集团盈利能力已经初见颓势,2015 年则表现明显,集团从 2015 年开始对产品链内产品进行套期保值是针对盈利水平下降、销售情况差等现象所采取的一系列手段之一。

表 8-15 鞍钢股份盈利水平

	2013 年	2014 年	2015 年	2016 年	2017 年
销售净利润率	1.00%	1.25%	−8.72%	2.79%	6.66%
销售毛利润率	0.14%	1.20%	−8.09%	2.01%	5.96%
净资产收益率	1.57%	1.94%	−10.01%	3.63%	11.73%

数据来源:鞍钢股份 2013—2017 年年报

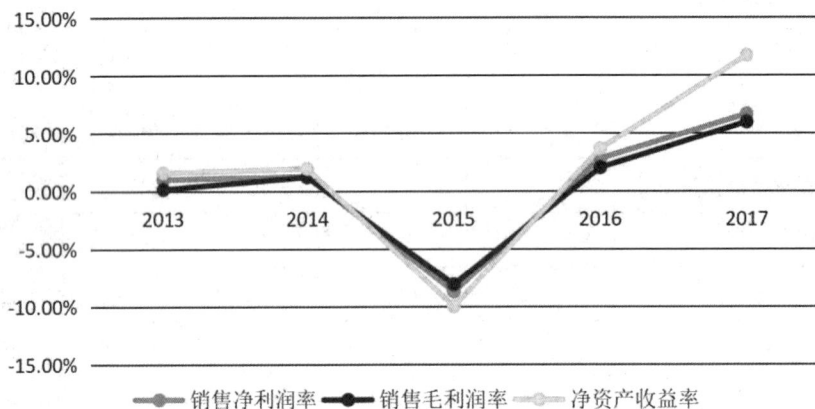

图 8-51 鞍钢股份盈利水平趋势

3.政策原因

中国经济发展进入新常态,工业面临着转型升级的挑战。中央经济工作会议明确提出,要开展降低实体经济企业成本行动,打出"组合拳",明确了要降低制度性交易成本、降低企业税费负担、降低社会保险费、降低企业财务成本、降低电力价格、降低物流成本等六大措施。2014 年中国工业和信息化部产业政策司副司长苗长兴解读 2015 年中国钢铁产业政策取向时,强调要化解产能过剩矛盾,坚持控制增量,优化存量。而利用期货进行套期保值可以作为一种规避存货贬值风险,降低成本的金融手段之一。

4.战略原因

为帮助企业度过钢铁行业的"寒冬",集团采取了优化生产管控、降本增效、营销创新、加速科技研发、强化资金和环境管控等多种改善业绩水平的手段。在生产管控方面,2015 年,公司按照"抓稳顺、保规模、提指标、降成本"的原则,加强各生产基地的生产组织和沟通协调,努力确保公司生产经营稳定运行。2015 年内集团铁、钢等产品产量比上年显著减少。在成本方面,集团全力推进攻关项目,努力降低工序成本。加强对原燃料市场研究,及时调整配煤配矿方案,择机采购,降低原燃料采购成本。挖掘内部可利用铁料资源,优化高炉用料结构,降低工序成本。而对经营范围内的钢铁产业链品种进行套期保值与集团实施的现行战略是密不可分的。

(三)衍生品历年投资情况

鞍钢集团自 2015 年开始为了有效控制经营风险,对冲公司采购的原燃料与销售的钢铁产品的现货库存价格风险,开始对公司经营范围内的钢铁产业链品种进行套期保值。表 8-16 是 2015—2017 年鞍钢衍生品投资情况。

集团在 2015 年进行套保的金额远低于 2016 年,而 2016 年又低于 2017 年,可以发现集团是以循序渐进的节奏开展套保业务,从不熟悉业务开始慢慢积累经验,虽然 2015 年衍生品投资亏损 8 百万,但是 2016 年和 2017 年都有盈利,且盈利状况稳定。2016 和 2017 年衍生品投资盈利占集团净利润 1%～2%。从总体来看,集团在衍生品投资上非常保守,期末金额占净资产仅 0.3%～0.4%,可见集团采用的是非常稳健的套保策略,这与集团性质、完善的套期业务管理办法、严格的风险管控体制等密不可分。

表 8-16　鞍钢集团衍生品投资情况

单位:百万元

年份	2015 年	2016 年	2017 年
期初投资金额	0	26	147
报告期内购入金额	695	2 852	5 766
报告期内售出金额	626	2 960	5 516
计提减值准备金额	—	—	—
期末投资金额	26	147	231
净资产	43 681	45 288	50 386
期末投资金额/净资产	0.06%	0.32%	0.46%
报告期实际损益金额	−8	33	67
净利润	−4 600	1 615	5 612
实际损益/净利润	0.17%	2.04%	1.19%

数据来源:鞍钢股份 2015—2017 年年报

(四)套期保值策略

通过对集团发布的 2015—2018 年开展商品期货套期保值业务的公告信息,结合集团《商品期货套期保值业务管理办法》(以下简称办法)规定,从交易品种、交易数量、保证金最高金额、控制与监督四方面分析鞍钢稳健的期货套期保值策略。

1.交易品种

办法规定仅限于从事钢铁产业链相关产品(螺纹钢、线材、热轧卷板、焦煤、焦炭、铁矿石等)期货套期保值业务,不得进行投机交易所以集团四年均将用于期货套期保值业务的交易品种限制在经营范围内的钢铁产业链品种,这与集团业务相关,集团对此更加了解,有利于根据已有信息及时对市场情况做出反应,且交易品种为上海期货交易所上市的螺纹钢、线材、热轧卷板、镍、铝、锌、铜等有色金属,大连商品交易所上市的铁矿石、焦煤、焦炭,郑州商品交易所硅铁、锰硅等铁合金。这类商品市场透明度大,成交活跃,成交价格和当日结算单价能充分反映衍生品的公允价值,方便进行核算及财务监督。

2.交易数量

办法规定进行套期保值数量必须符合公司生产计划量,不得超出国资委要求范围(90%),原则上套期保值头寸与现货数量配比不超过50%。2015年初接触期货套保业务时集团将交易数量限制在20%范围内,2016—2018年均限制在50%范围内。交易规模小能够使套保业务风险更加可控。但是2016年较2015年是一个不小的增长,从中我们能够发现集团急于求成的心态,虽然2016年衍生品投资给集团带来了3 300万的盈利,但是依然颇具风险,因此2017年相比2016年又有一个回落,2018年变化稳定。可见集团认识到自己衍生品交易市场上的交易经验不足等问题,以及期货以小博大等特性,在2017年又放缓脚步。具体交易数量及品种如表8-17所示。

表 8-17　交易品种及数量

单位:万吨

	2015 年	2016 年	2017 年	2018 年
钢材	25	100	50	110
原燃料	120	530	370	铁矿石-260 焦煤、焦炭和动力煤-170
有色金属	——	2.5	1.91	0.4
铁合金	——	4	1.25	3

数据来源:鞍钢股份 2015—2018 年开展商品期货套期保值业务的公告

3.保证金最高金额

办法规定集团应具有与套期保值保证金相匹配的自有资金,不得使用募集资金直接或间接进行套期保值。笔者从交易所的保证金要求极强的流动性角度,选择经营活动净现金流量和保证金金额进行对比。从表8-18可以发现这条规定得到了很好遵守,而2016年相比2015更冒进的投资策略在这里也有所体现。

表 8-18　保证金金额

单位:百万元

	2015 年	2016 年	2017 年	2018 年
保证金金额	50	350	350	450
经营活动现金流量	5 137	4 349	6 268	1 925

数据来源:鞍钢股份 2015—2018 年开展商品期货套期保值业务的公告。
注:2018 年"经营活动现金流量"采用半年度报告。

4.控制与监督

集团在交易品种、交易数量以及保证金金额等各个方面都严格遵守办法的交易原则,设立期货领导小组、期货交易部和企业管理部等专门机构。在具体操作上,强调交易指令严格审批,交易资金严密监管,指令下达与交易下单分离,持仓情况透明化,动态风险预警报告等,由企业管理部从日常审查和年底核查两方面对集团套保业务进行监督管理。其中日常审查包括审查公司所开展的套期保值业务的必要性与合规性,对办法的执行情况进行检查和监督;年底核查主要是通过对本年期货账务数据、原始流转单据等对公司期货操作情况进行核查,核查后应出具正规核查报告报送总经理及相关领导和部门。

(五)商品期货套期保值业务管理办法

集团在 2015 年 2 月发布的办法规范了集团境内商品期货套期保值业务,其具体内容如下:

1.编制依据

《关于进一步加强中央企业金融衍生业务监督管理办法》(国资发评价〔2009〕19 号);《关于建立中央企业金融衍生业务临时监管机制的通知》(国资发评价〔2010〕187 号)

2.交易原则

仅限于从事钢铁产业链相关产品期货套期保值业务,不得进行投机交易;只限于在境内期货交易所进行场内市场交易;进行套期保值数量必须符合公司生产计划量,不得超出国资委要求范围(90%),原则上套期保值头寸与现货数量配比不超过 50%。持仓时间应与公司生产经营计划期相匹配,相应的套期保值寸头原则上不得超出公司的原材料和钢材现货量;持仓时间一般不得超过 12 个月或现货合同规定的时间;不得使用他人账户进行套期保值业务;应具有与套期保值保证金相匹配的自有资金,不得使用募集资金直接或间接进行套期保值。公司应严格控制套期保值的资金规模,不得影响公司正常经营。公司要保证配套资金及时到位,防范资金不足造成的强制平仓风险。

3.组织机构及其职责

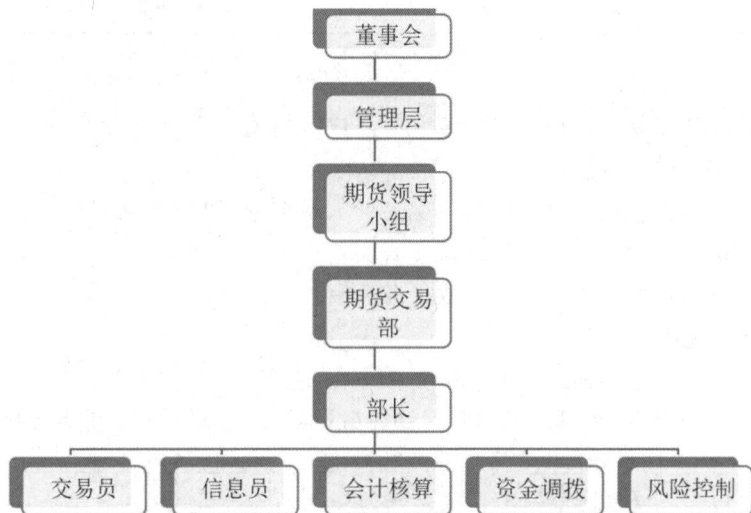

图 8-52　期货交易组织架构

表 8-19　期货交易组织分工

期货领导小组	(1)负责制定套期保值业务的范围、工作原则、方针;(2)负责审议套期保值业务年度计划及年度报告,提交董事会;(3)对期货套期保值业务进行监督管理;(4)批准授权范围内的套期保值交易方案。(5)审定套期保值业务的各项具体规章制度、工作原则和方针;(6)负责交易风险的应急处理等;(7)行使董事会授予的其他权利
期货交易部	(1)负责编制年度套期保值工作计划;(2)负责制订、调整套期保值计划、交易方案及资金需求计划,并报期货领导小组审批;(3)负责组织执行具体的套期保值交易;(4)负责定期提交套期保值书面工作报告及编制年度报告
计划财务部	(1)负责在保证金限额内做好资金的安排和调度工作;(2)负责套期保值交易资金结算,负责套期保值业务相关账务处理及编制财务报告与披露;(3)负责套期保值业务中被套期现货发生交割时,开具发票及相关财务核算
风险控制岗位	(1)负责对套期保值方案合规性审核;(2)负责核查交易员的交易行为是否符合套期保值计划和具体交易方案;(3)审核套期保值交易数据日报表,及时反馈存在的问题并提出相应的整改措施;(4)发现、报告并按程序处理风险事故
审计部	对套期保值业务进行审计,及时防范业务中的风险
法律事务部	(1)负责送审的套期保值业务的合法合规性审查论证,提出法律意见;(2)负责送审的套期保值业务涉及法律事项的审查把关、审查有关合同,审查其他法律文件
董事会秘书室	对公司开展套期保值业务的相关情况等进行公告、披露
相关部门	(1)提出套期保值业务申请;(2)收集、分析、处理市场行情与现货信息,定期形成报告,对套期保值业务提出建议;(3)配合期货部门进行实物交割

4.授权管理

集团授权期货交易部办理套期保值业务开户等相关事宜,对期货交易实施授权管理,包括授权书、授权操作和授权额度三方面:

(1)授权文件:交易授权书列明有权交易的人员名单、可从事交易的具体种类和交易限额。授权书由公司期货领导小组组长签署。

(2)授权操作:被授权人员只有在取得书面授权后方可进行授权范围内的操作。授权人变动应立即中止其操作权限。

(3)授权额度:单笔不超过2 000万元人民币的保证金可直接交易;超过2 000万但在年度计划内由公司董事会审批;超过年度计划后,再发生套期保值交易需要事先经董事会审批。

5.业务流程

期货交易业务流程如图8-53所示。

```
┌────────────────────────────────┐
│  期货交易部编制年度期货套期保值计划  │
└────────────────────────────────┘
              │
              ▼
┌────────────────────────────┐
│   期货交易部制定套期保值方案   │
└────────────────────────────┘
              │
    否        ▼
  ┌───┐   ◇风险控制岗位审核◇
  └───┘
    否        │
  ┌───┐   ◇期货领导小组审批◇
  └───┘       │
              ▼
┌────────────────────────┐       ┌────────────────┐
│  资金调拨员进行资金调拨   │       │  风险控制员全    │
└────────────────────────┘       │  程跟踪交易执    │
              │                  │  行情况          │
              ▼                  └────────────────┘
┌────────────────────────┐
│   交易员根据方案下单建仓   │
└────────────────────────┘
              │
              ▼                        是
    ◇期货交易部核算结算◇            ┌───┐
    ◇单是否有误◇                    └───┘
              │        否              │
              │                        ▼
              ▼                ┌────────────────┐
┌────────────────────────────┐ │  报交易错单程    │
│  交易员根据销售采购情况下单平仓 │ │  序处理并报领    │
│  或实物交割                  │ │  导小组          │
└────────────────────────────┘ └────────────────┘
              │
              ▼
┌────────────────────────┐
│   资金调拨员进行资金回拨   │
└────────────────────────┘
              │
              ▼
┌────────────────────────┐
│   账务核算员进行账务处理   │
└────────────────────────┘
              │
              ▼
```

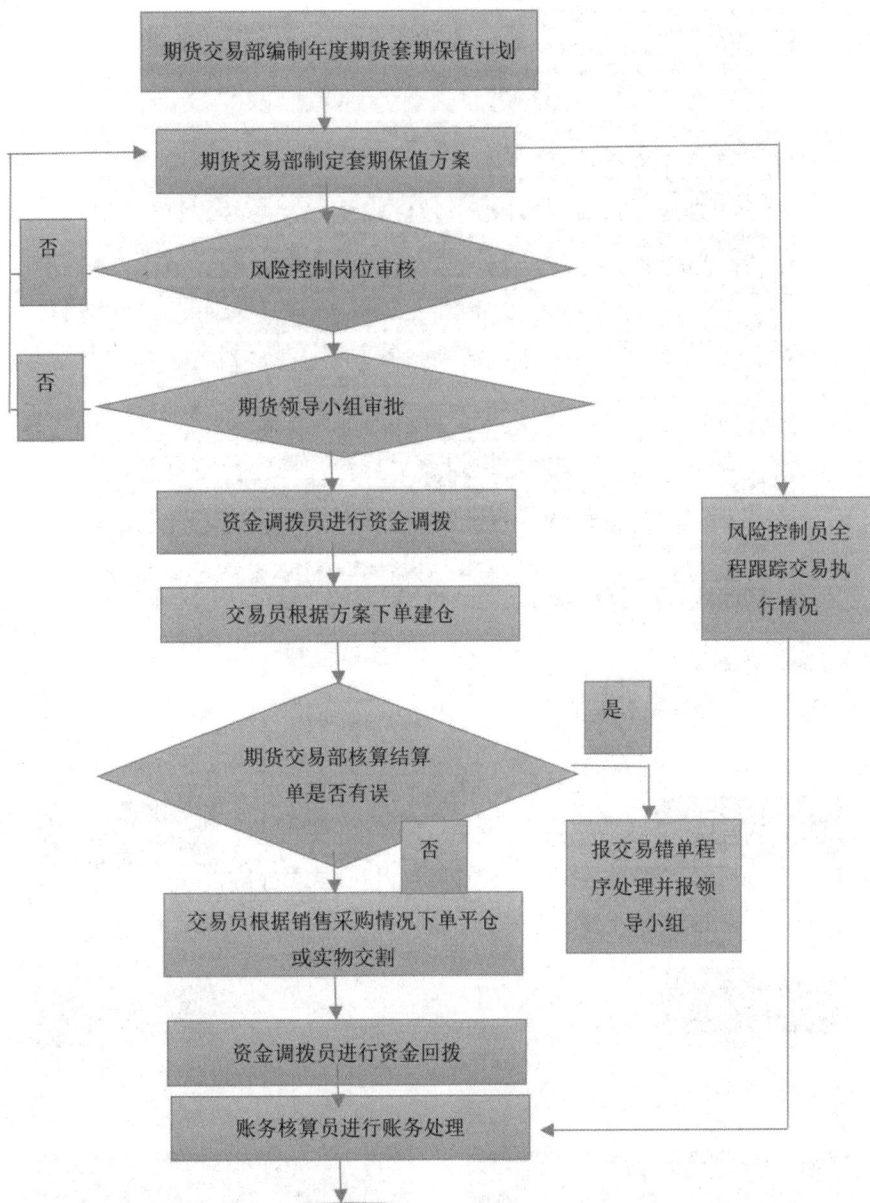

图 8-53　业务流程

6.风险管理

集团开展套期保值业务须充分关注期货经纪公司选择、资金风险、市场风险等关键环节,设置风险测算、控制、报告和处理机制,建立交易止损机制和错单处理程序等,使风险管理覆盖事前防范、事中监控和事后处理的各个环节。集团共设置了 11 条风险管理的方法,具体列示如下:

期货经纪公司选择与更换

建立专用风险保证金账户

建立风险测算系统

设置风险控制岗位-直接对领导小组负责

建立风险报告和处理机制

建立止损机制

交易错单处理程序

合理计划和安排使用保证金、选择套保月份

设立符合要求的交易、通讯及信息服务设施系统

加强相关人员的职业道德教育及业务培训

审计部审核交易过程和财务处理

某些措施的详细说明：

（1）期货经纪公司选择与更换

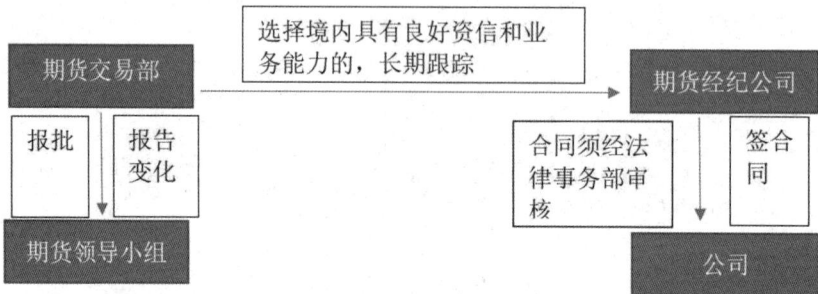

（2）建立风险测算系统

资金风险	套保头寸价格变动风险
•测算已占用的保证金金额、浮动盈亏、可用保证金金额及拟建头寸需要的保证金金额、可追加保证金额度	•测算已建仓头寸和拟建仓头寸在价格出现变动后的保证金需求和盈亏风险

（3）建立风险报告和处理机制

价格波动较大或异常波动	业务亏损或浮动亏损超过1000万元等重大风险	其他风险——风险控制岗位向副组长报告	风险处置
• 交易员应立即报告期货交易部部长和风险控制岗位 • 收到报告后立即启动风险处理程序或向上级报告	• 风险控制岗位须向期货领导小组副组长汇报 • 期货领导小组副组长向组长汇报	• a.套期保值业务有关人员违反风险管理政策和风险管理工作程序; • b.期货经纪公司的资信情况不符合公司的要求; • c.套保方案不符合国资委及本办法规定; • d.有违反套期保值方案的操作行为; • e.套期保值头寸的风险状况影响到套期保值过程的正常进行; • f.套期保值业务出现或将出现有关的法律风险。	• 期货领导小组组长负责组织召开套期保值相关人员参加的会议,分析、讨论风险情况,确定风险偏好、风险承受度,选择风险管理工具,制定对策并组织实施

（4）建立止损机制当市场价格变动导致持仓合约公允价值损失达到年度总止损额度的 50％或套保业务（单笔或累计）发生亏损或出现浮动亏损金额超过 1 000 万元人民币时,启动止损机制,期货交易部将亏损情况向期货领导小组汇报,期货领导小组制定应对方案,设定具体止损目标,组织套期保值交易相关人员进行止损操作,并及时向公司董事会汇报。

（5）交易错单处理程序

表 8-20　交易错单处理程序

交易所或期货经纪公司过错——追偿	交易员过错——补救
由期货交易部通知交易所或期货经纪公司,由交易所或期货经纪公司及时采取相应错单处理措施,再向交易所或期货经纪公司追偿产生的直接损失;处理过程及结果上报领导小组	交易员立即向期货交易部部长报告,迅速采取补救措施,尽可能消除或减小错单对公司造成的损失

（6）信息披露

集团拟实施的期货套期保值计划在提请董事会审议后,应当进行公开披露,包括定期公告和临时公告两部分,列示如下。此外,在查看鞍钢年度报告的过程中,能够发现集团对其本年度实施的衍生品投资情况进行了披露。

定期公告：每年度期货套期保值计划
董事会作出决议两个交易日内

• 向深圳证券交易所提交下列文件:
• (1) 董事会决议及公告;
• (2) 套期保值事项公告,至少应当包括:套期保值的目的、期货品种、拟投入资金、套期保值的风险分析及公司拟采取的风险控制措施等;
• (3) 深圳证券交易所要求的其他文件。

临时公告

• 期货套期保值业务出现或可能出现重大风险或重大影响,期货套期保值业务交易达到深圳证券交易股所或香港联合交易所相关规则所要求的披露标准时

(六)套期保值模式

1.三种模式

集团在进行套保时主要有以下三种模式：(1)钢材套保：对持有的钢材在期货市场上做卖出套保的同时锁定未来价格。(2)原料套保：在价格上行期间，通过原料买入套保，建立虚拟库存，锁定成本。价格下行期间，通过原料卖出套保，规避库存减值风险。(3)钢厂利润套保：建立虚拟钢厂模型，确保公司稳定发展。

2.基差贸易为代表的新型贸易模式

2018年11月19日，鞍钢股份市场营销中心华东分公司通过期现结合销售模式，顺利完成500吨热轧卷板的基差点价交易。该中心首次通过"期货价格＋基差"的方式销售钢材现货，开创了国有钢铁企业销售新模式。

在此，所谓基差，是期货市场的一个重要概念，它是指在某一时间、同一地点、同一品种的现货价格与期货价格的差，即：基差＝现货价格－期货价格。由于基差变化是不确定的，这种基差变化的不确定性被称为基差风险。

为进一步理解基差变化对套期保值的影响，假设如表8-21所示的套期保值情形：

表8-21　套期保值情形

时间	现货市场	期货市场	基差
t1(入市开仓)	S1	F1	b1
t2(平仓出市)	S2	F2	b2

对于空头套期保值者而言，其避险程度为：$F1-F2+S2-S1=(S2-F2)-(S1-F1)=b2-b1$，即只有当$b2-b1>0$(基差变强)，才会加强空头套期保值的效果；同理对于多头套期保值者而言，其避险程度为：$F2-F1+S1-S2=(S1-F1)-(S2-F2)=b1-b2$，即只有当$b2-b1<0$(基差变弱)，才会加强多头套期保值的效果。

由于有基差风险，套期保值交易并不能完全抵消价格风险。基差交易是指为了避免基差变化给套期保值交易带来不利影响所采取的以一定的基差和期货价格确定现货价格的方法。通常基差交易的双方至少有一方进行了套期保值，最终的实际现货交易价格并不是交易时的市场价格，而是以某月份的期货价格为计价基础，以期货价格加上或减去双方协商同意的基差来确定双方买卖现货商品的价格的交易方式。从本质上看，这是一种使用期货市场价格来确定现货贸易定价的方式。"现货价格＝期货价格＋基差"之所以使用期货市场的价格来为现货交易定价，主要是因为期货价格是通过集中、公开竞价方式形成的，价格具有公开性、连续性、预测性和权威性。使用大家都公认的、合理的期货价格来定价，可以省去交易者搜寻价格信息、讨价还价的成本，提高交易效率。基差贸易是国际大宗商品领域中普遍采用的定价方式。在钢铁领域，通过"期货基准价＋基差"的方式确定贸易价格，用基差定价替代原有的指数定价、一口价、长协等定价模式，将企业生产经营与期货价格紧密连接起来，为企业利用衍生品市场拓展经营模式、进行风险管理提供了新路径。

（2）具体案例分析

①案例介绍

早在 2017 年大商所开展的基差贸易试点项目中，鞍山钢铁与中国建材集团有限公司（下称中建材）顺利开展基差贸易业务，为推动钢铁企业以基差贸易的模式利用期货市场提供了宝贵的经验。

具体看，此次基差贸易品种为纽曼粉，交货地点为鲅鱼圈港，贸易数量 5 万吨，鞍钢股份为实货买方，中建材为实货卖方，以 60 元/吨为基差，挂钩铁矿石期货 1805 合约，点价期为 2017 年 12 月 29 日至 2018 年 1 月 29 日。2018 年 1 月 22 日，中建材完成点价，挂钩合约收盘价格 540.5 元/吨，最终现货销售价为 600.5 元/吨。此外，鞍钢股份在期货市场上以 540 元/吨平仓铁矿石期货 1805 合约 500 手，完成套保。

表 8-22　鞍钢与中建材基差交易基本情况

合约标的物	纽曼粉（挂钩铁矿石期货合约）
数量	5 万吨
基差	60 元/吨
点价期	2017.12.29-2018.1.29
期货价	540.5 元/吨
现货价	600.5 元/吨

数据来源：新浪财经（期货日报）

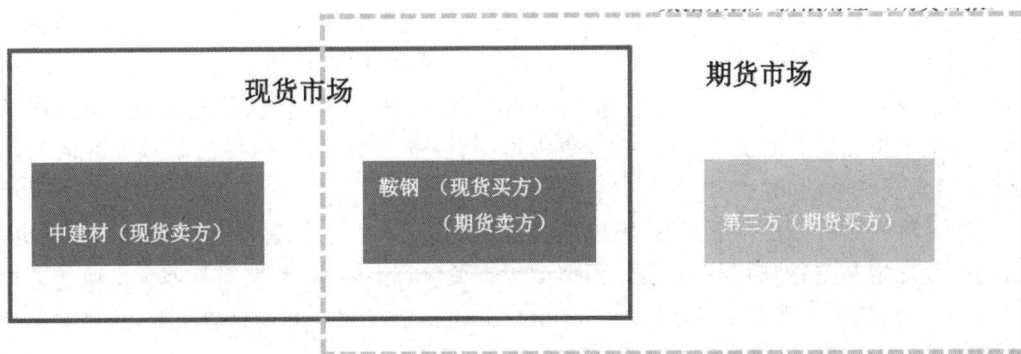

图 8-54　交易关系分析

②交易动机

鞍钢将来要在市场上购入铁矿石，为了防范铁矿石的价格上涨，选择在期货市场上进行套期保值交易，以对冲风险。根据基差风险理论，作为套保多方的鞍钢会面临着基差扩大的风险（$b_2 - b_1 > 0$），因此鞍钢与中建材进行了基差交易。

表 8-23　鞍钢现货及期货市场交易情况

时间	现货市场	期货市场	基差
t1（入市开仓）	S1 空方（不持有）	F1 买方	b1
t2（平仓出市）	S2 买方	F2 卖方	b2

此外，从鞍钢对外披露的商品期货套期保值公告来看，公司认为其期货交易面临的系统性风险、流动性风险及信用和资金风险较小。但是鉴于期货的金融属性，交易合约价格走势可能存在阶段性的与基本面的反向偏离，导致不利基差（期现价差）的发生而面临一定的基差风险。

为防范现货价格上涨 → 套期保值 → 基差风险 → 基差交易

③结果评价

A.企业间的合作共赢。鞍钢股份作为买方需要采购成本最优化的铁矿石，追求更便利的付款方式及账期。由于铁矿石价格上涨，鞍钢在现货市场上将以较高的成本采购原料，但是由于其事先进行套保，在一定程度上规避了成本上涨的风险。此外，作为多头套期保值者，根据前面的基差风险相关介绍可知，基差扩大将会削弱其在期货市场上的套期保值的效果。根据数据资料显示，鞍钢和中建材点价日基差为 84.5 元/吨，较事先规定的合同基差 60 元/吨而言，铁矿石的采购成本将上升 24.5 元/吨。鞍钢股份由于事先进行套保，避免了成本上涨，并获得了基差扩大的红利。中国建材在与鞍钢具有传统贸易的基础上，需要建立稳定的矿石供给。通过此次基差交易，中国建材提前完成销售，并在行情上涨时完成点价，获得了行情上涨利润，同时拓宽了贸易渠道。此次基差贸易试点为两家国企提供了更加灵活的贸易模式，以及更为透明、公平的参考价格，提高了双方的谈判效率，从而实现了企业间的合作共赢。

B.灵活的交易方式。据了解，国信期货是鞍钢股份、中建材基差贸易业务的辅导员，帮助企业确定基差，推动合作开展。国信期货有关负责人表示，此次对基差贸易业务进行了一定创新，具体体现在基差制定权与点价权的相互让渡上。大多数情况下，基差贸易是由贸易卖方确定基差，贸易买方点价。而在此次业务中，基于双方的业务合作意向，由作为贸易买方的鞍钢股份让渡点价权，获得基差制定权，充分体现了基差贸易的灵活性。

（3）钢铁行业运用基差交易的影响

近年来，铁矿石月度定价已逐渐成为趋势，加上兴起的具有中国特色的港口现货销售模式，铁矿石定价逐步形成了区域化、指数化、多样化的特点。铁矿石现有的定价模式虽然很大程度上灵活地满足了贸易双方的需求，但依旧存在各大指数的可交易性条件差、期现基差风险等不可规避的弊端。因此，基差贸易在黑色产业中的应用可以说是恰逢其时。基差贸易模式与目前铁矿石现货贸易普遍使用的"现货指数＋基差"方式类似，符合实体企业贸易习惯和经营需求。通过大量产业客户和投资者公开交易出来的期货价格基准更为公开、公正和透明,铁矿石期货市场良好的流动性也有利于企业进行点价和对冲。产业企业尤其是国有产业企业开展基差贸易有非常积极的意义。首先,期货市场为铁矿石定价提供了更加公平、公正的参考价格,有利于体现铁矿石当前的市场公允价值。其次,基差贸易为贸易双方提供了更加灵活可靠的交易模式,谁来报基差、谁来点价、按一口价或月均价、波段结算等事宜均可协商。同时,基差贸易具有延期定价的优势,双方可先用货后定价,有利于维持稳定的购销关系,提高双方谈判效率。再次,基差贸易的成熟运用,有利于企业管理价格波动性风险,便于企业风险管理、预期管理。铁矿石期货良好的流动性为企业创造了优良的避险环境,使企业无须直接参与期货市场交易也能够管理风险与利润,为国有企业长期、稳定运营提供助力。目前,钢铁行业涉足基差贸易业务还处于初期阶段,今后在合适时机会继续尝试应用基差贸易模式。对全行业来说,推广基差贸易还需要一个逐步了解和适应的过程。未来,钢铁企业会更多地开展基差贸易,这对钢铁企业稳定收益、提升经营及生产能力具有积极意义。

三、南钢企业

(一)企业简介

南钢始建于 1958 年,1996 年完成公司制改造,由南京钢铁厂改为南京钢铁集团有限公司(以下简称"南钢集团公司")。1999 年 3 月,南钢集团公司以部分钢铁主业资产投入发起设立了南京钢铁股份有限公司(以下简称"公司")。2000 年 9 月 19 日,公司在上海证券交易所上市(600282),控股股东为南钢集团公司;2003 年 4 月,南钢集团公司进行三联动改革,以资产出资与上海复星集团合资成立南京钢铁联合有限公司,公司控股股东变更为南京钢铁联合有限公司;2010 年 10 月,经中国证监会批准,公司完成重大资产重组,南钢钢铁主业实现整体上市,控股股东变更为南京南钢钢铁联合有限公司。图 8-55 为南钢发展历程图。

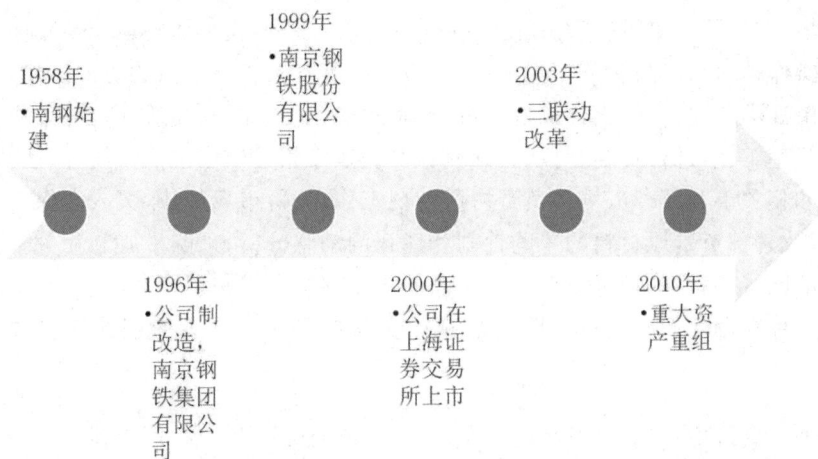

图 8-55 南钢发展历程

1.股权结构

南钢的大股东是复星集团,对企业参与衍生品交易持比较积极的态度,这为南钢开展期货套保提供了便利。大股东在支持参与期货的同时,要求衍生品运用必须符合套期保值的需要,并且套保的期货要和现货结合起来做。

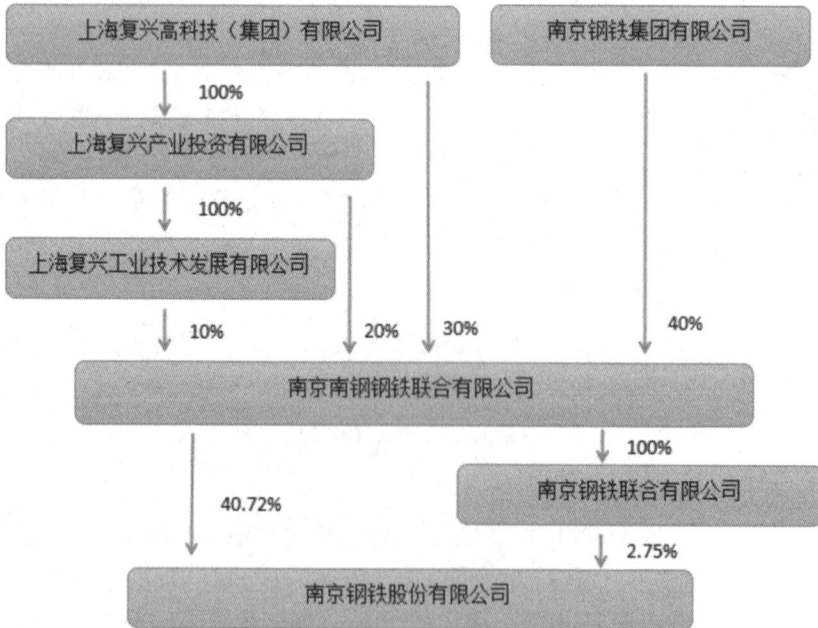

图 8-56 南钢集团的股权结构

资料来源:南钢集团公司年报

2.套期保值团队结构

自 2009 年螺纹钢期货上市后,南钢成立了投资决策小组以及操作团队,正式开始涉足期货市场,在经历了实践摸索、规范套保、体系建设后,形成了稳健运作。套保决策小组涉及业务操作、资金管理、业务相关单位、风险合规等各个相关部门的协调运作,具体业务操作主要由证券部门执行,进行询价交流、预案提交、业务操作、绩效评价等工作。财务部负责资金管理工作,进行资金管控、会计核算等。业务相关单位包括市场部、运营改善部、采购中心和相关事业部。市场部负责协调期现工作,分析市场趋势,买入套保后安排生产工作;运营改善部负责原材料的采购计划和库存的动感分析;采购中心和相关事业部则跟踪原材料的购买、库存的销售情况。衍生品的运用同样会带来很多风险,因此南钢公司设立风险控制部对套保情况进行风险监控和年度考核。图 8-57 为南钢的套期保值团队组织结构图。

(二)套期保值策略

南钢按照公司《钢铁产业链期货套期保值业务管理制度》的规定,套期保值业务交易品种仅限于与公司现有生产经营相关的钢材、铁矿石、焦煤、焦炭、铁合金、镍等境内外商

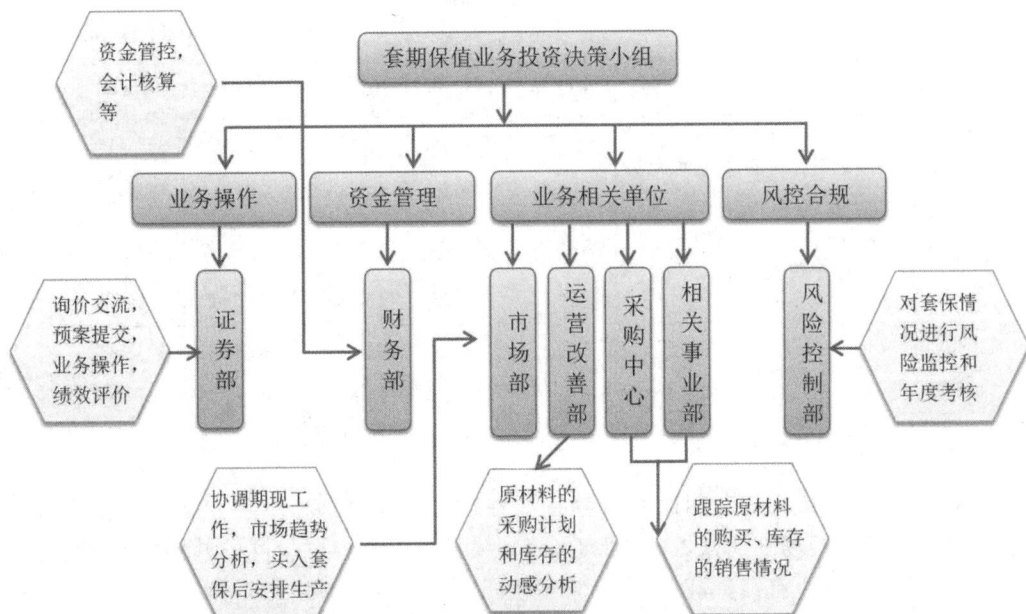

图 8-57　南钢的套保团队组织结构

资料来源：南钢股份钢铁产业链期货套期保值业务管理制度（2017 年 2 月重订）

品交易所或银行制定的标准合约及金融衍生品。在规模方面，整个套期保值业务规模不超过年度预算采购和销售计划的 30％，业务交易保证金最高金额不超过 1.5 亿元。在套保头寸方面，实际操作中套保头寸一般不超过锁价长单所需燃料相关品种的数量。公司钢材卖出套保量在实际操作中一般不超过月度钢材产量，实际套保执行量还会根据市场走势比例控制。在方案获批后，由财务部负责调拨。在资金来源方面，公司套期保值业务主要使用自有资金，优先使用客户订单预付款，必要时使用银行授信资金。

1.衍生品品种运用及原因

在经济全球化的格局下，黑色商品金融属性不断增强，行业产品定价从市场定价向资本定价转移。资本市场套利资金的不断参与介入，使得原燃料及钢材的价格波动幅度加大，频率加快，增加了企业经营难度。公司内部经营方面，南钢于 2012 年亏损 5.61 亿，2013 年亏损 6.18 亿，2014 年扭亏为盈，从数据上看这很大程度来源于投资收益和资产减值损失，从而带动了公司整体盈利水平，如表 8-24 所示。前几年板材市场持续低迷，成为南钢亏损"元凶"之一，而后市场转暖，但作为不锈钢原材料之一，镍价格波动剧烈，全球镍价格疯涨。在此背景下，南钢股份开始扩大使用期货套期保值的规模接了不少长单，利用期货锁定成本和利润。开展套期保值业务，根本目的是规避和控制生产经营中原燃料和钢材价格波动的风险，稳定公司生产运营。一方面，通过对生产所需铁矿石、焦炭、焦煤、铁合金、镍等期货品种的买入套保，防范成本上涨风险；另一方面，在成本确定的情况下，对敞口库存进行期货卖出套保，防范存货跌价损失。

表 8-24　南钢 2012—2016 年盈利情况

单位：元

项　目	2012 年	2013 年	2014 年	2015 年	2016 年
归属于母公司的净利润	-561,325,793.68	-618,450,299.26	291,927,177.53	-2,432,425,938.91	353,735,196.04
资产减值损失	235,108,388.28	510,244,767.23	107,132,131.86	370,637,243.21	143,525,482.76
投资收益	87,512,230.29	219,336,392.22	476,214,433.09	-53,775,823.84	123,281,087.24

数据来源：公司年报

　　南钢公司开始应用的套期保值衍生品主要是期货合约。2017 年上半年南钢大幅度增益,开始考虑利用场外期权做订单管理,考虑发挥场外期权风险可控、策略灵活的优势,利用场外期权优化原有锁价订单、库存管理模式,实现精确套保。

　　2.套期保值模式

　　南钢股份建立了基础套保、战略套保和虚拟钢厂三个层次的套保模式。其中,基础套保包括锁价长单(钢材买入套保)、敞口库存管理(原料卖出套保)等业务;战略套保包括原燃料虚拟库存(原料买入套保)、钢材预销售(钢材卖出套保)等业务;虚拟钢厂模式组合了钢材卖出套保和原料买入套保(卖出螺纹钢,买入铁矿石、焦炭)两种业务。南钢集团套保策略层次图如图 8-58 所示。

　　(1)基础套保

　　锁价长单套保:锁价长单套保的对象主要是远期交货的锁价订单,由于已签订订单,产品价格确定,同时又由于远期交货,成本无法确定,此时通过原材料的买入套保锁定订单利润。截至 2017 年 11 月 30 日,南钢股份共开展锁价长单业务 41 笔,对应 32.88 万吨钢材。利用铁矿石、焦炭、焦煤进行多品种组合套保,钢企可以锁定长期订单约 60% 的生产成本。锁价长单套保的目标在于立足锁定利润、对冲风险、稳定经营。通过锁价长单套保,钢企可逐步改变现有销售以即期订单为主的签单模式,引入期货合约成本测算,增加中长期订单量。

　　钢材库存卖出套保:钢材库存卖出套保的对象为在库的钢材,即产成品(订单)成本是确定的,但产品价格不确定,此时通过钢材期货的卖出进行套保。钢材库存卖出可以实现库存保值,防范因价格下跌带来存货跌价损失。

　　(2)战略套保

　　战略套保以公司整体战略为出发点,应对钢企的"负向剪刀差"吞噬利润的风险。战略套保同样包括两方面。

　　首先,原材料的战略套保。原材料战略套保指市场处于上升周期的大趋势下,成本上涨的幅度大于钢价涨幅,此时买入原料端期货品种,对冲成本上涨风险,较大幅度缓解"负向剪刀差"问题。套保量原则上不超过敞口原燃料采购量。

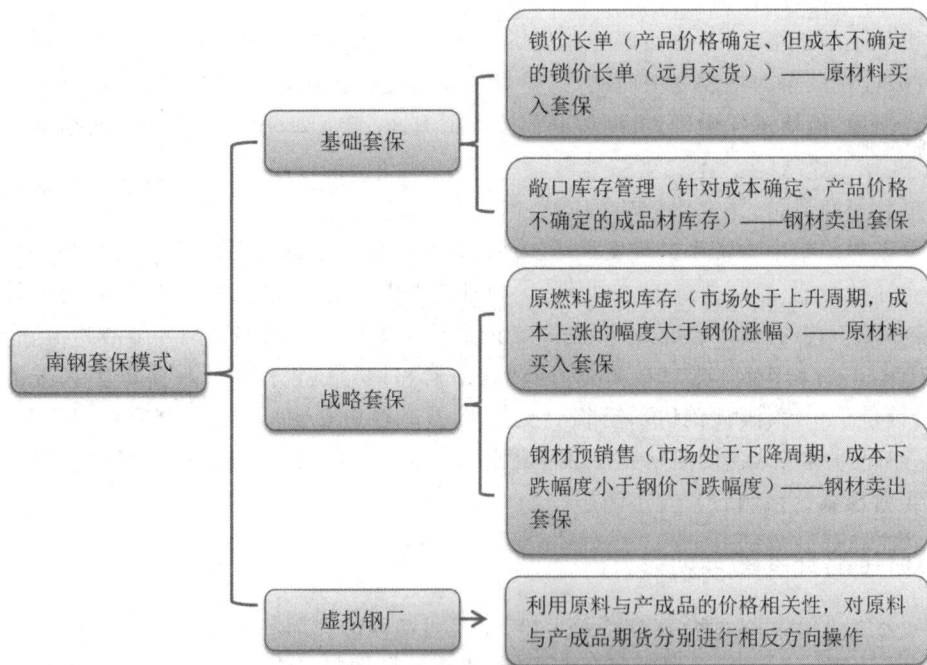

图 8-58　南钢集团套保策略层次

其次,钢材库存的战略套保。在市场处于下降周期的大背景下,成本下跌幅度小于钢价下跌幅度。此时卖出螺纹钢期货,以对冲钢材后期价格下跌的风险。套保量不超过月度钢材产量。2018 年年初,铁矿石现货价格回落,期货价格逐步贴水现货,此时对于企业买入套保十分有利,南钢择机进行了铁矿石战略买入套保,后期现货采购期货对等平仓,有效对冲了铁矿石成本上涨的风险。

（3）虚拟钢厂

虚拟钢厂的策略主要是利用原料与产成品的价格相关性,通过对期货市场螺纹钢产品和原料端铁矿石、焦炭的对冲买卖,锁定市场出现的正向毛利收敛套利机会。虚拟钢厂的操作过程如下:

公式（1）：

螺纹钢生产成本＝1.6×铁矿石＋0.5×焦炭＋400（生铁）＋450（粗钢）＋200（轧制费）

公式（2）：

利润＝市场价格－生产成本

根据公式（1）,先利用原材料期货价格计算出螺纹钢的理论成本值,在确定了平均利润水平分布后,即可根据公式（2）算出正常水平的期货端钢材价格,与市场价格对比可考察目前的螺纹期货价格是否合理,从而在螺纹钢期货价格被高估时采用"买铁矿、焦炭,卖螺纹"的正向套利过程。而在螺纹期货价格被低估时采用"卖铁矿、焦炭,买螺纹"的反向套利过程,待市场价格恢复正常后,即可获得预期利润。虚拟钢厂利用的市场原理是钢厂利润不可能持续维持在高位或低位,因为当利润达到极高值时,一方面钢厂会加速生产,产量增加施压价格,另一方面原材料价格会上涨,从而压缩利润空间;当利润达到极低值时,一方面钢厂会因持续亏损而减产,产量减少将支撑价格,另一方面上游企业议价能力更弱,原材料价格承压走低,从而使利润逐渐回升。

(三)使用衍生品的结果

套期保值给南钢带来的改变,一是稳定了生产经营,在商品价格大幅波动的情况下,熨平企业的利润曲线,规避极端风险,为企业的长期发展提供保障。二是降低了财务成本,衍生品工具的杠杆属性减少了对资金的占用。虚拟库存较实物库存节省物流、仓储等运营成本。三是革新了购销模式,为原材料采购和钢材销售提供了更多的解决方案。销售上,锁价长单套保,让销售部门敢于接长单,提升客户黏性;采购上,建立虚拟库存、买入交割,丰富采购模式。四是构建了战略优势,增强了钢企在产业链中的主动性,弱化传统现货经营模式的限制。

(四)衍生品交易的套期会计

1.公允价值套期会计

2015 年 6 月,由于受到青奥会的影响,南钢预期钢材需求会受到影响,由此预期其所持有的螺纹钢现货产生减值,因此对螺纹钢期货进行卖出套保。被套期项目属于南钢持有的现货库存,为了应对持有存货公允价值波动带来的风险敞口,南钢采取公允价值套期的方法。考虑到由于南京即将于 8 月召开青奥会,不少工地都会陆续停工,钢材需求会受到影响,南钢库存也是大幅增加。因此,南钢在螺纹钢期现水平期间,择机对螺纹钢期货进行卖出套保。事实证明,工地需求下降以后,华东地区钢材价格确实大幅下跌。6—7月,现货价格下跌使得库存跌价损失 260 元/吨,但得益于在 RB1510 合约上以 2 349 元/吨建仓价的套保,到平仓时期价跌至 2 044 元/吨。因此,南钢在期货端赚了 305 元/吨,最终将损失从 260 元/吨转变为利得 45 元/吨。2015 年 6 月 3 日,螺纹钢现货的价格为 2 180元/吨,螺纹钢期货建仓价为 2 349元/吨。2015 年 6 月 30 日,螺纹钢现货价格为 2 010元/吨,螺纹钢期货价格为 2 135元/吨。2015 年 7 月 24 日螺纹钢现货价格为 1 920元/吨,期货端平仓为 2 044元/吨。整理后的衍生品交易数据和衍生品交易标准如下表8-25 所示。

表 8-25　衍生品交易数据表(1)

时间 品种	螺纹钢（元/吨）	
	现货	期货
2015 年 6 月 3 日	2180	2349
2015 年 6 月 30 日	2010	2135
2015 年 7 月 24 日	1920	2044

数据来源:上海期货交易所、Wind 数据库

表 8-26　衍生品交易数据表（2）

交易品种	螺纹钢
交易单位	10 吨/手
报价单位	元（人民币）/吨
最小变动价位	1 元/吨
涨跌停板幅度	上一交易日结算价±3%
合约月份	1—12 月
交易时间	上午 9:00—11:30,下午 1:30—3:00 和交易所规定的其他交易时间
最后交易日	合约月份的 15 日（遇国家法定节假日顺延,春节月份等最后交易日交易所可另行调整并通知）
交割日期	最后交易日后连续五个工作日
交割地点	交易所指定交割仓库
最低交易保证金	合约价值的 5%
交割方式	实物交割
交割单位	300 吨

数据来源:上海期货交易所

2015 年 6 月 3 日,指定螺纹钢存货为被套期项目

借:被套期项目——库存商品——螺纹钢（账面价值）　　　　　　2 180

　贷:库存商品——螺纹钢　　　　　　　　　　　　　　　　　　　　　2 180

2015 年 6 月 3 日,被指定为套期工具的螺纹钢期货合同的公允价值为 0,不做账务处理。保证金做存出保证金处理。2015 年 6 月 30 日,确认套期工具和被套期项目的公允价值变动

借:套期工具——螺纹钢期货合同　　　　　　　（2 349−2 135）214

　贷:套期损益（当期损益）　　　　　　　　　　　　　　　　　　　　214

借:套期损益（当期损益）　　　　　　　　　　　（2 180−2 010）170

　贷:被套期项目——库存商品——螺纹钢——公允价值变动　　　　170

2015 年 7 月 24 日,确认套期工具和被套期项目的公允价值变动

借:套期工具——螺纹钢期货合同　　　　　　　（2 135−2 044）91

　贷:套期损益（当期损益）　　　　　　　　　　　　　　　　　　　　91

借:套期损益（当期损益）　　　　　　　　　　　（2 010−1 920）90

　贷:被套期项目——库存商品——螺纹钢——公允价值变动　　　　90

当日,南钢将螺纹钢存货以 1 960 元/吨价格出售,并将螺纹钢期货合同结算

借:应收账款　　　　　　　　　　　　　　　　　（1 960）1 960

　贷:主营业务收入　　　　　　　　　　　　　　　　　　　　　　　　1 960

结转该批螺纹钢存货成本

借:主营业务成本　　　　　　　　　　　　（2 180−170−90）1 920

　贷:被套期项目　　　　　　　　　　　　　　　　　　　　　　　　　1 920

结算螺纹钢期货

借:银行存款 305
  贷:套期工具 305

因为南钢采用套期进行了风险管理,规避了螺纹钢公允价值变动的风险。因此,螺纹钢存货现货价值的下跌走势虽然使得螺纹钢存货的减值损失为 260 元/吨,但是在期货端,螺纹钢期货合约却带来了 305 元/吨的利得,对冲了企业在存货公允价值变动的风险。同时,南钢运用公允价值套期将套期工具与被套期项目的公允价值变动损益计入相同的会计期间,消除了因企业风险管理可能导致的损益波动。

2.现金流量套期

2016 年 5 月,南钢签订了一单锁价长单,当时订单毛利 208 元/吨。为了完成已签约的订单,避免日后购买原料时现金流变动风险,需要进行现金流量套期。5 月 10 日,南钢在 1701 合约上建仓套保,当时铁矿石 1701 合约 354 元/吨(42 美元/吨),焦炭 1701 合约903 元/吨。焦炭现货价格 1 060 元/吨,铁矿石现货价格 459 元/吨(56 美元/吨)。原材料价格在后续期间持续上涨。8 月 22 日,现货方面,铁矿石普氏指数月均 508 元/吨(61美元/吨),焦炭采购价 1 150元/吨,因此现货端南钢减利 325 元/吨,订单毛利变为一117元/吨。在期货端平仓之后测算,8 月 22 日铁矿石 1701 合约 445 元/吨(53 美元/吨),焦炭 1701 合约 1 259 元/吨,期货端南钢盈利 447 元/吨。整理后的交易数据以及主要衍生品的交易标准如表 8-27 所示。

表 8-27　衍生品交易数据(1)

种类 时间	铁矿石(元/吨)		焦炭(元/吨)	
	现货	期货	现货	期货
2016 年 5 月 10 日	459	354	1 060	903
2016 年 8 月 22 日	508	445	1 150	1 259

表 8-28　衍生品交易数据(2)

交易品种	铁矿石
交易单位	100 吨/手
报价单位	元(人民币)/吨
最小变动价位	0.5 元/吨
涨跌停板幅度	上一交易日结算价的 4%
合约月份	1—12 月
交易时间	每周一至周五上午 9:00—11:30,下午 13:30—15:00,以及交易所规定的其他时间
最后交易日	合约月份第 10 个交易日
最后交割日	最后交易日后第 3 个交易日
最低交易保证金	合约价值的 5%
交割方式	实物交割

数据来源:大连商品交易所

表 8-29　衍生品交易数据(3)

交易品种	冶金焦炭
交易单位	100 吨/手
报价单位	元(人民币)/吨
最小变动价位	0.5 元/吨
涨跌停板幅度	上一交易日结算价的 4%
合约月份	1—12 月
交易时间	每周一至周五上午 9:00～11:30,下午 13:30～15:00,以及交易所规定的其他时间
最后交易日	合约月份第 10 个交易日
最后交割日	最后交易日后第 3 个交易日
最低交易保证金	合约价值的 5%
交割方式	实物交割

上述交易属于未发生的预期交易,在 2016 年 5 月 10 日,南钢不做账务处理,但需编制指定文档。

套期工具的公允价值或现金流量变动大于或小于被套期项目的公允价值或现金流量变动的部分为套期无效部分。

2016 年 8 月 22 日,确认现金流量套期储备

借:套期工具——商品期货合约——铁矿石　　445－354　　　　　　　91
　　套期工具——商品期货合约——焦炭　　1 259－903　　　　　　356
　　贷:其他综合收益——套期储备——铁矿石　　(508－459)＜91,49 有效　　49
　　　　其他综合收益——套期储备——焦炭　　(1 150－1 060)＜356,90 有效　　90
　　　　套期损益——商品期货——铁矿石　　91－49　　　　　　　42
　　　　套期损益——商品期货——焦炭　　356－90　　　　　　　26

采购订单所需铁矿石和焦炭,确认原材料成本

借:原材料——铁矿石　　　　　　　　　　508
　　原材料——焦炭　　　　　　　　　　1 150
　　贷:银行存款　　　　　　　　　　　　　　　1 658

结算铁矿石和焦炭商品期货合约

借:银行存款　　　　　　　　　　　　　447
　　贷:套期工具——商品期货合约——铁矿石　　　　91
　　　　套期工具——商品期货合约——焦炭　　　　356

将现金流量套期储备金额全额转出,调整原材料采购成本

借:其他综合收益——套期储备——铁矿石　　　49
　　其他综合收益——套期储备——焦炭　　　　90
　　贷:原材料——铁矿石　　　　　　　　　　　　49
　　　　原材料——焦炭　　　　　　　　　　　　90

表 8-30　衍生品交易利得和损失

种类 时间	铁矿石（元/吨）		焦炭（元/吨）	
	现货端	期货端	现货端	期货端
2016 年 5 月 10 日	459		1060	
	（49）损失	91 利得	（90）损失	356 利得
2016 年 8 月 22 日	508		1150	

表 8-30 显示，最终期现对冲之后，南钢不但锁定了订单原有的 208 元/吨的毛利，每吨还增加了 100 元毛利。

第三节　房地产行业视角的衍生金融工具风险管理及其会计运用

一、房地产行业背景简介

2017—2018 年，我国的房地产行业在房地产政策"房子是用来住的，不是用来炒的"基调的影响下，实现了房地产结构不断调整升级。中央层面，注重深化基础性关键制度改革，强化金融监管和风险防控，加快住房租赁体系建设，保障居民合理自住需求；地方层面，深入推进住房制度改革，优化住房和土地供应结构，完善基本住房制度体系，加快建立健全长效机制。

1. 房地产政策

（1）政策基调

调控延续，金融监管加强，长效机制加快建立。2018 年两会指出，"坚持房子是用来住的、不是用来炒的定位，落实地方主体责任，继续实行差别化调控，建立健全长效机制，促进房地产市场平稳健康发展。"同时还提出，要建立多层次住房供应体系，加快住房制度改革节奏，强化金融监管统筹协调和棚改攻坚。其中，强化金融监管统筹协调要求"健全对影子银行、互联网金融、金融控股公司等监管"。此举的目的在于防范化解地方债务风险，严禁各类违法违规举债、担保等行为，也是为了遏制房地产对金融机构举债的依赖性。

（2）政策现状

分城、多策、持续深化，调控仍保持收紧、纠偏趋势。

自 2006 年以来，99 个地级以上城市，共出台政策约 319 项，43 个县市出台政策约 43 项。2018 年 3 月、4 月、5 月又迎来政策高峰，约 30 城出台相关调控政策。海南、河北从省级层面全面调控。其中，海南省级政策频出，4 月出台全城限购政策；5 月住建部约谈后成都、太原相继出台政策。在这些房地产政策中，不断收紧对房地产的调控，扩大房地产

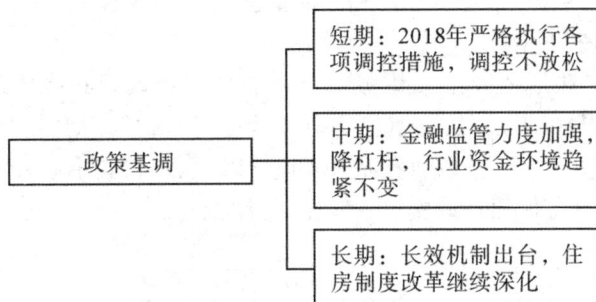

图 8-59　房地产政策基调

数据来源:中国指数研究院:2018 年上半年中国房地产政策盘点

的有效供给,金融信贷政策更是贯穿其中。金融信贷政策对调控发生重要作用,后期仍将保持收紧态势。

图 8-60　金融信贷政策贯穿房地产行业发展过程

(3)房地产税已"箭在弦上"

房地产税通过影响预期有效降低房价波动幅度,短期将抑制成交量。2017 年 12 月,时任财政部长在人民日报撰文提到"推进房地产税立法和实施……逐步建立完善的现代房地产税制度。"2018 年两会也指出要"稳妥推进房地产税立法→正抓紧起草和完善法律草案→参考国际共性制度,同时从中国国情出发。"从目前的资料来看,2019 年将完成房地产税立法程序,2020 年有望落地实施。这一举措的出现可能会通过影响预期有效降低房价波动幅度。国际经验表明,房地产税从长期来看能够有效降低房价波动幅度,降低市场交易热度;从短期来看可以抑制成交量。

(4)住房租赁开启"新房改"

2018 年 4 月,《关于推进住房租赁资产证券化相关工作的通知》中提到对开展住房租赁资产证券化的基本条件、政策优先支持领域、资产证券化开展程序以及资产价值评估方法等予以明确。5 月,《关于保险资金参与长租市场有关事项的通知》中指出保险资金放开进入长租公寓领域。

从中可以看出,如果住房租赁全面开启,在国家政策的支持下,越来越多的人会选择用租房的方式来取代买房。同时,政策中提到的住房租赁资产证券化无疑又是房地产资产证券化的又一创新形势,推动房地产相关的衍生金融工具不断发展。

（5）房地产自身发展情况

政策严控致使销售增速同比下滑:房地产销售的严控政策必将导致房地产销售市场的降温,房地产销售数据下滑,从而引发房地产投资下滑的"预期";据统计显示,2019年1—6月房地产开发企业累计土地购置面积同比下降27.5％,其中6月当月购置面积同比下降14.3％。1—6月土地累计成交价款同比下滑27.6％。

单月土地购置面积（万平）

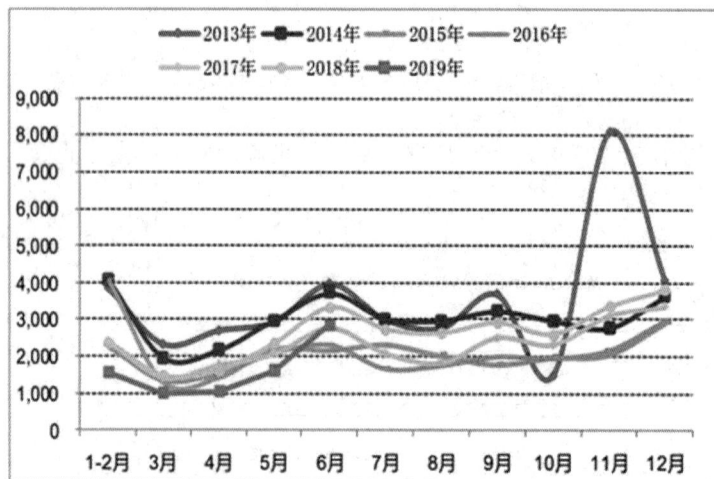

图 8-61　2019 年 1—6 月房地产开发土地购置面积同比下降 27.5％

数据来源:中国产业信息网

（6）房地产整体资产负债率偏高

从上市公司披露的财务报表来看,房地产行业整体的负债率偏高。例如,在2017年房地产行业排名前十的上市公司披露的半年报中显示,融创在上半年前6个月资产负债率达到91.92％,在中国资产最大的10家地产公司中排名第一,即使是万科这样公认的优质公司,其资产负债率仍高达82％。通常企业的资产负债率在75％左右被认为是发展良好的,但是房地产行业的资产负债率整体偏高,这跟他们自身的发展模式有很大的关系。房地产企业的前期资金来自银行,通过向银行借钱来买地、盖楼,在一部分工程完工之后又继续抵押给银行贷款继续发展,再加上房地产预售模式的普遍应用,购买者大多采取按揭的方式购买房屋,这使得房地产行业资金周转期长,资金回收困难,如此周而复始,房地产行业就很容易积累大量债务,使得资产负债率畸高。

如果房地产行业整体的资产负债率偏高,那么在资金紧张的情况下,它就会想尽办法去控制自己的成本和风险。

（7）房地产逐渐拓展海外业务

自2013年起,我国的房地产就不断开始增加对海外房地产的投资。2013—2015年,中国房地产在海外市场的投资额屡创新高,投资总额以年均50％的速度不断增长,投资区域偏好于东南亚、北美等地区。经过多年的试水,我国的房地产逐渐从尝试性开发向规模化开发转变,形成了产业化的发展。

近5年中国房企海外投资分布图

图 8-62　近 5 年中国房企海外投资分布

我国房地产纷纷选择在海外投资,主要有以下原因:

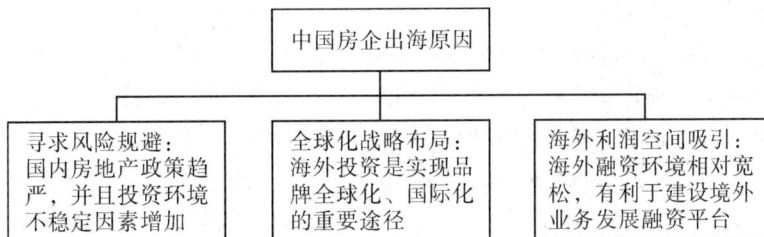

图 8-63　近 5 年中国房地产海外投资原因

　　我国的房地产行业一旦选择了海外业务,就会涉及用外币进行交易的活动。因此,为更好地应对汇率风险、利率风险,房地产企业一直在寻求利用金融工具来达到控制风险的目的。

　　(8)房地产整体面临风险

　　房地产行业是资金使用十分密集的行业,不论是在房地产项目筹建前,还是在项目建设中,抑或是项目竣工完成后的房屋销售阶段,都需要大量资金来维系整个房地产项目运作。此外,房地产行业的现金周转周期也相对其他行业要长。一个地产项目从资金投入使用再到获得利润,至少需要 3 年时间。在此期间,企业将无法从这个项目中回收现金。由于房地产行业高投入、回收周期长的特点,房地产企业面临着巨大的财务风险,一旦销售回款不能满足企业债务偿还与新增开发投资需求,企业资金链很可能发生断裂,从而导致企业破产。

　　(9)利率风险

　　一方面,以 2016 年 9 月 30 日北京市住建委出台的《关于促进本市房地产市场平稳健康发展的若干措施》为标志,我国房地产进入了一个严格调控的时期。政府通过出台限购限贷等政策,持续收紧房地产市场,给房价"降温"。2016—2018 年房地产市场交易量下降,销售额增速放缓,企业难以通过预收账款来缓解日益增长的融资压力。另一方面,土地交易价格持续增长,导致房地产企业成本上升,进一步压缩了企业利润。因此,房地产企业只有通过债务融资才能满足自身巨大的资金需求。

房地产行业整体负债率再创新高。Wind资讯数据显示,2017年全年,136家上市房企平均负债率达到79.1%,为2005年以来的最高位。在136家上市房企中,负债超过百亿元的房企有67家,占比49%;负债超过300亿元的房企有37家,占比27%,其中,万科、绿地控股、保利地产等企业负债均超过3 000亿元。

综合房地产上市公司一季报数据,截至2018年一季度末,房地产行业资产负债率仅次于银行和非银金融。一季度136家房地产开发企业中,有近40家公司资产负债率超过80%,占比接近26%,近一半企业资产负债率超过70%。巨额债务导致企业财务费用急剧上升,市场利率变动对企业财务成本与流动性的影响被进一步放大。

(10)外汇风险

2017年以来,金融监管力度逐步加强,多个部门陆续表示要规范购房融资行为,银行、信托、证券交易所等相继出台政策,对房企融资规模、渠道、方式等做出进一步规范,对企业的资质审核与资金管控更加规范和严格,推动房地产行业持续去杠杆和降风险。

受监管收紧影响,近两年国内房地产发债规模大幅萎缩。中国指数研究院最新研报显示,前两年,房地产行业的融资环境相对宽松,公司债发行条件放宽,推动房地产债券发行井喷式增长。2015年房地产发债6 682亿元,2016年发行量进一步飙升至1.15万亿元,同比扩张72%。但自2016年四季度起,房企发债政策收紧,2017年房企发债规模大幅下降。Wind数据显示,2017年房地产企业共发行公司债85支,总规模940.8亿元,较2016年的7 955.5亿元下降88.17%。由于融资渠道纷纷收紧,不少房地产企业只能寻求海外发债融资。2017年国内地产企业海外发债规模达到3 164.6亿元,是2016年的4倍。发债品种以美元债为主,还有少量境外人民币债。因此,房地产企业的债务成本受到外汇汇率波动的影响,当人民币贬值时,企业债务成本将上升。

2.房地产主要运用衍生金融工具

查阅我国上市房地产企业近两年年年报可以发现,房地产行业对衍生金融工具的应用在基础衍生金融工具上主要有利率互换、货币互换、远期合约等,在衍生工具的组合主要体现在货币利率交叉互换上。在此,主要选取货币利率交叉互换、远期外汇合约、外汇期权这三种衍生金融工具,分析房地产在运用衍生金融工具的过程。

(1)交叉货币利率互换

①交叉货币利率互换概念

货币利率交叉互换是指交易双方将两种货币的资产或者债务按不同形式的利率进行交换。货币利率交叉互换兼具货币互换和利率互换的双重特征。一方面,它涉及两种货币的本金,因此,需要按约定的汇率进行本金的互换;另一方面,需要进行两种货币间固定利率和浮动利率的交换,交易过程较为复杂。货币利率交叉互换的交易目的也不外乎两方面,即规避汇率和利率风险,降低筹资成本。

例如,由于业务的需要,美国A客户在一段时间内需分若干次向英国B客户以英镑付款,利率是以LIBOR为基础的浮动利息。为了避免美元兑英镑支付的汇率和利率风险,美国A客户通过中介银行安排货币利息互换,定期向中介银行支付规定利率的美元款项,中介银行定期向英国 B 客户支付以 LIBOR 计息的英镑,从而实现了以美元固定利率的利息和与英镑浮动利率的利息之间的互换。

②互换流程——以龙湖为例

2013 年,龙湖地产公司按照面值向公众发行总面值500 000 000美元的有担保优先定息票据(2023 年美元票据),该种票据的固定年利率为 6.75%,需每半年支付一次利息,并须于 2023 年 1 月 29 日前按面值悉数偿还。龙湖地产公司当时预期未来利率上涨的可能性较大,因此为了减小利率上升带来的风险,决定签订合约,将未来利率固定在7.59%。

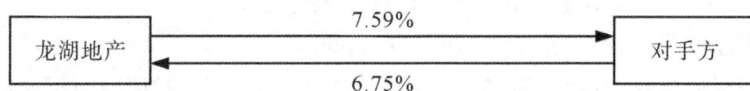

名义金额 Notional amount	到期日 Maturity	匯率 Exchange rates	利率掉期 Interest rate swap
買入 20,000,000 美元 (二零一六年:買入 20,000,000 美元) Buy USD20,000,000 (2016:Buy USD20,000,000)	二零二三年一月二十九日 29/01/2023	人民幣1元兑0.164美元 RMB1: USD0.164	由固定利率6.75%至固定利率7.53% From fixed rate of 6.75% to fixed rate of 7.53%
買入 25,000,000 美元 (二零一六年:買入 25,000,000 美元) Buy USD25,000,000 (2016:Buy USD25,000,000)	二零二三年一月三十日 30/01/2023	人民幣1元兑0.166美元 RMB1: USD0.166	由固定利率6.75%至固定利率7.65% From fixed rate of 6.75% to fixed rate of 7.65%
買入 75,000,000 美元 (二零一六年:買入 75,000,000 美元) Buy USD75,000,000 (2016:Buy USD75,000,000)	二零二三年一月三十日 30/01/2023	人民幣1元兑0.166美元 RMB1: USD0.166	由固定利率6.75%至固定利率7.65% From fixed rate of 6.75% to fixed rate of 7.65%
買入 25,000,000 美元 (二零一六年:買入 25,000,000 美元) Buy USD25,000,000 (2016:Buy USD25,000,000)	二零二三年一月三十日 30/01/2023	人民幣1元兑0.166美元 RMB1: USD0.166	由固定利率6.75%至固定利率7.63% From fixed rate of 6.75% to fixed rate of 7.63%
買入 25,000,000 美元 (二零一六年:買入 25,000,000 美元) Buy USD25,000,000 (2016:Buy USD25,000,000)	二零二三年一月三十日 30/01/2023	人民幣1元兑0.165美元 RMB1: USD0.165	由固定利率6.75%至固定利率7.63% From fixed rate of 6.75% to fixed rate of 7.63%
買入 25,000,000 美元 (二零一六年:買入 25,000,000 美元) Buy USD25,000,000 (2016:Buy USD25,000,000)	二零二三年一月三十日 30/01/2023	人民幣1元兑0.165美元 RMB1: USD0.165	由固定利率6.75%至固定利率7.6% From fixed rate of 6.75% to fixed rate of 7.6%
買入 50,000,000 美元 (二零一六年:買入 50,000,000 美元) Buy USD50,000,000 (2016: Buy USD50,000,000)	二零二三年一月二十九日 29/01/2023	人民幣1元兑0.164美元 RMB1: USD0.164	由固定利率6.75%至固定利率7.59% From fixed rate of 6.75% to fixed rate of 7.59%

图 8-64　龙湖地产交叉货币利率掉期具体交易

资料来源:龙湖地产公司 2017 年年报

龙湖集团在 2016 年用人民币买入500 000 000美元,并进行利率互换,截至 2016 年 12 月 31 日,以代价2 050 000美元自市场赎回本金2 000 000美元,已付代价于 2023 年到期美元票据赎回部分的账面价值之间的差额并不大。2017 年 12 月 31 日,2023 年到期美元票据的账面净值经扣除未摊销发行费用合计2 381 000美元入账,2023年到期美元票据的实际年利率为6.89%,由此可见,龙湖对利率上升的预期是准确的,利率的互换大大降低了可能产生的巨大损失。

（2）远期外汇合约

①远期外汇合约的概念

外汇远期合约又称期汇交易,是指买卖外汇双方先签订合同,规定买卖外汇的数量、汇率和未来交割外汇的时间,到了规定的交割日期,双方再按合同规定办理货币收付的外汇交易。房地产行业中运用较多的是远期结售汇业务。

远期结售汇业务（远期外汇契约,foreign exchange forward contract）,是指客户与银行签订远期结售汇协议,约定未来结汇或售汇的外汇币种、金额、期限与汇率,到期时按照该协议订明的币种、金额、汇率办理的结售汇业务。在具体业务操作中,涉外企业在对人民币升值预期较为强烈时,可以通过与银行签订远期结汇合约,锁定未来收益,在人民币贬值预期强烈的时期,可以通过与银行签订远期购汇合约提前锁定未来支付的成本。

远期结售汇业务的主要机理如下：

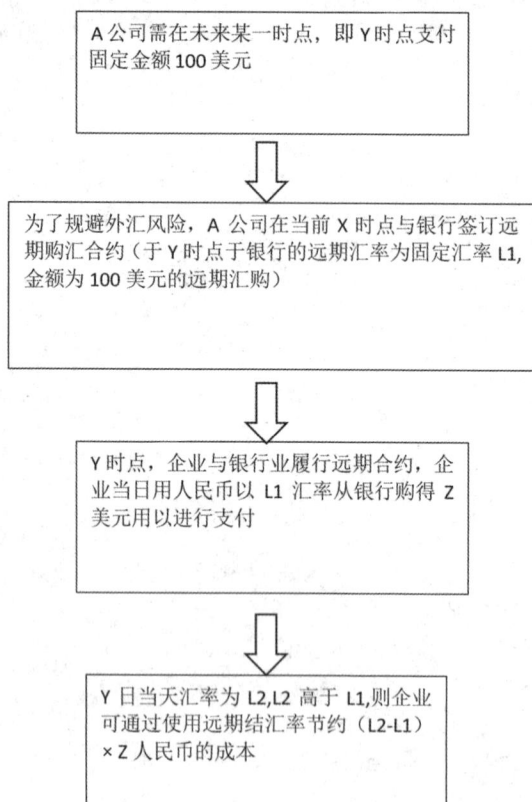

图 8-65　普通远期结售汇操作机理

②万科房地产外汇远期案例分析

从 2018 年 4 月下旬以来,美元持续强势表现,美元/人民币曾最低达到 6.26,而在 8 月这一数值已经升至 6.92,也就是说 4 月下旬,兑换 100 元美元需要 626 元,而现在则需要多花 66 美元左右。为了应对汇率波动,多家上市公司纷纷采取行动,其中就包括万科,万科于 2018 年 8 月 15 日发布了关于子公司开展外汇套期保值的公告,公告中说明,为了更好地开展境外投融资业务,经有关政府机关批准,公司先后在香港设立了多个全资投融资平台,如万科地产(香港)有限公司、万科置业(香港)有限公司等,简称"万科海外平台",一方面参与境外投资并购及投资境内房地产项目,另一方面在境外筹集外币资金为业务发展服务。投融资外币币种以美元、港币为主,同时有少量其他货币,这样的海外投资平台必然使万科面临较大的汇率波动,因此万科采取了在日常经营中动态监测汇率波动及外债头寸,优先采取资产与负债币种匹配方式自然对冲汇率风险,同时针对自然对冲未能覆盖的净外汇敞口,适时采用套期保值工具进行适当风险覆盖。而 8 月公布的公告也使万科针对外汇敞口的套期保值有了更多的授权。

从万科 2017 年年报披露可知,万科为降低外币借款汇率变动产生的风险,本年内针对 15.75 亿美元和 35.16 亿港币的外币借款及债券签署了远期外汇契约(DF)。2017 年年末未到期,DF 在外币借款的期限和金额范围内,通过锁定远期汇率,减小了汇率变动风险。(因为无法通过披露得到交易的具体预定汇率、具体到期日、具体交易金额,因此选取一定的假定汇率和借款 1 000 万美元以及到期日为例模拟交易过程)。

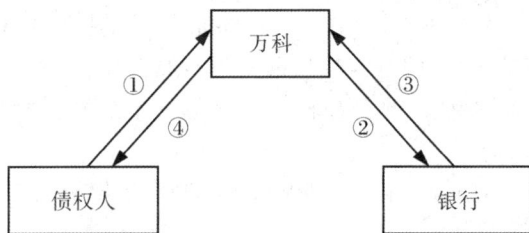

图 8-66　万科远期结售汇示意图

万科于 2017 年 1 月 1 日得到了 1 000 万的美元借款,并需要于 2018 年 1 月 1 日进行偿还。

万科于 2017 年 1 月 5 日与银行签订了约为一年的远期购汇合约,合约约定到期日 2018 年 1 月 1 日万科将与银行进行一笔远期汇率为 6.6082、金额为 1 000 万美元的远期汇购。2017 年 1 月 5 日当日参考的即期汇率为 6.5538。

2018 年 1 月 1 日,企业执行远期合约,以 6.6082 的汇购价格购得 1 000 万美元用以偿还借款。

2018 年 1 月 1 日,即期汇率为 6.6481 万科向债权人偿还借款 1 000 万美元。从财务角度来看,企业通过远期结售汇业务节约了大约(6.6481－6.6082)×1 000 万＝39.9 万人民币的成本。

万科通过使用这样基础的远期结售汇业务可以达到规避外汇波动风险的目的,不过在进行远期外汇交易时也可以使用派生类的远期结售汇业务,即"加盖远期业务"(cap forward),以达到更佳效果。远期加盖业务本质上是一个普通远期和卖出美元看涨期权组合,现以万科的基础例子对该派生业务进行具体的解释。

该加盖业务即在原有的远期购汇的基础上,加上一个收益上限的盖子,加盖后的远期产品较远期购汇业务的执行价格更低,约为6.5878,加盖位置为6.800.收益为:若到期日即期汇率高于产品的盖6.800,则企业收取固定最大收益人民币(6.800−6.5878)×1 000万=212.2万人民币。若到期即期汇率位于6.5878和6.800之间,则收取差额收益部分(即期汇率−6.5878)×1 000万人民币;若到期定价日即期汇率位于6.5878以下,则需要对差额损益部分进行支付即(6.5878−即期汇率)×1 000万。根据业务,可得到具体收益如图8-67所示。

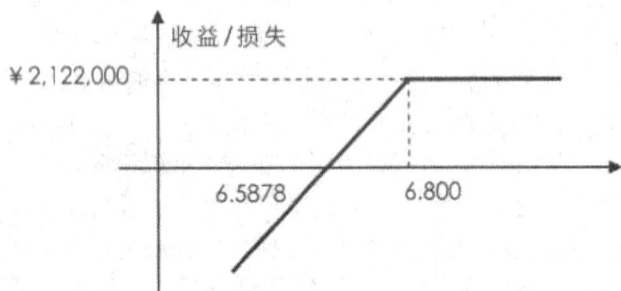

图 8-67　加盖业务收益图

该图展示了到期日当天的损益情况,产品的损益情况基本可以分为两段,6.800的右段,收益曲线平行于横轴,收益固定为产品可实现的最大收益212.2万人民币;6.800的左段,收益类似于普通远期结售汇,在约定的远期结算汇率的左右段分别发生(即期汇率−交点汇率)×标的金额的损失或者收益。

将收益曲线拆分为远期合约和看跌期权,可得到一般情况的到期日产品损益图,如图8-68所示。

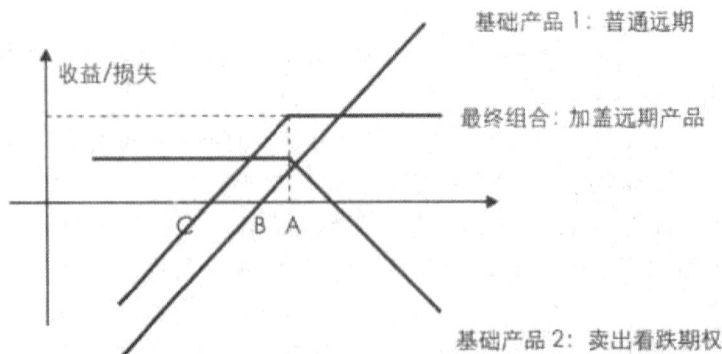

图 8-68　加盖远期产品组合收益图

通过分析图8-68可知:(1)C是最终组合和横轴的交点,也是整体制组合的盈亏平衡点,是由普通远期与横轴的交点和卖出看跌期权的收益点所共同决定的,C点位置是由B

点位置和期权收益费率共同决定的。(2)最终组合的盖的位置是由卖出期权的执行价格点位决定的,A点既是基础期权业务的执行价格,也是加盖预期的执行价格,或者说是盖。

万科通过使用这样的组合,可以更好地满足企业应对外汇风险的需求,根据万科对于未来汇率的预期假设,可以自行对产品进行调整。当其认为企业汇率波动会在较低区间内时,可以适当降低"盖"的位置,将A点向左移动,以获得更高的卖出期权收益,也将组合盈亏平衡点向右移动;反之,提高A点的位置,可以将组合平衡点(C点)向右移动,获得更高的安全边际。万科乃至整个房地产企业都可以在未来通过运用多样远期和其他衍生工具的组合以便更好地控制外汇敞口。

二、外汇期权

1.外汇期权的概念

外汇期权(foreign exchange options)也称货币期权,指合约购买方在向出售方支付一定期权费后,所获得的在未来约定日期或一定时间内,按照规定汇率买进或者卖出一定数量外汇资产的选择权。

2.房地产外汇期权会计处理(依据2017年颁布的《企业会计准则第24号——套期保值》)——以碧桂园为例

根据碧桂园2017年年报披露,碧桂园主要的非人民币资产及负债为以港币、美元及林吉特计值的银行存款及借款。此外,碧桂园在2014—2015年共计发行了总额为24.5亿美元的优先票据,优先票据的到期日为2018—2021年。集团为了规避偿还美元优先票据的外汇风险,与摩根士丹利签订外汇货币期权合同。根据会计准则,该外汇货币期权合同适用于套期会计。

表8-31　假设具体情况

外汇货币期权合同	
账面价值	52 118 000(人民币元)(折合:8 010 513.05美元)
对冲比率	1∶1
到期日	2018年3月8日—2021年3月31日
行权价(美元兑人民币汇率区间)	6.4800至6.8200区间

由于该财务报表披露的数据不足,会计处理分析中做出以下条件假设:

假设一:以2017年12月31日作为外汇期权的购买日

假设二:碧桂园购买外汇货币期权合同是为了对冲一笔到期日为2018年7月20日、账面金额为8 010 513.05美元的美元优先票据。

假设三:期权费为520 000元人民币

假设四:行权价(美元兑人民币汇率)为6.5062

表 8-32　假设具体情况

日期	即期汇率 （美元兑人民币）	期权市场价格 （人民币）	期权内在价值 （人民币）	期权时间价值 （人民币）
2017 年 12 月 31 日	6.5062	520 000	①0	④520 000
2018 年 6 月 30 日	6.6170	910 000	②887 564.846	⑤22 435.154
2018 年 7 月 20 日	6.7697	2 110 770.19	③2 110 770.19	⑥0

注：①期权内在价值＝外汇货币期权合同账面价值×（即期汇率－行权价）。

②期权时间价值＝期权市场价格－期权内在价值。

③外汇期权的内在价值确认为套期工具；时间价值因属于无效套期部分确认为衍生工具。

（1）2017 年 12 月 31 日签订合同，交纳 520 000 元期权费。

借：衍生工具——外汇货币期权合同（时间价值）　　　　520 000

　贷：银行存款　　　　　　　　　　　　　　　　　　　　　　520 000

借：应付债券（USD 8 010 513.05）　　　　　　　　52 118 000

　贷：被套期项目——应付债券（USD 8 010 513.05）　　　　52 118 000

（2）2018 年 6 月 29 日，由于汇率变动，外汇货币期权合同的公允价值发生改变。

借：套期工具——外汇货币期权合同（内在价值）　887 564.846　②－①

　贷：套期损益　　　　　　　　　　　　　　　　　　　　887 564.846

借：套期损益　　　　　　　　　　　　　　　　887 564.846

　贷：被套期项目——应付债券（USD 8 010 513.05）　　　887 564.846

借：其他综合收益　　　　　　　　　　　　　497 564.846

　贷：衍生工具——外汇货币期权合同（时间价值）　　497 564.846⑤－④

（3）2018 年 7 月 20 日，行权日汇率 6.7697 在行权区间，碧桂园选择行权。

借：套期工具——外汇货币期权合同（内在价值）　1 223 205.34③－②

　贷：套期损益　　　　　　　　　　　　　　　　　　　1 223 205.34

借：套期损益　　　　　　　　　　　　　　　1 223 205.34

　贷：被套期项目——应付债券（USD 8 010 513.05）　　1 223 205.34

借：其他综合收益　　　　　　　　　　　　22 435.154

　贷：衍生工具——外汇货币期权合同（时间价值）　　22 435.154⑥－⑤

借：银行存款（USD 8 010 513.05）　　　　54 228 770.19

　贷：套期工具——外汇货币期权合同（内在价值）　　2 110 770.19

　　衍生工具——外汇货币期权合同（时间价值）　　　　　　　0

　　银行存款　　　　　　　　　　　　　　　　　52 118 000

借：投资收益　　　　　　　　　　　　　　　520 000

　贷：其他综合收益　　　　　　　　　　　　　　　　520 000

借：应付债券（USD 8 010 513.05）　　　　54 228 770.19

　贷：银行存款（USD 8 010 513.05）　　　　　　54 228 770.19

碧桂园通过外汇货币期权合同，以 520 000 元人民币的成本，规避了 2 110 770.19 元人民币的外汇风险。

3.碧桂园股份掉期案例分析

(1)交易双方简介

①碧桂园简介

碧桂园控股有限公司(股票代码:HK 02007)是一家城镇化住宅开发商,属于综合性企业集团,采用集中及标准化的运营模式,业务包括物业发展、建安、装修、物业管理、物业投资、酒店开发和管理等,其提供多元化的产品切合不同市场的需求,包括联体住宅及洋房等住宅区项目以及车位及商铺。碧桂园 2007 年在香港联交所成功上市,成为本港上市、市值最高的中国房地产企业之一。2007 年 6 月 30 日集团总市值达 1 080 亿港元,总资产值约达人民币 34 200 百万元。碧桂园 2012 年末资产总额 1 365.22 亿元,净资产 38 884 亿元,完成营业收入 418.91 亿元,同比增长约 20.06%,税后利润达到 68.85 亿元,同比增长约 17.93%。

碧桂园在 2008 年引入外资私募股权基金进行私募股权融资之前,其股权结构已经历数次变化。为了成功在港上市,碧桂园采取创建多层级的 BVI 公司方式,在多次并购重组之后,最终满足了境外证券市场的上市要求。2006 年 11 月,碧桂园在开曼群岛注册为受豁免有限公司,随后向 5 个股东公司配发股份,5 家股东公司各占 70%、12%、6%、6% 及 6% 股权,重复了碧桂园国内公司的股权结构,引入外资私募前的股权构架如图 8-69 所示。

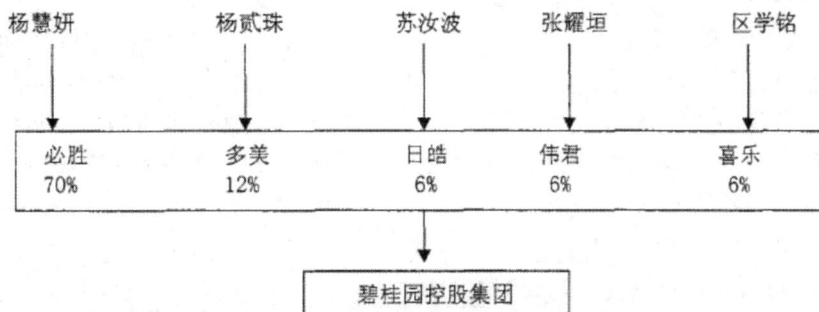

图 8-69　碧桂园私募股权融资前股权结构

②美林银行简介

美林银行前身为美林证券,是世界领先的财务管理和顾问公司之一,总部位于美国纽约。作为世界最大的金融管理咨询公司之一,它在财务世界响当当的名字里占有一席之地。公司创办于 1914 年 1 月 7 日,当时美瑞尔(Charles E.Merrill)正在纽约市华尔街 7 号开始他的事业。几个月后,美瑞尔的朋友,林区(Edmund C.Lynch)加入公司,于是在 1915 年公司正式更名为美林。2008 年 9 月 14 日周日晚间,已有 94 年历史的美林公司(Merrill Lynch & Co.)同意以大约 440 亿美元的价格出售给美国银行(Bank of America Corp.)。二者的合并造就了一家业务范围广泛的银行巨头美林银行的诞生。美林银行通过提供一系列的金融服务来满足个人以及机构客户投资的需要,这些服务包括个人理财计划、经纪证券买卖、公司顾问、外汇与商品交易、衍生工具与研究。作为投资银行,美林也是全球顶尖、跨多种资产类别之股票与衍生性产品之交易商与承销商,同时也担任着全球企业、政府、机构和个人的战略顾问。

(2)碧桂园—美林案例分析

碧桂园于 2008 年 2 月 15 日与美林订立债券认购协议；据此，美林同意认购碧桂园将发行初步本金总额为 3 595 百万元人民币的公司固定债券及就此付款。此外，碧桂园向美林授出期权，以要求碧桂园额外全数或部分发行本金总额最多达 719 百万元人民币(约为 7.8 亿港元)的选择性债券，可于截止日期后第 60 天或之前随时一次全数或分多次部分行使。2008 年 3 月 3 日，由于公司固定债券获超额认购，美林全面行使期权，并要求碧桂园发行达 719 百万人民币(约为 7.8 亿港元)的选择性债券；选择性债券的认购于 2008 年 3 月 5 日完成。根据初步换股价 9.05 港元/股计算，假设按初步换股价悉数转换债券，则债券将可转换股份 517 012 020 股(即以公司固定债券转换 430 843 350 股股份及以选择性债券转换 86 168 670 股股份的总和)，相当于 2 月 15 日碧桂园已发行股本约 3.2％及经债券获悉数转换而扩大后的本公司已发行股本约 3.1％。因债券获转换而将予发行的股份将在各方面与有关换股日期当时的已发行股份享有同等权益。碧桂园向新加坡交易所申请批准债券上市，并向香港联交所申请批准转换股份上市及买卖。

在订立债券认购协议的同时，碧桂园亦与美林就价值达 250 百万美元(约等于 19.5 亿港元)的股份订立股份掉期。根据股份掉期，若最终价格高于初步价格，则碧桂园会收取款项；若最终价格低于初步价格，则美林会收取款项。倘若发生转股或回购或赎回事件，则碧桂园及美林均有权提前终止股份掉期。于股份掉期有效期内，本公司须提供 250 百万美元(约等于 19.5 亿港元)的抵押品。进行股份掉期旨在为本公司对冲股价较初步价格的升幅。若最终价格高于初步价格，则美林将须向碧桂园付款，金额乃参照最终价格与初步价格之间的差额厘定。若最终价格低于初步价格，则碧桂园将须向美林付款，金额亦参照最终价格与初步价格之间的差额厘定。在任何情况下，股份掉期亦须于厘定最终价格后第 3 个纽约营业日以现金结算，且不会影响碧桂园的已发行股本或股东股权。

①碧桂园动因分析

筹资买地。2007 年，碧桂园像其他房地产企业一样扩大经营规模，需要大量资金来购买土地。虽然它上市之初成功地融到大笔资金，但是仍然满足不了扩张的需要，碧桂园资金链面临不小的压力。而碧桂园对以后的融资前景颇为自信，即使资金紧张，并未收敛自身的扩张行为。

发行债券失败。碧桂园在 2007 年 10 月打算发行 15 亿美元债券来筹集资金，然而资本市场的变化极为迅速，受金融危机的影响，投资者们往往自顾不暇。纵使碧桂园承诺 10％的高收益率，仍未受投资者青睐。于此，碧桂园想通过发行债券来弥补融资计划失败的损失。

自身债务到期。2008 年初，碧桂园有一笔高达 18.3 亿港元的债务快要到期。在融资已经刻不容缓情况下，碧桂园接受了美林的私募股权投资，并与美林签署一份对赌协议。而大部分的债券融资被用于归还中银香港一笔即将到期的债务。

锁定回购价格。碧桂园与美林国际对赌还有一个目的，即碧桂园希望在未来回购股份，满足上市需要，并锁定回购价格。上市时，碧桂园的公众持股比例只有 16.86％，按照香港的上市规则，一般要求上市公司公众流通股份的比例达到 25％以上。出于碧桂园市值较大考虑,香港联所允许其比例低于 25%,但要求其该比例要降为 15%,否则可能面临退市风险。

②可转换债券协议

碧桂园发行的可转换债券在未转换成股票之前,可每隔半年以美元支付年利率为 2.5% 的利息,首个付息日期即为 2008 年 2 月 22 日;如债券持有人不实行转股,则碧桂园将于 2013 年 2 月 22 日以债券本金额的美元等值的 121.306% 赎回债券;而债券持有人如有意愿转股,则均可于 2008 年 4 月 3 日至 2013 年 2 月 15 日期间行使转股权,且所转股票均能在港交所正常交易买卖。具体的可转债协议如表 8-33 所示。

表 8-33　美林—碧桂园可转换债券协议

发行方	碧桂园控股有限公司
债券本金	固定债券本金总额 3 595 百万元人民币(约为 3 899 百万港元),选择性债券本金总额 719 百万元人民币(约为 780 百万港元),故发行的债券最高本金额将为人民币 4 314 百万元(约等于 4 679 百万港元)
发行价	债券本金额 100%
利息	债券由 2008 年 2 月 22 日起根据本金额按年利率 2.5 厘计息(年利率 2.5%),须于每年 2 月 22 日及 8 月 22 日每半年期末分期以美元或美元等值等额支付,首个付息日期为 2008 年 2 月 22 日
费用	本公司将向牵头经办人支付合并经办及包销佣金及销售费用,总额为所发行债券本金总额的 2.5%
转股期	债券持有人可于 2008 年 4 月 3 日或之后至 2013 年 2 月 15 日营业时间结束止期间随时行使转股权
初步换股价	9.05 港元。此外,换股价可根据以后情况进行调整,但不得调至低于转换时的债券面值
到期	碧桂园将于 2013 年 2 月 22 日赎回各债券,赎回价等于债券的人民币价值本金额的美元等值乘以 121.306%
债券持有人选择赎回	任何债券持有人均可以要求本公司按债券人民币本金额的美元等值乘以 111.997% 连同截至赎回日期的应计未付利息,赎回该持有人于 2011 年 2 月 22 日所持全部或部分债券
除牌及控制权变动时的赎回	当不再在香港联交所上市或公司控制权有变,各债券的持有人有权于发生任何有关事件不迟于 30 天或不迟于本公司通知债券持有人发生有关事件后 30 天向本公司发出通知,以要求本公司按债券提早赎回金额的美元等值连同截至赎回日期的应计未付利息赎回该持有人于上述 30 天期间届满后第 14 天所持的全部或部分债券
上市	本公司已申请批准债券在新加坡交易所上市,本公司将向香港联交所申请批准因债券获转换而将予发行的股份上市及买卖
面额	每份人民币 100 000 元,不附带票息
可转让性	债券可自由转让

数据来源:HKEX news 披露的 2008 年 2 月 17 日碧桂园公告

碧桂园之所以选择发行 7.8 亿港元的选择性债券,一方面是因为同期银行的 5 年期贷款利率已经有 5.76％,可转换债券的 2.5％的年利率带来的融资成本是更低的;且相对于直接发行股票融资,未转股的可转换债券融资可以减少对企业每股收益的摊薄,降低对企业控制权的影响,还能使企业获得免税收益。

该 7.8 亿港元的选择性债券是否购买的决定权取决于美林:一方面,由于 3 月 3 日固定债券已获超额认购,美林已全面行使期权,如果购买该选择性债券并发行则可以赚取更多的承销费用;另一方面,如果碧桂园的股价在未来上涨,美林可以将所购买的选择性债券转换成股票并出售以获取价差收益,这样就可以弥补因股价上涨而转让给碧桂园的款项,从而保障自己的对赌收益。基于以上考虑,美林于 2008 年 3 月 5 日完成对该选择性债券的认购,且该选择性债券将于新加坡交易所上市。表 8-34 可反映可转债的固定债券与选择性债券的发行情况。

表 8-34　可转换债券发行情况表

发行情况	发行本金		
	人民币(单位:百万)	港元(单位:百万)	美元(单位:百万)
固定债券本金	3 595	3 899	500
选择性债券本金	719	780	100
债券本金小计	4 314	4 679	600
转股价(港元/股)		9.05	

数据来源:碧桂园 2008 年 3 月 5 日公告

公司选择性债券获认购,可换股债券的本金总额于 2008 年 3 月 5 日增加到 43.14 亿元人民币。债券持有人有权选择将合计 43.14 亿元人民币的可换股债券按约定转股价格转换成以每股面值为 0.1 港元的公司股份。如表 8-35 所示,负债部分的价值为 37.81 亿元人民币、所有者权益可换股部分的价值为 42.48 亿元人民币以及交易费用净值约 1.079 亿元人民币均取决于债券的发行。

表 8-35　可转债各部分价值

可转债	金额(百万人民币)	金额(百万港元)
负债价值	3 781.329	4 101.22
权益价值	424.821	460.76
交易费用	107.85	116.97
债券本金小计	4 314	4 678.96

数据来源:碧桂园 2008 年全年业绩公布
注:本可转换债券协议内 1 港元＝0.922 人民币元;1 美元＝7.798 港元＝7.189756 人民币元

碧桂园将固定债券发行金额 500 百万美元的 50％,即 250 百万美元用作与美林签订股份掉期协议的抵押品,将其中的 40％,即 200 百万美元,也就是 15.6 亿港元用于偿还中银香港的债务,剩下的 10％则作为公司的一般用途;有关固定债券本金的具体用途如表

8-36 所示。

表 8-36　固定债券本金用途

固定债券本金用途	用途比例	百万港元	百万美元
签订股份掉期协议的抵押品	50%	1 950	250
偿还债务	40%	1 560	200
公司一般用途	10%	389	50
合计	100%	3 899	500

数据来源:港交所 2008 年 2 月碧桂园公告

③股份掉期协议

碧桂园于 2007 年 4 月在香港证券交易所上市,如表 8-37 所示,到 2007 年 9 月 28 日,碧桂园股票的收盘价已达 13.22 港元/股,实际上其 2007 年 9 月 21 日的最高价已达 14.18 港元/股。然而到 2008 年 2 月 29 日,碧桂园股票的收盘价已跌为 7.38 港元/股。基于提高投资者信心以及提高股票每股收益的目的,早在 2007 年 5 月 28 日举行的股东周年大会上,碧桂园就已通过批准董事在一定条件下回购股份的普通决议案,由此看来,在股价降到 7 港元/股的 2 月,碧桂园正好可以抓准时机低价回购股票。然而,港交所要求公众持股比例需要保持在 25% 以上,而碧桂园在上市时因其较大的市值,才被允许公众持股比例仅为 15%,此时碧桂园的公众持股比例只才 16.86%,从而,碧桂园不得不考虑在未来期间回购股票。受 2008 年金融危机的影响,包括碧桂园在内的多数上市公司都认为股价在此期间都是被暂时性地低估,未来仍有客观的上涨空间。为对冲在未来回购股票时所产生的高额回购成本,2008 年 2 月,碧桂园选择以固定债券融资额的 50%,即 250 百万美元作为抵押金,与美林签订以现金结算的股份掉期协议:如果最终的股价高于初步价格,则碧桂园会收取相应的款项,金额乃参照最终价格与初步价格之间的差额厘定;而如果最终的股价低于初步价格,则美林将收取相应的抵押款项,金额亦参照最终价格与初步价格之间的差额厘定。

表 8-37　对赌协议(股份掉期协议)签订前及签订后的股价情况

月份	收盘价(港元/股)	月份	收盘价(港元/股)
2007.04	7.05	2008.03	6.71
2007.05	6.72	2008.04	6.68
2007.06	6.60	2008.05	6.02
2007.07	9.60	2008.06	5.06
2007.08	12.00	2008.07	4.70
2007.09	13.22	2008.08	3.51
2007.10	12.62	2008.09	2.42

续表

月份	收盘价（港元/股）	月份	收盘价（港元/股）
2007.11	9.72	2008.10	1.34
2007.12	9.02	2008.11	1.43
2008.01	5.80	2008.12	1.90
2008.02	7.38	2009.01	1.63

数据来源：凤凰网财经，港股行情，碧桂园（02007）

收盘价

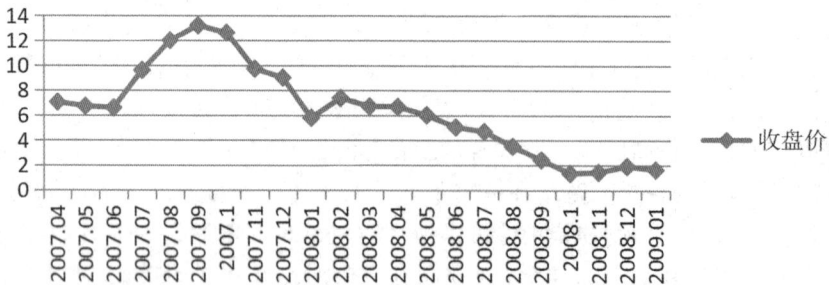

图 8-70 碧桂园上市前后股价波动图

表 8-38 美林—碧桂园对赌协议（股份掉期协议）情况表

投资方	美林
融资方	碧桂园
具体约定	假设未来 5 之内，若公司股价总是小于 9.05 港元/股，无论市场价格高低，持有债券者均可以 6.87 港元/股出售，碧桂园支付差价
抵押品金额	1 798 百万元人民币（1 950 百万港元，相当于 250 百万美元，占发行固定债券融资总额 500 百万美元的 50%；0.922 人民币＝1 港元）
结算方式	现金结算
掉期股份数	总股本 279 百万股（1 950 百万港元/7 港元/股）

数据来源：港交所 2008 年 2 月碧桂园公告及碧桂园中期业绩公布

④案例结果

A.可转债融资经济后果

事实上，碧桂园与美林签订合约不久，受金融危机、我国政府限制房地产过热发展等国内外因素影响，整个房地产行业都陷入了低谷，企业销售业绩大幅下滑。碧桂园股价也一路下跌，直至 2012 年 6 月 30 日，碧桂园发行的可转债未有任何转换发生。债券持有人不转股的结果是，碧桂园必须花费大笔资金按约定溢价赎回债券，致使其财务资金流动性下降，同时债券不能转股将加大其财务风险。碧桂园发行可转债各年账面情况如表 8-39

所示。

表 8-39　碧桂园发行可转债各年情况

单位:千元(人民币)

可转债	2012	2011	2010	2009	2008	合计
可转换债券负债部分	943 866	884 128	1 381 054	4 278 511	3 781 329	——
加:利息费用	——	79 264	84 518	249 436	658 957	
减:支付利息	——	19 526	26 057	78 651	161 775	286 009
赎回本金	——	0	555 387	3 068 242	0	3 623 629
赎回支付	——	——	585 296	3 371 723	——	3 957 019
合计	943 866	943 866	884 128	1 381 054	4 278 511	——

数据来源:港交所 2008 年 2 月碧桂园公告及碧桂园中期业绩公布

由表 8-39 可以看出,碧桂园于 2011 年和 2010 年分别赎回可转债 5.55 亿元和 30.68 亿元,总赎回金额占全部已发行可转债负债部分融资金额的 95.82%。2011 年赎回产生了约为人民币 243 000 元的亏损,并导致换股权的准备金减少人民币29 666 000元。

为偿还 2 年前的这笔可转债,碧桂园不得不在资本市场上发行新债。2010 年 4 月 7 日公布的《邀请接纳可转债及发行优先票据》明确说明将拟定票据发行所得款项,约 5.5 亿元,用作购回未赎回可转换债券,并向新加坡交易所申请票据上市。仅仅 4 个月后,碧桂园再次发行 4 亿美元优先票据进行再融资,所得款项依然用于赎回该笔可换股债券。为偿还 2 年前美林 6 亿美元的旧债,2010 年碧桂园前后两次共举借新债 9.5 亿美元,碧桂园这次可转债融资到底成本有多高呢?

表 8-40　碧桂园可转债融资成本计算表

单位:千元(人民币)

融资总额	3 781 329
已付出现金	4 355 515
佣金及销售费用	112 487
支付利息	286 009
赎回付现	3 957 019
还需至少付出现金	943 866
偿还支出现金合计	5 299 381
融资费率	40.15%

数据来源:碧桂园各年年报

碧桂园为偿还可转债所做的支出主要有：一是付给美林的佣金及销售费用，占债券本金额的 2.5%，约 1.12 亿元人民币。二是支付可转债各年的利息，约 2.86 亿元人民币，三是已经支付的部分赎回款项。四是尚未支付的赎回款项，占债券本金额的 2.5%，约 1.12 亿元人民币。假设尚未回购的可转债按摊余成本赎回，碧桂园的融资费率将高达 40%。

B.掉期协议经济后果

受金融危机及随后我国出台的房地产调控政策影响，碧桂园股价在 2008 年一路下跌，这份掉期协议给碧桂园带来了巨大亏损。到 2008 年 6 月 30 日，仅仅在签订掉期协议不到 4 个月内，每股股价由当日的 6.71 港元跌至 5.06 港元，因而相应地，给碧桂园账面带来账面本金亏损 4.428 亿元人民币((6.71－5.06)港元×2.79 亿股×0.992 汇率)，到 2008 年底，每股股价降至 1.9 港元，相应地，给碧桂园账面带来账面本金亏损 12.42 亿元人民币((6.71－1.9)港元×2.79 亿股×0.992 汇率)。随后碧桂园股价虽然稍有上涨，2009 年 12 月 31 日增加至 2.89 港元/股，但还是明显低于最早锁定的回购价格6.87港元/股，2009 年股份掉期账面亏损达到 9.9 亿元。

以 2008 年年报为例，碧桂园集团对于衍生金融工具会计处理政策如表 8-41 所示：

表 8-41　衍生金融工具确认和计量

HKAS39 香港会计准则第 39 号：金融工具的确认和计量
衍生金融工具初始按照于衍生工具合约订立日之公允价值确认，其后按公允价值重新计量。有报价之投资的公允值根据活跃市场的报价取得，包括利用近期公允市场交易和贴现现金流量分析法和期权定价模式。当公允价值为正数时，衍生工具为资产，当公允价值为负数时，衍生工具为负债。 若干衍生工具不符合采用对冲会计法。此等衍生工具的公允价值变动及时在收益表确认

在合约订立日，碧桂园的会计处理为，确认衍生金融工具的初始价格为 0。

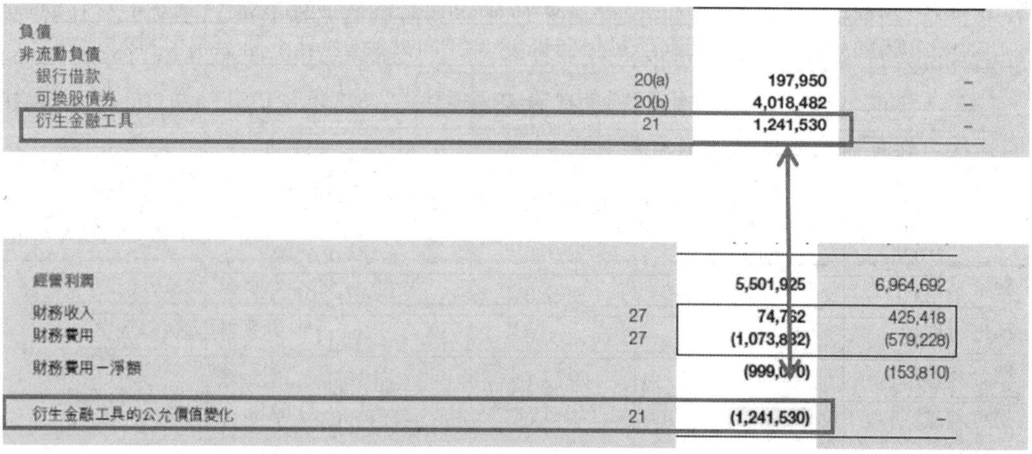

負債			
非流動負債			
銀行借款	20(a)	197,950	–
可換股債券	20(b)	4,018,482	–
衍生金融工具	21	1,241,530	–

經營利潤		5,501,925	6,964,692
財務收入	27	74,762	425,418
財務費用	27	(1,073,832)	(579,228)
財務費用－淨額		(999,070)	(153,810)
衍生金融工具的公允價值變化	21	(1,241,530)	–

图 8-71　碧桂园 2018 年年报数据

如图 8-71 所示，2018 年年末，在碧桂园年报的资产负债表中，确认了 12.415 亿元人民币的非流动性负债，项目为衍生金融工具，反应的就是股份掉期协议对本年资产负债表的影响。同样，如图 8-71 所示，在综合收益表(利润表)中，股份掉期协议对财务报表的影响体现为确认了 12.415 亿元人民币的公允价值损失。

所以 2008 年碧桂园有关股份掉期的会计处理为：

借：公允价值变动损益　　　　　　　　　　　　　　　　　　　1 241 530

贷：衍生金融负债　　　　　　　　　　　　　　　　　　　　　　　　　1 241 530

21　衍生金融工具

於2008年2月22日，本公司發行以人民幣計值及以美元結算的2.5厘可換股債券(見附註20(b))，與此同時與美林國際簽訂了一份以本公司股票為標的的股份掉期協議(下稱「股份掉期」)，股份的總值最高達250百萬美元(約等值港幣1,950百萬元)。根據該股份掉期協議，於股份掉期終止時，若最終價格高於初步價格，公司將會收取款項或支付款項給美林國際。初步價格已按股份掉期所載公式釐定，而最終價格則參考指定平均日期有關股份價格的算術平均數於股份掉期結算時釐定。此外，股份掉期將定於2013年或當股份掉期協議所規定的若干條件已經滿足時終止，以較早者為準。

資產負債表日的衍生金融工具負債如下：

	於12月31日	
	二零零八年 人民幣千元	二零零七年 人民幣千元
股份掉期	1,241,530	–

根據與美林國際簽訂的協議規定，該股份掉期被劃分為非流動負債。

本公司於股份掉期有效期內已提供250百萬美元(約相等於1,950百萬港元)抵押品(「抵押品」)予美林國際。於股份掉期的終止日期前，股份掉期由於本公司股價波動而產生的公允價值變動並不對本公司的現金流或正常營運構成影響。

於股份掉期終止日期，股份掉期由於股份會價格下跌所產生之最大損失並不會超過抵押品價值，即250百萬美元(約相等於1,950百萬港元)。

图 8-72　碧桂园 2018 年年报数据

如图 8-72 所示，在财务报表附注中，碧桂园说明了这份股份掉期协议的基本情况、结算依据、相关条款以及其对本年财务报表的影响。那么从 2008 年开始到 2012 年，这份股份掉期协议就对碧桂园的年度报表产生持续影响，具体情况如表 8-42 所示。

表 8-42　衍生金融工具负债

单位：亿元人民币

年份	2012.6.30	2011	2010	2009	2008	2008.6.30
掉期浮亏	0	9.20	9.35	9.90	12.41	4.42
公允价值变化	0.74	0.15	0.55	2.51	−12.42	−4.43
净利润	30.01	58.38	43.18	21.26	14.15	10.66
除掉期净利润	30.01	67.58	52.53	31.16	26.57	15.09
侵蚀净利润	0	13.61%	17.80%	31.78%	46.73%	29.35%
每年净利润波动	2.45%	0.22%	1.05%	8.07%	−46.73%	−29.35%

数据来源：碧桂园各年年报

由表中可以看出股份掉期每年公允价值变化非常不稳定，而该公允价值变化每年是全部计入利润表的，从而造成碧桂园时而浮亏，时而浮盈。假设没有股份掉期，碧桂园

2008 年利润将上升 46.73%，2009 年利润将下降 8.07%。

2012 年 3 月 2 日碧桂园发出通知悉数停止股份掉期，2012 年报显示，碧桂园收回净现金约为 113 百万美元(等值于人民币 713 046 000 元)，此金额为解除抵押品后扣除股份掉期当日的公允价值金额及美林国际收取的手续费所得。相对于原来向美林国际抵押的 250 百万美元，碧桂园只收回原抵押金额的 45.2%。

⑤碧桂园风险分析

A.风险分析

盲目签订对赌协议。签署对赌合约企业多正处于发展期，急于获得高估值投资解决资金不足的燃眉之急，以至常常没有进行理性的分析和辨别，大多在企业的盈利和发展前景未进行客观预测情况下，就盲目接受投资方设计的对赌协议。碧桂园从 2004 年到 2007 年销售与净利润都呈现高增长，管理层也看好自己的长期绩效，认为公司股价被低估。近几年财务状况如图 8-73 所示。

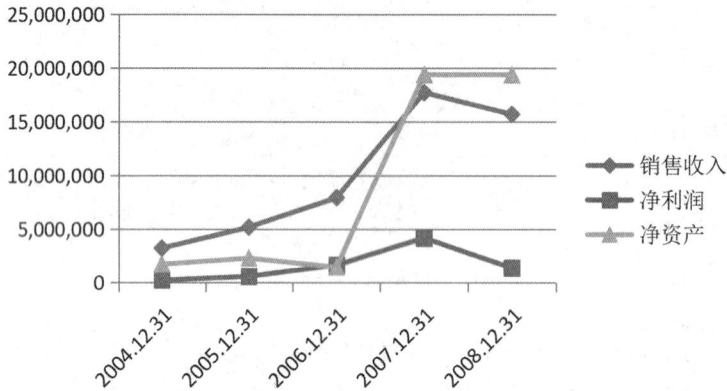

图 8-73 碧桂园签订对赌协议签的经营、收益规模

碧桂园只关注到其经营的绝对规模，忽视了其盈利能力的下降，其融资前 3 年和之后 1 年的盈利能力比率指标如图 8-74 所示。

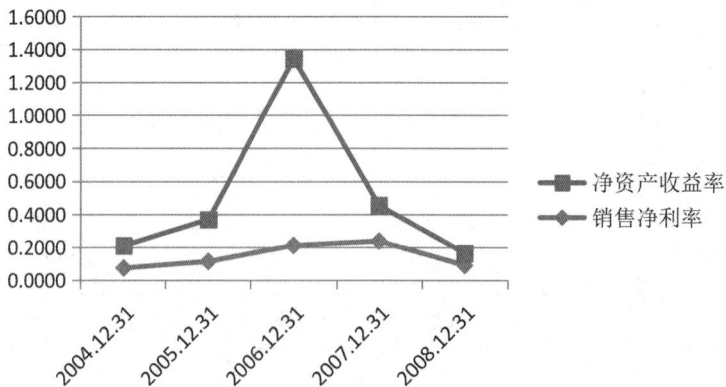

图 8-74 碧桂园盈利能力

相对来看,碧桂园在 2006 年、2007 年已经有盈利下滑的趋势,而它还敢在 2008 年签订对赌协议,未免对自身的经营业绩过于乐观。

对赌的标准过高。碧桂园与美林的对赌标准是股价,双方将对赌标准——股价设置得过高,股价高低直接影响碧桂园可转换债券以及股份掉期协议的融资成本和融资风险。

可转债风险。碧桂园筹资总额为 43.14 亿元人民币,而那时五年期的贷款利率大概为 5.76%,可转债券设定的年利息率仅仅为 2.5%,可转债融资能够节约 1.4 亿元的利息费用。但假如最终债券持有人未进行转换,碧桂园将不得不在到期日付出大量现金赎回债券,支付额将为债券本金乘 121.306%,至少为 52.33 亿元。

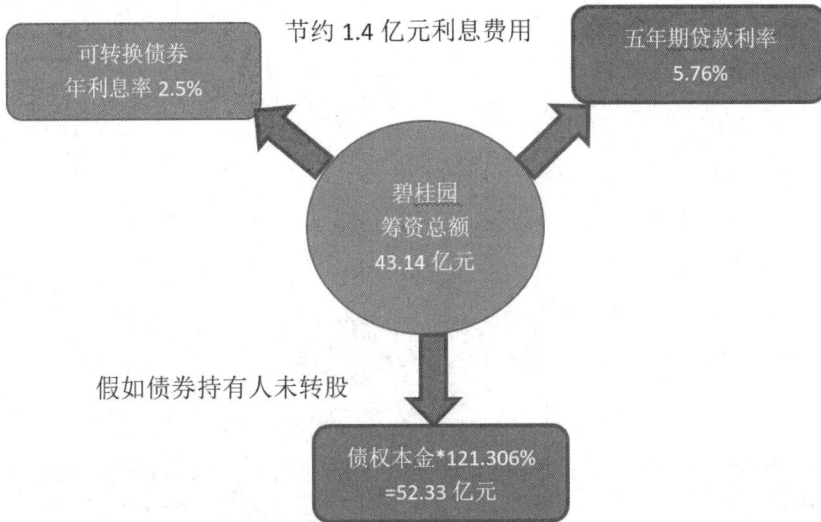

图 8-75 碧桂园可转债分析

股份掉期融资风险。从表面上看,碧桂园签订的现金结算的公司股份掉期协议是锁定了未来回购股票成本 6.87 港元。而掉期协议约定股份掉期执行的条件是可转换债券不转股、不赎回、不回购。碧桂园掉期交易损益可以由以下公式表示:

股份掉期损益＝2.79×（S－6.87）

其中,2.79 表示掉期股份数,6.87 为锁定的未来回购价,S 为股票价格

表 8-43 碧桂园股份掉期在不同股价下的交易损益表

股票价格 S（港元/股）	掉期损益	
	掉期协议终止前	掉期协议终止后
0＜S＜6.87	账面亏损	实际亏损
6.87＜S＜9.05	账面盈利	账面盈利
9.05＜S	债券持有人转股,掉期协议终止	

然而在考虑债券的资金成本之后:

表 8-44　不同股价下碧桂园资金成本

单位:亿/港元

股票价格	发行佣金	利息费用	赎回价差	利息收入	合计
S<9.05 持有不转股	0.4875	2.4375	4.1547	1.9748	5.1049
S>9.05 临近到期前转股	0.4875	2.4375	0	1.9748	0.9502
S>9.05 立即转股	0.4875	0	0	0	0.4875

债券成本计算如下:

债券的发行佣金:19.5*2.5%=0.4875(亿港元)

债券的利息费用:19.5*2.5%*5=2.4375(亿港元)

债券到期赎回价差=19.5*(121.306%-1)=4.1547(亿港元)

表 8-45　不同股价下股份掉期模拟损益

股票价格（港元/股）	0	2	4	6.87	8.7	9	9.05
不考虑资金成本损益 2.79* (S-6.87)	-19.17	-13.59	-0.81	0	5.11	5.94	6.08
				3 倍			
考虑资金成本 2.79 (S-6.87) -5.1049	-24.27	-18.69	-13.11	-5.10	0	0.84	0.98
				24.77 倍			

从表 8-45 分析中可以看出,在不考虑资金成本损益的碧桂园股份掉期交易最高盈利约 6.08 亿港元,面临最高亏损额可能达到为－19.17 亿港元,之间只相差 3 倍。而在考虑资金占用成本后,碧桂园掉期协议最多可享有盈利只有 0.98 亿港元,而最多亏损却可能达－24.27 港元,之间相差 24.77 倍。碧桂园的最高亏损额远远超出其最高盈利额,显示了其盈利与亏损的极度不对称。

　　所以在考虑股份掉期的资金成本对股份掉期交易损益的不利影响,以股票价格为基础的股份掉期损益平衡点为:

　　2.79×(S-6.87)-5.1049＝0
　　S＝8.7港元/股

　　即当碧桂园的每股市价高于 8.7 港元股时,该股份掉期实现盈利;但当每股市价低于 8.7 港元时,则股票掉期面临亏损。与合约锁定的回购价格 6.87 港元股相比,每股高出 1.83港元。而签订掉期协议前,碧桂园的股价情况如图 8-76 所示,签订对赌协议的前 10 个月中,碧桂园股价在 6.87 港元/股以上的有 7 个月,股价在 6.87 港元/股以下的情况有 3 个月,有 6 个月的每股股价高于 8.7 港元,有 4 个月的每股股价低于 8.7 港元。也就是说,在 2008 年 2 月签署对赌协议时,按照其之前的股票交易价格估算,碧桂园对赌协议实现盈利的可能性占 70%,面临亏损的可能性占 30%。而在考虑了资金成本以后,交易实现盈利的可能性降低到 60%,交易面临亏损的可能则上升到 40%。依据碧桂园以往的股价,虽然其盈利的可能性大于亏损,然而出于该股票掉期交易造成的最多收益与最多亏损的高度不对称性,碧桂园掉期股份的风险还是很大的。

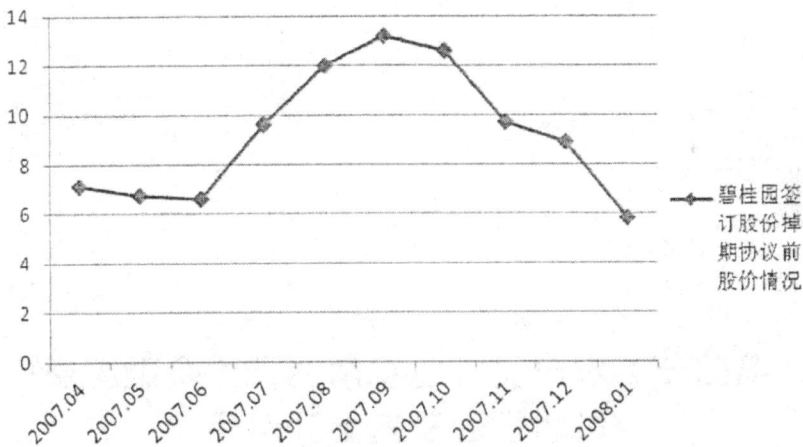

图 8-76　碧桂园签订股份掉期协议签股价情况

　　由上述分析,双方在对赌协议中设定的对赌标准过高,利益明显偏于美林一方,因而很难达到对赌目标。投资方在对赌合约中精心设计的严苛的条款,使得企业的收益被缩减,面临的风险却被加倍放大了。

　　B.企业的非理性扩张导致财务风险加大

　　碧桂园在签订对赌协议之前,利润率就已有下降趋势。为达到对赌目标,碧桂园寄希望于规模的扩张。碧桂园的开发量的增长十分惊人,签署对赌合约不到半年时间,碧桂园的项目总数就有 51 个,总的权益建筑面积比 2007 年增长 20%,在建建筑面积较上年末增长 55%。一边是企业高强度扩张,另一边碧桂园经营管理能力以及财务流动性却跟不上,使得企业获利能力下降,财务风险加大,也降低企业的持续运营能力。2008 年,碧桂园半年报显示预收账款为 73.8 亿元,而年同期预收账款仅仅增长了 3％,为 71.7 亿元,没有足够的销售业绩作保障,碧桂园资金的接续能力难以为继。此外,碧桂园资产负债率已达到 56.14％,相对同期万科的负债率 41.79％,财务风险已经较大。因此,对赌协议设定的业绩水平太高,则可能形成负面激励,导致管理层做出高风险的非理性扩张的错误决策,而高强度的扩张又使企业的营运能力受到伤害。

C.企业控制权流失的风险

假若美林全部转股将稀释现有股东利润,降低每股收益,另一方面转股将稀释大股东控股权。如表 8-46 所示,大股东必胜有限公司的持股比例将由 58.19％降低到 56.4％。公众股东的持股比例将由 16.86％降低至 16.35％。如果涉及股份较大,可能会致使企业的控股股东发生变化。因此,对赌协议既能对企业的管理层起到激励作用,也将给企业带来控制权流失风险。对企业所有者来说,他们可能会将自己创办的企业拱手送人。

表 8-46　碧桂园转股前后股权比例

单位:百万股

股东名称	公布日		假设固定债券按初步转股价 9.05 港元/股全部转股		假设固定债券和选择性债券按初步转股价 9.05 港元/股全部转股	
	股份数	持股比例	股份数	持股比例	股份数	持股比例
必胜	9,520	58.19%	9,520	56.70%	9,520	56.40%
多美	1,632	9.98%	1,632	9.72%	1,632	9.67%
日皓	816	4.99%	816	4.86%	816	4.84%
伟君	816	4.99%	816	4.86%	816	4.84%
喜乐	816	4.99%	816	4.86%	816	4.84%
公众	2,760	16.86%	2,760	16.43%	2,760	16.35%
债券持有人	——	——	431	2.57%	517	3.06%
合计	16,360	100%	16,791	100%	16,877	100%

第四节　农产品行业视角的衍生金融工具风险管理及其会计运用

一、农产品行业背景

农业是国民经济建设与发展的基础产业。农业的作用在于为其他部门提供食物、原料和市场,向其他部门输送资金和其他生产要素,同时为人类社会提供更适宜的生态和生活环境。而且,农产品具有间接促进工业经济发展的作用。比如,大豆的用途极为广泛,除了作为油料、副食和粮食直接食用外,在工业上还可用作生产肥皂、甘油、硬化油等的重要原料,其副产品豆粕还是畜禽的重要蛋白质饲料。

2017 年,全球主要农产品供需宽松,价格呈下行走势;随着国内农产品需求提升,以及受农产品成本上涨以及政策支撑的作用,国内部分粮食、油料等农产品价格仍呈现上涨态势。随着发达国家经济体经济基础增长广泛及"一带一路"倡议顺应发展潮流,与周边国家、地区贸易逐渐走强,中国蔬菜、水产品、畜产品出口形势向好。

农产品作为期货市场上最初的主要产品,有着长久的发展历史。农产品品类繁多,价格不一,供需多变,需要充分运用避险工具和方法,对冲潜在的价格波动风险。

我国农产品进出口规模自加入世界贸易组织(WTO)以来,总规模呈现逐年上涨的态势。国家商务部的统计数据显示,我国农产品进出口总额从 2001 年的 279 亿美元增长到了 2017 年的 1 998.2 亿美元,期间的增幅超过 6.9 倍。其中,农产品进口额的增长尤为迅速,平均增速达 19.2%,而另一方面,出口额的平均增速仅为 12.4%。近几年我国农产品进出口贸易情况如图 8-77 所示,可以发现近几年我国农产品进出口贸易金额比较稳定,呈现以较小波动逐渐上升的态势。2017 年 1 月至 12 月,中国农产品进出口金额为 1 998.2 亿美元,同比增长 9.1%,农产品出口金额为 751.4 亿美元,同比增长 3.5%,农产品进口金额为 1 246.8 亿美元,同比增长 12.7%。可以看出,从 2004 年开始,我国出现贸易逆差,后来在 2005 年和 2006 年虽然有所控制,但是农产品进出口贸易逆差仍然呈现出现了一个比较大的增长,至 2017 年,我国农产品贸易逆差已经达到 495.4 亿美元。

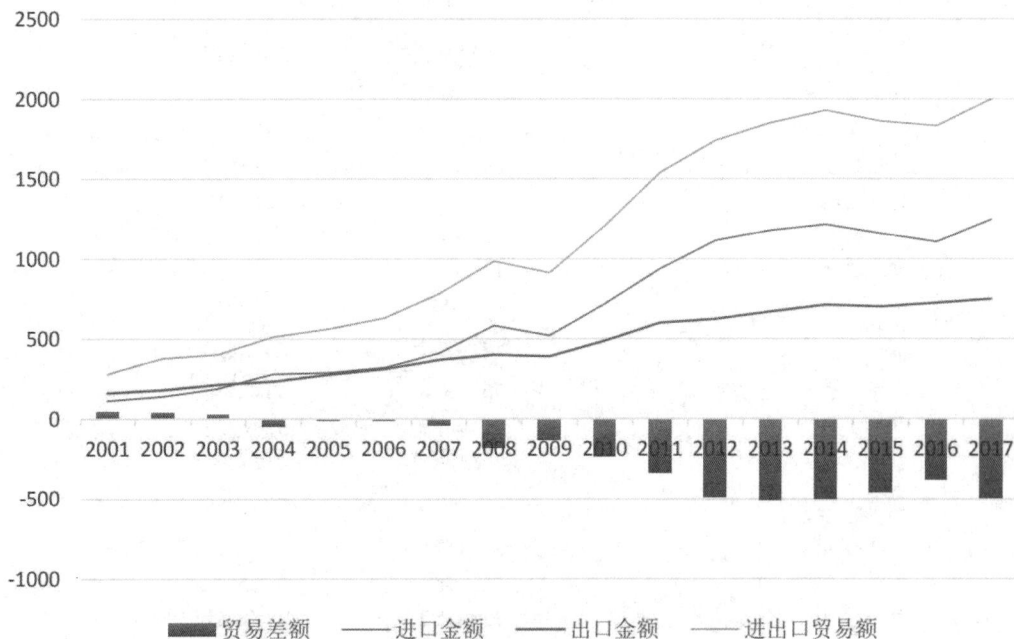

图 8-77　2001 年至 2017 年我国农产品进出口贸易金额

数据来源:中国商务部

(一)我国农产品进出口结构

表 8-47　2017 年我国农产品分类别进出口结构

单位：万美元

	类别	2017年1—12月 金额	2016年1—12月 金额	同期比%
1	活动物	56,154.1	64,673.8	-13.2
2	畜肉及杂碎	35,916.9	36,707.3	-2.2
3	禽肉及杂碎	55,731.0	53,537.8	4.1
4	水、海产品	1,325,438.4	1,370,532.2	-3.3
5	乳品、蛋品、蜂蜜及其他食 用动物产品	74,082.0	69,639.5	6.4
6	其它动物产品	230,932.3	177,236.5	30.3
7	活植物及花卉	33,897.7	33,088.4	2.4
8	食用蔬菜	1,116,719.6	1,054,606.7	5.9
9	食用水果及坚果	534,217.5	548,488.9	-2.6
10	咖啡、茶、马黛茶及调味香 料	293,085.5	298,092.1	-1.7
11	谷物	67,391.6	40,132.9	67.9
12	制粉工业产品	57,459.3	56,577.2	1.6
13	油料、工业用或药用植物、 稻草、秸秆及饲料	264,641.7	267,315.1	-1.0
14	植物液、汁	134,857.6	125,759.4	7.2
15	编结用植物材料	13,086.6	12,067.8	8.4
16	动植物油脂及其分解产品	84,359.4	58,382.5	44.5
17	肉类制品	185,064.3	162,981.9	13.5
18	水产品制品	717,470.7	631,204.9	13.7
19	糖及糖食	175,961.2	170,673.8	3.1
20	可可及其制品	37,602.7	42,590.9	-11.7
21	谷物、粮食粉、淀粉制品， 糕点	149,796.2	147,187.4	1.8
22	蔬菜、水果、坚果等制品	769,538.6	734,114.3	4.8
23	杂项食品	325,883.2	320,431.6	1.7
24	饮料、酒及醋	222,720.3	220,249.8	1.1
25	食品工业的残渣、废料，配 制的动物饲料	265,940.0	276,749.2	-3.9
26	烟草及其制品	132,665.9	137,747.3	-3.7
27	其他农产品	152,968.2	150,518.4	1.6
28	*禽类产品	250,685.2	214,688.6	16.8
29	*畜类产品	342,831.1	308,238.7	11.2

*此项为专项统计，在计算总额时请不要统计在内。

　　根据国家商务部统计数据(表 8-47)可知，一直以来，水产品及其制品、蔬菜水果及其制品、畜产品三大类劳动密集型农产品一直占据着我国农产品出口贸易的主导地位，在 2017 年三者的出口金额分别为 1 325 438.4 万美元、1 116 719.6 万美元和 717 470.7，三者加总占农产品总出口金额的 42%。

此外,我国传统的粮食谷物及其制品的出口量很小,2014—2017 年其出口占农产品出口总额的比例始终没能突破 3%。其他经济农作物,如糖、糖食、可可及制品,活植物及花卉,咖啡、茶、马黛茶及调味香料在我国出口的规模都比较小,2017 年分别占农产品贸易出口总额的比例分别为 2.8%、0.57%、3.4%。另外,油料等、动植物油脂及其分解产品也是重要的进口项,并且 2017 年这两项的综合进口占比为 40.3%。

(二)我国农产品贸易分布情况

1.主要出口分布

在农产品贸易方面,东部地区较中西部具有良好的资源优势与区位优势,因此主要出口省份集中在东部地区,如图 8-78 所示,是 2017 年主要的出口农产品出口省份及其出口占比,可以发现山东作为农业大省,2017 年农产品出口金额占总出口金额的 22.64%。

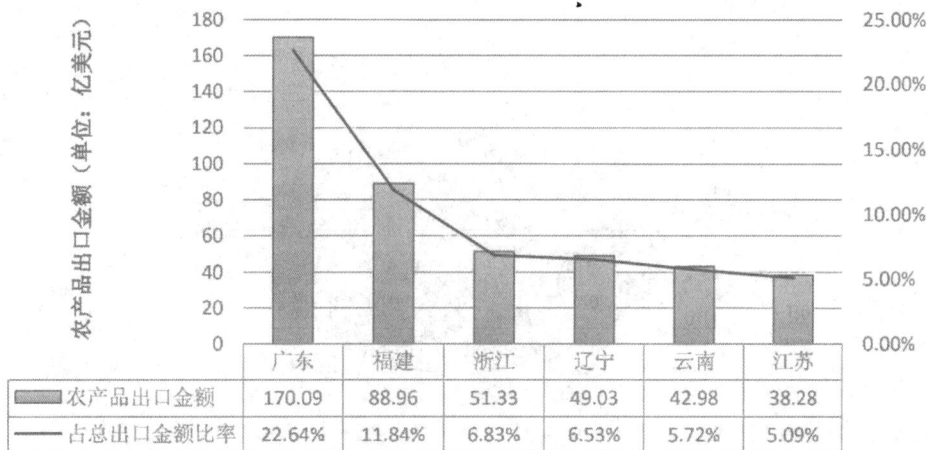

	广东	福建	浙江	辽宁	云南	江苏
农产品出口金额	170.09	88.96	51.33	49.03	42.98	38.28
占总出口金额比率	22.64%	11.84%	6.83%	6.53%	5.72%	5.09%

图 8-78　2017 年六大农产品出口省份出口金额及占总出口额的比例

数据来源:中国商务部

图 8-79 是我国农产品出口在各大洲的占比,可见我国的主要出口大洲为亚洲,占比为 64.53%,超过总出口额的一半,其次是欧洲。

2.主要进口分布

图 8-80 是 2017 年我国农产品进口的分布情况,可以看出南北美洲是我国农产品的两大进口大洲,亚洲、欧洲、大洋洲排在前两名之后,分布比较均衡。

(三)农产品价格变动因素

随着我国粮食产量和贸易量的增加,以及储备规模的膨胀,价格下挫风险已经迅速超过产量不足风险。然而,长期以来,我国农业风险管理政策的重点是产量风险和收入风险,对市场风险(即价格波动风险)缺乏足够关注。

图 8-81 是近年来国内外几种主要农产品的价格波动情况。从中我们可以发现近年来,各项农产品均处于不断波动的状态,尤其我国作为农产品进出口贸易大国,受到农产品价格波动的影响巨大。

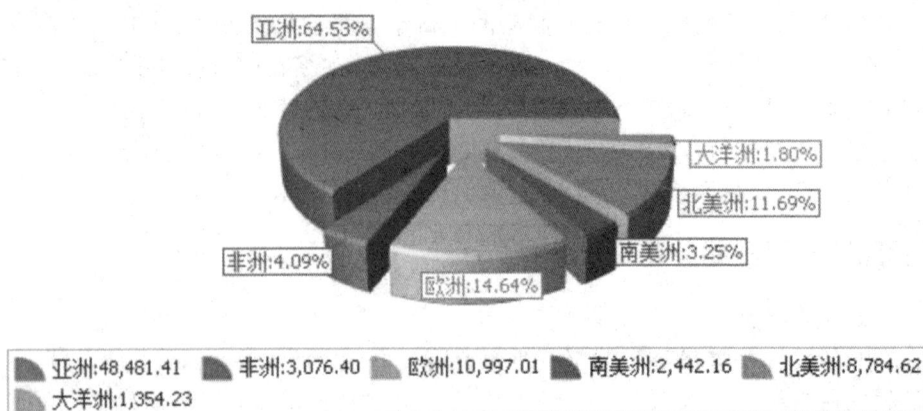

图 8-79　2017 年我国农产品出口的大洲分布

数据来源：中国商务部

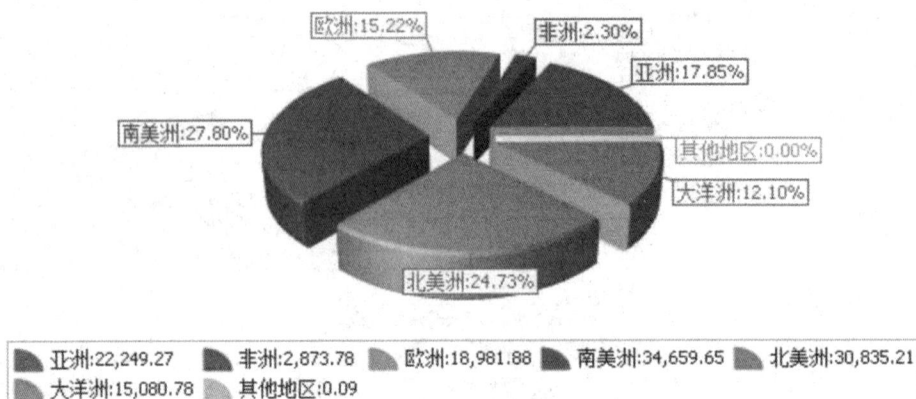

图 8-80　2017 年我国农产品进口的大洲分布

数据来源：中国商务部

1.国际农产品价格变动因素

（1）人口和消费因素。随着西方各国收入水平的提升，人均谷物消耗量呈停滞趋势，而中国、印度和非洲的人口增长则对全球粮食价格变化产生显著影响。首先，我国经济增速放缓和人口老龄化对农产品需求的提升具有负向作用。尽管独生子女政策已经结束，但考虑到城市化中的生养难题，我国人口总量和结构不易出现显著变化。世界银行 2016 年季度报告显示，在人口零增长的条件下，假设我国人均卡路里消耗量像德国一样继续上升，则在 2040 年前粮食需求总量还会再增长 15％；而如果重蹈日本老龄化后人均卡路里消耗量下降的覆辙，则我国粮食需求总量将减少 8％。其次，印度推行绿色革命，粮食需求实现了自足。由于印度民众偏爱谷物，如果 2040 年印度人口再增长 30％，将对全球稻米和小麦价格起到一定的支撑作用。最后，需要注意的是，虽然非洲资源有限，人口处于快速增长中，但非洲人口对全球性农产品价格上涨能否起到较大的拉升作用尚不明朗。主要原因是非洲政治和社会状态比较复杂，不稳定因素较多，这对粮食贸易具有一定的阻

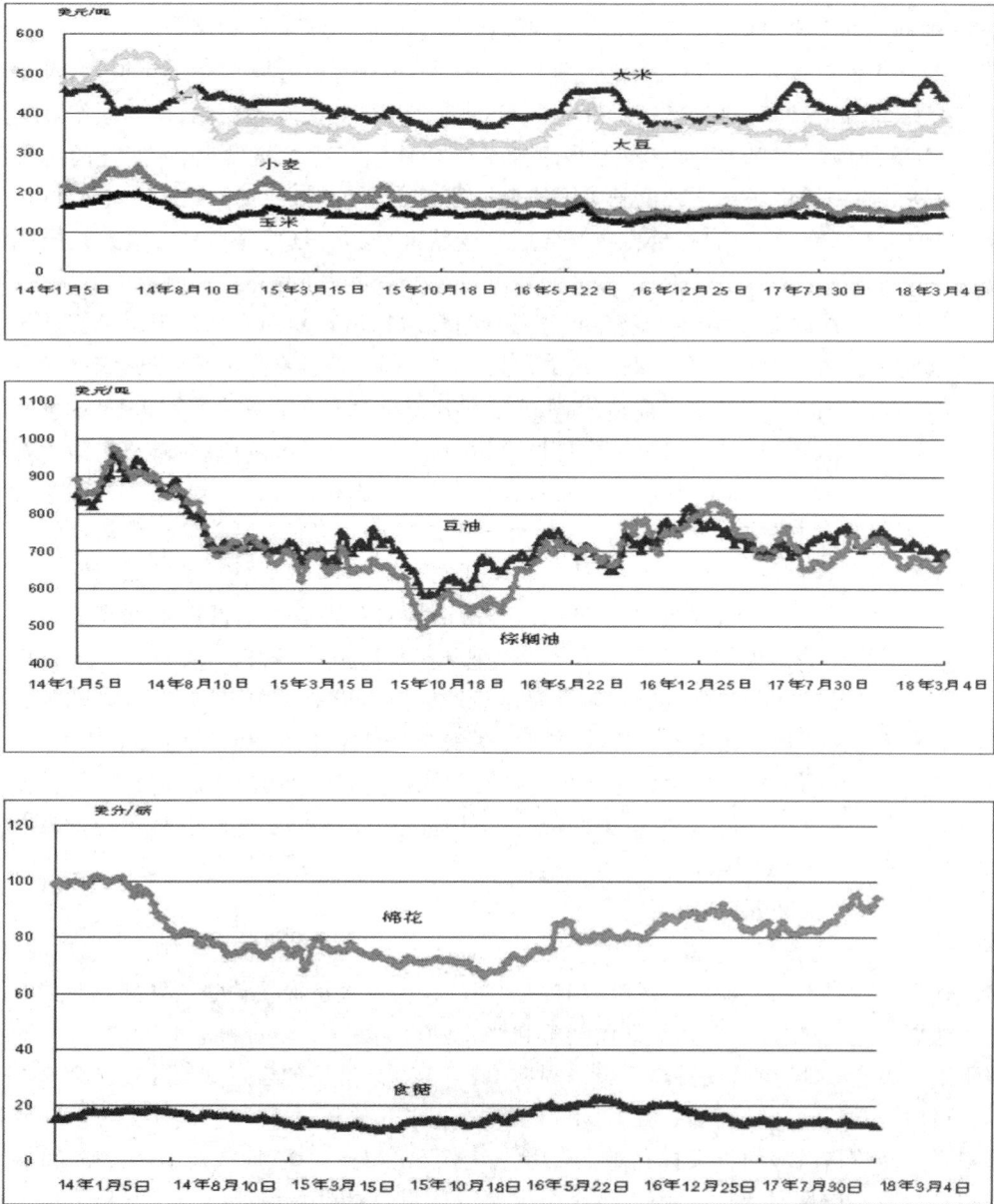

图 8-81　国际大宗农产品周均价格走势图

数据来源:农业部农业贸易促进中心

碍作用。

(2)生产和贸易因素。美国、加拿大和欧洲一些主要国家的农业较为发达,农产品产量惊人。拉丁美洲加勒比地区的土地和自然资源良好,种植面积扩大和单产能力提高为强劲的产量增长留出了空间。在人口集中的亚洲地区,土地和自然资源束缚形势严峻,但农业生产率提升空间仍然很大。从较长时期看,粮食生产和市场具有一定复杂性。一方面,很难预测未来 10～20 年内全球气候是否存在异常变化;另一方面,一旦粮食供给紧张,各国都会加大出口限制,贸易将很难起到稳定粮食价格的作用。

(3)集中性市场、美元与金融化因素。一是期货市场。20 世纪 70—80 年代,农业企业、期货基金和对冲基金快速发展,推动农产品期货市场出现质的变化,使美国 CME(芝商所)、ICE(洲际交易所)等期货交易所迅速成为全球农产品价格发现、远期合同定价和风险对冲的集中性市场。这种位于美国的全球性集中性市场,使美元资本和金融机构成为重要的交易平台,其影响甚至会冲击全球农产品价格。二是美元汇率。美元是国际上最主要的储备货币和贸易计价货币,美元升值导致大宗商品价格下跌是常见的价格现象。2008 年国际金融危机后,全球经济格局和各国力量对比出现复杂变化。美国经济领先复苏,全世界对美元加息的持续预期导致美元具有较大的升值预期和升值空间,农产品价格因此面临多方面的下跌压力。首先,美元加息和升值将造成全球资金面紧张,可能刺破其他地区宽松货币政策造成的泡沫,进而引发债务风险和新的危机,导致全球有效需求不足的问题加剧。其次,美元汇率上升将推动农产品价格持续走弱。三是金融化。2000 年后,农产品金融化快速发展。美国的保险公司和各类基金均对 CME 和 ICE 挂牌的农产品期货进行资产组合投资,资产组合的内容包括农产品、工业品、贵金属、股票、债券等,其中玉米、小麦和大豆是重点交易的农产品。金融机构对各类农产品的配置方式是围绕标准普尔—高盛商品指数(S&PGSCI)和道琼斯 UBS 商品指数(DJ-UBSCI)进行指数化交易。商品指数投资和金融机构的交易行为在期货价格形成中起着重要作用,并可能引发价格偏离基本面。指数化交易的主要方向是在农产品价格进入上涨周期后不断买入,所以其在价格开始下降后往往会加速卖出。值得注意的是,大规模的金融化交易更需要从农业套期保值者那里获得流动性,因此,一旦市场价格下跌,流动性不足,就可能带来农产品价格快速大幅下跌的风险。

2.国内农产品价格变动因素

(1)经济周期和宏观政策。2008 年国际金融危机后,我国经济增长面临诸多挑战,经济增速放缓对农产品市场价格风险具有深刻影响。由于经济放缓信号传导到农业的时间比工业更长,农业生产难以在短期内调整和终止,所以在一定时间和范围内,农产品的价格下跌压力会长期存在。另外,在经济周期中,用于刺激经济的宏观政策往往也会对农产品价格的异常波动产生影响。我国 M2/GDP 长期攀升并超过 200%,这种大规模释放货币对农产品价格风险的积累具有促成作用。由于经济增速放缓、股市波动,大量货币的出路之一就是农产品期货。一方面,资金会借助消息刺激、市场示范,拉动农产品价格出现脱离基本面的扭曲上涨,而后回归经济基本面,并继续下挫寻底。另一方面,一些资金会直接做空期货,推动农产品价格持续或快速下跌。

(2)农产品价格支持政策我国最低收购价政策和重要农产品的临时收储政策已经实施多年,在内外多重因素作用下,国内外粮食价格的倒挂压力和风险差异明显。对于稻谷和小麦,长期维持二者的最低收购价政策是确保粮食安全的基本选择,所以国内价格可能长期高于国际价格,价格出现极端下挫的风险不大。对于玉米和白糖,由于进口和储备因素,玉米价格支持政策的压力很大。未来无论是降低价格支持力度,调减价格支持区域,还是固定临时收储数量,结果都是玉米价格更接近于国际市场。由于国内外价格倒挂压力较大的食糖不再实行国家收储,政策约束力和支持水平均将下降,价格开始加快接近国际市场价格。对于棉花和大豆,在现行的目标价格补贴制度下,已基本实现了国内外价格并轨,也使国内外的价格风险逐渐趋于一致。另外,长期执行的价格支持政策具有明显的政策困境。一方面,价格支持已经造成市场信号扭曲,使粮食产量和储备压力持续上升,价格持续下挫风险加大(王慧敏、吴强,2009)。另一方面,在价格不断下降的压力和趋势下,产量风险将在农业从业人口加速减少和土地撂荒背景下再次酝酿和积累。

(3)农产品市场体系建设。第一,多层次市场体系发展滞后。长期以来,我国农产品市场体系建设的重点是注重实体市场和即期现货市场,注重流通技术和流通主体,注重政府政策和国企支撑作用,而对"期货市场发现价格和管理风险,现货市场安排流通"的现代市场体系认识不足。与此相对应,我国农产品市场体系存在两方面问题:一是农业企业的套期保值业务发展落后。由于缺乏资金和政策支持,农业企业进入农产品期货市场开展套期保值的数量和规模严重不足。农业企业不能大量套期保值的直接结果是与农户签订的远期购销合同创新不足,合同违约率居高不下,而且通过购销合同等市场化手段管理价格波动和收入波动风险的方法得不到普及推广。二是批发市场面临创新发展困境。我国幅员辽阔,改进批发市场的组织模式和交易方法,降低运输成本和搜寻成本,是农业市场化的基本要求。近些年,我国部分农产品批发市场探索出新型的电子化中远期交易,为农业市场体系创新打开了前所未有的空间,使我国有可能形成"农业企业和经济组织在中远期现货市场集中购销产品,在期货市场开展套期保值"的多层次市场体系。然而,在运作过程中,有两个因素制约了这种独特市场体系的发展:其一,部分中远期现货市场走向投机;其二,以严格控制风险和严厉行政管制为特征的市场监管政策抑制了市场发展空间。第二,期货市场机构化和金融化发展,导致价格波动风险日益复杂。我国农产品期货市场以散户为主,投机性和盲目性较强。着眼长远,引入足够的农业套期保值主体和金融机构投资者,已成为农产品市场发展的必然要求。然而,我国农产品期货市场的机构化和金融化发展可能引发新的风险问题。

(4)国际贸易摩擦。2018年中美贸易战打响,美国对中国的大量输美商品加征关税,而中国也随之应战,其中,就对原产于美国的大豆加征了25%的关税。在中美贸易发生摩擦前的2017年,中国国产大豆1 455万吨,进口9554万吨,进口量创历史最高纪录,进口依存度超过87%。其中,来自美国的大豆约为3 285.4万吨,约占进口总量的34%。中美贸易战以来,中国进口美国大豆的数量明显减少。有数据显示,增加关税后的美国大豆成本每吨增加了700~800元。2018年1—8月,美国对中国出口大豆较去年同期减少了361万吨,减幅为31.7%。随着大豆量进口缩水,国内大豆的需求极速增长,大豆价格也必将呈现上涨趋势。从一些学者的调研结果看,国内一些期货私募基金已经开展包括股票、债券、农产品和各类商品的全品种程序化交易,这类交易与美国的指数化交易十分接近。未来,机构化、国际化和程序化交易将加快国内农产品的金融化进程,并在国内价格与国际价格之间建立更为紧密的风险联系。从我国资本市场的实践看,快速的机构化和金融化过程往往得不到应有的监管,所以未来国内农产品期货市场运行将更加复杂,本已发展滞后的农业套期保值群体也将面临更为严峻的市场波动环境(安毅,2018)。无论在国内市场还是国际市场,在农产品走向金融化的过程中,为了能够合理规避价格风险,同时起到稳定市场价格,维护农业生产者利益的目的,越来越多的农产品衍生品将应运而生。

(四)农产品衍生品市场的发展

1.农产品衍生品的产生

国际方面。国际上最早的农产品期货产生于19世纪中期的美国芝加哥。当时芝加哥已经发展成为美国中西部最重要的商品集散地,大量的农产品在芝加哥进行买卖。在当时的现货市场上,谷物的价格随着季节的交替频繁变动。每年谷物收获季节,生产者将谷物运到芝加哥寻找买主,使市场饱和,价格暴跌。因当时缺少足够的存储设施,到了第二年春天,谷物匮乏,价格上涨,消费者的利益又受到损害,这就迫切需要建立一种远期定价机制以稳定供求关系,而期货市场在这种背景下应运而生。农产品期货是世界上最早上市的期货品种,并且在期货市场产生之后的120多年中,一度成为期货市场的主流。期货市场在农产品的供给和需求的矛盾之中建立起了一种缓冲机制,这种机制使得农产品供给和需求的季节性矛盾随之而解。

国内方面。改革开放以来,随着我国国民经济的逐步解放,农产品市场开始活跃起来。我国作为农业大国,农业人口占比大,农业在经济中也有重要的地位。农产品向来具有价格波动大的特点,究其原因,有多方面因素,如自然灾害、供求失衡、油价上涨等。而农产品的价格波动关乎国计民生,需要找到能规避价格波动风险的工具和方法,在这样的背景下,农产品期货应运而生。相比于欧美发达国家我国在农产品期货上的运用时间较短,大约有20年,可大致分为以下三个发展阶段:

(1)萌芽初创阶段(1988—1993年)20世纪80年代,在改革开放的大潮推动下,农产品逐渐开放市场流通,供给和需求不再受到管制,于是出现供需失衡,价格波动明显。我国于1988年3月成立了期货市场研究小组,对国外的期货市场进行了长期的研究和考察,将小麦、生猪等品种作为期货试点品种。1990年10月12日,我国第一个商品期货市场郑州商品交易所正式成立。同年,上海粮油商品交易所成立,这也是1999年上海期货交易所的前身之一。1993年2月28日,大连商品交易所成立。

(2)治理整顿阶段(1993—2000年)由于市场监管的缺失以及市场规则、法律法规等制度的不完善和不健全,这一时期的期货市场多次发生操纵市场的恶性逼仓事件,如1994年的上海粳米事件,严重损害了市场参与者的利益,破坏了市场秩序,也扭曲了期货市场成立的初衷和目标,期货市场难以发挥其应有的作用。我国针对上面的问题对期货市场开始了治理整顿期。1993年11月4日,国务院发布了《关于坚决抵制期货市场盲目发展的通知》,随后又出台了《期货经纪公司登记管理暂行规定》,关闭了不符合要求的期货经纪公司。1998年8月1日,国务院发布了《国务院关于进一步整顿和规范期货市场的通知》,对期货市场进行关闭、合并,最后只保留了3家期货交易所,并对交易品种和交易规则又进行了重新修订,同时对经纪业务市场通过提升注册资本金和实行期货经纪公司年检制度,提高了期货经纪公司的抗风险能力和业务水平。

(3)快速发展阶段(2000年至今)2000年12月29日,中国期货业协会成立。随后又制定了严格的行业法规和制度,对期货市场进行全面的监督和规范。经过十多年的整治和发展,我国的农产品期货市场已经进入了规范化的运营阶段,农产品期货市场的交易量和交易额稳步增长,为农产品现货市场提供了规避价格剧烈波动风险的工具。

2.我国农产品衍生品发展现状

(1)农产品期货市场

我国农产品期货交易主要集中在郑州商品交易所和大连商品交易所,之所以选择这两个城市,是因为大连代表着东北的大豆产业,而郑州则是中原的粮食基地。上海期货交易所以工业期货为主,农产品只有天然橡胶一个品种。这三家交易所的期货交易品种如图 8-82 至 8-84 所示。

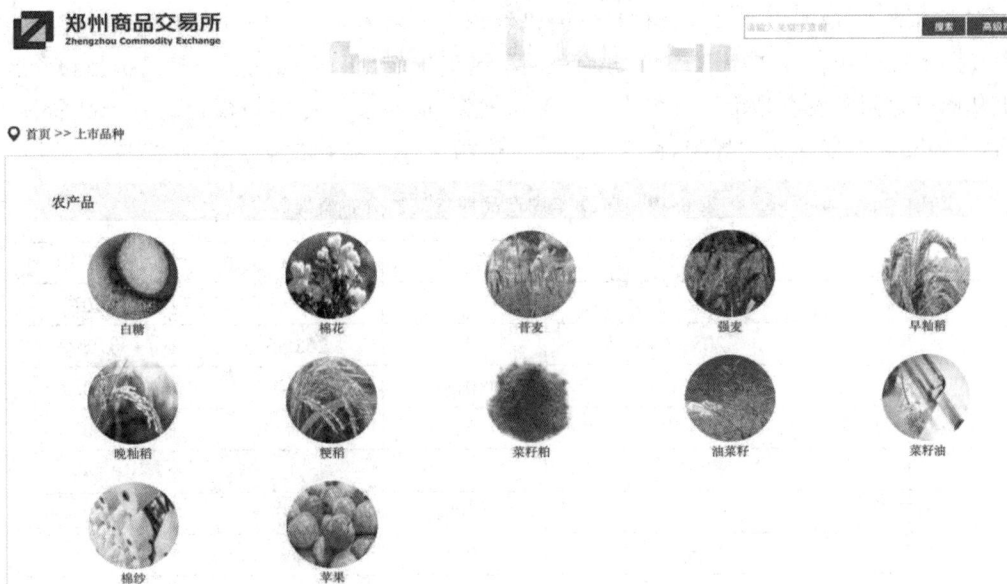

图 8-82　郑州商品交易所的农产品期货

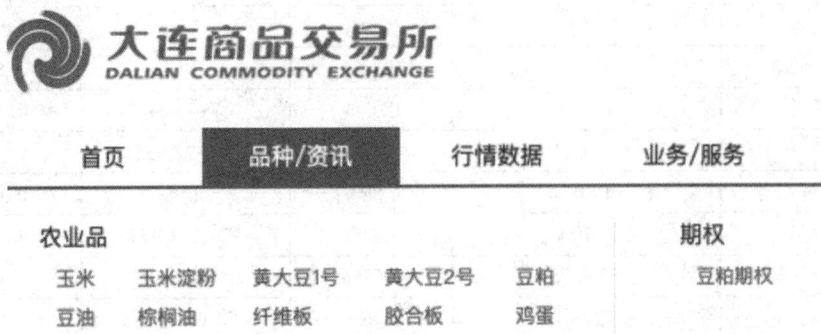

图 8-83　大连商品交易所的农产品期货和期权

表 8-48　2014—2017 年我国农产品期货市场成交额和成交量

年份	成交额（万亿）	成交额占市场份额（%）	成交量（亿手）	成交量占市场份额（%）
2014	46.76	16.02	9.58	38.22
2015	48.71	8.79	11.59	32.39
2016	62.35	31.87	14.37	34.73
2017	40.87	21.75	8.13	26.43

数据来源：中国期货业协会

从表 8-48 中可以看出，2014—2016 年农产品期货依旧保持着稳步增长的态势，2017年有所回落，这说明农产品期货市场空间仍然较大。从成交量市场占比来看，农产品期货交易的市场份额在逐年缩小，这一方面说明了其他工业品和金融期货交易的扩张和发展，也从侧面说明了农产品市场可能尚待完善和创新，应当加快更多规模化的农产品品种上市，完善交易制度和交割规则，使农产品期货市场更好地服务农业企业的发展。

表 8-49　2017 年农产品期货交易分布概况

品种	成交金额（万元）	比重（%）	成交量（手）	比重（%）
天然橡胶	137,510.95	7.32%	89,341,052	2.90%
一号棉	20,123.55	1.07%	26,056,848	0.85%
棉纱	143.63	0.01%	124,156	0.00%
早籼稻	0.57	0.00%	1,037	0.00%
菜籽油	17,374.30	0.92%	25,990,659	0.84%
油菜籽	0.96	0.00%	1,908	0.00%
菜籽粕	18,509.81	0.99%	79,736,545	2.59%
白糖	39,560.57	2.11%	61,056,859	1.98%
普麦	0.10	0.00%	82	0.00%
强麦	217.70	0.01%	377,494	0.01%
粳稻	0.17	0.00%	261	0.00%
晚籼稻	0.12	0.00%	202	0.00%
苹果	636.55	0.03%	793,933	0.03%
黄大豆一号	10,245.57	0.55%	26,324,058	0.86%
黄大豆二号	14.07	0.00%	42,551	0.00%
玉米	21,070.91	1.12%	127,323,949	4.14%
玉米淀粉	9,926.79	0.53%	50,433,910	1.64%
鸡蛋	14,228.12	0.76%	37,262,376	1.21%
豆粕	45,853.85	2.44%	162,877,864	5.29%
棕榈油	37,804.02	2.01%	68,046,475	2.21%
豆油	35,473.25	1.89%	57,158,378	1.86%

数据来源：中国期货业协会

从成交量上看,2017 年交易较活跃的农产品期货品种有豆粕、玉米、天然橡胶、菜籽粕、棕榈油、白糖、豆油。

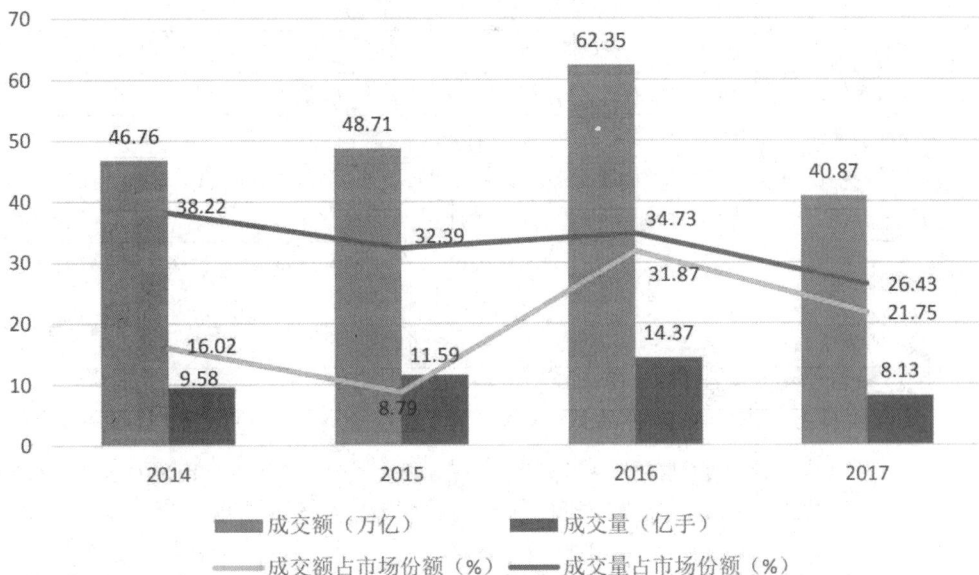

图 8-84 2014—2017 年我国农产品期货市场成交额和成交量

(2)农产品期权市场

期权最初是从场外市场(OTC)发展起来的。国际上的期权发展大约是在 20 世纪中后期,也是由农产品起步的。近些年来,美国农业部让小麦、玉米和大豆的生产者自行选购相当于保护价格水平的看跌期权,政府代为支付购买期权合约的权利金和交易手续费,这是国外市场运用期权的成功做法。

2016 年年底,中国证监会正式批准大连商品交易所豆粕期货期权和郑州商品交易所白糖期货期权上市。2017 年 4 月,白糖期权和豆粕期权正式上市交易,中国衍生品市场开启期权时代。以豆粕、白糖为代表的农产品期权上市对于中国期权市场具有非同寻常的意义。它为我国涉农主体风险管理、服务农业实体经济带来了新的工具和途径,同时,有益于完善农产品价格形成机制。农产品期权是一种基础衍生工具,既能锁定损失,又能保留价格向有利方向变动时的收益。

对国内大多数涉农企业而言,利用期货交易所市场进行套期保值虽然是风险管理的主要途径,但由于企业实际经营过程中面临的问题复杂多样,传统的期货套期保值业务难以满足企业个性化的风险管理需求,而期权则有助于解决这一问题。此外,从期权的特点来看,一方面,它起到价格保护的作用,期权的买方只需要支出一定的权利金,就获得了一份"价格保险",不会再出现更多的支出或者亏损;另一方面,它还具有盈亏不对称的特点,即风险收益不对称,即期权的买方在保护了一个方向亏损的同时,还保留了另一方向获利的可能性。

表 8-50　大连商品交易所豆粕期货期权合约

合约标的物	豆粕期货合约
合约类型	看涨期权、看跌期权
交易单位	1 手(10 吨)豆粕期货合约
报价单位	元(人民币)/吨
最小变动价位	0.5 元/吨
涨跌停板幅度	与豆粕期货合约涨跌停板幅度相同
合约月份	1、3、5、7、8、9、11、12 月
交易时间	每周一至周五上午 9:00~11:30，下午 13:30~15:00，以及 交易所规定的其他时间
最后交易日	标的期货合约交割月份前一个月的第 5 个
到期日	同最后交易日
行权价格	行权价格覆盖豆粕期货合约上一交易日结算价上下浮动 1.5 倍当日涨跌停板幅度对应的价格范围。行权价格≤2000 元/吨，行权价格间距为 25 元/吨；2000 元/吨<行权价格≤5000 元/吨，行权价格间距为 50 元/吨；行权价格>5000 元/吨，行权价格间距为 100 元/吨。
行权方式	美式。买方可以在到期日之前任一交易日的交易时间，以及到期日 15:30 之前提出行权申请。
交易代码	看涨期权:M-合约月份-C-行权价格 看跌期权:M-合约月份-P-行权价格
上市交易所	大连商品交易所

数据来源:大连商品交易所

与期货相比，期权能以较小成本锁定价格下跌风险，并保留价格上涨时的盈利，能保护农民的积极性。并且，由于只需一次性支付权利金，买方没有追加保证金的困扰，对现金流不充裕的小微企业来说，这种方式更容易接受。在我国农产品价格形成机制改革深化的背景下，特别是随着农产品价补分离、目标价格改革的推进，作为农产品风险管理创新的"保险＋期货"机制也离不开场内期权这一重要金融工具。国务院发展研究中心市场经济研究所研究员任兴洲表示，我国"十三五"规划纲要明确提出，稳步扩大"保险＋期货"试点。它的基本运作原理是农户向保险公司购买农业保险，国家对农业保险给予补贴，保险公司向期货风险管理公司购买相关品种的场外期权，风险管理公司通过期货市场对冲场外期权风险，从而形成一个完整链条，将风险分散到期货市场中。"未来如果农产品期权上市，保险公司可直接利用场内期权来管理风险，从而优化整个流程，不用绕弯了"。期权是风险管理工具，但应用不当也可能成为风险源头。在积极推动农产品期权开发的同时，防范和化解风险将贯穿农产品期权研发、上市和监管的全过程。对期货公司而言，首先，要加强期权业务人员的培训，做好人才储备工作，并优化公司信息技术系统，建立相应的内部风险控制方式。其次，要稳步推进客户期权知识教育，培育优质客户，拓展期权业务市场。

(3)"保险＋期货"模式

2016 年和 2017 年中央一号文件连续两年明确提出要稳步扩大农产品"保险＋期货"试点,该试点对于稳定农户收入,提高财政资金的使用效率都将产生积极作用。对大宗商品来说,期货一直是对冲风险的工具。利用期货的套期保值功能,人们在期货市场上买进或卖出合约,可提前锁定商品价格,以此来规避市场风险。美国农户会通过期货市场参考玉米的比价关系来调整种植结构,但中国农民由于受教育程度和资金水平的限制,并不具备期货的专业知识,导致我国的农产品很难和期货、期权等资本市场建立有效衔接,农产品生产者无法利用资本市场对冲价格风险。幸运的是,保险人人会买,于是,"保险＋期货"这一创新模式应运而生。其原理如下:

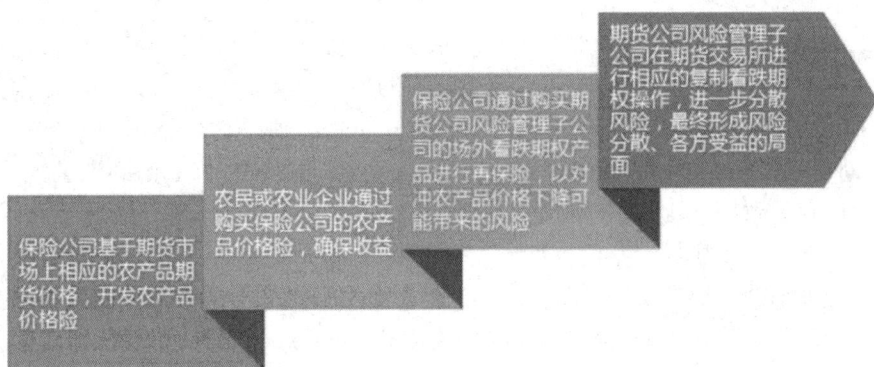

图 8-85　"保险＋期货"原理流程图

如图 8-85,投保人以农产品的目标价格进行投保,保险公司只收取其中极少部分的保费作为基本的运营费用,绝大部分保费拿去购买期货公司风险管理子公司的该产品的场外看跌期权进行再保险,以对冲产品价格下跌可能带来的理赔风险。而期货公司风险管理子公司在期货交易所进行相应的复制看跌期权的操作,以分散价格下跌的风险。通过这样的再保险方式,保险公司将风险转嫁给资本市场,从而保证农民在价格下跌时获得保险的赔付。

二、农产品常见衍生工具套期保值类型

(一)买入套期保值:上海佰融实业有限公司案例分析

1.公司简介

上海佰融实业有限公司成立于 2007 年 1 月 15 日,主要经营各类油脂国内外贸易。公司现已拥有广泛的国内外客户群,与客户之间拥有良好的合作关系,在同行业内拥有良好信誉。目前,公司油脂年贸易量 30 万吨以上,全年营业额达 20 亿,公司的经营业务以菜油(进口毛菜油、四级菜油、一级菜油)、豆油(毛豆油、一级豆油)、棕榈油及葵油为主,菜油占到公司三分之二以上的业务量,为公司的核心优势项目。近年来,上海佰融实业有限公司通过菜油期货市场套期保值,扩大业务,公司菜油贸易的市场份额逐步扩大。公司多次利用菜油期货成功规避价格波动风险,为企业稳步发展奠定了坚实基础。公司拥有一批专业的研究团队,对国内外菜油的现货及期货市场进行深入的分析研究,为公司提供及时准确的操作建议和市场研究报告。

2.公司风险

市场经济在其运行过程中不可避免地存在着商品价格波动风险。菜油市场存在众多影响因素,如原料价格的波动、供求的转变,以及宏观经济走势等,都将影响企业生产和经营的正常运行,导致生产和经营中往往无法确定成本,锁定利润。从2015年开始,每年菜油临储拍卖200多万吨,菜油市场价格波动更加剧烈。为应对价格波动,上海佰融实业有限公司针对不同行情,结合现货贸易,进行了多种套期保值操作。

3.具体操作

从2015年10月开始,国家储备就逐步拍卖储备菜油。大量的拍卖导致菜油在市场上的供应非常宽松,在2016年4—6月份就出现过拍卖的菜油比正常进口的加拿大毛菜油贴水100~200元/吨销售的现象。2016年4—9月菜油整体价格围绕6 000~6 500元/吨区间徘徊。而在此时,棕榈油因2016年7月被查出砷严重超标,到港量大幅减少,棕榈油低库存导致期现货价格飞涨。这导致了菜油挤占棕榈油消费市场的特殊现象,这种现象导致一部分品质好点菜油精炼成一级菜油直接进入散油消费流通领域,替代了一部分棕榈油的消费。而在2016年棉油的价格也比菜油的价格高,导致西北市场出现菜油替代棉油的现象。这样下来,国家第一轮拍卖的菜油因为正常消费和替代消费的叠加消费,促使大量拍卖的菜油快速被市场消化。2016年10月,棕榈油进入减产周期,国内棕榈油30万吨以下接近今年最低库存水平,货源还高度集中,现货紧张局面暂时难以缓解。10月份国家重启菜油抛储,周度拍卖均完全成交,且成交价格不断上移。火爆成交提振盘面,目前现货市场又紧张,由于缺少原料,沿海地区大部分油厂处于停机状态,菜油库存也不断下降。从供应方面来看,市场上认为菜油越抛越少,菜油的供应出现短缺,第二轮菜油的抛储引发了资本市场的热捧,因此公司判断,国家第二轮菜油抛储会对菜油的价格形成推波助澜的作用。因此,出于对后期菜油市场价格上涨的担忧,公司进行了买入套期保值操作。2016年10月,上海佰融实业有限公司计划在2016年12月初购进5万吨菜油,公司以当前现货菜油6 750元/吨制定采购成本预算,不愿提前购进菜油挤占库存。于是,公司决定利用郑州商品交易所1701菜油期货合约进行买入套期保值,即以6 500元/吨的价格买进1701菜油期货合约5 000手(10吨/手);2016年12月初,当公司决定开始购进菜油时,现货菜油价格已上涨至7400元/吨,而1701期货合约价格也上涨至7 350元/吨。公司在购进现货的同时卖出平仓期货合约,成功实现了买入保值效果并且额外获得利润200元/吨,共5万吨,总计盈利1 000万,从而不仅满足了公司经营所需的采购量,而且降低了采购成本(见表8-51)。

表 8-51 企业菜油期货买入套保盈利核算

市场 时间	菜油现货市场	菜油期货市场
2016 年 10 月-11 月	均价 6750 元/吨	买入 1701 菜油期货合约,均价 6500 元/吨,共计 5000 手
2016 年 12 月初	均价 7400 元/吨	卖出 1701 菜油期货合约,平仓价位 7350 元/吨
盈亏(利润=200 元/吨)	亏损 650 元/吨	盈利 850 元/吨

(二)卖出套期保值:广西湘桂糖业集团有限公司案例分析

1.公司简介

广西湘桂糖业集团有限公司(简称湘桂集团)是一家以糖业循环经济产业为核心,集农、工、商、贸为一体,跨地区、跨行业、多元化发展的集团企业。集团旗下有三家制糖子公司,占据了广西最优质甘蔗产区,其利用庞大蔗区的原料优势产糖,并通过多种渠道进行销售。公司与能融资的平台和公司进行大量合作和销售,如广西糖网、昆商糖网、广投集团等,同时传统的销售渠道在逐步缩小。这样不仅拓宽了公司的销售渠道,也解决了资金瓶颈问题,及时回笼资金。公司多年以来一直能够处理好与蔗农的关系,及时兑付蔗款。面对经营风险,公司能够抓好生产管理,控制生产成本,提高出糖率,以此提高企业效益,同时适时参与郑商所的套期保值,规避现货价格波动风险。

2.公司风险

近年来随着公司白糖经营规模的不断扩大,传统的大宗商品经营模式面临的不确定性和风险因素越来越多,公司领导层充分意识到经营过程的风险管理将决定企业的成败,并要求在公司具体的经营中要注意以下风险点:

(1)国内白糖价格波动的风险

公司产品白糖在国内销售,自然面临着国内白糖价格大幅波动风险。回顾国内近几年的白糖价格,由于国内甘蔗种植存在周期性,加上国际糖也经历从过剩到短缺的转换,国内进口管控政策逐步加强,郑商所白糖期货价格从 2014 年的约 5 300 元/吨跌至 2015 的 4 200 元/吨,2016 年 10 月又上涨到 6 800 元/吨,价格波动超过 50%。

公司主要的销售模式逐步转向现货电子盘和期货盘面点价方式交易,当盘面价格剧烈波动的时候,这种销售模式比传统的销售模式面临更大的价格波动风险。这是对公司风险管理能力的巨大挑战,也对公司适时参与套期保值和期权业务、规避价格波动风险提出了要求。

(2)糖料定价风险

从 2001/2002 榨季开始,广西开始实行统一的糖蔗价格挂钩联动,二次结算办法定价,也就是由省级价格主管部门管理规定一个底价作为普通品种甘蔗的首付价,与每吨一级白砂糖含税销售价格基价对应联动,如果最后结算食糖销售平均价低于基价,甘蔗首付价就是最终结算蔗价;如果食糖销售平均价高于基价,按高出来部分一定比例作为二次结

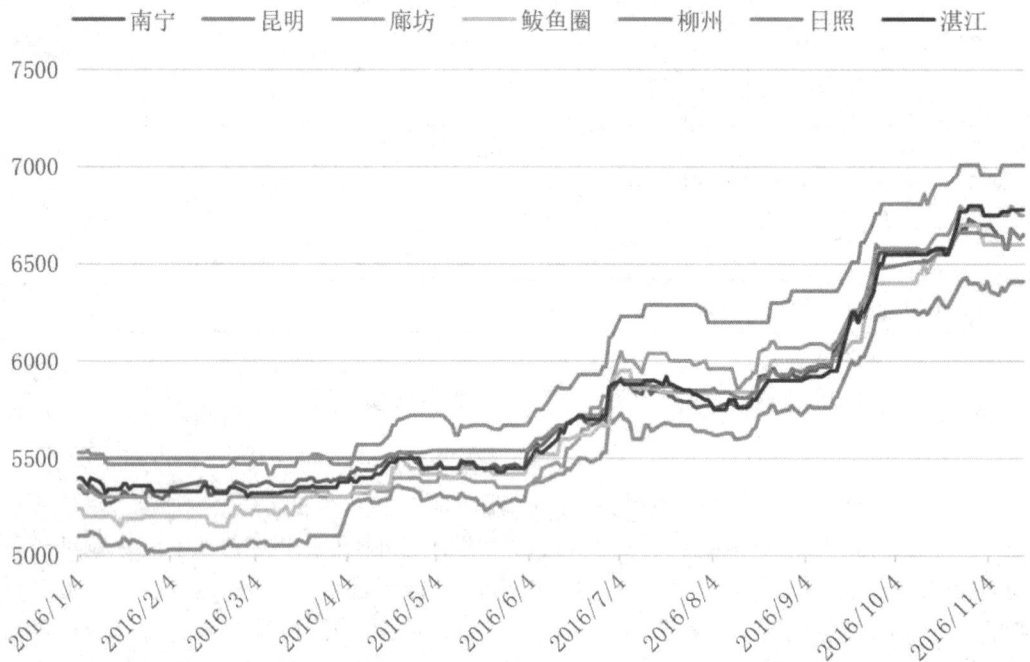

图 8-86　郑商所白糖期货价格波动图

数据来源：华信期货白糖研究中心

算补发给蔗农。这一定价制度也一直延续下来。糖料收购价格的制定以当榨季糖价为基础，从而制定下榨季蔗价。随着甘蔗产量和行情的剧烈波动，政府统一定价让企业生产存在一定的风险。比如政府统一定价时往往在 10—11 月份，糖价多处于季节性高点，制定蔗价也要考虑农户利益和面积稳定性，导致糖厂成本偏高；二次结算涉及的定价周期较长，难以及时适应市场变化的需要，容易造成跨蔗区抢运蔗现象的发生。若糖料收购价过高，也会使得企业在生产高峰资金紧张。

（3）替代品风险

市场上的进口加工糖和淀粉糖是公司主要产品白砂糖的主要竞争者和替代品。影响进口加工糖和淀粉糖的因素各有不同。进口加工糖主要受到国际原糖价格和我国贸易政策影响。而淀粉糖受到玉米价格、玉米淀粉价格和终端生产配方变化的影响。在进口加工糖方面，2016 年 9 月份商务部启动了白糖贸易损害调查，并有可能提高白糖配额外进口关税至 100％以上（当时关税标准为配额外 50％），政策面临不确定性。一旦政策实施，将对国内白糖价格形成一定支撑，提高公司利润。在淀粉糖方面，2016 年第三季度之后，淀粉糖和白糖等甜度价差维持在 3 000 元/吨以上。巨大的价差令终端企业不得不考虑淀粉糖的替代。预计这将对白糖未来的消费产生一定的影响。

3.具体操作

2016 年第四季度，市场 2017 年上半年供求基本面偏空，但第一季度又是传统的节日备货销售旺季，当时期货和现货已经分别位于 6 800 元/吨附近和 6 600 元/吨高价，基差预计在 2017 年也将震荡走强。公司根据自身经营利润、生产进度情况，倾向在国内期货市场针对 SR1705 进行卖出套期保值（因担忧 1701 合约价格万一出现极端上涨行情，公司无法保证生成足量仓单），结合 2017 年第一季度的销售，提前锁定价格和利润，避免现货价格下跌带来的风险。当现货销售达到进度后，寻找合适时机再对盘面平仓，完成卖出套期保值。公司决策委员会 2016 年 11 月在 SR1705 合约上先卖出 1 000 手，价格为 6 850 元/吨附近，对未来生产的 1 万吨的新糖进行卖出套保。当时现货价格在 6 600 元/吨，但公司刚刚开榨，产量很少。公司期货部门按决策委员会策略实施卖出保值后，密切关注盘面价格趋势，现货销售部门适度加快了销售节奏，财务部门根据回笼资金，做好了资金调配准备和风险预案。2017 年第一季度，春节备货销售旺季，公司在现货市场陆续销售了 1 万吨白糖，成交均价约为 7 000 元/吨。当时盘面价格在 6 950 元/吨左右（合约约定 6 850 元/吨左右卖），公司在盘面亏损 100 元/吨。公司决策委员会决定，将盘面头寸持有到春节后再进行处理。2－3 月间，销售旺季过去，现货走量清淡，期货价格回落至 6 700～6 800 区间，公司陆续将 1 000 多张保值空单在 6 750 元附近平仓，相当于销售均价提高了 100 元/吨。

表 8-52　SR1705 套期保值

日期	卖出开仓数量（手）	卖出开仓均价（元/吨）	累计开仓均价（元/吨）	买入平仓数量（手）	平仓均价（元/吨）	累计平仓均价（元/吨）	平仓盈亏（万元）
11 月 21 日	1000	6850	6850				
2 月 21 日				500	6800	6800	
3 月 10 日				500	6700	6750	
合计/均价	1000		6850	1000		6750	100

从计划到最后的盘面平仓，企业消耗了近半年，套保资金占用成本近 500 万元。企业销售现货获得收入 7 000 万元，同时在盘面获利 100 万元。现货和期货最终总收入近 7 100 万元，较好的达成了套保效果。

（三）基差变化与套期保值效果

基差对于套期保值交易非常重要，因为基差是现货价格与期货价格的变动幅度和变化方向不一致而形成的，只要套期保值者密切关注基差变化，并选择基差有利的时机完成套期保值交易，就会取得较好的效果。如果基差发生了变化，套期保值就是非完全套期保值，根据不同的情况，套期保值的结果也不相同。买基差的含义是买入现货的同时卖出套期保值，卖基差的含义是卖出现货的同时买入套期保值。

1.买入套期保值与基差变动

假设饲料厂 6 月初计划 2 个月后从油厂采购 5 万吨 43％蛋白的豆粕，希望以当前豆粕价格 2 900 元/吨安排生产计划和成本预算，但是担心两个月以后豆粕价格上涨增加加工成本，于是选择了大连商品交易所 9 月豆粕期货合约买进套期保值。以下针对现货市场价格与期货市场价格变化幅度不相同的各种情况，分析基差变动对买进套期保值效果的影响。

表 8-53　买进期货合约后,期货价格上涨幅度大,基差趋弱

时间	现货市场	期货市场	基差
6月初	准备买进 5 万吨豆粕价格 2900 元/吨	买进 9 月豆粕期货合约 5000 手成交价格 3010 元/吨	B0=−110 元/吨
8月初	买进豆粕原料成本价格 3150 元/吨	卖出 9 月豆粕期货合约 5000 手平仓价格 3300 元/吨	B1=−150 元/吨
时间	亏损：250 元/吨	盈利：290 元/吨	B1-B0=−40 元/吨
	套期保值总效果：净盈利=−250+290=40（元/吨）		B0>B1，基差趋弱

表 8-54　买进期货合约后,期货价格下降幅度小,基差趋弱

时间	现货市场	期货市场	基差
6月初	准备买进 5 万吨豆粕价格 2900 元/吨	买进 9 月豆粕期货合约 5000 手成交价格 3010 元/吨	B0=−110 元/吨
8月初	买进豆粕原料成本价格 2600 元/吨	卖出 9 月豆粕期货合约 5000 手平仓价格 2760 元/吨	B1=−160 元/吨
时间	盈利：300 元/吨	亏损：250 元/吨	B1-B0=−50 元/吨
	套期保值总效果：净盈利=300−250=50（元/吨）		B0>B1，基差趋弱

表 8-55　买进期货合约后,期货价格上涨幅度小,基差趋强

时间	现货市场	期货市场	基差
6月初	准备买进 5 万吨豆粕价格 2900 元/吨	买进 9 月豆粕期货合约 5000 手成交价格 3010 元/吨	B0=−110 元/吨
8月初	买进豆粕原料成本价格 3100 元/吨	卖出 9 月豆粕期货合约 5000 手平仓价格 3150 元/吨	B1=−50 元/吨
时间	亏损：−200 元/吨	盈利：140 元/吨	B1-B0=60 元/吨
	套期保值总效果：净亏损=200−140=60（元/吨）		B0<B1，基差趋强

表 8-56　买进期货合约后,期货价格下降幅度大,基差趋强

时间	现货市场	期货市场	基差
6 月初	准备买进 5 万吨豆粕价格 2900 元/吨	买进 9 月豆粕期货合约 5000 手成交价格 3010 元/吨	B0=−110 元/吨
8 月初	买进豆粕原料成本价格 2700 元/吨	卖出 9 月豆粕期货合约 5000 手平仓价格 2720 元/吨	B1=−20 元/吨
盈亏	盈利:200 元/吨	亏损:290 元/吨	B1−B0=90 元/吨
	套期保值总效果:净亏损=−200+290=90 (元/吨)		B0<B1,基差趋强

表 8-57　企业菜油期货买入套保盈利核算

时间 市场	菜油现货市场	菜油期货市场	基差
2016 年 10 月-11 月	均价 6750 元/吨	买入 1701 菜油期货合约,均价 6500 元/吨,共计 5000 手	B0=250 元/吨
2016 年 12 月初	均价 7400 元/吨	卖出 1701 菜油期货合约,平仓价位 7350 元/吨	B1=50 元/吨
盈亏	亏损:650 元/吨	盈利:850 元/吨	B1−B0=−200 元/吨
	净盈利=−650+850=200 (元/吨)		B0>B1,基差趋弱

2.卖出套期保值与基差变动

假设某一豆粕经销商 4 月初以 3 200 元/吨的价格从油厂采购了 20 000 吨 7 月执行的豆粕,但是担心这期间豆粕价格下跌,于是选择在大连商品交易所 9 月豆粕期货合约进行卖出套期保值。设想以后现货市场价格与期货市场价格变化幅度不相同的各种情况加以分析,观察基差变动对卖出套期保值效果的影响。

表 8-58　卖出期货合约后,期货价格下跌幅度小,基差趋弱

时间	现货市场	期货市场	基差
4 月初	买进 2 万吨豆粕价格 3200 元/吨	卖出 9 月豆粕期货合约 2000 手成交价格 3150 元/吨	B0=50 元/吨
7 月初	卖出豆粕现货销售价格 2950 元/吨	买进 9 月豆粕期货合约 2000 手平仓价格 3010 元/吨	B1=−60 元/吨
盈亏	亏损:250 元/吨	盈利:140 元/吨	B1−B0=−110 元/吨
	套期保值总效果:净亏损=250−140=110 (元/吨)		B0>B1,基差趋弱

表 8-59　卖出期货合约后,期货价格上涨幅度大,基差趋弱

时间	现货市场	期货市场	基差
4 月初	买进 2 万吨豆粕价格 3200 元/吨	卖出 9 月豆粕期货合约 2000 手成交价格 3150 元/吨	B0=50 元/吨
7 月初	卖出豆粕现货销售价格 3400 元/吨	买进 9 月豆粕期货合约 2000 手平仓价格 3410 元/吨	B1=-10 元/吨
盈亏	盈利: 200 元/吨	亏损: 260 元/吨	B1-B0=-60 元/吨
	套期保值总效果: 净亏损=260-200=60 (元/吨)		B0>B1,基差趋弱

表 8-60　卖出期货合约后,期货价格下降幅度大,基差趋强

时间	现货市场	期货市场	基差
4 月初	买进 2 万吨豆粕价格 3200 元/吨	卖出 9 月豆粕期货合约 2000 手成交价格 3150 元/吨	B0=50 元/吨
7 月初	卖出豆粕现货销售价格 3100 元/吨	买进 9 月豆粕期货合约 2000 手平仓价格 3030 元/吨	B1=70 元/吨
盈亏	亏损: 100 元/吨	盈利: 120 元/吨	B1-B0=20 元/吨
	套期保值总效果: 净盈利=-100+120=20 (元/吨)		B0<B1,基差趋强

表 8-61　卖出期货合约后,期货价格上涨幅度小,基差趋强

时间	现货市场	期货市场	基差
4 月初	买进 2 万吨豆粕价格 3200 元/吨	卖出 9 月豆粕期货合约 2000 手成交价格 3150 元/吨	B0=50 元/吨
7 月初	卖出豆粕现货销售价格 3400 元/吨	买进 9 月豆粕期货合约 2000 手平仓价格 3300 元/吨	B1=100 元/吨
盈亏	盈利: 200 元/吨	亏损: 150 元/吨	B1-B0=50 元/吨
	套期保值总效果: 净盈利=200-150=50 (元/吨)		B0<B1,基差趋强

　　由上述四种情况可见,卖出套期保值无论现货价格和期货价格如何变动,只要基差变动趋强,套期保值的总效果都是盈利;只要基差变动趋弱,套期保值总效果总是亏损。因此,进行卖出套期保值时,应当选择基差很弱极有可能趋强时入市保值,并选择基差趋强后结束保值。

三、农产品套期运用案例:上市公司道道全

(一)公司概况

道道全粮油股份有限公司是由湖南巴陵油脂有限公司整体变更设立的股份有限公司。湖南巴陵油脂有限公司成立于 2002 年,是集食用植物油及相关副产品生产、加工、科研、贸易于一体的大型油脂加工企业。公司位于湖南岳阳市,资产总额 6 亿元,年产值近28 亿元,是湖南省乃至中南地区最大的油脂加工企业之一。2014 年 3 月 13 日,巴陵油脂股东会审议通过了《关于提请将湖南巴陵油脂有限公司整体变更为股份有限公司的议案》,同意将湖南巴陵油脂有限公司整体变更为股份有限公司,公司名称变更为道道全粮油股份有限公司。因此,道道全这个品牌是 2014 年才建立起来的。道道全粮油股份有限公司于 2017 年 3 月份在深圳证券交易所上市,成为中国菜油第一股。

(二)业务范围

1.主要产品

公司主要从事食用植物油产品的研发、生产和销售。公司主要产品为包装菜籽油,包括纯菜籽油和菜籽调和油。纯菜籽油以油菜籽为原料,而菜籽调和油以菜籽油为主要原料,加入其他油种调和而成。基于市场营销战略的考虑,公司也经营菜籽油以外的油品,主要是玉米油和大豆油。从图 8-87 可以看出,道道全 2017 年菜籽油及菜籽调和油系列包装油营业收入占比合计达到 68%。公司的市场定位十分明确,自成立以来一直以包装油销售和菜籽油类产品的推广两个经营核心,抓住包装菜籽油细分市场没有知名品牌的市场空缺,力推"道道全"品牌的包装菜籽油系列产品,有力地把握住了市场先机。

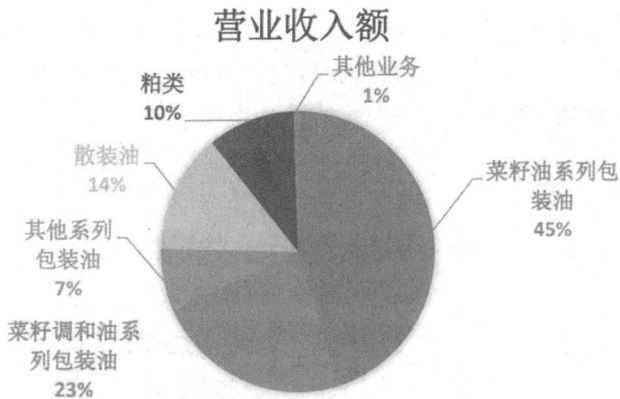

营业收入额

图 8-87 道道全 2017 年分产品营业收入额占比

数据来源:道道全 2017 年年报

2.销售区域

道道全的产品远销湖南、湖北、江西、重庆、四川、云南、贵州、江苏、浙江、安徽等十几

个省市。由于油菜广泛种植于长江流域,是长江地区主要的油料作物,所以道道全菜籽油的消费群体也主要分布在长江流域。从图 8-88 可以看出,湖南、湖北和江西是油菜籽的主产区,加之运输成本的原因,公司的销售区域总体上呈现以两湖、江西为核心沿长江流域辐射的态势。

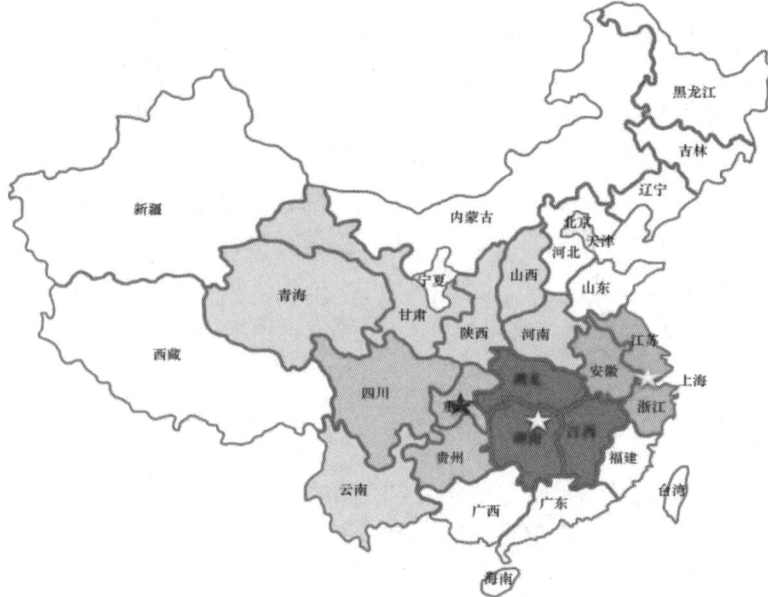

图 8-88　道道全产品销售区域

数据来源:道道全招股说明书
注:深色区域指成熟市场,灰色区域指处于成长期的市场,白色指初步开发的市场。

3.采购业务模式

公司原材料采购可以分为原料油采购和油菜籽采购两种。其中原料油采购主要包括菜籽原油、四级菜籽油、一级菜籽油、一级成品大豆油和一级成品玉米油;油菜籽主要是供给重庆子公司风味系列菜籽油初榨生产线的原料。

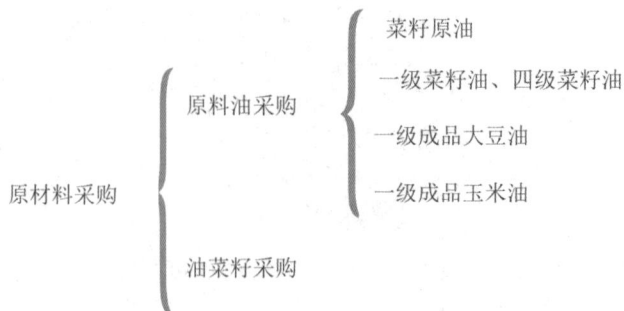

图 8-89　道道全原材料采购内容

4.原料油采购模式下菜籽油供需情况及价格波动风险

(1)菜籽油的供给情况

我国是全球菜籽油第一大生产国和消费国。根据国家粮油信息中心的数据,2016—2017年度,我国菜籽油总供给量预计为666.4万吨,其中菜籽油产量预计616.4万吨,进口量预计为50万吨(如图8-90所示)。2009年至今,我国菜籽油总供给量(不计国家储备油)处于缓慢增长的状态,总供给量从504.5万吨增加到666.4万吨,年复合增长率为3.54%,高于我国食用植物油的总供给量的增长速度(3.30%),这导致菜籽油在我国食用植物油供给中的比例越来越大。菜籽油供给量中进口量年平均占12.05%,比食用油的进口年平均(26.36%)占比低14.32%,这说明我国菜籽油的供给对国际市场的依赖程度相对较小。

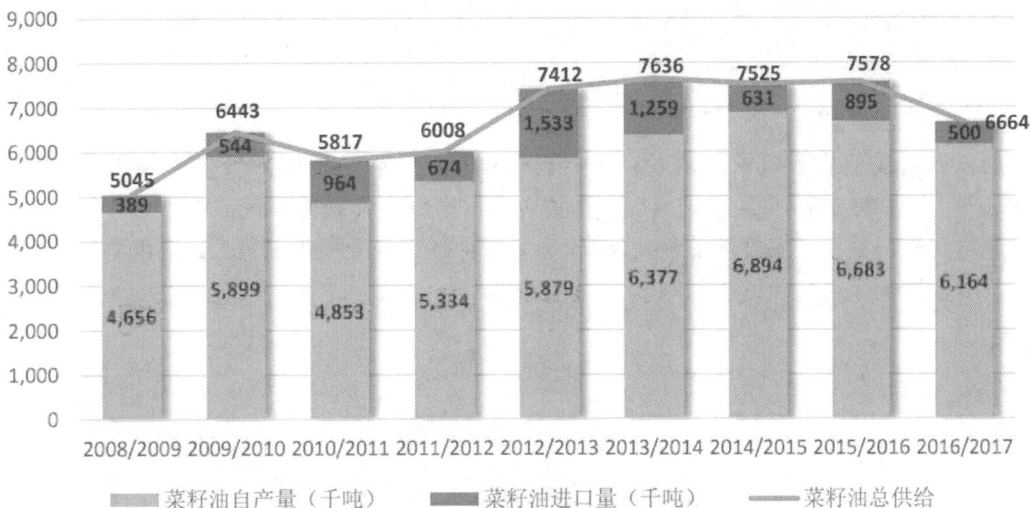

图 8-90 我国菜籽油供给情况

数据来源:国家粮油信息中心油脂油料市场供需状况2017年1月月报

2008年以来,我国菜籽油的进口量呈现先增后降的态势,而我国的油菜籽进口量近几年则大幅增长,如图8-91所示。自2012—2013年度开始,我国菜籽油进口结构发生变化,菜籽油进口量逐年下降而油菜籽进口量大幅上升,这一方面是由于国内油菜籽压榨产能(尤其华南沿海地区)持续增加,且在我国临储收购政策下,国产油菜籽和进口油菜籽之间长期保持的巨大价差,使国产油菜籽处于竞价劣势,因此压榨企业倾向于选用进口油菜籽作为原材料进行压榨。另一方面,2012年我国菜粕期货市场的建立对我国的油菜籽进口结构影响深远。油菜籽经过压榨会同时产生菜籽原油和菜粕两个产品,菜粕主要用于饲料加工,保质期较短,生产之后需要尽快销售。菜粕期货市场建立之后,菜籽加工企业可以通过期货套期保值工具规避菜粕销售风险,从而增加油菜籽进口。2015—2016年度由于菜油抛储和菜粕的需求有所萎缩,油菜籽的进口数量缓慢下降。

(2)菜籽油的需求情况

2008年以来我国菜籽油需求量保持稳定增长态势,2016—2017年度需求量为850万吨(如图8-92所示),年复合增长率为9.21%。消费的稳定增长一方面是由于我国国民经

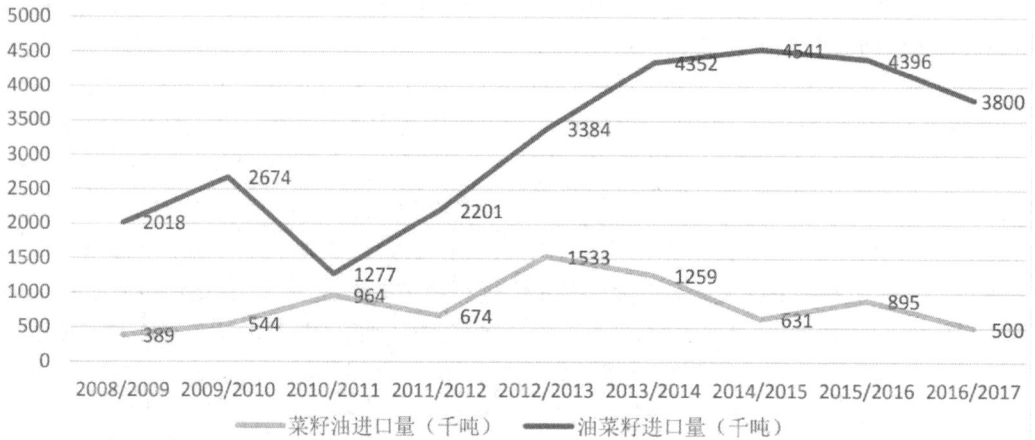

图 8-91　我国菜籽油及油菜籽的进口量

济的发展刺激了消费需求的增长,另一方面则是由于菜籽油现货价格大幅下降所致。2015 年 12 月到 2016 年年末国家以较低的价格向市场合计抛储菜籽油 300 多万吨,充足的原材料供应推动了菜籽油的消费增长,为菜籽油加工企业提供了较大的利润空间,也较大程度地影响了该行业的毛利率水平。

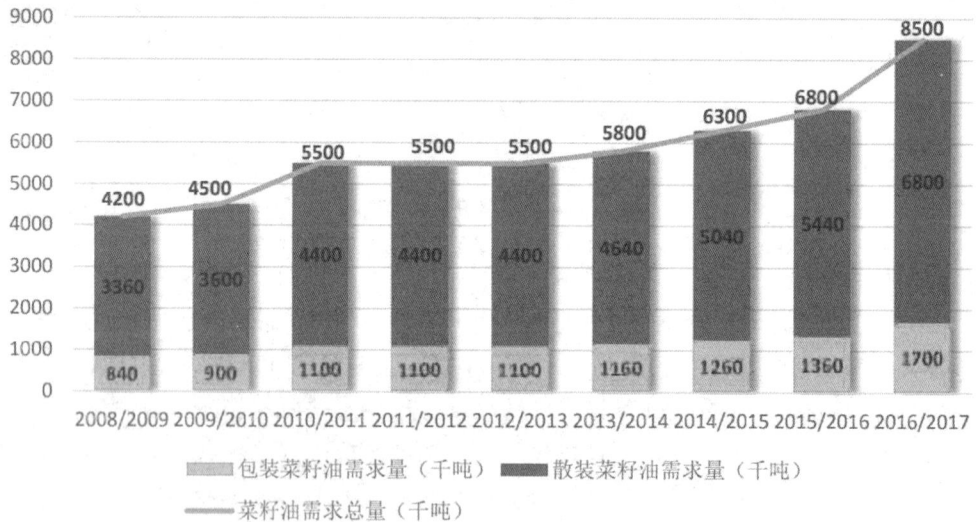

图 8-92　我国菜籽油需求情况

数据来源:国家粮油信息中心油脂油料市场供需状况月报(2017 年 1 月)

（3）菜籽油价格波动风险

菜籽油期现价格随菜籽供应量及菜籽油库存量增减出现波动。近年来由于种植技术和生物育种技术的发展,北美洲等地的油菜籽产量和出油品质大幅上升,国内期货和国内外现货市场的菜籽原油采购价格一路走低。另外,我国菜籽油临储量逐年增加,市场普遍预期国内的菜籽原油的供应会较为充足,市场采购的价格会逐步下降。2007 年 6 月 8

日,我国菜籽油期货正式在郑州商品交易所挂牌交易。自 2007 年 12 月至 2018 年 12 月 31 日,湖北荆州一级菜籽油的现货价格和郑州商品交易所的菜籽油期货活跃合约收盘价走势如图 8-93 所示。

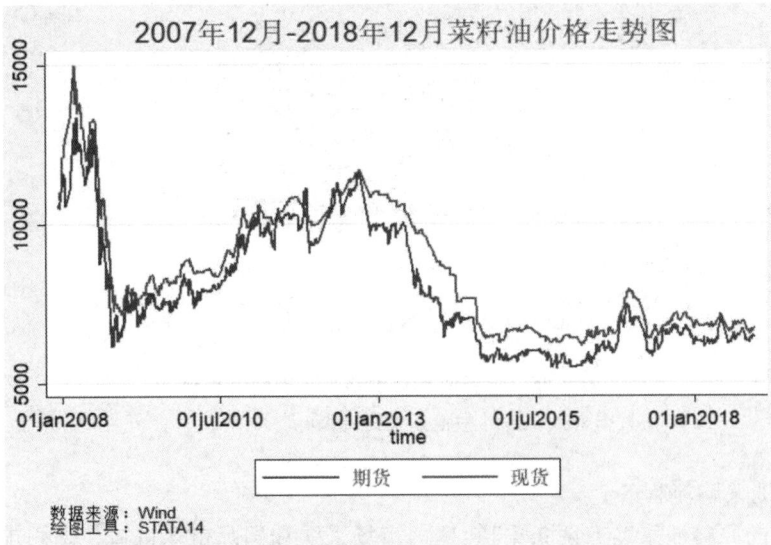

图 8-93 2007—2018 年菜籽油期现货价格走势

另外,菜籽油的价格波动具有季节周期性,5—6 月新菜籽逐渐上市,菜油价格开始回落;7—9 月份菜油供应增多,加上夏天正值传统的食用油消费淡季,菜油价格行情最低;9 月底双节临近,需求增大,价格开始回升;10 月份以后,气温下降,菜油对棕榈油的替代量增加,菜油价格行情进一步上升;12 月到次年 1 月份,菜油进入需求旺季,价格攀高,并保持高价到新菜籽上市。

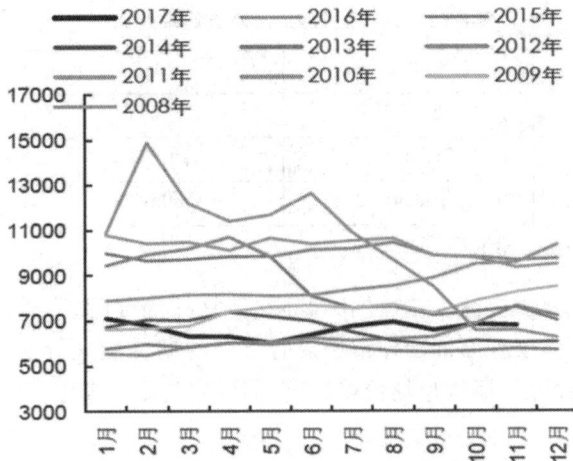

图 8-94 菜籽油期货价格季节周期性表现

数据来源:Wind 数据库,中信期货研究所

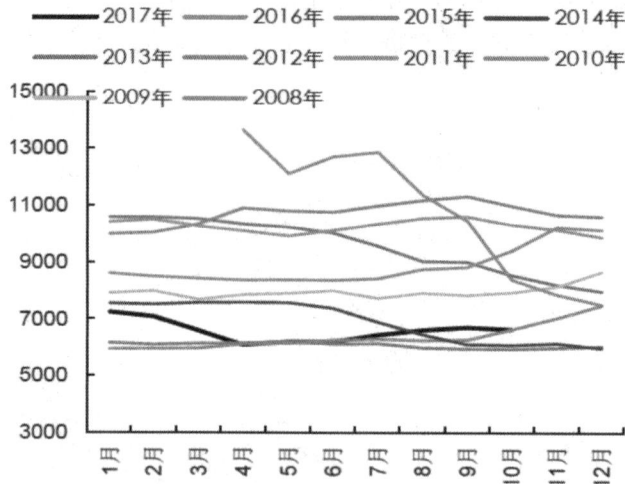

图 8-95　菜籽油现货价格季节周期性表现

数据来源：Wind 中信期货研究所

5.原料油采购流程

道道全的原料油采购有两条渠道：国内市场采购和国际市场进口。国内市场采购：采购中心接到采购计划后，询得 3 家以上国内供应商的价格，再综合考虑物流成本、物流时间、供货时间等因素，从而进行还价，最终报送总经理审批，审批同意再实施采购、签订合同。国际市场进口：对比国内市场价格，如果日常询盘低于国内市场报价，采购中心将进行还盘，报送总经理审批后定盘，才可实施进口，通常签订远期采购合同（开立信用证）。2014—2016 年内，菜籽油主要采购自国内市场，公司进口的原料油主要为菜籽原油。菜籽油国内、国外市场采购比例如表 8-62 所示。道道全的原材料采购来源中进口的菜籽油占总的原材料比重逐渐下降，这与我国的菜籽油进口量呈现逐年降低趋势的现象一致。

表 8-62　菜籽油国内、国外市场采购比例

项目	2016	2015	2014
国内市场采购	83.52%	86.07%	83.63%
国外市场采购	16.48%	13.93%	16.37%
合计	100.00%	100.00%	100.00%

数据来源：道道全招股说明书

公司菜籽原油主要供应商为富昌国际有限公司、托福国际、嘉吉国际有限公司、嘉吉澳大利亚有限公司等。菜籽原油国外市场没有统一的期货交易价格，公司在确定进口价格时综合考虑了国内现货、期货市场价格（与合同约定的交货期限一致）及进口价格，择优选取报价。

表 8-63　菜籽原油、四级菜油国内采购价格、市场价格与进口价格的比较分析

菜籽原油、四级菜籽油	2016	2015	2014
国内采购价	5338.35	5254.66	5787.78
国内现货价	5556.51	5346.35	6264.55
差异	−218.16	−91.69	−476.77
差异率	−3.93%	−1.72%	−7.61%
进口价格	5370.58	5565.34	7221.69

数据来源:道道全招股说明书

(三)套期保值会计处理

道道全主要通过以下两个操作评价套期的有效性:第一,将期货市场平仓合约是否与现货市场合约匹配(将期货市场平仓数量、单价、时间及品种与现货市场签订的合约进行比对);第二,运用比例分析法,将期货市场平仓盈亏与现货市场盈亏进行测算,套期的实际抵销结果是否在 80% 至 125% 的范围内。由于公司菜籽原油的采购价格参考郑州商品交易所菜籽原油期货价格,菜籽原油价格波动较大,因此道道全套期保值的交易规模中无效套保占大多数。公司对库存(包括菜籽原油及库存商品)和期货合约买入的虚拟库存,不定期的还会进行卖出套期保值,卖出套期保值遵循套期保值的原则属于套期保值,但不符合企业会计准则套期保值对高度有效套保认定的条件,无相关现货市场合约与期货市场平仓合约匹配。

表 8-64　2014—2016 年道道全套期保值的交易规模

年度	分类	交易数量（吨）	占采购量比重（%）
2014 年	有效套保	36,060.00	15.02
	无效套保	108,190.00	46.28
	合计	144,250.00	61.29
2015 年	有效套保	67,900.00	23.47
	无效套保	184,350.00	64.01
	合计	252,250.00	87.48
2016 年	有效套保	42,750.00	11.63
	无效套保	279,380.00	76.03
	合计	322,130.00	87.66

注:评价认定为有效套保的为开仓买入远期合约菜籽原油及符合高度有效套保会计条件;评价认定为无效套保的为开仓买入及卖出远期合约菜籽原油、大豆油及豆粕等但不符合高度有效套保的会计条件。

数据来源:道道全招股说明书

2014—2016 年,道道全有效套保的利得或损失总体上高于无效套保利得或损失,有效套保降低了对当期利润波动的影响。

表 8-65　2014—2016 年道道全套保有效性和会计处理结果

年度	有效套期保值利得或损失		无效套期保值利得或损失	
	平仓调整采购成本	期末持仓计入其他综合收益	平仓计入投资收益	期末持仓计入公允价值变动损益
2014 年	2645.22	−1877.69	28.05	−209.18
2015 年	1541.31	−279.40	1663.39	143.43
2016 年	−1177.17	1469.67	−1495.65	160.03

数据来源：道道全招股说明书

(四)套期保值的效益评价

道道全主要产品纯菜籽油主要原材料为菜籽原油、四级菜籽油,菜籽调和油主要原材料为菜籽原油、四级菜籽油和一级成品大豆油,其他包装油主要原材料为一级成品大豆油、一级成品玉米油,海神包装油主要原材料为一级成品大豆油。2014—2016 年道道全原材料占主营业务成本的比例在 90％以上,这说明道道全原材料的波动价格较大,会对公司营业成本及毛利率产生较大的影响。总的来说,2014 年、2015 年菜籽油价格基本处于下降的趋势(如图 8-96 所示),降低了公司的营业成本,2015 年公司毛利率增加了 4.37％(如表 8-66 所示)。但是 2014 年、2015 年菜籽油价格的下跌导致了公司在期货市场亏损,有效套保平仓分别调增营业成本 2 645.22 万元和 1 541.31 万元,使得毛利率分别下降了 1.30％、0.71％(如表 8-67 所示)。2016 年菜籽油价格有所回升(如图 8-96 所示),营业成本增加,毛利率增速放缓,2016 年公司毛利率仅增加了 1.1％(如表 8-66 所示)。此时,公司通过有效套保平仓调减营业成本 1 177.17 万元,使得毛利率增加了 0.44％(如表 8-67 所示),一定程度上降低了原材料价格上升给企业带来的损失。但由于道道全的套保策略比较保守,套期保值发挥的作用有限,在原材料价格上升时企业的盈利水平面临较高的下行风险。

表 8-66　2014—2016 年道道全主营业务毛利率及其波动

产品类别	2014 年	2015 年	变动	2016 年	变动
纯菜籽油	17.21％	21.59％	4.39％	22.04％	0.45％
菜籽调和油	14.65％	19.77％	5.12％	20.33％	0.55％
其他包装油	6.48％	8.44％	1.96％	8.68％	0.24％
海神包装油	−4.88％	−0.37％	4.51％	5.02％	5.40％
主营业务毛利率	14.47％	18.84％	4.37％	19.94％	1.10％

数据来源：道道全招股说明书

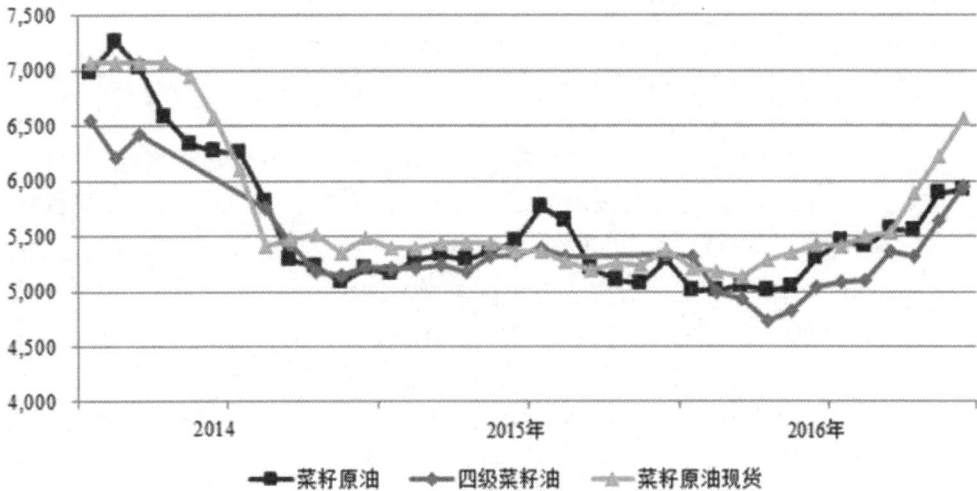

图 8-96　菜籽原油、四级菜籽油和菜籽原油现货价格走势

数据来源：道道全招股说明书

表 8-67　2014—2016 年道道全无效套期保值对当期损益的影响

项目	2014	2015	2016
有效套保平仓对成本的影响	2 645.22	1 541.31	− 1 177.17
营业收入	202 840.34	218 617.39	269 097.99
对毛利率的影响	−1.30％	−0.71％	0.44％

数据来源：道道全招股说明书

第五节　TMT 行业视角的衍生金融工具风险管理及其会计运用

一、TMT 行业背景简介

TMT 行业指电信（telecommunication）、媒体（media）和科技（technology）三个行业，其名称便由三个行业开头首字母构成。发展至今，TMT 行业的范围超越了最开始的三个行业，行业整体架构演变成了三网融合、云计算、移动互联网、物联网、电子商务。表 8-68 展示了 TMT 行业中的企业类型以及使用衍生品的概况。

表 8-68　TMT 行业具体类型

行业	具体类型	代表企业	使用衍生品公司数
电信	电信运营商、服务提供商、设备提供商等	中国联通、东方通信	2
媒体	传统媒体、广告以及互联网新媒体等	完美世界、华闻传媒	6
科技	IT 服务、软件、环保等技术、专利对于生产、经营起决定性作用的行业	百度、阿里巴巴、腾讯、京东、小米集团、美图	21

数据来源:由巨潮资讯网年报整理而得

当前,TMT 行业主要采用的商业模式包括 B2B、B2C、B2C2B、B2B2C。B2B 和 B2C 是较为传统的提供商品与服务的模式,B2C2B 是企业通过向消费者提供相对有价值的产品或服务以大幅低价的形式积攒用户,再以广告的方式进行盈利,如:各类综合门户网站、垂直网站和实时通讯服务;而 B2B2C 模式则是指利用平台自身海量用户的资源为第三方产品服务提供目标客户,与对接企业进行盈利分成,如淘宝、京东。

与传统制造业不同,TMT 行业的存续与发展更多的是依靠高新技术知识,与网络技术的发展密切相关,企业的生存与发展更多地看重技术的支持。同时,随着互联网技术发展,在传统行业中,更多的产品与互联网产生联系,改变了传统行业的运作模式,提高了行业的生产效率。根据图 8-97 和图 8-98 中显示的 CEIC 数据可见,互联网普及率、电子商务交易额这两个 TMT 发展主要指标均保持上升趋势,反映出 TMT 行业当前迅猛增长的势头。其中,2017 年 TMT 行业在全球进行 IPO 的企业数量达到 100 家,相对于 2016 年的 54 家,增长 85%;融资金额达到了 251 亿美元,较 2016 年增长了 167%。截止到 2018 年在沪深和香港上市的 TMT 行业一共 957 家。此外,根据 2018 年普华永道发布的中国 TMT 报告显示,2018 年上半年 TMT 行业投资金额占全行业的比例仍维持在 50% 的高位。随着行业技术升级,资本更多地转向了细分领域寻求突破,集成电路、半导体、IC 设计制造、机器人与智能制造、云计算、大数据、人工智能领域,备受资本青睐。

图 8-97　互联网普及率

数据来源:CEIC 数据库

电子商务交易额

图 8-98　电子商务交易额统计

数据来源：CEIC 数据库

关于 TMT 行业经营的外部宏观环境特点，可以运用 PEST 分析法对以下主要影响因素进行分析：首先，政策因素。2018 年 8 月政府发布了《扩大和升级信息消费三年行动计划（2018—2020 年）》和《推动企业上云实施指南（2018—2020 年）》两项行动计划。加之政策变化释放制度红利，促进了政府职能转变，行政效率提高，司法体制改革，国家安全加强，这些对未来资本市场产业结构偏好有着极大的指导作用，对于 TMT 产业有较大的支持力度。其次，经济因素。经济因素对 TMT 行业的影响体现在通过影响经济效率、经济结构调整和产业转型，促进工业互联网、服务业消费升级，加速产业创新。第三，社会因素。现阶段 TMT 行业的消费主体、消费业务、消费方式等发生了巨大变化，这种变化使得信息消费引领信息产品和服务升级，导致产品趋同，用户转移成本降低，使得对用户的争夺转向入口的竞争，进而重组产业生态以及产业商业模式的转变。第四，技术因素。云计算、大数据、物联网等高新技术快速发展，以及信息的无边界化，加速了科学技术的进步，产业生命周期开始缩短。TMT 行业拥有的新技术在引导产业结构变革的同时，也面临着产品更迭的压力。

关于 TMT 行业环境分析，可以运用波特五力模型对以下因素进行分析：第一，供应者讨价还价的能力。在 TMT 行业中，如通信行业、专网通信以及北斗导航等行业，上游供应商数量较多、企业购买的选择余地较大，因此供应商议价能力受到同业竞争的限制，TMT 行业拥有议价优势，供应商的议价能力对 TMT 行业的威胁较小。第二，购买者讨价还价的能力。在 TMT 行业中，如北斗导航，因面向军工市场的产业市场中购买者数量并不多，从而增强了购买者的议价能力，但现有产业的较高技术要求则使购买者在实现后向一体化时难度较大，从而又限制了购买者的议价能力。综合来看，行业的购买者议价能力适中，购买者对行业的威胁不大。第三，行业间现有企业的竞争。从军用市场向民用市场的转变、产品生命周期的缩短以及技术的更新，都会影响现有 TMT 行业竞争格局及现有企业的发展。并且，行业中产品的更新迭代速度较快，行业中企业所面临的竞争压力较大。第四，潜在进入者威胁。在 TMT 行业中，多数细分产业都存在一定的进入障碍。如通信设备属于高技术的知识密集型产业，存在技术壁垒。北斗导航的军用市场以及电信运营行业受国家政策限制,存在政策方面的进入障碍。因此,只要 TMT 行业的现有企业跟紧当前行业的发展趋势,积极开发新产品,研发新技术,则新进入者对行业的威胁就不会很大。第五,替代品威胁。TMT 行业的产品推陈出新速度很快,而电信基础服务等行业又存在多家相似公司,产品替代性强,这种现象会加速包括工业互联网、电信运营等产业的转型和创新。

二、TMT 行业的衍生品运用分析

(一)衍生品运用概况

通过 CSMAR 数据库与巨潮资讯网,可以获得中国 TMT 行业上市公司 2016 年、2017 年及 2018 年上半年的衍生品运用概况。

1.公司运用概况

由表 8-69 可知,2016 年以来,TMT 行业在上交所、深交所以及港交所上市的公司数量分别为 774 家、869 家和 957 家,逐年递增,2017 年和 2018 年增幅分别为 12.27%、10.13%,可见该行业逐年壮大。统计结果显示,近三年该行业使用衍生品的公司的数量每年不超过 30 家,占该行业上市公司总数的比例不超过 4%,可见该行业上市公司数量多,但使用衍生品的情况并不多。

表 8-69　TMT 行业使用衍生品数量

时间	TMT 行业公司数	使用衍生品公司数	使用衍生品公司占比
2018 年	957	30	3.13%
2017 年	869	28	3.22%
2016 年	774	30	3.88%

数据来源:CSMAR 以及巨潮咨询行业各公司年报、中报手工搜集

2.行业运用种类

通过对公司财务报表所披露的衍生品运用情况统计,其各年使用衍生品的种类及企业数汇总如表 8-70 和图 8-99 所示。2016 年至 2018 年上半年期间,TMT 行业的沪深港股上市公司衍生品使用明细情况如表 8-71 所示。

表 8-70 TMT 行业使用衍生品种类

衍生品种类	2018 年	2017 年	2016 年
远期外汇合约	15	13	9
利率互换合约	3	5	6
货币掉期	5	2	2
商品期货	2	0	1
国债期货	1	1	1
股指期货	0	1	1
外汇期权	3	3	4
看跌期权	2	2	2
认购期权	0	1	2
股票期权	20	19	15
可转换债券	2	3	3
可换股贷款	1	1	1
可转换股票据	0	1	1
可转换可赎回优先股	3	2	3
黄金租赁	1	2	1

数据来源:巨潮资讯网行业各公司年报、中报手工收集

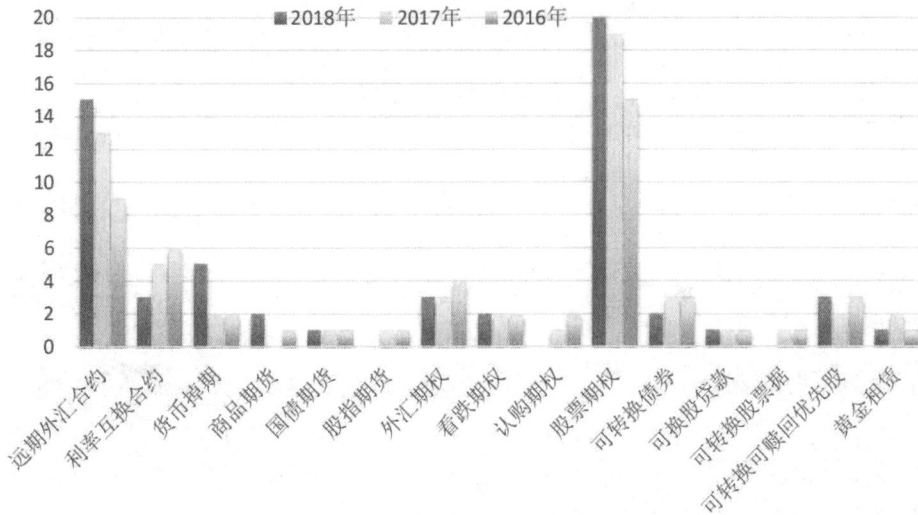

图 8-99 TMT 行业使用衍生品种类统计

数据来源:巨潮资讯网行业各公司年报、中报手工收集

表 8-71　2018 年上半年沪深港股 TMT 行业上市公司使用衍生品种类明细

代码	公司名称	A	B	C	D	E	F	G	H	I	J	K	L	M	N	O
000021	深科技	√														
000063	中兴通讯	√									√					
000066	中国长城	√									√					
002049	紫光国芯	√		√				√								
002174	游族网络										√					
002192	融捷股份				√											
002583	海能达	√									√					
002649	博彦科技	√									√					
002841	视源股份	√									√					
300059	东方财富		√			√					√	√				
300323	华灿光电	√						√								√
600584	长电科技	√														
600588	用友网络			√												
600888	新疆众和				√											
000938	紫光股份	√														
00008	电讯盈科	√	√	√				√			√				√	
00299	新体育								√		√					
00439	光启科学										√					
00572	未来世界金融															
00732	信利国际	√		√				√								
00903	冠捷科技	√		√							√					
01357	美图公司										√					
01665	槟杰科达	√														
01810	小米集团										√				√	
02008	凤凰卫视		√								√		√		√	
08043	atlinks	√									√					
08090	中国融保金融										√	√				
08100	智易控股										√					
08271	环球数码创意										√					
08280	中国数字视频										√					
合计	30	15	3	5	2	1	0	3	2	0	20	2	1	0	3	1

数据来源:巨潮资讯网行业各公司年报、中报手工收集

表 8-72　**2017 年沪深港股 TMT 行业上市公司使用衍生品种类明细**

代码	公司名称	A	B	C	D	E	F	G	H	I	J	K	L	M	N	O
000021	深科技	√	√													
000063	中兴通讯	√									√					
000066	中国长城		√								√					
002174	游族网络															
002583	海能达	√									√					
002649	博彦科技	√														
002841	视源股份	√									√					
300059	东方财富		√			√	√				√	√				
300323	华灿光电	√						√			√					√
600584	长电科技	√														√
603920	世运电路	√														
300111	向日葵	√														
00008	电讯盈科	√	√	√					√		√			√		
00299	新体育								√		√					
00439	光启科学										√					
00572	未来世界									√	√					
00732	信利国际	√		√												
00903	冠捷科技	√						√			√					
01132	橙天嘉禾							√			√					
01357	美图公司															
02008	凤凰卫视		√										√		√	
08043	atlinks	√									√					
08090	中国融保金融										√	√				
08100	智易控股										√				√	
08271	环球数码创意										√					
08280	中国数字视频										√					
合计	28	13	5	2	0	1	1	3	2	1	19	3	1	1	2	2

数据来源:巨潮资讯网行业各公司年报、中报手工收集

其中表 8-70、表 8-71、表 8-72 中列示的 A 代表远期外汇合约,B 代表利率互换合约,C 代表货币掉期,D 代表商品期货,E 代表国债期货,F 代表股指期货,G 代表外汇期权,H 代表看跌期权,I 代表认购期权,J 代表股票期权,K 代表可转换债券,L 代表可换股贷款,

M 代表可转换股票据,N 代表可转换可赎回优先股,O 代表黄金租赁。可以看出,TMT行业公司使用过的衍生品种类比较齐全,包括了远期合约、互换、期货以及期权等。其中,使用最频繁的是期权,包括看跌期权、股票期权、认购期权、可转换债券、可转换贷款、可转换票据、可转换可赎回优先股。尤其是股票期权,该行业沪深股上市公司以及港股上市公司都大量使用股票期权来对员工进行激励,使用该工具的公司数量也是逐年增加的;而可转换贷款、可转换票据,可转换可赎回优先股仅出现在港股,使用这些工具的公司主要是用来融资;其次是远期外汇合约,近两年使用该工具的公司是逐年递增;再次是互换,包括利率互换、货币掉期,也是行业公司用得较多的两个工具;最后是期货,该行业属于轻资产行业,商品期货用得少,2016 年仅有新疆众合一家公司对铝期货进行套期保值,2018 年仅有新疆合众和融捷股份两家公司使用;此外还有少数公司通过黄金租赁来进行融资,并运用黄金远期来套期保值。

(二)衍生品运用种类及其风险分析

1.行业运用衍生品的主要种类

表 8-73　TMT 行业运用衍生品的主要种类

项目	定义
远期外汇合约	买卖外汇双方先签订合同,规定买卖外汇的数量、汇率和未来交割外汇的时间,到了规定的交割日期双方再按合同规定办理货币收付的外汇交易
利率互换合约	利率互换是指两笔货币相同、债务额相同(本金相同)、期限相同的资金,作固定利率与浮动利率的调换
货币掉期	协议双方同意在一系列未来日期根据不同币种的本金向对方支付利息,两种利息的币种不同,计息方式也可以不同,期末双方交换两种不同货币的本金
商品期货	买卖双方在未来某个约定的日期以签约时约定的价格买卖某一数量的实物商品的标准化协议
国债期货	通过有组织的交易场所预先确定买卖价格并于未来特定时间内进行钱券交割的国债派生交易方式
股指期货	以股价指数为标的物的标准化期货合约,双方约定在未来的某个特定日期,可以按照事先确定的股价指数的大小,进行标的指数的买卖,到期后通过现金结算差价来进行交割
外汇期权	合约购买方在向出售方支付一定期权费后,所获得的在未来约定日期或一定时间内,按照规定汇率买进或者卖出一定数量外汇资产的选择权
看跌期权	给予投资者在某一特定日期或之前以特定价格出售某种资产的权利
认购期权	期权买方向期权卖方按照期权价支付一定数额的权利金后,拥有在期权合约有效期内,按事先约定的价格向期权卖方买入约定数量的相关期货合约的权利,但不负有必须买进的义务
股票期权	指公司授予其员工在一定的期限内,按照固定的期权价格购买一定份额的公司股票的权利。行使期权时,享有期权的员工只需支付期权价格,而不管当日股票的交易价是多少,就可得到期权项下的股票

可转换债券	债券、贷款、票据、优先股持有人可按照发行时约定的价格将债券转换成公司的普通股票，赋予普通股一个看涨期权
可换股贷款	
可转换股票据	
可转换可赎回优先股	
黄金租赁	客户从银行或企业租赁黄金或银行从客户租入黄金、到期归还并以人民币交付黄金租赁费，承租方拥有黄金在租赁期间的处置权并按照合同约定支付租赁费用

TMT 行业里,长电科技关于黄金租赁所披露的信息较为完整,包括了黄金租赁融资和黄金远期合约的信息。黄金租赁业务是一种新型资源配置业务,集传统的资本运作业务与融资业务于一身,同时还涵盖了租赁、远期交易、代理实务黄金等多个业务环节,其基本的运作方式如图 8-100 所示。

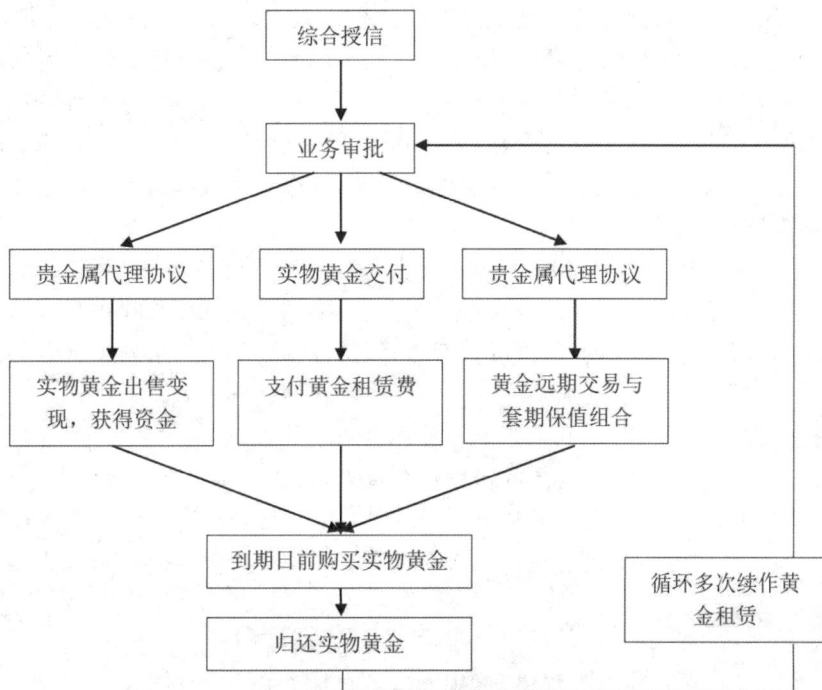

图 8-100　黄金租赁运作图

从图中可以看出企业通常在进行黄金租赁业务时,为了避免到期黄金归还时金价上涨带来的风险,同时为了享受到人民币升值带来的汇兑收益,所采用的基本运作方式是将黄金租赁与黄金远期套期保值组合进行,即分成两步走:第一,在开始进行黄金租赁拿到实物黄金后,在交易市场上变现实物黄金获取资金的同时,与银行签订远期黄金买入交易,以此来锁定黄金价格;第二,企业在黄金租赁业务到期时,在交易市场上买入实物黄金的同时,结束在期货市场中的远期黄金买入交易,到期归还银行实物黄金。企业选择黄金租赁业务的原因可能有两方面,一方面黄金租赁业务为企业提供了新的融资渠道,能满足企业融资的刚性需求,解决资金短缺问题。另一方面黄金租赁的成本是较低的,企业只需承担较低的黄金租赁费用和代理买卖费用,且风险也可以通过与黄金远期进行套期保值来规避。而可转换可赎回优先股的使用,包括了港股中的电讯盈科、凤凰卫视、美图公司、小米集团和中国数字视频。它是一项复合了"优先股""普通股看涨期权""优先股看跌期权"的金融产品,为企业融资开辟了一条新的渠道。

2.行业的衍生品运用风险分析

TMT行业使用衍生品主要想应对的风险有利率风险、外汇风险、商品价格变动风险以及资金短缺风险。

(1)利率风险。利率风险是指金融工具的公允价值或未来现金流量因市场利率变动而发生波动的风险。行业公司面临的利率风险主要来源于银行长短期借款以及应付债券等债务。有的公司会以固定利率换浮动利率,有的公司以浮动利率换固定利率,采用利率互换进行套期保值。

(2)外汇风险。外汇风险是指金融工具的公允价值或未来现金流量因外汇汇率变动而发生波动的风险。此类风险主要是由于以记账本位币以外的货币进行的借款、销售、采购或投资所致,本行业公司为降低实际经营活动中汇率波动对公司资产、负债及盈利水平变动的不利影响,针对汇率波动的变化,公司利用金融机构提供的外汇产品开展保值型汇率风险管理业务(该类业务主要涉及远期外汇远期、货币互换、外汇期权以及看跌期权)以达到对冲汇率风险的目的。

(3)商品价格变动风险。TMT行业公司在采购或销售商品,开展大宗商品贸易业务时,为规避预期商品采购价格上涨、预期销售商品价格下跌,会使用商品期货合约,指定商品期货合约为对预期商品采购、销售的套期工具,防范相关商品未来购买价格上涨或销售价格下跌带来的现金流量变动风险。

(4)资金短缺风险。TMT行业近几年使用外部扩张型战略,并购其他企业的消息不断;且该行业更新换代快,需要投入的研发资金也多,当企业面临资金短缺风险时,会考虑采用认购期权、可转换债券、可换股贷款、可转换票据、可转换可赎回优先股以及黄金租赁这些金融工具,可以较快速、较低成本来获取资金。

(三)行业运用发展趋势

首先,随着对外贸易业务的开展,企业不可避免地会遇见汇率风险,相信这一块的衍生品,例如外汇期权、远期外汇等使用会越来越多。其次,债务是企业融资的主要渠道之一,利率风险在该行业也是会一直存在的,因此为了规避该风险,也会有更多的企业意识到对这一类风险的对冲,选择使用利率互换等衍生品进行套期保值。再次,从前面统计的可用于融资衍生品的使用趋势以及行业资金需求现状(至少有高研发投入需求以及外延式扩张两方面需要资金)来看,越来越多的复合衍生金融工具会被创造出来用于融资。最后,股票期权在现有背景下也是该行业运用较多的衍生品,出于对高层管理人员和技术人员的激励以及实现企业价值最大化的目标,未来也会促使更多的行业公司来完善和使用股票期权。另外,该行业属于轻资产行业,且产品生命周期相对较短,因此使用商品期货这一衍生金融工具的企业不会突增,用的企业数量也会相对较少。

二、可转换可赎回优先股性质分析

(一)债务性质

第一,与债券相同,优先股的发行方在发行优先股之前会确定一个固定的股息收益率,该股息收益率通常不会因发行方经营情况和盈利水平的改变而发生变动。对发行方而言,在每个约定的期间内都要向优先股股东支付股息,而对优先股股东而言,相应地就可以在每个约定的期间内有一笔利息收入。

第二,优先股股东不具有投票表决权,一般不能参与公司的经营管理,不具有选举权和被选举权,这点是与债权人一致的。而可转换可赎回优先股实质上是在优先股的基础上附加了转股条款和赎回条款,所以可转换可赎回优先股也具有上述特点。

第三,可转换可赎回优先股中的"可赎回"的主动权若在投资者的手里,那么公司理论上就存在着向可转换可赎回优先股股东交付赎回款或者其他金融资产的不可避免的义务,这就等同于公司必须偿付到期债务,只是赎回款的支付日取决于可转换可赎回优先股股东。

因此,从上述三个方面看,可转换可赎回优先股是具有债务性质的。

(二)权益性质

优先股目前已是国际上投融资的一种重要金融工具,但我国优先股制度较发达国家发展滞后许多。1992年国家经济体制改革委员会颁布了《股份有限公司规范意见》,首次对优先股做出具体规定,标志着优先股制度在立法进程中初具雏形。2005年由国家发展和改革委员会等十部委联合发布的《创业投资企业管理暂行办法》明确规定,创业投资企业可以以股权和优先股、可转换优先股等准股权方式投资未上市企业。尽管能够按照该办法达成投资活动的投资者和创业投资企业有限,该办法也标志着优先股制度的发展进入萌芽期。2013年11月国务院发布了《关于开展优先股试点的指导意见》,为贯彻落实国务院意见,证监会于2014年3月发布《优先股试点管理办法》,标志着我国优先股制度正式起步。2018年11月9日,证监会发布了《关于支持上市公司回购股份的意见》中提到会继续支持上市公司通过发行优先股、债券等多种方式,为回购本公司股份筹集资金。优先股的特质加上政策的支持,发行优先股实现融资的方式将会被越来越多的公司所采用。

在我国,就法律性质而言,优先股不属于债权证券,而属于股权证券。我国《公司法(2013修正)》并没有对优先股制度做出明确规定,仅在第131条规定,"国务院可以对公司发行本法规定以外的其他种类的股份,另行作出规定"。因此,在2013年11月和2014年3月,国务院和证监会分别发布《国务院关于开展优先股试点的指导意见(国发〔2013〕46号)》和《优先股试点管理办法(中国证监会令第97号)》,分别从行政法规和部门规章层面对优先股的法律性质做出明确的界定,即"优先股是指依照公司法,在一般规定的普通种类股份之外,另行规定的其他种类股份"。此外,若可转换可赎回优先股股东行使"可转换权"时发行方交付的是固定数量的普通股,那么转股条款就会使得优先股具有权益性质。

(三)期权性质

可转换可赎回优先股中的"可转换权"相当于给优先股嵌入了一个看涨期权,即当普通股价格上涨或是看好公司发展前景时,投资者就会行使转换权,将自己手中持有的优先股转换为普通股,从而获得更多的权利以及长期持有资本增值的收益;而当普通股价格下跌或不看好公司未来发展时,则投资者可以不行使转换权,继续收取优先股股息或者要求公司赎回优先股。可转换可赎回优先股中的"可赎回权"(在赎回的主动权掌握在投资者手中的情况下)相当于给优先股嵌入了一个看跌期权,投资者可以在公司未成功实现上市(如小米集团)或者其他约定的不利于投资者的情况发生时,要求公司赎回优先股,避免遭受投资损失;而当公司 IPO 成功或者有利好消息出现时,投资者可以放弃行使赎回权。

(四)对赌性质

对赌协议(valuation adjustment mechanism,VAM)是从国外资本市场上引入的一种投融资机制,又称估值调整协议,是投资方为规避信息不对称引发的未来不确定性所研究设计出的交易手段,其实质是一种期权安排,旨在调整投融资双方对融资企业的估值差异。具体来讲,对赌协议是一项双向协议,即投融资双方在签署对赌协议时对融资企业业绩等方面的情况做出各自的预计,从而得出各自认为合理的企业价值,并基于估值做出一系列约定条款。若融资方在规定的期限内没有达到对赌协议约定的目标业绩或者成功实现上市,则投资方有权行使协议规定的权利,融资方须履行协议规定的义务,如融资方需用现金或股份补偿投资方未满足的投资收益;反之,融资方行使权利,投资方履行相应义务,如投资方需奖励融资方管理层一定比例的股份或一定数量的现金。对赌协议这一估值调整机制有利于将投融资双方的利益进行糅合,继而实现融资企业的快速良好发展。

对赌协议若运用得当,便具有实现投融资双方"双赢"局面的功能。通常对赌协议有三个要素构成,分别是对赌的主体、对赌的客体以及对赌的对象。在此讨论的可转换可赎回优先股具有对赌的性质。可转换可赎回优先股能得到资本市场上投资者的认可,其原因就在于优先股中附加的"可转换权"和"可赎回权"是投资者为规避信息不对称引发投资损失所要求的保障。而公司通过发行更受投资者欢迎的可转换可赎回优先股也能达到缓解资金窘境的目的。可转换可赎回优先股的条款通常包含了对赌的三个构成要素。可转换可赎回优先股股东与发行方便是对赌的主体;可转换可赎回优先股条款中约定的销售收入、息税前利润、扣除非经常性损益净利润、净利润、净利润增长率等财务绩效指标,或公司上市的规定事项便是对赌的客体,即对赌的评判标准;可转换可赎回优先股条款中约定的当规定事项发生时一方要给予另一方的现金补偿、股份赎回补偿等便是对赌的对象,即赌注。

综上,对于"既像债,又像股"的可转换可赎回优先股,IFRS 将之称为复合金融工具(compound financial instruments),而美国公认会计原则(GAAP)则将其称为混合金融工具(hybrid financial instruments),即这类金融工具同时包含具有负债和权益的性质。至于可转化可赎回优先股具体是债是股,最终还是取决于合同具体条款的约定。

(二)可转换可赎回优先股作用

1.发行可转换可赎回优先股作用

企业的融资渠道可分为债务性融资和权益性融资。债务性融资是指通过银行或非银行金融机构贷款或发行债券等方式融入资金。债务性融资虽然能给企业带来杠杆收益,但企业往往要承担着按时还本付息的刚性压力。权益性融资是指向其他投资者出售公司的所有权,即用所有者的权益来交换资金。这将涉及公司的合伙人、所有者和投资者间分派公司的经营和管理责任,可能会产生公司控制权易主的后果。而可转换可赎回优先股融资在赋予投资者享有优先股的一般权利的基础上又增加了"可转换权"和"可赎回权",具有吸引更多潜在投资者的效果。可转换可赎回优先股很好地结合了债务性融资和权益性融资的优点,又因其附带两种特殊权利,从而使得公司可以以较低的股息率(一般低于发行的债券利率)实现快速融资。

2.购买可转换可赎回优先股对投资者的作用

可转换可赎回优先股具有期权性质和对赌性质,二者实质上都是有效保障投资者利益的机制。众所周知,信息不对称的存在往往会引发逆向选择和道德风险。投资者在资本市场上处于信息劣势地位,为防止企业做出损害自身利益的行为,保障自身的投资收益以及锁定投资风险,需要与公司签订相关合约,而"可转换权"和"可赎回权"便能很好地发挥防范投资风险的作用。

TMT行业是以互联网等媒体为基础将高科技公司和电信业等行业链接起来的新兴行业,行业内的企业为实现快速发展和应对激烈的市场竞争,需要获得大量的资金来实施提升企业综合竞争力的发展战略,使自身能继续保持技术、管理、品牌等方面的优势,从而提升企业的市场份额和行业竞争力。可转换可赎回优先股作为"升级版"的优先股,不论是从公司角度还是从投资者角度,其在TMT行业的受欢迎程度自然比一般优先股更高。我国关于优先股的相关政策如表8-74所示。

表 8-74　我国关于优先股的部分法律规定

法律规定	具体内容
《股份有限公司规范意见》第二十三条(1992年)	公司设置普通股,并可设置优先股。普通股的股利在支付优先股股利之后分配。普通股的股利不固定,由公司按照本规范确定的程序决定。公司对优先股的股利须按约定的股利率支付。优先股不享有公司公积金权益。当年可供分配股利的利润不足以按约定的股利率支付优先股股利的,由以后年度的可供分配股利的利润补足。公司章程中可对优先股的其他权益作出具体规定。公司终止清算时,优先股股东先于普通股股东取得公司剩余财产
《创业投资企业管理暂行办法》第十五条(2005年)	经与被投资企业签订投资协议,创业投资企业可以以股权和优先股、可转换优先股等准股权方式对未上市企业进行投资
《中华人民共和国公司法》第一百三十一条(2013年)	国务院可以对公司发行本法规定以外的其他种类的股份,另行作出规定
《关于开展优先股试点的指导意见》(2013年)	该指导意见均是有关于开展优先股试点的
《优先股试点管理办法》(2014年)	该办法均是有关于优先股试点管理的
《关于支持上市公司回购股份的意见》第五点(2018年)	继续支持上市公司通过发行优先股、债券等方式,为回购本公司股份筹集资金

表 8-75　允许收购公司股份的条件和范围

允许收购本公司股份的条件和范围
1.减少公司注册资本
2.与持有本公司股份的其他公司合并
3.将股份用于员工持股计划或者股权激励
4.股东因对股东大会作出的公司合并、分立决议持异议,要求公司收购其股份
5.将股份用于转换上市公司发行的可转换为股票的公司债券
6.上市公司为避免公司遭受重大损害,维护公司价值及股东权益所必需

三、小米案例分析

(一)小米基本概况

北京小米科技有限责任公司成立于 2010 年 3 月 3 日,是一家以手机、智能硬件和 loT 平台为核心的互联网公司。在雷军的领导下,小米致力于追求创新、质量、设计、用户体验于效率提升,以厚道的价格持续提供最佳科技产品和服务 2018 年 7 月 9 日在港股上市,总市值在 3224 亿港元左右。其股权实际权益控制情况如图 8-101 所示。

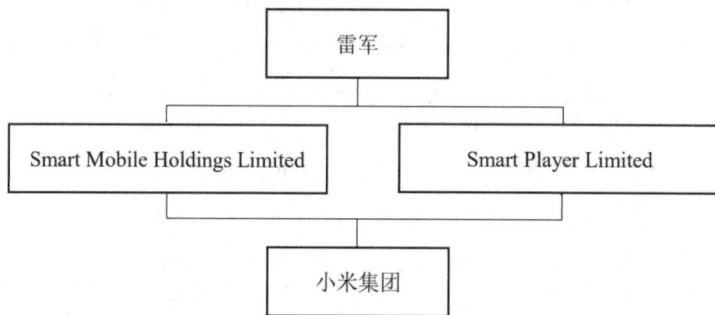

图 8-101　小米集团股权实际控制情况

资料来源:小米集团 2018 年 5 月 30 日招股说明书

1.外部环境分析与小米商业模式

(1)外部环境分析

①行业市场规模

从智能手机市场的角度来讲,全球的智能手机用户群庞大且不断增长(如图 8-102、图 8-103、图 8-104 所示)。根据 IDC 统计,全球智能手机设备总量由 2015 年的 2 871.0 百万部增至 2017 年的 3 665.7 百万部,复合年增长率为 13.0%。预期于 2022 年将达到 4 798.5百万部,2017 年至 2022 年的复合年增长率为 5.5%。而从中国大陆来讲,2015 年至 2017 年智能手机用户数量的年复合增长率为 21.9%。而小米其他两项主营业务所在的消费级物联网 loT 市场及互联网服务市场也同样处于上升趋势:根据艾瑞咨询,全球消

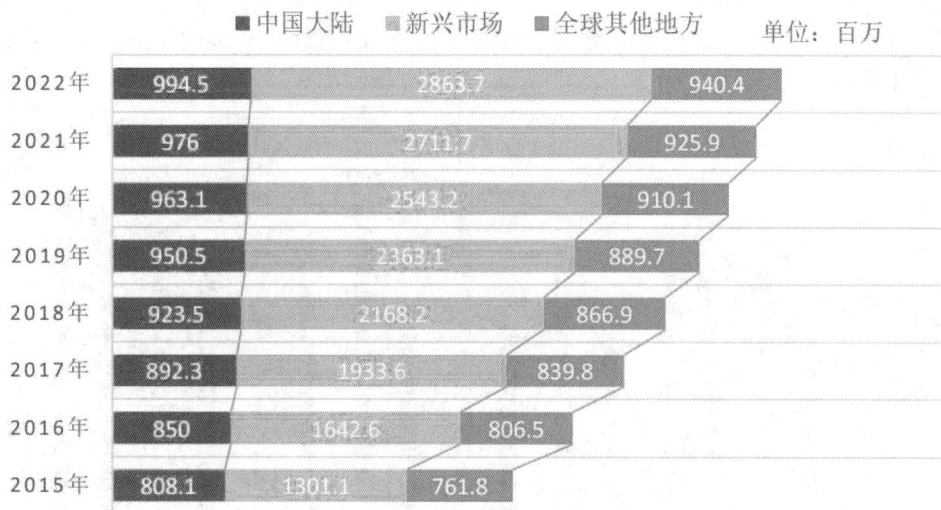

图 8-102 全球智能手机用户数量

数据来源：IDC 研究院

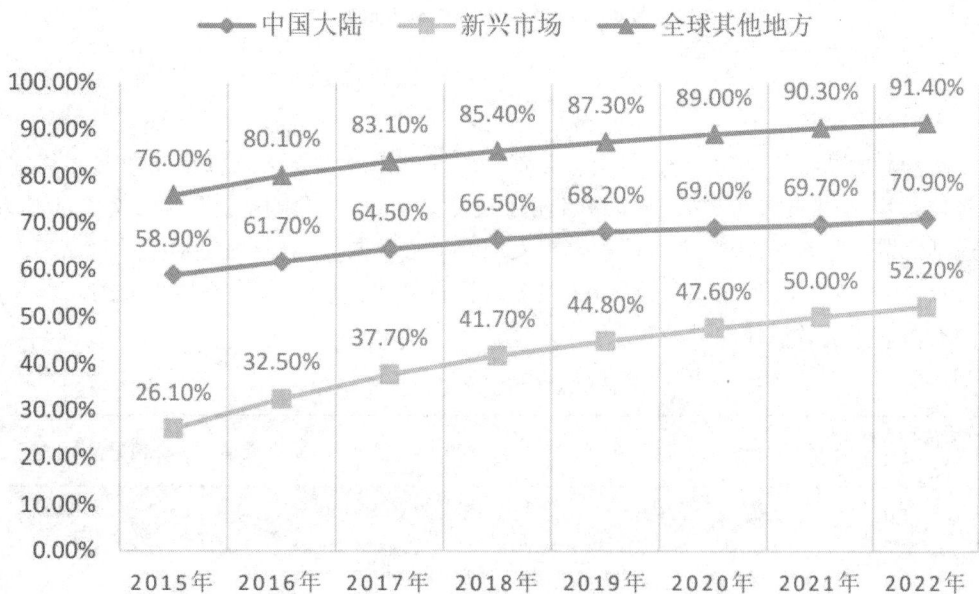

图 8-103 全球智能手机渗透率

数据来源：艾瑞咨询

费级 loT 硬件销售额由 2015 年的 3 063 亿美元增加至 4 859 亿美元，复合年增长率为 26.0%。预计于 2022 年将达 15 502 亿美元，复合年增长率为 26.1%。而中国大陆消费级 loT 硬件销售额由 2015 年的 715 亿美元增至 2017 年的 1 188 亿美元，复合年增长率为 28.9%。预计于 2022 年将达 3 118 亿美元，复合年增长率为 21.3%。同样根据艾瑞咨询，

2015 年至 2017 年间,全球互联网服务市场规模由 10 106 亿美元增至 15 409 亿美元,复合年增长率为 23.5%。而中国互联网服务市场规模由 1 891 亿美元增至 3 202 亿美元,年复合增长率为 30.1%。

图 8-104　全球智能手机销售额

数据来源:艾瑞咨询

②消费者结构

从行业的消费者结构分析,我们可以看到不同类型的消费者选择的手机品牌之间存在着较大差异,也同样可以发现消费者与手机品牌商最终展现出一个双向选择的结果。一边是消费者从自身需求、消费能力等出发综合形成不同的偏好,另一边是手机品牌商基于自身优势、品牌特点、主要市场定位、主要目标人群而做出的产品差异化分类。表 8-76 即为不同的消费者群体及其特点、偏好分析。

表 8-76　消费者类型分析

消费者类型	年龄	特点	需求	换机频率	偏好品牌
商务型	35-45 岁	拥有稳定收入,购买力强	对通讯质量、安全性和质量要求高	不高	苹果、三星、华为旗舰版
时尚型	25-35 岁	进入职场有一段时间,有一定购买力	追求时尚,对手机外形、档次比较在意,喜欢性能较高	1 至 2 年	苹果
娱乐型	16-25 岁	以学生群体为主	性价比高	1 至 2 年	OPPO、小米、Vivo、魅族、荣耀
实用型	年龄层次跨度较大	对价格较敏感	对外形、性能、档次等不在意	2 年以上	联想、红米及各类平牌低端系列

③行业竞争分析

从行业集中度来看,近年来智能手机行业发展迅速,逐渐取代原来功能性手机的市场地位成为智能移动设备的领先者。而供应链上游"大厂并小厂"的集中趋势也加速了手机行业的集中。以手机出货量计算的市场份额来看(如图 8-105、图 8-106 所示),不管是全球市场还是中国大陆市场,其 70％以上的市场份额均由苹果、三星、华为、小米、OPPO、Vivo、联想所占据。从该角度来看,智能手机市场不管是在全球还是在中国大陆均有一个较高的集中度,各种品牌也有一个较强的区分度。

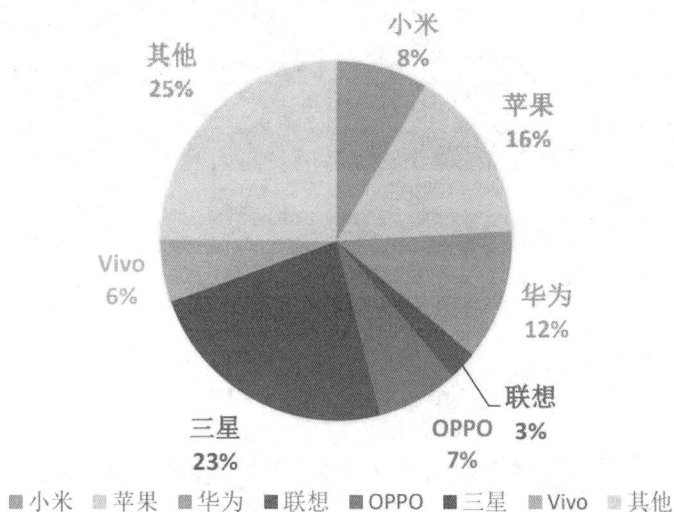

图 8-105　2018 年一季度全球手机出货量占比

数据来源:艾瑞咨询

图 8-106　2018 年一季度中国大陆手机出货量占比

数据来源:艾瑞咨询

从手机市场主要竞争者的利润率对比来看,近三年稳定瓜分智能手机行业利润的仍然是具有出货量和品牌优势的苹果和三星(如图 8-107 所示)。其中苹果在智能手机行业瓜分利润超过整个行业总利润的 50％,而三星居于次位拿走了整个行业 17％的利润。剩余 20％的部分由华为、OPPO、Vivo、小米和其他厂商分走。

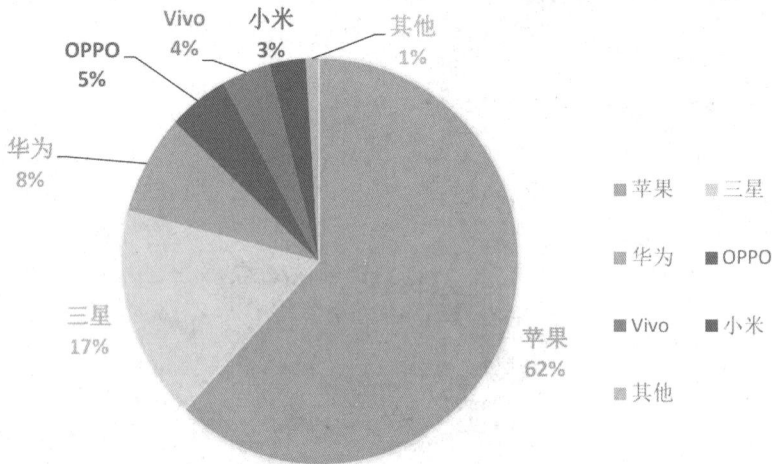

图 8-107　2016—2018 年智能手机全球利润分布

数据来源：Counterpoint 研究院

④行业关键因素分析

A.创造性改进和开发产品的能力

苹果打败诺基亚开创智能手机新纪元,其通过一系列的创新设计如全触屏操作、电容屏、陀螺仪的应用、App 应用商店的创建,从第一代苹果手机的视网膜屏幕到最新一代的全面屏设计都在不断给用户带来前所未有的更好的使用体验,也达到了强化用户认同感、增强用户黏性的目的。在当今手机日益同质化的时代,致力于差异化的用户体验所必不可少的便是创造性的改进和开发产品的能力。而只有差异化、定制化以及现今越来越多旗舰定位才能提高行业利润的分成占比。

B.分销商或特约经销商渠道支持

手机行业中产品的分销与产品的质量几乎具有相同重要地位。从不同品牌销售模式(如表 8-77 所示)可以看到,逐年递增的销量以及稳定的市场占有率来自于多样化(线上加线下结合)、效率化的销售模式。从苹果第一次把线下直营店的体验销售模式带入中国,其后华为、小米也争相开始建立各自的独立直营店,通过直营减少代理环节,降低成本的同时也拓宽了销售渠道。相反,HTC 因为国内经销渠道和运营渠道支持不足,导致其国内市场份额不断减少最终宣布退出中国市场。与之相对的是联想,其利用其强大的线下直营店、线上网站、三大运营商网络,成功进入国内手机市场。

表 8-77　各品牌分销模式

品牌商	分销模式
苹果	苹果直营店、线上、T1、T2 级经销商、三大运营商等
华为	中间商渠道销售：代理商、线上、直销相结合
小米	基本采用 B2C 网络直销，结合三大运营商；直营店（刚起步）
OPPO	线上自营、线下代理商、三大运营商分销
Vivo	线上三大网店、线下一级代理商分销

C.专利权的保护

从 OPPO2016 年申请专利高达 3 000 多项令业界震惊到三星和苹果的专利大战,最终给三星带来 10 亿美元左右的罚款,再到华为率先申请全面屏,同时始终保持每年申请专利数量在行业领先水平。在智能科技领域,专利保护不仅说明一个公司创新研发的实力,更能够在产品的效用、性能中实际反映出来,而且具有最终切实提高消费者的边际效用,达到提升消费者的购买意愿、增加销售收入的目的。

D.行业壁垒

智能手机行业的行业壁垒主要来源于其研发技术,以及上游的生产原料。从智能手机组件分析:进入智能手机市场需要进行研发及设计原型,前期的开发成本高昂,同时市场参与者需要达到庞大的规模,方可实现经营杠杆并建立长期可持续的商业模式。从现实情况来看,已经领先的智能手机公司也已拥有稳固的地位、市场品牌认可度高、有稳定的供应链及成熟的分销渠道,新进入市场者难以进行市场的再分割。

（2）商业模式

小米的商业模式由其招股说明书中"铁人三项"的描述可以看出,从其高性价比的电商及新零售渠道到创新、高质量专注于用户体验的硬件产品再到丰富多样的互联网服务,其产品、服务、渠道均围绕用户展开,同时也形成了相互依存、相互推进的关系（如图 8-108 所示）。其内在逻辑关系是:初期基于电子商务热潮以崭新的零售渠道,向用户出售带有自由操作系统的智能硬件产品,从而建立起庞大的自有平台以及吸引忠实用户群体,然后继续为用户提供各种互联网服务。在提供服务的同时,亦通过云计算与人工智能技术从中收集用户的反馈信息,从而更加了解用户的需要,进一步改良产品与服务。值得一提的是,小米发展起来的粉丝文化（米粉）使得其有着用户忠诚度高、黏性强等优势,也是其在粉丝经济风靡当下的核心竞争力之一。

2.发展战略

小米的发展史可以概括为:2010 年创立,2012 年销售额突破 10 亿美元,2014 年销售额突破 100 亿美元,2017 年成为全球最大的消费级 IoT 平台。根据艾瑞咨询,2017 年,小米与全球收入超过人民币 1 亿元且盈利的上市公司相比,从收入增长速度来看,在互联网企业中排名第一,所有企业中排名第二。至 2018 年,通过投资和管理建立了由超过 210 家公司组成的生态链,超过 90 家公司专注于研发智能硬件和生产消费产品。同时也通过扩大门店组成线下零售直销网络与线上模式双管齐下,进一步扎根智能设备市场。从小米的发展史可以总结出小米未来的发展战略主要有以下两点:

（1）进军国际市场

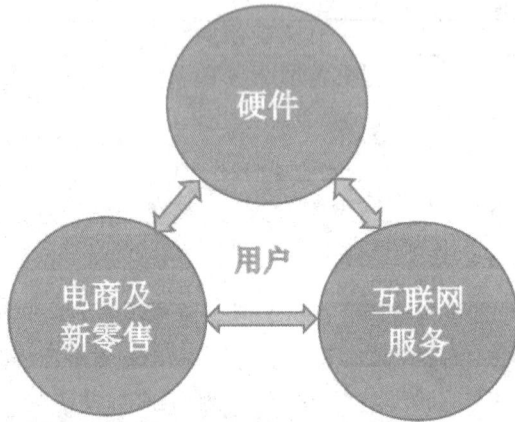

图 8-108　小米商业模式

资料来源：小米集团 2018 年 5 月 30 日招股说明书

2013 年起小米正式开始进行海外扩张，登陆香港和台湾市场，2014 年继续进军新加坡、马来西亚、印度、印尼等国家；墨西哥、俄罗斯、泰国、土耳其和越南也在计划中。总体而言，小米的目标市场主要是境外新兴市场。同时，其国内发展路线主要是高性价比路线，再辅以饥饿营销、粉丝营销等策略。然而想要在国外复制国内成功经验并不容易，如：粉丝心理诉求难把握、销售模式难以复制、难以实现快速行动专利问题等。

（2）打造智能生态圈

除进军海外市场之外，打造智能生态圈是小米的另一大战略目标：2013 年小米盒子发布，同年 9 月小米电视问世；2014 年小米平板推出，紧接着推出小米路由器。小米路由器承载了小米科技关于智能家居的梦想，成为智能家居的控制中心，通过它将家里的空调、电视、甚至电灯都智能联动起来。小米科技的发展定位也由此确定：从路由器到建立家庭数据中心、智能家庭中心以及开发平台。从智能家居布局开始到接下来的净化器、PM2.5 检测仪、电饭煲、扫地机器人等各种智能化家居产品陆续上线。小米科技以如此快的速度不断推出差异化的新产品，在对外投资合作的基础之上利用互联网思维打造智能家居系统是其现阶段另一发展重心。

3.业务概况

从小米的招股说明书中，可以清晰地看到其主营业务分为四个部分：智能手机、IoT 与生活消费产品、互联网服务及其他。智能手机、IoT 与生活消费产品、互联网服务为小米的三大主营业务，2015—2017 年小米三大主营业务收入情况、三大主营业务占小米总收入的比重如图 8-110 所示。

其中智能手机包括从低端到高端到旗舰版不等，贡献了主要的营业收入。通过其招股说明书（8-111）可以看到其 2015—2017 年智能手机的平均售价及年销量情况。

IoT 与生活消费品主要是小米在扩充产品类别并有系统地推出一系列热门产品时所做的拓展业务，从其招股说明书来看主要包括两部分：第一部分是核心自家产品，即智能手机除外的笔记本电脑、智能电视、人工智能音箱和智能路由器，第二部分是小米和生态

单位：千元

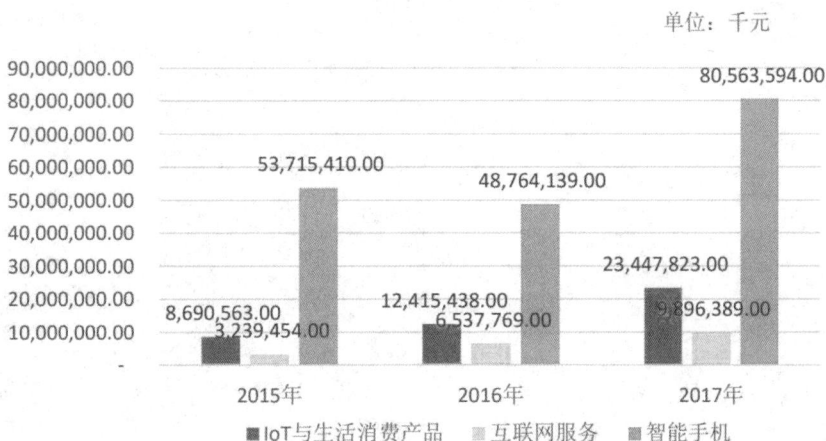

图 8-109 小米三大主营业务收入情况

资料来源：小米集团 2018 年 5 月 30 日招股说明书

图 8-110 小米三大主营业务占收入比重情况

资料来源：小米集团 2018 年 5 月 30 日招股说明书

链企业合作设计研发的各类智能家居、健康与健身、旅行、音频、儿童及其他 loT 产品和部分生活消费产品。

互联网服务又分为广告服务和互联网增值服务。其服务收入的增长最终取决于用户群的规模及用户参与度与支出的水平。而其广告服务收入主要通过线上分销渠道（包括移动应用程序及智能电视）提供广告获得广告收入，其中也包括了展示类广告和效果类广告，基于其不同的类型小米采用了不用的收入确认方法。互联网增值服务主要是指线上游戏的运营服务，其收入来源主要为销售虚拟货币，用于购买游戏虚拟物品，授予第三方游戏开发商的收入安排所限。另外还有用户付费订阅优质娱乐内容、直播和互联网金融服务。其他主要是指提供硬件产品的维修服务所带来的收入。

图 8-111 小米手机近三年平均销售数量与销售收入情况
资料来源：小米集团 2018 年 5 月 30 日招股说明书

4.SWOT 分析与财务分析

（1）SWOT 分析

企业优势：①成本领先。其创立成本低，大量省去了前期投入资金去建立工厂的成本；其运营成本低，前期小米在企业初创其主要以网络销售为主，几乎没有实体店的投入，通过媒体营销、饥饿营销、口碑营销和粉丝文化有效拉低销售成本，同时可以解决中间环节的重复加价问题。②种类繁多。小米在其 loT 及智能家居方面发展迅速，从小米手机到小米电脑、小米盒子、小米手环再到路由器、平衡车、音箱、智能机器人等智能家居领域，种类的繁多极大增强了小米的整体生存能力。③拥有稳固的粉丝文化。小米的爆红离不开"米粉"的支持，可贵的是"发烧友"在初期可以通过低价购入实验机提出新的反馈和意见，这在加强用户和公司沟通的同时，也能够增强用户黏度及其参与度。

企业劣势：①科技壁垒。小米公司在用过外包降低生产成本的同时，其自身的独特科技含量成分不高，其成功经验容易被复制，容易被后来者模仿，这对小米公司自身产生挤压。②定位面偏窄。从上述消费者结构分析，小米在高端市场及追求性能的消费者市场定位上还缺乏一定的话语权和认同度。由于其本身以高性价比出名，这对于其追求高性能、高质量的消费者难以进行产品渗透，导致其销量可能长期稳定在已有的定位中，难以有较大涨幅。

企业机会：①智能手机需求量巨大。随着 5G 时代到来，智能手机会越来越多地被使用在现代生活的方方面面。互联网的发展及手机自身功能的日益多样化，使得整个手机行业的前景依然被看好。②强势占领印度市场，进行蓝海战略布局，抢占行业市场高地，海外市场进行稳准狠的定投，有较大的发展空间。③外企在中国市场的步履维艰。三星公司在中国大陆逐渐落寞，苹果公司依然因为产品的高定价而使其在中国市场的进一步开拓受到限制。而小米公司独特的安卓系统以及其高性价比的卖点也是其未来发展的机会之一。

企业威胁：①来自行业品牌间的竞争威胁。小米高性价比必然带来手机相较于其他品牌的缺陷，如手机易发热、像素不高等。如果手机硬件问题不能及时较好地解决，必然会被其他定位明晰的手机品牌所替代。②来自生产供应链的威胁。小米公司自身不具备硬件生产能力且其供应商众多，对上游依赖较大，一旦原材料市场出现材料短缺，由于其话语权相对较弱，可能出现出货量问题。

表8-78　小米SWOT分析

优势：成本领先、种类繁多、粉丝文化		**机会**：需求量巨大、海外市场	
劣势：科技壁垒、定位面偏窄		**威胁**：行业品牌竞争、生产供应链	

（2）财务指标分析

①偿债能力指标

偿债能力是指企业偿还到期债务的能力，包括本金和利息。企业偿债能力是反映企业财务状况和经营能力的重要指标。如图8-112所示，从小米的流动比率和速动比率来看，其流动比率和速动比率处于行业正常水平。资产负债率A是指扣除了由于可转换可赎回优先股的公允价值变动带来的非流动负债后计算出的负债杠杆指标，该指标反映出企业负债水平在50%左右。未经调整的资产负债率则在200%～300%的水平，可能会带来较高的杠杆风险。两种指标的不同结果也与可转换可赎回优先股的会计处理有较大关系。

②营运能力

营运能力是指企业经营管理中利用资金运营的能力，主要表现为资产管理即资产利用的效率，反映了企业资金周转状况。通过对企业营运能力的分析，可以了解企业的营运状况和经营管理水平。如图8-113所示，从存货周转率和应收账款周转率来讲，对比同行业的平均存货周转率与应收账款周转率，小米的营运能力在手机行业来讲，属于平均较好的水平。

③盈利能力

盈利能力是指企业在一定时期内获取利润的能力。盈利能力的大小是一个相对的概念，即利润是相对于一定资源投入、一定的收入而言的。利润率越高，盈利能力越强；利润率越低，盈利能力越差。其关键指标之间的勾稽关系如下：

毛利＝收入－销售成本经营利润＝毛利－三项开支±投资收益＋其他收入±
其他损益（其中其他收入包括政府补助、增值税等退税、股利收入、理财产品收入）
年净利润＝经营利润－财务费用－可转换可赎回优先股公允价值－所得税费用

从前述分析可见，小米手机性价比较高，其手机销售毛利率在行业内属于较低水平。由小米的招股说明书的披露数据，可知小米近三年销售毛利率呈现逐步上升趋势。值得

	2015年	2016年	2017年
流动比率	1.52	1.18	1.30
速动比率	0.99	0.85	0.95
资产负债率	3.21	2.81	2.42
资产负债率A	0.50	0.52	0.55

图 8-112　偿债能力指标情况

数据来源：小米集团 2018 年 5 月 30 日招股说明书

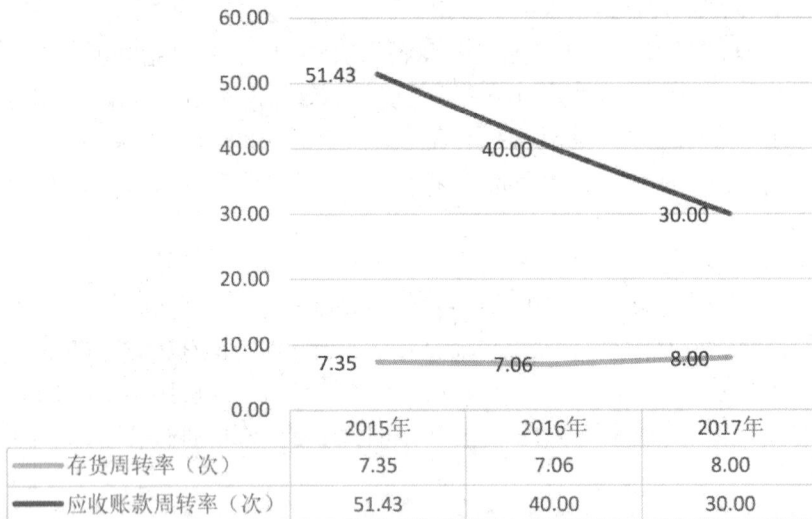

	2015年	2016年	2017年
存货周转率（次）	7.35	7.06	8.00
应收账款周转率（次）	51.43	40.00	30.00

图 8-113　营运能力指标情况

数据来源：小米集团 2018 年 5 月 30 日招股说明书

一提的是，2015 年披露数据显示其智能手机销售业务所贡献的销售毛利率仍为负，从 2016 年才开始由负转为正。同时互联网服务所带来的收入不足总收入的 10％（详见前文统计），却是毛利率中贡献最高的业务分部。在扣除相关费用支出、投资损益、其他亏损、收益后计算出的经营利润率同样均为正，由于毛利率逐年增长带动经营利润也呈现逐年增长的趋势。

如图 8-114 所示，在扣除财务费用、可转换可赎回优先股公允价值、所得税费用后的净利润率呈现较大的负项变动。从其披露的数据来看，由于其可转换可赎回优先股作为金融负债确认入账，当其股价上升时所带来的公允价值变动全部作为利润的减项直接影响当期损益，导致其2017年的净利润率接近－40%的水平。

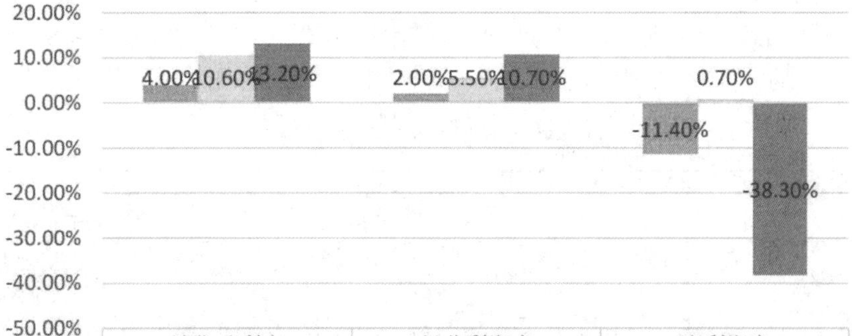

	销售毛利率	经营利润率	净利润率
2015年	4.00%	2.00%	-11.40%
2016年	10.60%	5.50%	0.70%
2017年	13.20%	10.70%	-38.30%

图 8-114 盈利能力指标情况

数据来源：小米集团2018年5月30日招股说明书

④现金流情况分析

可转换可赎回优先股的公允价值变动不会对其现金流量表产生影响（发行时除外），因此小米的现金流情况可以较为真实的反映企业活动。

2015年小米通过借款和发行可转换可赎回优先股进行大规模融资，为其全球业务的扩张和布局提供充足资金。而全球业务扩展初期毛利为负，表现为经营流入为负。投资方面主要是理财产品的结算出现一个正的投资流入。2016年没有进行大规模的融资活动，其投资情况出现了亏损，但经营情况整体在好转，主营业务部分的毛利由负转为正。2017年继续进行大规模融资，从其披露来看主要是通过借款为其互联网金融业务提供资金，投资情况继续亏损，而经营活动的负项主要是由于互联网金融业务产生的应收贷款的大额增长，披露中记载若剥离互联网金融业务，其他经营现金流入是一个相较于2016年翻倍的正项流入。

表 8-79 小米现金流情况一览表

现金流	2015年	2016年	2017年
经营活动	−	+	−
投资活动	+	−	−
融资活动	+	−	+

(二)小米集团可转换可赎回优先股

1.小米集团发行可转换可赎回优先股情况

(1)发行情况

小米集团自 2010 年注册成立起,先后发行了 18 次(12 个系列)可转换可赎回优先股,实现了九轮融资,共获得 9 795 138 000 元(约 98 亿元)的融资款。详见表 8-80。

表 8-80 小米集团优先股发行情况

优先股系列	发行日期	2014年3月14日的股份拆细后	总代价（人民币元）
A	2010年09月28日	400,000,000	67,051,000
A	2010年12月21日	10,000,000	1,665,000
B1	2010年12月21日	243,103,448	166,493,000
B2	2010年12月21日	17,189,132	16,650,000
B+	2011年04月11日	18,908,044	17,371,000
B++	2011年08月24日	4,125,388	3,834,000
C	2011年09月30日	84,041,644	279,616,000
C+	2011年11月10日	4,011,060	13,299,000
C	2012年03月29日	84,041,644	276,901,000
D	2012年06月22日	52,759,108	680,835,000
D	2012年12月21日	52,759,108	679,118,000
E1	2013年08月05日	21,277,676	494,139,000
E2	2013年08月05日	4,264,064	123,534,000
F1	2014年12月23日	37,226,830	4,597,137,000
F2	2014年12月23日	8,376,037	919,430,000
F1	2015月03月25日	1,147,843	144,252,000
F1	2015年07月03日	9,916,601	1,246,240,000
F1	2017年08月24日	495,830	67,573,000

数据来源:小米集团招股说明书(附注 35)

表 8-81 优先股融资成本较发售价折让情况

	融资轮次	发行日期	融资价（美元）	较发售价折让	面值（美元）
1	A	2010/09/28	0.10	99.90%	0.0000025
2	B	2010/12/21	B-1: 0.411348 B-2: 0.581763	99.57%	0.0000025
3	B+	2011/04/11	B-2: 0.581763	99.41%	0.0000025
4	B++	2011/08/24	B-2: 0.581763	99.41%	0.0000025
5	C	2011/09/30	2.0942	97.89%	0.0000025
6	C+	2011/11/10	2.0942	97.89%	0.0000025
7	D	2012/06/22	8.1882	91.76%	0.0000025
8	E	2013/08/05	E-1: 15.04 E-2: 18.76	84.24%	0.0000025
9	F	2014/12/23	F-1: 20.1682 F-2: 17.9273	18.82% 27.84%	0.0000025

数据来源:小米集团招股说明书

A.估值假设

企业初始确认金融资产、金融负债或权益工具,应当按照公允价值计量,并使用适用于当前情况(有足够可利用数据或其他信息支持)的估值技术。为提高公允价值计量和相关披露的一致性和可比性,企业应当将估值技术所使用的输入值划分为三个层级。

表 8-82　国际财务报告准则中公允价值的应用包括三个层级

层级	国际财务报告准则中公允价值的应用
一	存在活跃市场的资产或者负债,活跃市场中的报价应当用于确定其公允价值
二	不存在活跃市场的,参考熟悉情况并自愿交易的各方最近进行的市场交易中使用的价格或者参照实质上相同的其他资产或者负债的当前公允价值
三	不存在活跃市场,且不满足上述两个条件的,采用估值技术等确定资产或者负债的公允价值

资料来源:国际财务报告准则

由于小米集团发行的可转换可赎回优先股并未于活跃市场交易,所以小米的可转换可赎回优先股列入公允价值应用的第三层级,其需要利用估值技术确定公允价值。

表 8-83　用以估值金融工具的特定估值技术

序号	特定估值技术
I	同类型工具的市场报价或交易商报价
II	贴现现金流量模型及不可观察输入参数,主要包括预期未来现金流量及贴现率假设
III	可观察输入参数及不可观察输入参数之整合,包括无风险利率、预期波幅、缺乏市场流通性折让率及市场倍数等

资料来源:小米集团招股说明书

小米集团运用现金流贴现方法确定本公司相关股份价值及采纳权益分配模型确定可转换可赎回优先股发行日期及各报告期末(转换为 B 类普通股前)的公允价值,其主要估值假设如表 8-84 所示。

表 8-84　用于确定优先股公允价值的主要估值假设

	12 月 31 日			3 月 31 日	
	2015 年	2016 年	2017 年	2017 年	2018 年
				(未经审核)	
贴现率	17.00%	17.00%	17.00%	17.00%	17.00%
无风险利率	2.21%	2.18%	2.42%-2.61%	1.93%-2.20%	2.70%-2.93%
缺乏市场流通性折让率	20.00%	20.00%	10.00%	15.00%	10.00%
波幅	39.46%	36.19%	30.76%-33.05%	36.00%-36.54%	30.73%-33.04%

数据来源:小米集团招股说明书(附注 35)

主要估值假设说明:a.税后贴现率按各估值日期的加权平均资本成本估计。b.无风险利率根据于估值日期至到期期限与合资格公开发售时间相近的美国政府债券收益率加上国家风险价差估计。c.缺乏市场流通性折让率采用期权定价法估计。根据期权定价法,用于对冲私人持有股份出售前价格变动的认沽期权成本,可被视为确定缺乏市场流通性折让率的基准。d.波幅基于到期时间相近的可比较公司股份自估值日期起一段时间的股价每日收益率之年化标准差估计。

B.具体条款分析

根据小米集团招股说明书中披露的相关信息,小米集团的可转换可赎回优先股条款可以简要概括如表 8-84 所示。在小米披露的优先股条款中,固定股息权、优先受偿权、赎回权都有很明显的债务性工具的特征,而转换权和剩余财产分配权似乎又有点像权益工具。要判断可转换可赎回优先股的会计属性就需要分析转股条款与赎回条款是否满足"固定对固定"的原则。如果转股条款约定当强制转股事件发生时,发行方交付固定数量的普通股,则转股条款使得优先股具有权益成分;如果转股条款约定强制转股事件发生时,发行方交付可变数量的普通股,此时发行企业实质上是以自身权益工具来代替现金或其他金融资产来履行义务,从而转股条款属于优先股中的负债成分。如果赎回条款约定当投资者要求赎回时,发行方的赎回价格是确定的,则赎回条款使得优先股具有权益成分;如果发行方的赎回价格是不确定的,那么赎回条款就使得优先股具有负债成分。从小米集团招股说明书中披露的"全球发售完成后每股优先股将自动转换为一股 B 类股份"可知,小米优先股中的"可转换权"属于按照固定比例转换,符合"固定对固定"原则,这种情况下可转换权就是一项权益工具。从表中的赎回权条款可知,小米集团赎回优先股的价格是不确定的,优先股股东可按"投资成本加年 8% 的复利及已计提但尚未支付的股利或赎回时点优先股的公允价值"二者孰高的价格行使"可赎回权"。此处赎回时点优先股的公允价值的估值假设与上述相同。小米集团在招股说明书中提到,可转换可赎回优先股股东可以在约定期限或者约定事项发生时以一股优先股换一股 B 类股份的转换规则将手中持有的优先股转换为普通股。但小米集团在全球发售完成后将采用不同的投票权架构,对于提呈本公司股东大会的任何决议案(除极少数与保留事项有关的决议案投票除外),A 类股份持有人每股可投 10 票,而 B 类股份持有人每股只能投 1 票,即"同股不同权"。"同股不同权",又称"双层股权结构",是指资本结构中包含两类或多类不同投票权的普通股架构。同股不同权为"AB 股结构",A 类股一般由管理层持有,而管理层普遍为始创股东及其团队,B 类股一般为外围股东持有,此类股东看好公司前景,因此甘愿牺牲一定的表决权作为入股筹码。这种结构有利于成长性企业直接利用股权融资,同时又能避免股权过度稀释,造成创始团队丧失公司话语权,保障此类成长性企业能够稳定发展。我们熟知的百度、阿里、京东等均为"AB 股结构"。2018 年 4 月 30 日,港交所发布文件支持同股不同权,7 月 9 日,小米集团成为第一家在港交所上市的采取"同股不同权"的公司。从前面小米可转换可赎回优先股的发行情况中我们可以知道,小米通过发行大量可转换可赎回优先股股份进行融资,采用"同股不同权"的架构,可以降低优先股股东转股后稀释原股东的控制权的程度。

表 8-85　小米集团可转换可赎回优先股具体条款

条款	具体内容
固定股息权	可转换可赎回优先股持有人按初始投资额享有年利率为 8%的非累积优先股股利。小米集团在优先股股利支付完毕之前，不得支付普通股股利。
转换权	①2015 年 7 月 3 日后，可转换优先股持有人有权将所持有每股优先股转换为一股 B 类普通股； ②或在达到下列任一条件时，优先股将自动转换为本公司的 B 类普通股： （ⅰ）合资格公开发售完成； （ⅱ）经过半数发行在外 A 系列优先股持有人书面同意或经三分之二以上发行在外优先股（A 系列优先股除外）持有人书面同意。
赎回权	如果 2019 年 12 月 23 日前没有完成合格上市，则自该日起，除 F 轮优先股股东外的其他优先股股东或多数 F 轮优先股股东均有权要求本公司以如下价格孰高赎回行使该权利的优先股股东所持有的所有优先股： （ⅰ）投资成本加年 8%的复利及已计提但尚未支付的股利； （ⅱ）赎回时点优先股的公允价值。该公允价值需要由本公司和多数投资者选定的独立第三方评估机构按照合理的估值方法确定。估值时不应考虑任何流动性或少数股权折扣的影响。
优先受偿权	当本公司发生清算、破产或其他自愿或非自愿的解散事件时，于偿清所有债权人的债务及根据法律可能须优先偿还的债务后，须按下列方式向本公司股东作出分配： 当本公司发生清算、破产或其他自愿或非自愿的解散事件时，于偿清所有债权人的债务及根据法律可能须优先偿还的债务后，须按下列方式向本公司股东作出分配： ①每名优先股股东因拥有有关股份，可就所持各系列优先股按优先级优先于其他系列优先股及普通股或任何其他类别或系列股份股东收取本公司任何资产或盈余资金分配，金额等于 E 系列、D 系列、部分 C 系列、部分 B 系列及部分 A 系列各自适用的发行价百分之一百（100%）另加相关优先股应计或已宣派但未支付的股息，或除上述股份外其他系列优先股各自适用的发行价百分之一百一十（110%）另加相关优先股应计或已宣派但未支付的股息。 ②若可供分配的资产及资金不足以向相关股东全部支付优先受偿的金额，则按以下顺序向优先股股东支付清算优先受偿的金额：第一为 F 系列优先股股东，第二为 E 系列优先股股东，第三为 D 系列优先股股东，第四为 C 系列优先股股东，第五为 B 系列优先股股东，最后为 A 系列优先股股东。
剩余财产分配权	公司清算完成后有剩余资产的，须基于各股东当时按经转换基准所持普通股数目，按比例分派予优先股及普通股股东。

2.小米集团可转换可赎回优先股会计处理分析

（1）依据 GAAP

2003 年 5 月 FASB 发布了 SFAS 150 号《某些具有负债和权益双重特征的金融工具

的会计处理》，明确了分类为金融负债的金融工具：①强制性可赎回的金融工具；②发行人有义务以资产回购自身股票的金融工具以及在此基础上的衍生工具；③必须或可能以可变数量股份进行结算的金融工具。FASB在财务报表中引入新的会计要素"暂时性权益"（Mezzanine），列示在负债和权益之间，分类为暂时性权益的工具。小米集团招股说明书中披露，按照其风险管理策略基于公允价值监察优先股，不分拆主工具的任何嵌入式衍生工具，将全部工具指定为以公允价值计量且其变动计入当期损益的金融负债，而公允价值变动计入合并收益表。

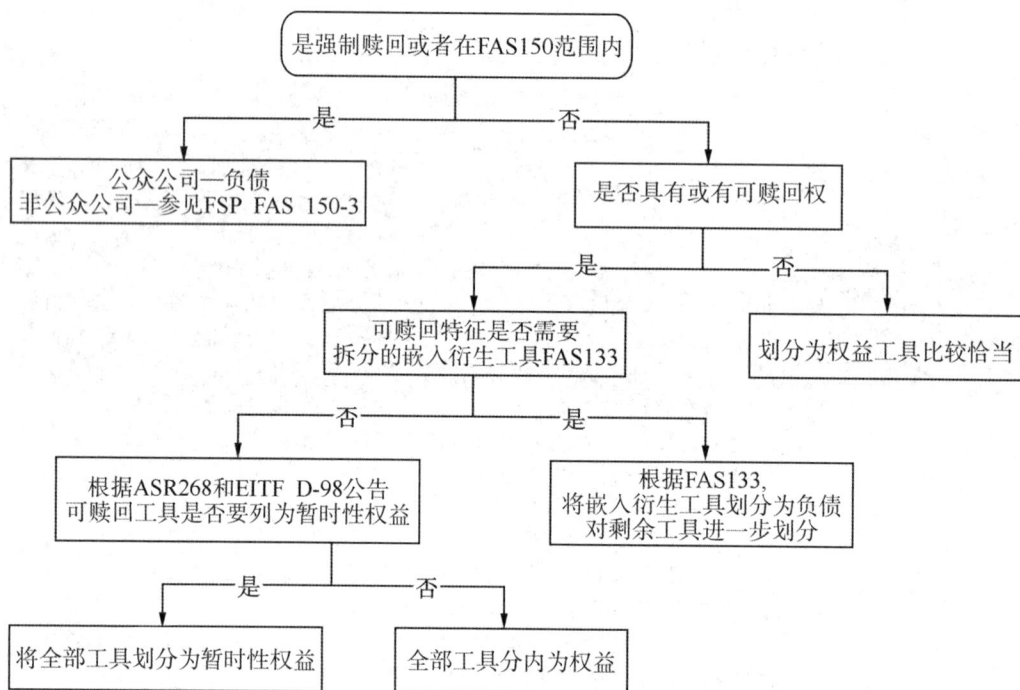

图8-115　金融工具分类判断步骤（黄色为小米的判断步骤）

资料来源：宋颖凤，2018，可转换可赎回优先股会计处理研究——以美图公司为例，上海国家会计学院

如图8-115所示，依据GAAP的要求，小米发行的优先股可以划分为权益工具。优先股划分为金融负债还是权益工具，直接影响到其后续计量，会产生完全不同的经济后果。若将小米的优先股划分为金融负债，后续的资产负债表日必须按公允价值计量，并将公允价值的变动计入损益；若将其划分为权益工具，则后续的资产负债表日不需要重新计量。

（2）依据IFRS

《国际会计准则第39号——金融工具：确认和计量》规定区分金融负债和权益的区分标准可以归纳为："若发行人以现金或其他金融资产"结算，以"是否无条件避免支付或合同义务"作为判断标准，若可以无条件避免相关义务，则为权益工具；若"发行人以自身权益工具结算"，且发行工具为非衍生工具，以"固定数量"作为判断标准，如未来以固定数量的自身股份履行支付义务,则为权益工具,否则为"金融负债。"若发行人以自身权益工具结算,且发行工具为衍生工具,符合两个固定对固定时属于权益工具。按这一规定,小米的可转换可赎回优先股的赎回权应划分为金融负债,同时《国际会计准则第 32 号——金融工具:揭示和列报》中认为,区分权益与负债更重要的其经济实质而非法律形式。将金融负债从权益工具中区分出来的关键是:发行金融工具的一方存在这样的契约义务,发行人需要在对己方潜在不利的条件下降现金或其他金融资产交付给持有人,或者与持有人交换其他金融资产。按照这一更原则性的规定,小米的优先股持有人几乎不可能放弃优先股转换权,因此小米的优先股在经济实质上不具有负债性质。

(3)小米集团选择的转股前会计处理

①确认

公司重大会计政策概要中有关可转换可赎回优先股会计确认计量如下:A.小米集团将可转换可赎回优先股指定为以公允价值计量且其变动计入当期损益的金融负债。任何直接应付交易成本均于合并损益表中确认为财务成本。于初始确认后,可转换可赎回优先股以公允价值列账,而公允价值变动于合并损益表中确认。B.将可转换可赎回优先股分类为非流动负债,原因在于优先股持有人于报告期末后至少 12 个月方可要求小米集团赎回优先股。小米集团的可转换可赎回优先股同时包含债务成分和权益成分,是一种复合金融工具,可转化可赎回优先股的实际价值=优先股价值+看涨期权价值+看跌期权价值,那么各部分的价值应该如何确定呢?

权益是剩余科目,是资产用于清偿负债后剩余的由所有者拥有的部分。拆分符合金融工具时也是运用同样的道理。首先,计算出复合金融工具的债务成分价值,然后用整体价值减掉债务成分的价值,剩余的就是权益成分的价值。小米集团所发行的优先股没有在活跃市场上交易,而相应的公允价值由使用估值技术确定,运用现金流贴现方法确定本公司相关股份价值及采纳权益分配模型确定优先股于发行日期及转换前的公允价值。通过将可转换优先股的股息和到期本金进行折现,得到的价值就是债务成分本身的价值。相比于股权现金流量,公司自由现金流量当中增加了流向债权人和优先股股东的现金流,贴现时采用的贴现率不再是权益资本成本,而是公司的加权平均资本成本 WACC。公司自由现金流贴现模型可表示为:

$$FV=FC+\sum_{t=1}^{+\infty}\frac{FCFF_t}{(1+WACC)^t}$$

其中,FV 为公司价值,FCFFt 为第 t 年的公司自由现金流量,FC 为当前未使用资产的存量,WACC 为公司的加权平均资本成本。

FCFF＝(税后净营业利润＋折旧及摊销)－(资本支出＋营运资本增加)
$WACC=W_d\times R_d\times(1-T)+W_e\times R_e$

通过上述的自由现金流贴现模型计算出小米可转换可赎回优先股这个复合金融工具的价值,根据优先股的利息折现算出债务部分的价值,相减就是权益部分的价值。

②后续计量

因小米集团选择将可转换可赎回优先股划分为以公允价值计量且其变动计入当期损

益的金融负债,因此涉及可转换可赎回优先股的后续计量问题,如表 8-86 所示。

表 8-86   可转换可赎回优先股变动情况

人民币（千元）	2015/12/31	2016/12/31	2017/12/31	2018/9/30
期初	89,918,362	105,932,869	115,802,177	161,451,203
发行优先股融资	1,390,492		89,214	
转换为B类普通股	-65,419			151,100,508
公允价值变动	8,759,314	2,523,309	54,071,603	-12,514,279
货币换算差额	5,930,120	7,345,999	-8,511,791	2,163,584
期末	105,932,869	115,802,177	161,451,203	0

数据来源:小米集团招股说明书

③列报

小米集团可转换可赎回优先股在合并报表中的列示如表 8-87 所示。

表 8-87   截至 3 月 31 日小米集团 2018 年可转换可赎回公允价值列报

根据国际财务报告准则编制	
合并损益表	经营利润-可转换可赎回优先股公允价值变动 -10,071,376（千元）
合并资产负债表	负债-非流动负债-可转换可赎回优先股 165,330,822（千元）
合并现金流量表	融资活动现金流量-发行可转换可赎回优先股所得款项 0（千元）
合并权益变动表	与拥有人进行交易-优先股转换为普通股-总权益 65,419（千元）
股本	148（千元）.
股本溢价	65,419（千元）

(4)转股后会计处理

2018 年 7 月 9 日,小米集团在联交所主板成功上市,完成首次公开发售股票后,所有优先股转换为 B 类普通股。2018 年一季度末,小米集团未分配利润为－1 352 亿,根据小米招股说明书的公告,"公司可以在通过董事会审议的情况下利用股份溢价弥补累计亏损",并实现向投资者的分红。小米上市后,其发行的可转换可赎回优先股转成普通股,则原计入金融负债的可转换可赎回优先股将转到权益,同时,转换成的普通股公允价值超出其面值的部分将计入资本公积中的股本溢价科目,这样小米就会产生大额的股份溢价。按照小米在招股说明书中的说法,其准备利用资本公积中的这部分股份溢价弥补累计亏损。但按照我国 2005 年修订的《公司法》第 169 条的相关规定,资本公积是不能用来弥补亏损的,因为资本公积是股东投入的资本,并不是盈利获得的。不过,小米的情况有些特殊,其大量的累计亏损本就是可转换可赎回优先股的分类造成的,并非是经营亏损,用可转换可赎回优先股转换为普通股形成的股份溢价来弥补累计亏损似乎也情有可原。而且小米注册地在开曼,开曼公司法中除第 34 条外,没有有关派息的法定条文。但是根据英国案例法(可以在开曼群岛引用),股息仅可用利润支付。此外,根据开曼公司法第 34 条,如具备偿债能力且符合公司组织章程大纲及细则有关规定,可以从股份溢价中拨付股息及分派。也就是说,小米可以从股份溢价中宣派股息,不论公司是否盈利。根据小米港股IPO招股书,其可转换可赎回优先股总数为105.13亿,每股面值0.0000025美元,股本总额约合173 803元人民币。而按照小米IPO定价17港元/股(约合14.33元/股)作为B类普通股公允价值,则可转换可赎回优先股转换成普通股后的股本溢价约为1 506亿人民币,能够完全覆盖小米当前的累计未弥补亏损1 352亿。

表 8-88　所有者权益

负债和股东权益	2018/3/31	2017/12/31	2016/12/31	2015/12/31
股东权益:				
股本	150	150	150	150
资本公积	5,161,311	4,592,414	3,750,981	2,973,698
其他综合收益	2,009,174	-3,707,414	-11,611,306	-4,803,581
未分配利润	-135,162,634	-128,157,511	-84,331,495	-84,884,745

数据来源:小米集团招股说明书

(5)披露

由于按照IFRS或GAAP编制的财务报告所体现的经营业绩有时会严重背离企业的实际经营情况,企业只好诉诸剔除了非经营性因素影响的非公认会计原则业绩指标(Non-GAAP measures),该指标近年来在TMT行业尤为流行。

四个调整项目分别是可转换可赎回优先股公允价值变动、以股份为基础的薪酬、投资公允价值增益净值和收购所得无形资产摊销。这四个调整项目有两个共同点:一方面,都与小米的经营业务无关,而是都不涉及现金的流出或流入。披露Non-GAAP业绩指标的做法,与上市公司按照中国证监会的要求,披露归属于母公司股东的扣除非经常性损益的净利润有点类似,可以纠正IFRS或GAAP不适时宜的规定造成的对企业经营业绩的扭曲。另一方面,准则制定者、监管部门和审计师则持谨慎态度,担心过多披露Non-GAAP业绩指标,不仅会降低IFRS和GAAP的权威性,而且会给财务报告使用者带来困惑,给企业管理层操纵业绩带来机会。因小米发行优先股的数量巨大,因此其公允价值的变动对企业的利润产生了很大的影响,为了更加真实地反映企业的经营业绩,小米进行了四个项目的调整,具体如表8-89所示。

表 8-89　小米集团非公认会计原则业绩指标调整情况

		呈报	可转换可赎回优先股公允价值变动	以股份为基础的薪酬	投资公允价值增益净值	收购所得无形资产摊销	非国际财务报告准则
		（人民币千元，除非另有说明）					
截至 2018 年 9 月 30 日止 三个月调整	期间利润	2,480,484	(52,934)	701,813	(246,437)	2,294	2,885,220
	净利润率	4.9%					5.7%
截至 2018 年 6 月 30 日止 三个月调整	期间利润	14,632,647	(22,532,721)	10,527,322	(510,945)	521	2,116,824
	净利润率	32.3%					4.7%
截至 2018 年 3 月 31 日止 三个月调整	期间利润（亏损）	(7,027,411)	10,071,376	488,237	(1,833,421)	520	1,699,301
	净利润率	(20.5)%					4.9%

数据来源：小米集团招股说明书、小米集团 2018 年第三季度报

3.小米可转换可赎回优先股会计处理的影响

（1）对企业财务报表的影响

①对合并资产负债表的影响

股东权益：小米自 2010 年 9 月至 2017 年 8 月，通过 18 轮的融资，累计向投资者发行了 12 个系列的优先股，与此相关的对价收入约为 98 亿元。随着小米公司经营蒸蒸日上，其可转换可赎回优先股的公允价值也是不断上涨，在 2017 年底涨到了 1 615 亿元。然而发售这些优先股当时所取得的收入仅有 98 亿元，相差悬殊。体现在资产负债表上，小米不得不确认了高达－1 272 亿元的股东权益，其中便包括优先股公允价值上升所带来的－1 615亿元。

负债：如表 8-90 所示，小米也在资产负债表上确认了由可转换可赎回优先股造成的负债 1 615 亿元。

表 8-90　小米优先股发行情况

名称	发行日期	总代价（人民币元）
A系列优先股	2010.09.28	67,051,000
A系列优先股	2010.12.21	1,665,000
B1系列优先股	2010.12.21	166,493,000
B2系列优先股	2010.12.21	16,650,000
B+系列优先股	2011.04.11	17,371,000
B++系列优先股	2011.08.24	3,834,000
C系列优先股	2011.09.30	279,616,000
C+系列优先股	2011.11.10	13,299,000
C系列优先股	2012.03.29	276,901,000
D系列优先股	2012.06.22	680,835,000
D系列优先股	2012.12.21	679,118,000
E1系列优先股	2013.08.05	494,139,000
E2系列优先股	2013.08.05	123,534,000
F1系列优先股	2014.12.23	4,597,137,000
F2系列优先股	2014.12.23	919,430,000
F1系列优先股	2015.03.25	144,252,000
F1系列优先股	2015.07.03	1,246,240,000
F1系列优先股	2017.08.24	67,573,000
总计		9,795,138,000

数据来源：小米集团招股说明书

表 8-91　小米 2015—2017 年合并资产负债表（部分数据）

	2015（人民币千元）	2016（人民币千元）	2017（人民币千元）
负债：可转换可赎回优先股	105,932,869	115,802,177	161,451,203
权益总额	−86,638,308	−92,057,875	−127,210,691

数据来源：小米集团招股说明书

②对合并损益表的影响

潜在导致反摊薄。发行可转换可赎回优先股对每股盈利（亏损）是有影响的，由于其造成了潜在的稀释普通股股东权益的可能，在计算经摊薄普通股加权平均数时就没有计入可转换可赎回优先股，也就是将其计入会导致反摊薄。

扣除所得税前利润。小米的优先股公允价值受其股权价值的变动影响，随着小米近些年不断地扩张发展，其股权价值也是水涨船高，这也是近 3 年来小米的优先股公允价值不断上升的根本原因。从小米披露的会计师报告中可以看出，股权价值变动会直接导致除所得税前利润的变动。若小米的股权价值增加或减少 10%，其他可变因素维持不变，则截至 2017 年的除所得税前利润将减少或增加人民币约 124.65 亿。

小米于 2018 年 7 月 9 日在香港上市，为遵循国际会计准则，小米将其可转换可赎回优先股作为金融负债进行会计处理，并将这些金融负债公允价值变动计入当期损益。小米过去 3 年的经营业绩步步攀升，收入从 2015 年的 668 亿元和 2016 年的 684 亿元猛增至 2017 年的 1 146 亿元，经营利润也从 2015 年的 14 亿元和 2016 年的 38 亿元飙升至 2017 年的 122 亿元。因受到资本市场的热捧，其可转换可赎回优先股的公允价值在 2017

年增加了 541 亿元。于是小米只能在 2017 年的损益表上确认了高达 541 亿元的可转换可赎回优先股公允价值变动损失,这导致形势大好下的 2017 年损益表却显示亏损 439 亿元。因此,可转换可赎回优先股公允价值的增加在损益表上表现的却是亏损,但一旦公允价值减少却表现出盈利。

表 8-92　小米 2015—2017 年合并损益表(部分数据)

	2015 (人民币千元)	2016 (人民币千元)	2017 (人民币千元)
收入	66,811,258	68,434,161	114,624,742
经营利润	1,372,670	3,785,064	12,215,467
可转换可赎回优先股公允价值变动	-8,759,314	-2,523,309	-54,071,603
年度 (期间)利润 (亏损)	-7,627,030	491,606	-43,889,115

表 8-93　小米公司利润情况

	2017 (人民币千元)
年度利润 (亏损)	-43,889,115
经调整 (亏损)/利润 (未经审核)	5,361,876

为合理解释这一种经营业绩与企业的实际经营情况的严重背离,也为给投资者提供有帮助的信息,小米采用并非国际财务报告准则要求或按国际财务报告准则呈列的衡量方法进行调整,让投资者有一个比较清楚的认识。这一调整主要剔除非经营性因素的影响,小米也在附注中做出了解释说明。小米 2017 年损益表上的净利润为 -438.89 亿元,剔除四个调整项目的影响后,净利润为 53.62 亿元。这其中便包含了可转换可赎回优先股公允价值变动损失 540.72 亿元,调增净利润。其他三个部分的影响分布为:以股份为基础的薪酬 9.09 亿元,调增净利润;投资公允价值增益净值 57.32 亿元,调减净利润;收购导致的无形资产摊销 0.02 亿元,调增净利润。

综上所述,小米发行的可转换可赎回优先股及其公允价值变动对财务报表造成了不小的影响,非常容易让报表使用者产生误解,使人误解小米一直以来是亏损的状态,容易导致投资者对小米盲目失去信心。

四、美图公司案例分析

(一)背景介绍

美图公司 2016 年 12 月在香港以亏损状态上市,成为市值仅次于腾讯的互联网公司。当时美图是一家以"让世界变美"为公司愿景,还未完全商业化与正常盈利的互联网创业公司,主要产品为美图秀秀、美颜相机以及美拍等。商业模式是先通过免费的创新产品和服务积累大量用户,然后通过手机销售等方式实现用户变现。自注册成立以来,美图通过发行可转换可赎回优先股完成了五轮首次公开发售前融资,共融资 5.01 亿美元。截至 2016 年 12 月 31 日,可转换可赎回优先股的公允价值亏损约 56 亿。公司于 2016 年 12 月

15 日在香港市场首次公开发售,全部可转换可赎回优先股在当日按照 1∶1 的比例自动转换为普通股。

(二)可转换可赎回优先股条例比较

表 8-94　小米与美图可转换可赎回优先股条款比较

	小米	美图	区别
固定股息权	按初始投资额享有年利率为 8% 的非累积优先股股利	按每股原发行价 8% 的年利率获得非累积股利	
转换权	①2015 年 7 月 3 日后,优先股持有人有权将所持有每股优先股转换为一股 B 类普通股;②或在达到下列条件时,优先股将自动转换为本公司的 B 类普通股:（i）合资格公开发售完成;或（ii）经过半数发行在外 A 系列优先股持有人书面同意或经三分之二以上发行在外优先股（A 系列优先股除外）持有人书面同意	①持有人在任何时候都有权转换为普通股或于首次公开发售后或经大多数持有人协定后自动转换;②优先股在首次公开发售完成前必须自动转换为普通股	
投资方的赎回权	如果 2019 年 12 月 23 日前没有完成合格上市,优先股股东均有权要求本公司以如下价格孰高赎回优先股:（i）投资成本加年 8% 的复利及已计提但尚未支付的股利;（ii）赎回时点优先股的公允价值	持有人可在若干指定事件发生时选择赎回优先股。赎回价等于原发行价加上原发行价按 8% 计算的利息以及应计未付股利	小米的赎回价格为公允价值与成本和股息较高者,美图仅为成本加股息
优先受偿权	持有人有权在清算时按发行价加上应计或已宣派但未支付的股息,或发行价的 110% 优先收取剩余的权益,倘若可供分配的剩余权益不足以悉数支付优先股受偿金	在清算时按发行价的 100% 清算优先受偿金,另加上应计或已宣派但未支付的股息	清算受偿金计算方式不同

数据来源:小米集团招股说明书、美图招股说明书

由表 8-94 可知,除赎回价格以及清算时的优先受偿金计算方式有少量差距外,美图与小米招股说明书关于可转换可赎回优先股的条款基本相同。但在赎回价格上,小米的两者孰高条款直接导致小米优先股中的赎回权不符合国际会计准则"固定对固定"的规定,因此被划分为金融负债。而美图可转换可赎回优先股条款中赎回价是确定的。

(三)会计处理

美图与小米在财务报表附注中披露的会计处理方式几乎完全相同。具体如表 8-95、表 8-96、表 8-97 所示。

表 8-95   美图公司 2016 年财务报告披露

根据国际财务报告准则编制	
合并损益表	经营利润-可转换可赎回优先股公允价值变动 5,606,109（千元）
合并资产负债表	负债-非流动负债-可转换可赎回优先股 0（千元）
合并权益变动表	与拥有人进行交易-优先股转换为普通股-总权益 12,804,536（千元）
股本	117（千元）
股本溢价	12,804,419（千元）

数据来源：美图招股说明书

由于完成首次公开发售后，美图所有 168 662 7888 股每股面值 0.0001 美元的已授权优先股被注销，同时授权 168 662 788 股每股面值 0.0001 美元的普通股。因此，可转换可赎回优先股的财务负债已被终止确认并列为股本及股本溢价。

表 8-96   美图可转换可赎回优先股变动情况

人民币（千元）	2013 年	2014 年	2015 年	2016 年
期初	0	53,885	2,735,481	5,681,892
发行优先股融资	30,706	1,042,089	1,163,864	879,920
公允价值变动	23,501	1,651,464	1,482,643	5,606,109
货币换算差额	-322	-11,957	299,904	636,615
期末	53,885	5,681,892	161,451,203	(12,804,536)

数据来源：美图招股说明书

表 8-97   小米可转换可赎回优先股公允价值的变动情况

时间	2015 年	2016 年	2017 年
期末数	105,932,869	115,802,177	161,451,203
公允价值变动	8,759,314	2,523,309	54,071,603
公允价值变动占期末数的比重	8.27%	2.18%	33.49%

数据来源：美图招股说明书

表 8-98   美图可转换可赎回优先股公允价值的变动情况

时间	2013 年	2014 年	2015 年
期末数	53,885	5,681,892	161,451,203
公允价值变动	23,501	1,651,464	1,482,643
公允价值变动占期末数的比重	43.61%	29%	1%

数据来源：美图招股说明书

由于在年度中也存在发行优先股的情况，因此通过期末数来衡量当期公允价值变动并不准确，但是可以从表 8-96 和表 8-98 看出，虽然美图发行的优先股规模不如小米，但是公允价值变动幅度更大。

表 8-99   优先股融资成本较发售价折让情况

融资轮次	A-1	A1-2A	A1-2B	B	C	D
发行日期	2013/10/30	2014/1/24	2014/5/28	1.69	2015/1/6	2016/4/20
融资成本（港元）	0.35	0.83	0.56	1.69	4.27	7.36
较发售价折让%	95.9	90.2	93.4	80.1	49.8	13.4
面值（美元）	1	4	2	5	3	2
融资价（美元）	0.45	1.06975	0.72	2.17668	5.51	9.5

数据来源：美图 2016 年招股说明书

如表 8-99 所示,美图在招股说明书中也披露了优先股融资成本。从融资成本的变化趋势可以看出,在初始阶段发行可转换可赎回优先股的融资成本较低,随后逐渐升高。

(四)对财务报告的影响

美图披露的经过非财务报告准则调整后的损益情况如表　所示。

表 8-100　2016 年美图 Non－IFRS 调整

单位:千元(人民币)

年内亏损	−6,260,880
扣除:	
可转换可赎回优先股公允价值变动	5,606,109
股权激励	40,926
长期投资公允价值收益	−11,212
长期投资减值亏损	45,091
一次性上市开支	39,512
经调整亏损净额	−540,,454

数据来源:美图 2016 年招股说明书

采用非国际财务报告准则规定(Non-IFRS)或并非按照国际财务报告准则陈列的经调整的亏损净额作为额外财务调整,Non-IFRS 和 Non-GAAP 的指标常见于 IPO、盈利报告、管理者分析等报告,已给投资者更有价值的财务信息,其数据不经审计但有一定的规范要求,使用频率逐渐上升。从表可以看出,经调整的亏损净额与国际准则下的亏损之间相差 57 亿,其中 56 亿的差异由可转换可赎回优先股造成。

五、电讯科盈案例分析

(一)背景介绍

电讯盈科有限公司是一家以香港为总部的环球公司,由主席兼行政总裁李泽楷创立的盈科数码动力有限公司与香港电讯有限公司于 2000 年 8 月合并而成,在香港联合交易所有限公司上市(代号:0008),并以美国预托证券方式在该国的 OTC Markets Group lnc.(场外交易市场)买卖(代号:PCCWY),是香港最大的电讯公司。电讯盈科在电讯、媒体、资讯科技服务方案、物业发展及投资以及其他业务均持有权益。电讯盈科除持有香港电讯信托与香港电讯有限公司大部分股权外,还拥有一个全面的香港多媒体及娱乐集团电讯盈科媒体,经营香港最具规模的收费电视业务 Now TV,以及在香港及区内其他地方从事提供以 Viu 为品牌的 OTT(over-the-top)视像服务。2017 年 8 月 10 日,电讯盈科 OTT(电讯盈科的全资附属子公司)与弘毅投资、Foxconn Ventures 及淡马锡订立认购协议,弘毅投资、Foxconn Ventures 及淡马锡同意分别认购共11 000 000股优先股,相当于电讯盈科 OTT 的经扩大已发行股本约 18%,总代价为 1.10 亿美元(相当于约港币 8.58 亿元)。2017 年 9 月 25 日,电讯盈科 OTT 发行及配发共计11 000 000股每股面值 1 美元的 A 系列可转换、可赎回及具有投票权的优先股(OTT 优先股)予三家投资者,三家投资者全是以现金支付代价。发行 OTT 优先股所得款项净额作为电讯盈科 OTT 的一般营运资金。OTT 优先股发行完成后,电讯盈科仍然为电讯盈科 OTT 的控股股东。截至 2017 年 12 月 31 日,电讯盈科年度发行 OTT 优先股导致为数港币 8.11 亿元的债务。

(二)OTT 优先股相关条款

优先股赋予若干惯常权利如股息、优先清算权,以及于首次公开招股或出售业务时的权利。若合资格的首次公开招股并无发生,优先股可于 5 年完结时按原本的认购价予以购回。就投资事项订立的股东协议也包括有关董事会代表、转让及出售股份,以及少数股东权益保障的惯常条款。

如果于 2022 年 9 月 25 日前并无发生特定或然事项,OTT 优先股最早可于该日按原本认购价赎回。OTT 优先股有权获派酌情股息,以及于清算及进行首次公开招股或出售业务时享有若干优先权。

电讯盈科 OTT 授予弘毅投资购股权"OTT 优先股购股权",弘毅投资可于投资事项完成后 9 个月内任何时间行使按每股购股权股份 10 美元的价格进一步认购最多 2 000 000 股 OTT 优先股。购股权若行使完成,弘毅投资、Foxconn Ventures 及淡马锡将合共持有电讯盈科 OTT 的经扩大已发行股本约 20.6%。截至 2017 年 12 月 31 日,弘毅投资尚未行使 OTT 优先股购股权。

(三)OTT 优先股的会计处理

1.电讯盈科衍生金融工具的财务报告编制基准及相关会计政策

①衍生金融工具的确认与计量

衍生金融工具于订立衍生工具合约当日按公允价值初步确认,其后于各个报告期末按其公允价值重新计量。公允价值重估损益及时于综合损益表内确认,唯若衍生工具指定且合资格作为会计对冲,因此产生的损益将视乎对冲项目的性质予以确认。

②对冲衍生工具的分类

若对冲项目余下至到期日超过 12 个月,对冲衍生工具的全面公允价值便分类为非流动资产或负债;若对冲项目余下至到期日少于 12 个月,则分类为流动资产或负债。买卖衍生工具分类为流动资产或负债。

2.OTT 优先股衍生工具及 OTT 优先股购股权估值假设

电讯盈科 OTT 发行的 A 系列可转换、可赎回及具有投票权的优先股(OTT 优先股)中被确认为 OTT 优先股衍生工具及 OTT 优先股购股权的公允价值无法直接根据可观察市场数据得出,属于公允价值第三层级的工具,二者估值假设如表 8-101 所示。

表 8-101 OTT 优先股衍生工具及 OTT 优先股购股权估值假设

	OTT 优先股衍生工具	OTT 优先股购股权
相关 OTT 优先股股价	10 美元	10 美元
无风险利率	1.5%	
预期波幅	32.2%	
流通性折让		22%

数据来源:电讯盈科 2017 年年报

3.电讯盈科 OTT 优先股的会计确认与计量

OTT 优先股包含负债及权益成分,因此电讯盈科将其指定为复合金融工具。复合金融工具中的负债部分进一步包含嵌入式衍生工具"OTT 优先股衍生工具",有关工具按会计政策作为衍生金融工具入账。主负债"OTT 优先股负债"则按摊销成本基准于综合财务状况表内"其他长期负债"列账,直至于转换或赎回时注销为止。OTT 优先股衍生工具及 OTT 优先股购股权按公允价值计量。在 OTT 优先股发行日,OTT 优先股衍生工具及 OTT 优先股负债的估值分别为港币 3 300 万元及港币 8.08 亿元。根据会计政策"若对冲项目余下至到期日少于 12 个月,则分类为流动资产或负债",将 OTT 优先股购股权确认为流动负债,于优先股发行日金额为港币 1 800 万元。截至 2017 年 12 月 31 日止,电讯盈科于 2017 年度的综合损益表确认 OTT 优先股负债融资成本港币 300 万元及于"其他收益净额"项目为 OTT 优先股衍生工具及 OTT 优先股购股权分别确认公允价值收益港币 400 万元及港币 300 万元。

电讯盈科 OTT 优先股的列报电讯盈科 OTT 优先股在财务报表中的列示如表 8-102 所示。

表 8-102　电讯盈科 OTT 优先股列报

	项目	金额 (港币百万元)
综合财务状况表 (优先股发行日)	非流动负债-OTT 优先股衍生工具	3.3
	非流动负债-其他长期负债	808
	流动负债-OTT 优先股购股权	1.8
综合损益表 (2017 年 12 月 31 日)	融资成本	3
	其他收益净额- OTT 优先股衍生工具	4
	其他收益净额-OTT 优先股购股权	3
综合现金流量表 (2017 年 12 月 31 日)	融资活动的现金流量——一家附属公司发行优先股所得款项	808

数据来源:电讯盈科 2017 年年报

六、凤凰卫视案例分析

(一)背景介绍

凤凰卫视立足香港,秉持"华人视角、家国情怀、心怀天下、直播为先、独家独特"的整合报道理念,于全球布设近 60 个记者站点,为全球华人带来第一手鲜活资讯。2017 年凤凰卫视全球团队见证并报道了中国的大国外交、中共十九大、香港回归 20 周年、美国总统特朗普访华、朝鲜半岛核风云等世界大事,广受华人社会关注及好评。凤凰卫视的主营业务分为电视广播、互联网媒体、户外媒体、房地产和其他业务。其中电视广播业务与互联网媒体业务占据其总收入的 80% 左右。其中,电视广播业务以"全域媒体服务"为理念,革新内容创新、重构节目形式,以精准服务为宗旨,为合作伙伴量身定制内容产品与服务,多家中国优秀企业与本集团建立了战略伙伴关系。同时在与互联网媒体业务的连接上,广拓全球发行渠道,通过卫星、有线电视网、移动互联网、OTT 平台及社交媒体送达全球观众,满足了不同终端、不同群体需求。

(二)衍生工具会计政策

根据香港会计准则 39 号,按公允价值计量且损益计入利润表的财务资产指的是资产持有目的主要是为了在短期内出售或管理层指定为此类别。除非衍生工具指定为对冲项目,否则衍生工具也归此类。可供销售财务资产指定为此类别或无法分类于其他类别的非衍生工具。除非投资到期或管理层报告将于期末起 12 月内出售该项投资,否则计入非流动资产。

除非指定为有效对冲工具,否则衍生财务工具分类为持作买卖。所有衍生工具最初按公平值于综合财务状况表确认。

倘若衍生工具于最初确认的公平值与交易价格不同,而该公平值并无相同资产的交投活跃市场内的报价或根据仅使用可观察市场的输入数据的估值技术作凭证,则于最初确认的公平值与交易价格的差额予以递延。最初确认后,确认该递延差额为收益或亏损,仅以市场参与者为衍生工具定价时将计及的因素(包括时间)转变所产生的范围为限。

嵌入式衍生工具为嵌入在其他非衍生主财务工具以得出混合式工具的衍生工具。当嵌入式衍生工具的经济特质及风险与主体合约的经济特质及风险并无明显及密切关系时,或嵌入式衍生工具的条款(倘若载于独立合约内)会符合独立衍生工具的定义,以及合并合约并非持作买卖或指明为按公平值列账时,该等嵌入式衍生工具会被视作独立的衍生工具。此等嵌入式衍生工具会按公平值计量,而公平值的任何变动则于综合收益表确认。当公平值为正数时,衍生工具列作资产;当公平值为负数时,衍生工具列作负债。

(三)报表列示

凤凰卫视将可转换可赎回优先股的转换权计入衍生财务工具,其余计入可供销售财务资产。由于期后事项中凤凰新媒体与 Partucle 以及龙德成长文化传播(天津)有限公司约定转换权延期,优先股的转换权属于非流动资产,详情见表 8-103。

表 8-103　2017 年凤凰卫视金融资产明细表

资产	港元（千元）
按公允价值计量且损益计入利润表的财务资产	
供买卖的股本证券	24,406
可供销售财务资产 [1]	
优先股债务部分	705,712
股本证券	19,683
衍生财务工具	
可转换可赎回优先股换股权	721,002
可换股贷款的换股权	19,513
长期投资的期权	17,702

数据来源:凤凰卫视 2017 年年报

(四)报表分析

由年报中披露信息可得,持有的 Particle B、C、D1 系列优先股的债务部分被分类为可供销售财务资产,而换股权被分类为衍生财务工具中的可换股可赎回优先股的换股权。

表 8-104　对于 Particle 优先股的系列投资

时间	内容
2014 年	投资持有 Particle B 系列优先股
2015 年	投资持有 Particle C 系列优先股
2016 年 1 月	向 Particle 贷款获得可换股可赎回优先股的换股权
2016 年 12 月	行使换股权,持有 Particle D1 系列优先股

从 2017 年末的综合资产负债表中可以看到,可供销售财务资产及可转换可赎回优先股的换股权作为非流动资产在综合资产负债表中列示。

表 8-105　综合资产负债表(部分)

非流动资产（千元）	2017 年	2016 年
可供销售财务资产-优先股债务部分	705,712	617,835
可换股可赎回优先股的换股权	721,002	440,261
总计	4,810,001	4,361,205

数据来源:凤凰卫视 2017 年年报

从 2017 年综合收益表及综合全面收益表中可以看到,其中被分类为衍生财务工具的可换股可赎回优先股的换股权的公平值变动列示在其他经营收益净额中,直接影响经营利润从而影响净利润。表中列示的衍生财务工具由报告中可知其中包括可换股可赎回优先股的换股权、可换股贷款的换股权、长期投资的换股权和利率掉期合约。其中可换股贷款的换股权和利率掉期合约被分类为流动资产和流动负债。从 2016 年及 2017 年披露数据来看,衍生财务工具的公平值收益占年度溢利的水平均在 50% 左右。可供销售财务资产的所有公平值变动直接于其他全面收益确认,不影响经营利润及净利润,在权益变动表中列示。

表 8-106　综合收益表及综合全面收益表(部分)

项目（千元）	2017 年	2016 年
其他经营收益净额-衍生财务工具的公平值收益	284,609	183,005
年度溢利	520,853	398,014
其他全面收益-可供销售财务资产公平值（亏损）	(28,635)	(11,650)
年度全面收益总额	664,202	142,981

数据来源:凤凰卫视 2017 年年报

表 8-107　综合权益变动表(部分)

项目（2017 年/千元）	重估储备	非控股权益	总权益
可供销售财务资产公平值亏损	(15,894)	(12,741)	(28,635)

数据来源:凤凰卫视 2017 年年报

从综合现金流量表来看,衍生财务工具的公平值收益通过影响经营业务的现金流来对年溢利进行调整。

表 8-108　综合现金流量表(部分)

项目（千元）	2017 年	2016 年
年度溢利	520,853	398,014
衍生财务工具的公平值收益	(284,609)	(183,005)
经营业务产生的现金流	260,499	921,684

数据来源:凤凰卫视 2017 年年报

(五)风险

目前可转换可赎回优先股的风险对于凤凰卫视而言主要是财务风险,包括公允价值变动产生的对财务报表的风险、估值中涉及大量会计估计包含的风险以及延期实行的转换权公允价值下降带来的投资收益减少。

表 8-109　2016 及 2017 年可转换可赎回优先股敏感性分析

	收益增长率	最终增长率	贴现率	难以销售的折让	波幅
	增加或减少 10%	增加或减少 1%	增加或减少 3%	增加或减少 3%	增加或减少 5%
截至 2017 年 12 月 31 日	千元	千元	千元	千元	千元
	312,676/(283,332)	61,185/(54,649)	(293,911)/405,095	(63,903)/64,281	(3,958)/111,205
	收益增长率	最终增长率	贴现率	难以销售的折让	波幅
	增加或减少 10%	增加或减少 1%	增加或减少 3%	增加或减少 3%	增加或减少 5%
截至 2016 年 12 月 31 日	千元	千元	千元	千元	千元
优先股	272,086/(258250)	50,702/(40,171)	(201,155)/277,349	(41,244)/(47,149)	(958)/81,496

数据来源:凤凰卫视 2017 年年报

由表 8-109 可看出,公允价值估值模型中的输入数据变动对财务数据影响不大,可转换可赎回优先股的财务风险主要来源于发行公司自身价值波动以及信用风险的影响。

第六节　有色金属行业视角的衍生金融工具风险管理及其会计运用

一、行业背景

(一)有色金属、行业及期货市场

1.有色金属

有色金属是所有金属中除铁、铬、锰三种黑色金属以外的统称,金属可以被分为贵金属和一般金属,贵金属包括黄金白银白金,基本金属是指铜、铝、锌、铅、镁等等。至今发现的有色金属包括等共计64种,被广泛应用于我们的日常生活以及交通、建筑、家电、航天等各项国民经济领域产业,有色金属产业在人类社会发展中的重要性很强,由此催生出有色金属行业。

2.有色金属行业

从全球有色金属行业来看,中国是最大有色金属生产国和消费国。中国有色金属矿产资源丰富,种类繁多。按若干金属(包括钨、钼、锡、锑及稀土金属)的探明储量计,中国居全球前列。中国是有色金属生产和消耗大国,通过利用国内外两方面资源,中国已建立大规模的有色金属工业,全国10种有色金属(即铜、铝、铅、锌、锡、镍、锑、汞、镁及钛)的产量居全球第1位。

3.有色金属期货市场

有色金属是当今世界期货市场中比较成熟的期货品种之一。目前,世界上的有色金属期货交易主要集中在伦敦金属交易所(LME)、纽约商业交易所和东京工业品交易所。中国的有色金属期货交易主要集中在上海期货交易所(SHFE)。

(二)有色金属行业的特征

1.强周期性

有色金属行业是典型的周期性行业,其行业景气度与宏观经济息息相关。以铜为例,铜是重要的金属资源,在国民经济、国防假设中具有广泛的用途,也是高新技术产业发展的基本材料。其需求的变化主要取决于一个国家或地区制造业的兴衰和生活质量的变化。所以,当一个国家或地区经济快速发展时,铜的消费也会出现快速增长。同样,经济的衰退会导致铜在一些行业中消费的下降,进而导致铜价格的波动。

2.金融属性强

一种商品在市场中一般会被赋予两种属性——本身所具有的商品属性和衍生的金融属性。前者反映市场中商品本身供求关系的变化对价格走势的作用,而后者则主要体现利用金融杠杆来进行投机炒作的市场行为。

有色金属的金融属性体现在三个不同的层次：其一，作为融资工具。铜具有良好的自然属性和保值功能，历来作为仓单交易和库存融资的首选品种而备受青睐。许多银行或投资银行直接或间接参与仓单交易，并通过具有现货背景的大型贸易商进行融资操作。这种传统意义上的金融属性，实际上起到风险管理工具和投资媒介的作用。其二，作为投机工具。期铜是最成熟的商品期货交易品种之一，构成整个金融市场的有机组成部分，从而吸引大量投资资金介入，利用金融杠杆投机炒作。其三，作为资产类别。铜作为重要的自然资源和工业原材料，和原油、黄金等其他商品一起，为越来越多的大型投资机构所重视，有的甚至将其视作与股票和债券等"纸资产"相对应的"硬资产"，成为与金融资产相提并论的独立资产类别，从而成为其重要投资标的或投资替代品。铜等商品被称作"资产类别"，具有三方面的功能，一是直接作为投资获利的金融工具；二是作为对冲美元贬值的避险工具；三是作为对抗通货膨胀的保值手段。

3.价格波动大

随着当前经济市场化和全球化，大宗商品特别是有色金属的价格剧烈波动已经成为常态。以铜为例，其作为重要的基础原料，同时具有金属属性和商品属性，其价格波动不仅受生产成本和供求关系的影响，还受垄断与投机等因素的影响，这些因素的综合反映就使得铜期货价格有时偏离正常生产成本，价格波动剧烈，而且幅度惊人。如2015年1月份短短的一个月间，上海金属交易所期铜主力合约交易价格每吨就跌了约6 300元，跌幅高达14％。

在这样日趋复杂的市场环境下，企业所面临的市场风险已经远远超过了其运用一般性管理手段所能承受的限度。

4.对外依存度高，缺乏价格话语权

我国有色金属供求严重失衡，这使得我国有色金属进口依赖程度日益加剧，我国铁矿石从2002年的44％上升到2010年的69％，铝矿石上升到60％。国外有色金属矿产主要集中在少数寡头企业，我国有色金属行业易受国际垄断寡头操纵价格，及各类复杂政治因素的不利影响。

我国对外依存度高，所以缺乏话语权，主要表现为以下两个方面：一是我国有色金属的价格话语权与其国际地位不对等，例如电解铝的产量和消费量均接近全球总量的一半，精炼铜的产量和消费量占全球比例也分别超过30％和40％。但是我国在国际电解铝和精铜市场上的价格影响力、价格话语权并未得到相应体现，而是单方面受制于伦敦LME市场；二是资源优势商品缺乏主导的议价能力，我国在许多稀散小金属储量占据明显优势，矿产品储、产量均居世界前列，在全球贸易中占有重要地位。但是在国际市场上，这些金属的价格长期维持在较低水平，中国的资源优势并未能转变为议价优势。

(三)有色金属行业使用衍生品的原因

1.公司价值最大化

公司价值最大化，主要包括减少财务困境成本说、降低预期税收说和规避"投资不足"说这三个方面。公司价值等于公司预期现金流按照资本成本折现后的现值。

(1)减少财务困境成本。在经济全球化态势的不断发展以及改革开放的政策性战略支持中,我国有色金属业已成功与国际市场实现接轨,贸易规模迅速扩大,但随之而来的问题也逐渐增多,其中最为凸显的便是因有色金属产品价格的波动与企业的议价能力较弱而导致的经营财务困境问题。而运用衍生品套保可以降低企业面临财务困境的可能性,因此会减少预期的财务困境成本,从而提高企业价值。

(2)降低预期税收。使用金融衍生品可以降低企业所得税进而影响企业价值,当企业面临的税收呈凸性(存在课税扣除及亏损结转等情况)时,企业可以通过套期保值的方法来降低收入的波动性而使其期望的税负最小化,进而增加企业价值,而且税收凸性越强,对期望税负的降低效用越明显。公司享有的税收优惠越多,套期保值对节税产生效用就越高。

(3)规避"投资不足"。运用金融衍生品套期保值可以使公司避免"投资不足"的问题。高昂的外部融资成本会使收入波动性较高的企业放弃一些净现值为正的项目,造成投资不足,通过套期保值则可以降低收入波动性,使公司有较充足的内部资金用作新的投资项目,创造更大的企业价值。

2.市场风险最小化

风险可以分为两类,即系统风险与非系统风险。系统风险来源于公司之外,如战争、通货膨胀、高利率、经济衰退等与社会大环境相联系的风险,这些风险无法利用多种投资通道来分散的,因而这种风险又称为不可分散风险或者说市场风险。非系统风险来源于公司内部的各种不同的经济活动,比如公司的管理水平、广告营销行为、消费者口味的变化和研发等等,公司可以进行多元化的投资而分散这种风险,所以又可以称为可分散风险或公司特有风险。企业通常更为关注项目的系统风险,因为非系统风险可以利用多种投资方式来规避。项目的系统风险和要求的回报率是正相关的。造成市场系统风险的内在原因通常是市场本身存在的问题,导致系统风险大规模出现的外在因素有可能来自经济、社会、政治等多个方面。由于系统风险的出现和爆发会对资本市场本身的运行产生恶劣影响,更重要的是会和其他不同市场风险产生共振,导致巨大的危机。

(1)规避商品价格风险。2008年金融危机以来,全球经济遭受了前所未有的打击,有色金属行业更是首当其冲,大宗商品价格普遍大幅度下滑,上游及中游有色金属产业链上的企业经营利润均遭到严重侵蚀,众多产品同质化趋势明显的中小型有色金属企业纷纷步入倒闭的深渊。自此以后,有色金属业长期处于经营低迷阶段,近几年才逐渐有所复苏。但动荡不安的经济局势也给企业敲响了警钟,为了避免商品价格风险的剧烈波动再次影响企业正常经营,锁定部分原材料的成本与部分商品的利润,降低现货市场价格波动给公司经营带来的不确定性风险,越来越多的有色金属冶炼及加工企业开始运用套期保值的方式来锁定自身主营业务产品或主要原材料价格,以求达到企业经营风险管控的目标。

除此之外,有色金属冶炼企业冶炼过程长,工艺流程复杂,企业在从事冶炼过程中,按正常的产品生产周期,原料需具备一定的安全库存,工艺流程也需要一定的序存品,同时为满足客户的需要,按正常的销售周期,其产成品也应当有一定的库存,由于这些必需的库存,在产品价格急跌的情况下,甚至出现原材料价格高出产成品的局面,所以有色金属冶炼企业应开展金融衍生工具套期保值业务,这既是企业生存的需要,更是企业发展的需要。

(2)规避汇率风险及利率风险。部分有色金属公司还参与国际贸易,因此,他们还会面临汇率或者利率风险,因此也需要利用衍生金强工具来规避利率或者汇率的变动给公司带来的风险。另外,人民币汇率形成机制改革后,汇率已逐渐成为影响有色金属外贸企业经营的重要因素,汇率变动的幅度也会较以往有所扩大,因此有色金属企业面临的外汇风险也会随之增加,运用金融衍生工具防范汇率风险对有色金属企业来说具有重要意义。

二、行业分析

(一)应用情况数据

有色金属业主要指代证监会行业分类中制造业之下的有色金属冶炼业及压延加工业。截至 2018 年 10 月 31 日,我国上市公司共计 3573 家,其中有色金属行业 68 家,占上市公司总数的 1.90%。截至 2017 年 12 月 31 日,我国有色金属行业共计 67 家,占上市公司总数的 1.92%。以上述 67 家有色金属上市公司为样本,对其年报进行分析和整理,可对该行业运用衍生金融工具的情况有所了解。如图 8-116 所示,我国有色金属上市公司近七年来使用金融衍生工具的企业数量呈稳步上升趋势。

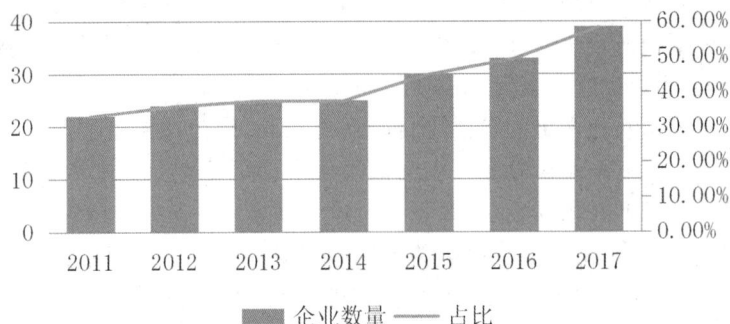

图 8-116　2011—2017 年有色金属行业的上市公司衍生金融工具应用统计

数据来源:Wind 数据库手动整理所得

2017 年 67 家企业中已有超过半数的 39 家企业运用了金融衍生工具对自身经营风险实行管控,衍生金融工具应用的广泛性日益增强。通过对 2017 年运用衍生金融工具的39 家企业进一步分析发现,这些企业主要运用了期货、期权、远期这三种衍生金融工具,如图 8-117 所示。

由图可知,在运用衍生金融工具的 39 家有色金属企业中,采用期货的企业占比最高,共计 33 家,可达全部企业的 84.62%;其次为远期金融工具,占比 48.72%,然而其运用企业数仅为期货运用企业数的 57.58%;采用掉期、互换、大宗商品衍生品的企业数量则屈指可数。由此可见,有色金属业所采用的衍生金融工具类型较为集中,绝大多数都会选择使用期货工具。究其原因,主要是企业运用衍生金融工具的目的大多是进行套期保值,而有色金属企业生产、加工、销售等经营环节所主要涉及的原材料或产品价格与期货市场中的相关品种价格高度关联,为避免有色金属商品价格的剧烈波动给企业造成不可预计的损

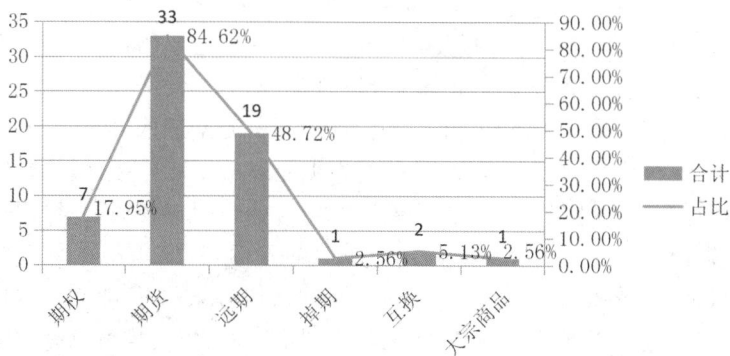

图 8-117　2017 年有色金属行业衍生金融工具运用情况分析图

数据来源：Wind 数据库手动整理所得

失，运用期货对自身原材料或产品进行套期保值不失为一种明智的风险规避办法。

(二)风险敞口及衍生品运用方法

1.风险敞口

套期保值的目的是为了规避有色金属现货市场的价格波动风险，但有色金属价格不同的波动方向对有色金属产业链中不同企业的影响不尽相同。如原材料或产成品的价格与有色金属价格波动关联程度较高，则认为存在风险敞口；反之则认为不存在风险敞口，即风险闭口。根据风险敞口方向的不同，可将有色金属企业分成以下三种类型：

(1)上游闭口、下游敞口：该类企业原材料的价格或者产品的生产成本相对刚性，但是其产品价格与有色金属价格关联性较强，有色金属矿生产企业。这种企业主要集中在产业链的上游，比如说采矿企业。

(2)双向敞口：该类企业原材料价格与产品价格均与铜价格关联性较强，一般处于产业链的中游，包括有色金属冶炼企业、有色金属加工企业以及有色金属贸易企业等。

(3)上游敞口、下游闭口：该类企业原材料价格或者产品的生产成本与铜价格相关性高，但其产成品的价格对有色金属价格变动并不敏感。一般处于产业链的下游，这类企业以金属材料终端消费企业为主，包括电气设备企业、空调企业等。

2.衍生品运用

(1)上游闭口、下游敞口的企业所面临的风险是有色金属价格下跌的风险。其生产成本相对固定，但其产品铜精矿的价格下跌，会导致盈利空间被压缩。根据上述原则，如该企业担心未来铜价下跌影响其销售收入，可进行卖出套期保值操作。

(2)上游敞口、下游闭口的企业所面临的风险是有色金属价格上涨风险。以空调生产企业为例，当铜价上涨时，其主要原材料铜管的价格上涨但其产品空调并不一定会随之上涨，利润可能受到侵蚀。根据上述原则，该企业如担心未来铜价上涨导致其成本增加，可进行买入套期保值操作。

(3)上述两类单向风险敞口的企业面临的是绝对价格的变动风险，而双向敞口的企业所面临风险为相对价差的变动风险。以铜冶炼企业为例，铜精矿主要采用铜价扣除冶炼加工费方式定价,铜冶炼企业的利润＝(销售价格－采购价格)＋(冶炼加工费－冶炼加工成本)。其中冶炼加工费与冶炼加工成本的差额即为冶炼企业的核心利润,而销售价格与采购价格的价差变动为冶炼企业所面临的价格风险。

企业套期保值实务操作方案中,往往不会进行逐一完全套保,而是采取净风险敞口套保的管理模式。该种模式典型的套保方案为:根据企业的生产经营计划,确定计划消耗的原材料数量,用计划生产数量除以天数得到平均每天的虚拟销售规划量,用销售规划量减去对应当天预期原材料作价到货得到风险敞口的差额,对该差额在期货市场上进行买入或者卖出套保建仓操作,并进行动态调整。该种操作方案将相同作价期的价格波动风险首先在企业内部进行对冲,对剩余的净风险头寸进行套保,这样可以有效避免逐一完全套保带来的大量资金占用,提升套保操作效率;但企业期货套保团队人员对企业风险敞口的预判能力和整体风控水平提出了较高的要求。

(三)相关风险

1.基差风险

传统套期保值方法能否实现完全套保的效果,即期现市场的收益与损失完全抵消,取决于期货价格与现货价格的变动幅度是否完全一致。现实市场环境中,期货价格与现货价格的变动幅度很难保证完全一致,因此应用传统套期保值策略的企业仍将面临一定风险,称为基差风险。

(1)基差的来源

基差是指某一时点某种商品的现货价格与特定期货合约价格的价格,即:

基差＝现货价格－期货价格

对铜等大宗商品来说,持有现货会产生成本费用,包括资金成本、仓储费、运输费、保险费和损毁等,但持有现货也可能带来便利收益(便利收益是指当现货对期货产生风险溢价时,投资者持有现货的可能收益。在期货合约有效期间,商品短缺的可能性越大,则便利收益就越高。便利收益率反映了市场对将来能够购买商品的可能性的期望,商品短缺的可能性越大,便利收益率就越高)。

根据商品期货定价模型,期货价格与现货价格可以用以下关系式来定义:

$$F = Se^{(r+u-y)T}$$

其中:S 表示现货价格;F 表示 T 时刻到期的期货价格;r 表示无风险利率,用来衡量资金成本;u 表示持有现货的其他费用成本率,用来衡量仓储费、运输费、保险费、损毁等费用;y 表示持有现货的便利收益率。而基差 b 就可表示为:

$$b = S - F = S(1 - e^{(r+u-y)T})$$

如果持有现货的各类成本费用要高于持有现货的便利收益,则期货价格要高于现货价格,此时基差为负,称为处于正向市场。一旦持有现货的便利收益超过了持有现货的成本费用,就会出现现货价格高于期货价格的情况,此时基差为正,称为处于反向市场。

影响基差因素可总结为:在市场供需方面,现货市场供给减少、需求增加、库存低位等将使现货货源紧缺、现货升水上升,基差走强;反之,基差走弱。市场对未来供需基本面预期,也对基差走势产生同向影响。在资金方面,流动性缺乏将使持有现货利息成本上升,使得基差走弱;反之,基差走强。

(2)基差影响分析

一般情况下,期现价格的变动幅度总是存在一定差别,因此传统套期保值策略很难实现期现市场收益损失的完全对冲。但由于套利行为的存在,基差的变动幅度远远小于现货价格的波动幅度。如图 8-118 所示,2012 年至今国内铜基差基本在－1 000 元～1 000元的区间内变动,而同期铜现货价格的波动区间达到 35 000 元～60 000 元。

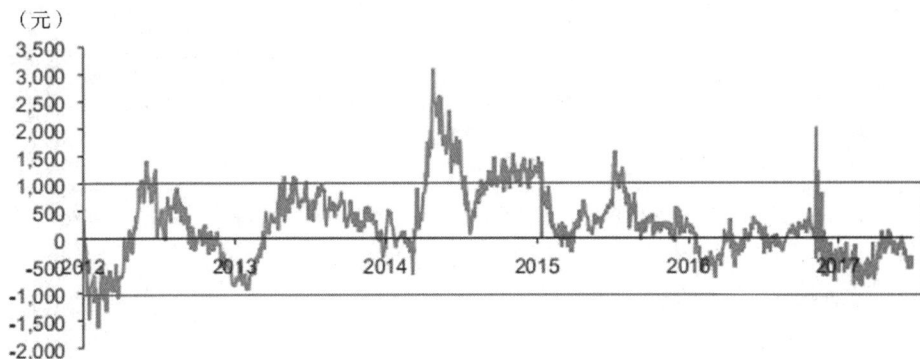

图 8-118　2012—2017 年国内铜基差变动区间
数据来源:Wind 数据库

对卖出套期保值企业而言,由于持有现货市场的多头以及期货市场的空头,当基差扩大时,卖出套期保值的企业在现货市场的盈利大于在期货市场的亏损,因此可获得一定盈利;当基差缩小时,卖出套期保值的企业在现货市场的盈利无法覆盖在期货市场的亏损,因此仍将面临亏损。反之,对买入套期保值企业而言,由于持有现货市场的多头以及期货市场的空头,当基差缩小时可以获得一定盈利,当基差扩大时面临一定亏损。对兼有买入和卖出操作的企业而言,考虑到目前国内企业采取净风险敞口的管理模式,基差变化对其套保收益影响取决于其持仓净头寸方向。

由 2017 年国内铜基差走势来看,基本上处于小幅震荡态势,进行严格完全套保的企业难以从基差波动方面获取额外的收益。由于持有现货成本以及现货供需格局的变化,以及期货的高杠杆特点,基差仍有可能在短期甚至中期内出现大幅波动,从而导致采用传统套期保值的企业遭受严重损失。

根据中债资信调研情况,部分企业在传统套期保值理论的基础上,择机进行基差逐利。该种套保方案不完全遵循在期现市场同时建仓、交易月份相同或相近的原则,通过研究基差走势,灵活选择跨月、期现间的套利策略。

2.国内外价差因素

由于参与 LME 期货交易资格限制、境内交易的便利性,国内企业主要选择在国内期货市场进行期货合约套期保值操作。但国内外有色金属的价格很难保证完全同步变化,因此对需要从国外进口有色金属进行冶炼的国内企业而言,即使进行完全套期保值,也难以完全规避国内外交易市场的价差变化带来的波动。

（1）国内外价差来源

目前实际操作中，部分国内企业只能选择上期所的期货合约进行套期保值，因此国内外价差的波动将对涉及国际业务的国内企业的套期保值效果产生影响。市场中一般用沪伦铜价比来衡量国内外铜价差。

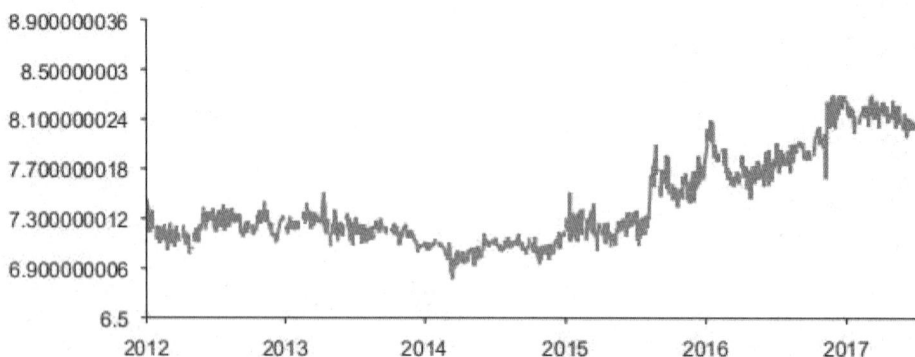

图 8-119　2012—2017 年沪伦铜价比

数据来源：Wind 数据库

图 8-120　2012—2017 年沪伦铜价比（扣除汇率影响）

数据来源：Wind 数据库

影响国内外价差的主要因素，包括人民币兑美元汇率、进出口税费成本、不同市场的有色金属供需关系等。由图 8-119、图 8-120 所示，汇率是对国内外有色金属价差影响最大的因素，扣除汇率影响后，沪伦铜价比的波动空间明显缩小。

从供需关系来看，中国是全球最大的铜消费经济体，但国内资源储备不足，铜原材料对外依存度超过 70%；此外我国对于电解铜进口不征收关税，对电解铜出口不退税且征收 0～10% 的关税，因此我国铜进口量要远远大于出口量。一旦国内铜供给不足导致国内铜价高于 LME 铜的进口成本的差额超过一定范围，国内贸易商就可以通过买入伦铜进口至国内出售获取无风险利润，投资者亦可直接买卖上期所及 LME 铜期货合约进行套利。该套利方式中铜的物流方向为进口，称为"正向套利"。在大量正向套利操作的影响下,国内外铜价差将降低到合理区间。

(2)国内外价差影响分析

一方面,人民币贬值虽然增加了企业采购铜精矿的进口成本,但在全球期货市场日渐成熟的情况下,汇率变化将迅速传导至国内市场,国内销售价格也受人民币贬值影响相应幅度上升。综合来看,由于我国铜冶炼企业对进口铜精矿的依赖性很高,而进口铜矿冶炼加工费往往以美元计价,因此大多数铜冶炼企业反而受益于人民币贬值带来的美元计价的铜精矿加工费的提升。

但另一方面,由于境外融资环境相对宽松,部分企业在国际市场采购铜精矿时除了采购所需信用证借款外,另有其他美元贷款融资行为,在人民币持续贬值的背景下,可能面临一定汇兑损失。通过汇率远期合约等衍生品可以实现对汇率的套期保值,有效规避国内外铜价差波动风险以及外币借款的汇兑损失。

而扣除汇率因素的其他价差部分,则难以通过有效途径进行规避,但从近年沪伦比价差(扣除汇率因素)情况来看,整体呈现小幅震荡态势,企业难以获得持续的内外价差损益。

3.操作风险

操作风险主要是公司内部在使用衍生金融工具时由于操作不当而产生的风险,其中包括董事会的监管不力、管理层的内部控制意识不足和交易员的自身原因几个方面。

我国有色金属行业对于衍生金融工具的使用数量较大,但行业内公司治理尚未完善,内部监管控制制度不够健全,且由于衍生工具的“高杠杆”特点,投资者极易产生投机观念;另外投资者或操作者对衍生金融工具的风险认识不够,部分企业经常无视国家规定,违规操作过度投机,因此我国有色金属行业的衍生金融工具使用情况存在着较大的操作风险。

4.其他风险

(1)违约风险/信用风险

因为有色金属行业持有的衍生金融工具一般具有数额多、体量大的特点,所以在交易双方面临衍生品对己方不利的大幅波动情况下,极有可能选择违反合约内容,单方面毁约,从而使企业损失原本应该获得的收益。

(2)法律风险

我国衍生金融工具市场法制建设滞后,衍生金融工具市场发展快于衍生金融工具立法。我国针对衍生金融工具监管的法律法规很少,现有法规缺少统一性,这对有色金属行业使用衍生金融工具的稳定有序性造成了一定风险影响。

(3)其他商品价格波动风险

作为基础产业,有色金属行业的成本价格收到多方面影响,基础商品的价格主要受到市场供求关系的影响,另外气候突变、战争和国家宏观调控政策等诸多因素也会影响价格。有色金属行业的衍生金融工具使用上一般与原材料价格息息相关,因此市场上的经济变动趋势也会给这一行业衍生金融工具的使用带来风险。

三、江西铜业背景

（一）江西铜业企业概况

江西铜业集团有限公司成立于 1979 年，旗下的江西铜业股份有限公司于 1997 年和 2001 年分别在香港、上海完成 H 股和 A 股上市。2008 年江铜集团实现整体上市。经过 30 多年的发展，江西铜业形成了以铜的采矿、选矿、冶炼、加工，及硫化工和稀贵稀散金属提取与加工为核心业务的产业链，同时经营范围涉及金融、贸易等多个领域。江西铜业一直坚持"发展矿山、巩固冶炼、精深加工、相关多元"的战略方针，现跻身于世界大型先进铜业公司行列。公司拥有丰富的矿产资源储量和国内规模最大、技术最先进、环保最好的粗炼及精炼铜冶炼厂—贵溪冶炼厂，阴极铜年产量已突破百万吨，位居世界前三。它是我国目前最大的铜产品生产基地，也是我国最大的黄金、白银生产商之一，还是非常重要的化工基地。

从公司的组织架构图 8-121 中可见，公司在铜以及相关有色金属领域形成了集勘探、采矿、冶炼、加工为一体的完整产业链，并且通过对贸易、金融、物流等相关资源的有效整合，构成了领先于国内同行的发展优势。

近年来，随着金融市场的发展，金融与实体经济的联系越来越紧密。越来越多的企业开始选择利用衍生工具进行套期保值，避免价格波动对企业造成的巨大损失。作为国内铜冶炼行业的"老大哥"，江西铜业的套期保值业务历史很长，最早甚至可以追溯到 1992 年。整体来看，江西铜业的期货套保大致经历了四个阶段。

1.第一阶段：1992—1994 年

在这一阶段，江西铜业利用期货市场回笼了货款，解决了三角债难题。1989 年，中央政府收紧银根，国内三角债务开始出现，江铜也未能独善其身，下游企业欠款严重，企业面临严重的财务风险。1992 年，上海金属交易所成立，江铜成为其第一批会员。通过期货交易，江西铜业弥补了现货市场流动性的不足。期货市场履行的担保功能不仅保障了江铜的产销平衡，而且帮助他实现了货款的 100% 回笼。

2.第二阶段：1995—1997 年

1996 年 4 月江铜贵冶牌阴极铜在 LME 注册成功，成为国内首个在 LME 注册的阴极铜国际品牌。此后，江铜的白银、黄金、电解铜也相继完成在 LBMA 和 LME 的注册，借助期货市场，江铜成功提升了自己的国际品牌地位。

3.第三阶段：1998—2006 年

亚洲金融危机期间，铜价进入历史低位区域运行，在这期间铜价的波动非常大，使得行业内一些矿山生产难以维系。面对这样的形势，江铜进行了期货保值，利用期货市场锁定目标价格、规避市场风险、维持企业利润。

4.第四阶段：2007 年至今

江铜以公司流程再造为基础，充分利用期货市场提供的价格信息和市场机会，改革套期保值模式，建立了成熟、系统化的套期保值模式和策略，为企业经营决策服务。从信息

| 江西铜业集团有限公司
江西铜业股份有限公司 | → | 总部职能部门 |

上市公司与资产

集团业务与资产

| 江西铜业集团铜板带有限公司 | 加工 |

| 四川江铜稀土有限公司 | 稀土产业 |

| 江西铜业（北京）国际投资有限公司
深圳江铜南方总公司
金瑞期货股份有限公司
深圳江铜融资租赁有限公司
…… | 金融贸易 |

| 江西铜业铅锌金属有限公司
江西金德铅业股份有限公司
江西天创矿业有限公司
…… | 铅锌产业 |

矿山冶炼
德兴铜矿
城门山铜矿
永平铜矿
武山铜矿
银山铜矿
东同铜矿
江铜国际矿业投资
《伊斯坦布尔》股份有限公司
香格里拉县必司大青矿业有限公司
贵溪冶炼厂
四川康西铜业有限公司
江西铜业（清远）有限公司
……

加工
江西铜业加工事业部
江西耶兹铜箔有限公司
广州江铜铜材有限公司
江铜华北（天津）铜业有限公司
江西铜业鑫瑞科技有限公司
……

金融贸易
江铜国际贸易有限公司
江西铜业集团财务有限公司
江西铜业（香港）投资有限公司
江铜国际新加坡有限公司
江铜国际贸易北美有限公司
深圳江铜营销公司
北京江铜营销公司
上海江铜营销公司
成都江铜营销公司
……

其他
江西黄金股份有限公司
江西铜业集团地勘工程有限公司
江西铜业研究院有限公司
江西铜业建设监理咨询有限公司
江西铜业集团（贵溪）物流有限公司
……

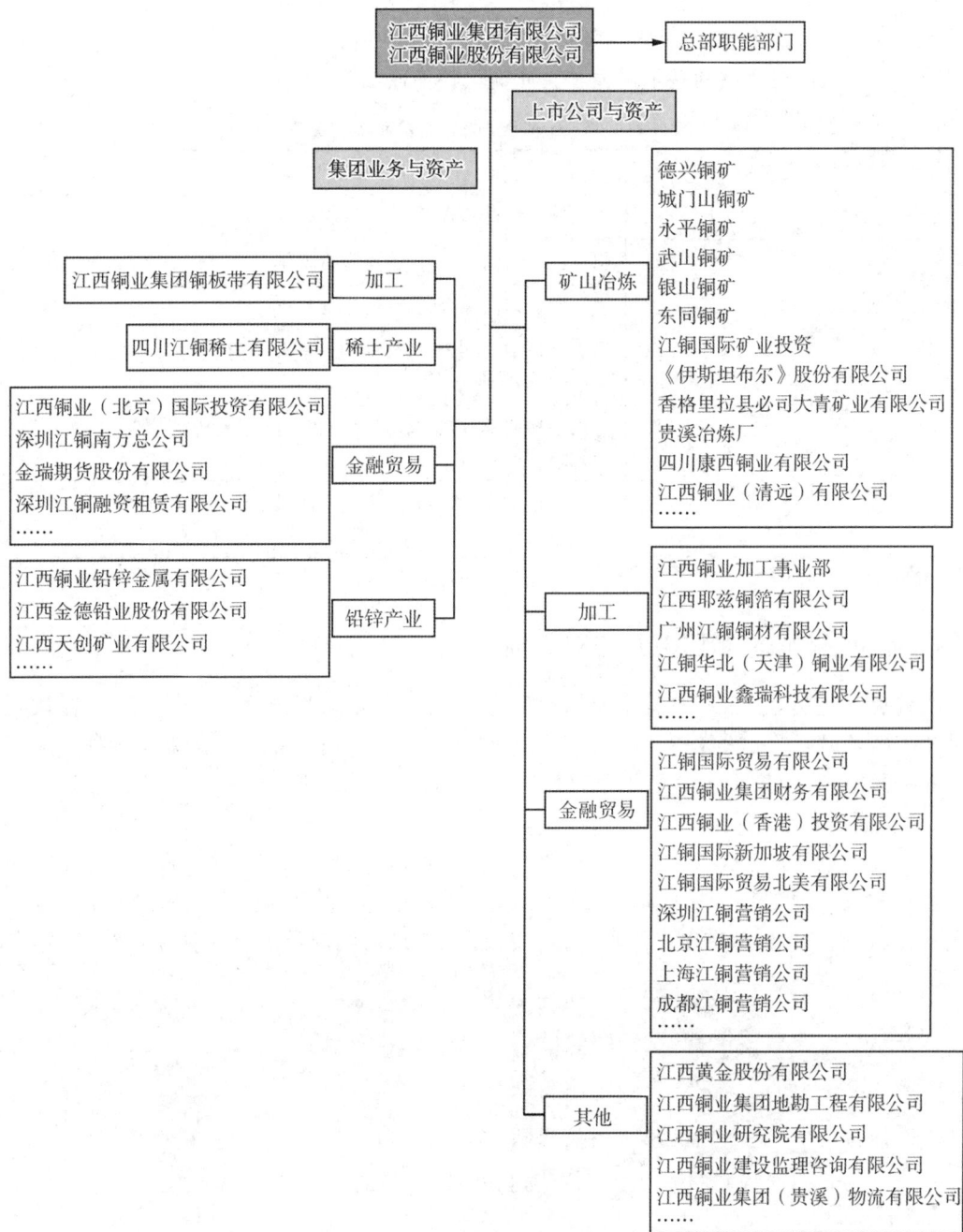

图 8-121　江西铜业组织架构图

数据来源：江西铜业官网

流、物流、资金流等方面全方位利用期货市场，实现了期现紧密互动。

从表 8-110 中可见，在 2008 年之前，江西铜业还仅仅是引入了远期合约这一最简单的衍生金融工具，到 2013 年江铜已经针对公司的各种风险制定了完善的套期保值流程，引入了远期、期货、期权等多种衍生金融工具。随着江铜生产规模的扩大,他们的原料来源和产品种类日益多元化,公司的保值模式也开始从实物流向价值流过渡,保值策略从最初的卖出保值向更复杂的差量保值和头寸优化管理逐步转变。

表 8-110　江西铜业历年衍生品种类汇总表

年份	衍生品种类	衍生品名称
2008 年之前	1	阴极铜远期商品合约
2008	2	阴极铜远期商品合约、临时定价安排
2009	2	阴极铜远期商品合约、临时定价安排
2010	4	阴极铜远期商品合约、临时定价安排、远期外汇合约、利率互换合约
2011	5	阴极铜远期商品合约、临时定价安排、远期外汇合约、利率互换合约、黄金期货合约
2013 年之后	6	阴极铜远期商品合约、临时定价安排、远期外汇合约、利率互换合约、黄金期货合约、商品期权合约

数据来源:江西铜业年报数据

(二)江西铜业风险敞口以及应对措施

江西铜业在生产经营过程中面临着不同的风险,例如市场风险、政策风险、法律风险及生产经营风险等。套期保值作为江西铜业风险管理的一种手段,全面分析各种风险下公司的风险敞口,并针对公司的风险敞口设计方案是其关键的一步。

1.商品价格波动风险

从江西铜业营业收入和营业成本的构成图中可以看到,阴极铜、铜杆线和铜加工产品的收入和成本占江铜总收入和总成本的比例高达 90% 左右,而这些产品都是铜生产链上的产品,他们的价格都有很强的联动性。因此,江铜的利润深受铜价波动的影响。

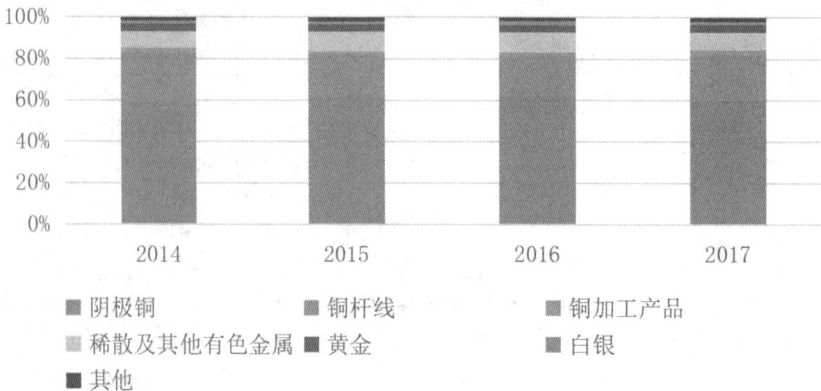

图 8-122　江西铜业营业收入构成图

数据来源:江西铜业年报数据整理

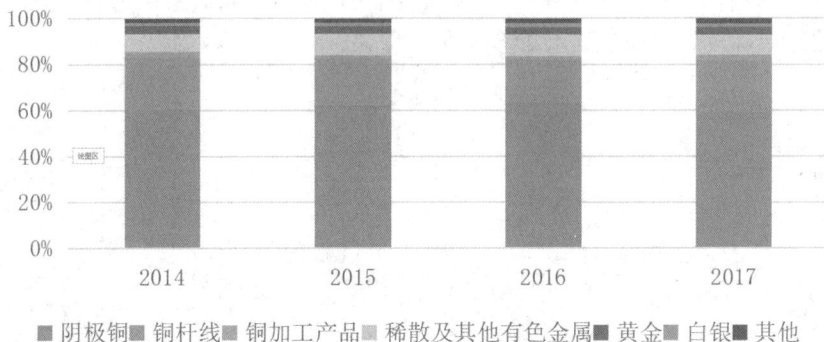

图 8-123　江西铜业营业成本构成图

数据来源:江西铜业年报数据

江铜的生产流程大致有三条线。一是"自产矿—阴极铜—铜杆线等加工产品",这一条流程的风险敞口模式为"上游闭口,下游敞口"模式。二是"外购铜精矿—阴极铜—铜杆线等",三是"外购阴极铜—铜杆线等",这两条流程则属于双向险敞口的模式。

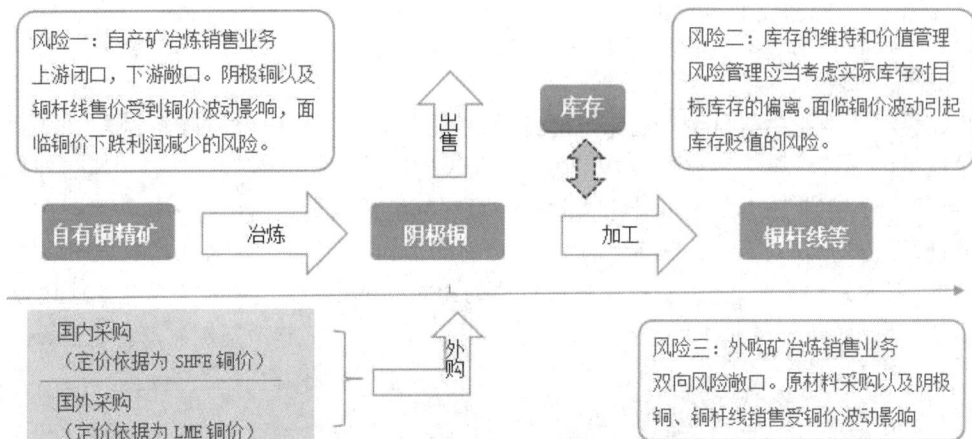

图 8-124　江西铜业铜相关产品生产流程图

综上,江铜大致会面临三种业务风险,一是自产矿冶炼销售业务。在这一业务中阴极铜以及铜加工产品的售价都随着铜市场的价格波动而波动,从而使企业面临着铜价下跌而导致利润减少的风险。二是库存的维持和价值管理。如何在维持目标库存的同时防止库存铜原材料和产品的减值是江西铜业必须考虑的问题。

三是外购矿冶炼销售业务。在这一业务中江铜采购原材料时面临着原材料价格上升的风险,销售阴极铜和铜杆线等产品时,又面临着铜价下跌的风险。同时,江铜资源历年自给率大概在20%。其中,2017年江铜资源自给率仅仅为15.29%。因此,江西铜业大部分原材料都是从外部采购的。当江铜从国内采购时,主要是以上海期货交易所铜价为准,从国外采购时主要是以伦敦金属交易所铜价为准。从铜价走势可以看到,2016—2018年铜价走势波动非常大,江铜非常有必要对其进行套期保值。在这一部分,江铜主要就是使用阴极铜商品期货合约、商品期权合约、临时定价安排对未来铜精矿的采购、铜产品的销售，以及铜杆线确定销售承诺进行套期保值。

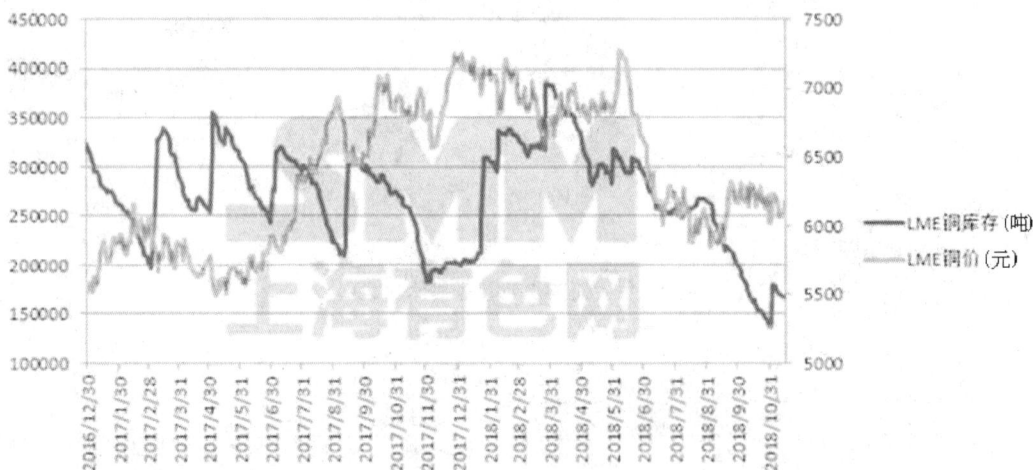

图 8-125　铜价走势图

数据来源：上海有色网

2.外汇风险

随着江西铜业原料自给率逐年下降，江西铜业与境外多个矿山加强了合作，主要产品也销往美国、欧洲、澳大利亚等境外市场，这部分的原材料采购和产品的销售都用外币核算，此外，江西铜业还有很多的外币借款和外币存款。江西铜业所面对的汇率风险主要是美元、欧元、澳元以及瑞士法郎等。江铜 2014—2017 年外币资产和外币负债的相关数据柱状图（图 8-126）显示，外币资产和外币负债的年末余额，折线是相对于总资产和总负债的占比，可以看到公司的外币资产和负债所占比例不低，汇率非预期性波动将会对公司业绩产生一定影响。

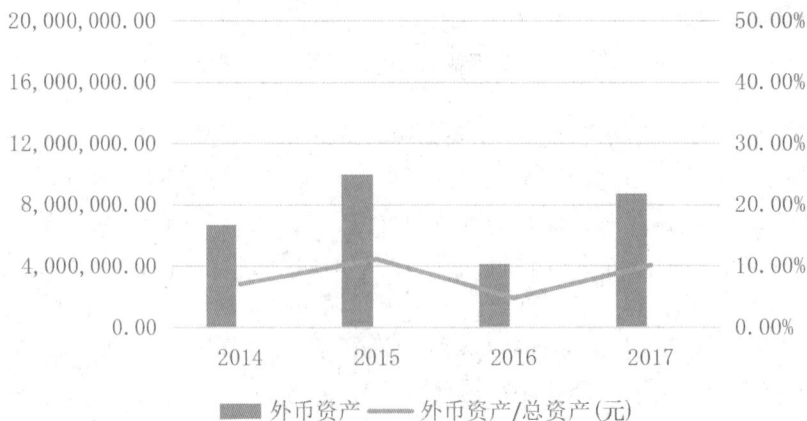

图 8-126　江西铜业外币资产组合图

数据来源：江西铜业年报数据整理

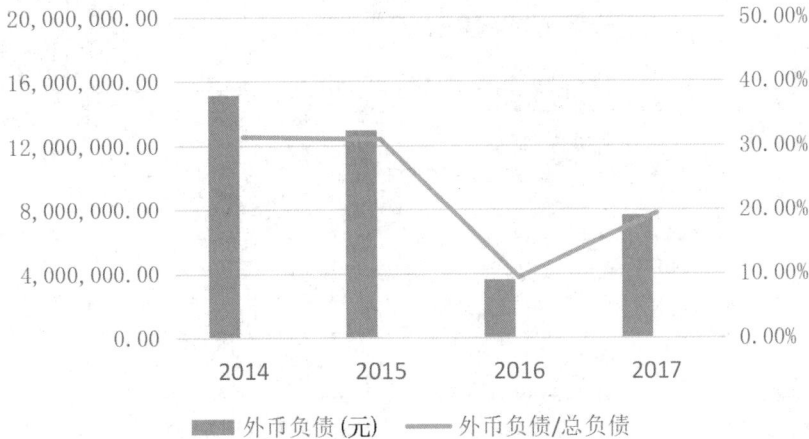

图 8-127　江西铜业外币负债组合图

数据来源:江西铜业年报数据整理

选取 5% 这一比例对江铜的汇率敏感性进行分析(5% 比例是江西铜业企业内部向关键管理人员报告外汇风险时所使用的敏感性比例)。如图所示,以 2017 年为例,假设所有外币对人民币贬值 5%,江铜大概会损失一亿五千万的利润。

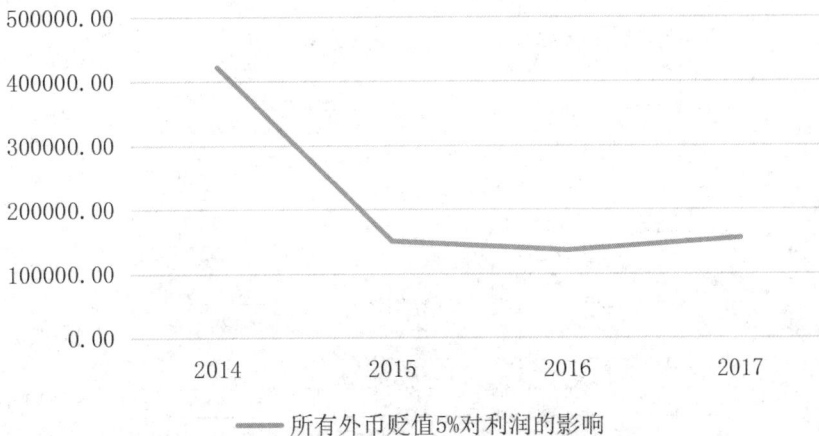

图 8-128　江西铜业外汇敏感性分析图

数据来源:江西铜业年报数据整理

自 2005 年始,人民币实行市场供求为基础的、有管理的浮动汇率机制来,人民币兑主要外汇的汇率便呈现波动的态势。从图 8-128 可以看到,2015—2017 年美元以及欧元对人民币汇率一直呈现较为波动态势。人民币与主要外汇的汇率波动不确定性和江西铜业外币资产和负债所占比例之高表明,汇率风险已成为江西铜业不可忽视的企业风险之一,针对这一部分风险公司主要以签署远期外汇合约、汇率互换合约的方式来达到规避部分风险的目的。

2015-2017年欧元兑人民币平均汇率

数据来源：国家统计局，智研咨询整理

图 8-129　美元兑人民币平均汇率走势图

2015-2017年美元兑人民币平均汇率走势

数据来源：国家统计局，智研咨询整理

图 8-130　欧元兑人民币平均汇率走势图

3.利率变动风险

相对于前两种风险，江西铜业利率变动对公司的业绩影响相对较小，且相关的披露也比较少。公司的利率风险主要产生于长期银行借款及长期应付款等长期带息债务。浮动利率的金融负债使集团面临现金流量利率风险,固定利率的金融负债使集团面临公允价值利率风险。江铜因利率变动引起金融工具现金流量变动的风险主要与浮动利率银行借款有关。如表所示,2015年开始,江铜浮动利率借款余额大约在30亿左右,金额较庞大。

表 8-111　江西铜业浮动利率银行借款余额表

单位:元

	2014	2015	2016	2017
浮动利率银行借款余额	7 682 316 603	2 596 134 342	235 000 000	3 298 076 737

数据来源:江西铜业年报数据整理

利率敏感性分析显示,假设利率下降100个基点,会使公司年利润减少几千万。相对于其他两种风险而言,利率变动风险对公司的利润影响相对较小。但利率的变动仍然在某种程度上会对公司的现金流量产生不利的影响。从央行5年及以上贷款利率的走势图中,也可见利率历年的走势还是较为波动的。针对这一部分的风险,公司主要采取了利率互换合约来对其进行相应的防范。

图 8-131　江西铜业利率变动敏感性分析图

数据来源:根据江西铜业年报数据整理

四、江西铜业衍生工具应用情况

(一)江西铜业铜相关衍生工具

基于2017年度财务报告,可见江西铜业铜相关衍生品应用的基本情况。

1.商品期货合约

根据2017年度财务报告,商品期货合约被归类于交易性金融资产项目下的套期工具和未指定套期关系的衍生金融资产。

(1)现金流量套期

江西铜业使用阴极铜商品期货合约对阴极铜等铜产品的预期销售进行现金流量套

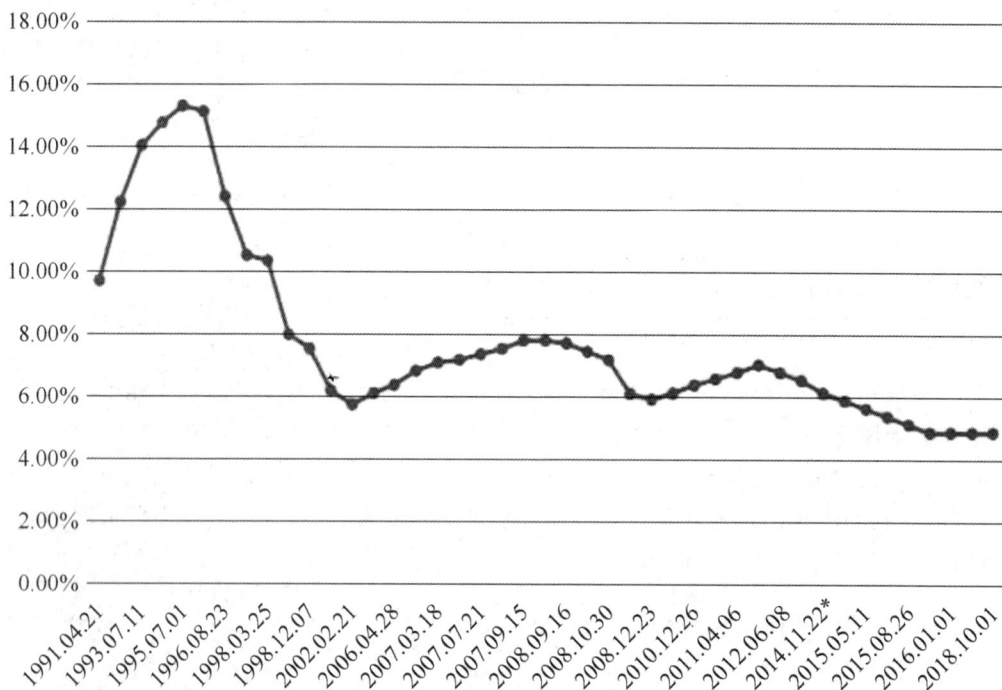

图 8-132　央行 5 年及以上贷款利率

数据来源：百度文库

期，以此规避由于阴极铜价格波动使铜产品预期销售的预计现金流量发生波动的风险。

　　江西铜业于 2017 年将卖出的阴极铜商品期货合约与相应的预期销售合约条款相对应，来对冲现货市场阴极铜价格下跌的风险。截至 2017 年资产负债表日，已经计入其他综合收益的现金流量套期工具公允价值变动产生的税前收益为人民币 5,653,323 元，该等铜产品的未来销售预期发生的时间为 2018 年 1 月至 2018 年 3 月，故江西铜业将在这 3 个月内逐步将其他综合收益转入当期损益。

表 8-112　商品期货合约现金流量套期情况表

被套期项目	套期工具	套期方式
阴极铜预期销售	阴极铜商品期货合约	卖出商品期货合约 锁定阴极铜预期销售合约

　　（2）公允价值套期

　　江西铜业使用阴极铜商品期货合约对存货和尚未确认的有关铜杆线销售的确定承诺进行公允价值套期，以此规避随阴极铜市场价格波动而产生的存货及尚未确认的确定承诺的公允价值发生波动风险。

　　在期货市场卖出阴极铜商品期货合约，对冲现货市场存货价格下跌风险；在期货市场买入阴极铜商品期货合约，对冲现货市场铜杆线价格上升风险。

表 8-113　商品期货合约公允价值套期情况表

被套期项目	套期工具	套期方式
存货（国内采购）	阴极铜商品期货合约	卖出商品期货合约 锁定阴极铜存货的价格波动
铜杆线确定销售承诺	阴极铜商品期货合约	买入商品期货合约锁定确定 销售的阴极铜的价格波动

2.临时定价安排

临时定价安排是嵌入在江西铜业按照行业惯例与第三方供应商签订的铜精矿采购协议中的临时定价条款。即江西铜业按照供应商发货时的临时定价支付货款，并根据发货后某约定期限的市场价格进行最终结算。（从临时定价到最终结算的时间一般为 1 到 4 个月。）临时定价安排被指定为公允价值套期工具。

表 8-114　临时定价安排公允价值套期情况表

被套期项目	套期工具	套期方式
存货（国外采购）	临时定价安排	临时定价安排锁定阴极铜存货的价格波动

3.商品期权合约

江西铜业未将商品期权合约指定为套期工具，其公允价值变动而产生的收益或损失，直接计入当期损益。在年报中几乎没有商品期权合约的单独披露信息，仅指出江西铜业使用阴极铜商品期货合约及商品期权合约对铜精矿和阴极铜的采购，以及未来铜杆、铜线的销售进行风险管理，以此来规避随着阴极铜市场价格的波动，铜精矿、阴极铜、铜杆及铜线等相关产品的价格发生重大波动。

4.阴极铜商品期货合约

阴极铜商品期货合约是上海期货交易所或伦敦金属交易所制定的铜标准化合约，对交易单位、最小变动价位等都有标准化的规定。

表 8-115　上海期货交易所阴极铜标准合约

交易品种	阴极铜
交易单位	5 吨/手
报价单位	元（人民币）/吨
最小变动价位	10 元/吨
涨跌停板幅度	上一交易日结算价±3%
合约月份	1～12 月
交易时间	上午 9:00—11:30，下午 1:30—3:00 和交易所规定的其他交易时间
最后交易日	合约月份的 15 日（遇国家法定节假日顺延，春节月份等最后交易日交易所可另行调整并通知）
交割日期	最后交易日后连续五个工作日

续表

交割品级	标准品：阴极铜，符合国标 GB/T467－2010 中 1 号标准铜（Cu－CATH－2）规定，其中主成分铜加银含量不小于 99.95％
	替代品：阴极铜，符合国标 GB/T467－2010 中 A 级铜（Cu－CATH－1）规定；或符合 BSEN1978：1998 中 A 级铜（Cu－CATH－1）规定
交割地点	交易所指定交割仓库
最低交易保证金	合约价值的 5％
交割方式	实物交割
交割单位	25 吨
交易代码	CU

表 8-116　伦敦金属交易所铜标准合约文本

Contract code	CA		
Underlying metal	Grade A copper		
Lot size	25 tonnes		
Prompt dates	Daily：out to 3 months Weekly：3 out to 6 months Monthly：7 out to 123 months		
Price Quotation	US dollars pertonne		
Clearable currencies	USdollar，Japanese yen，sterling，euro		
Minimum price fluctuation（ticksize）pertonne		Outright	Carries
	Ring	USD 0.50	USD 0.01
	LME select	USD 0.50	USD 0.01
	Inter-office	USD 0.01	USD 0.01
Last trading day	Up until the close of the first Ring the day before the prompt date		
Settlement Type	Physical		
Trading venues	Ring，LME select，inter-office telephone		

5.江西铜业套期保值策略

江西铜业套期保值的目标是在各个业务板块上充分利用套期保值工具的优势，处理好原材料的采购和销售工作，规避风险的同时赢取市场份额。

在铜精矿和粗杂铜等原材料的购买环节，依据公司的年度生产经营计划，确定原材料计划耗用总量，然后除以期货交易天数，计算出平均每日的虚拟销售规划量。此规划量扣除每日原材料到货作价量后的差额，就是每日在伦敦金属交易所或上海期货交易所进行期铜买（卖）建仓的数量。

供应商供货后，在点价期内点价时，江铜会根据供应商点价指令和点价数量，将原套保头寸进行平仓。通过这种每日建仓的保值方式，经过期现对冲后，使得江铜的实际原料采购成本基本上接近于市场年度的平均价，这样可以有效规避铜价剧烈波动带来的风险。

　　在阴极铜的销售环节,市场风险较小,套期保值工具运用较少,但是现货市场如果出现贴水现象,江铜就会把当天的计划销售量在期货市场上卖出,在期货到期后进行交割。这样一来,期货市场为江铜提供了较高的销售价格,进而增加了企业利润。

　　在铜杆线等铜材的销售环节,为了有效规避客户远期点价所带来的风险,在客户远期点价时候,公司在期货市场上同时买入相应的合约保值,在未来现货交货日,将用来保值的期货头寸进行平仓。这种套期保值模式下,可以避免在远期销售价格锁定后,铜价上涨使铜杆线原料成本上升吞噬铜杆线加工费的风险。

　　6.财务分析

　　为验证江西铜业的套期保值策略是否有效,可以对财务数据进行分析。

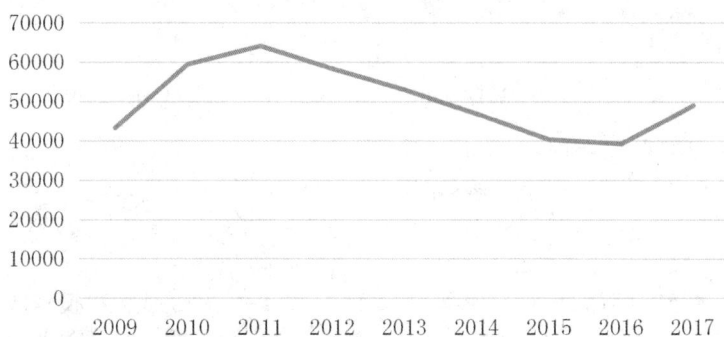

图 8-133　上期所三个月通期货合约结算价走势图(单位:元)

数据来源:上海期货交易所

　　由 2009 年到 2017 年上期所三个月铜期货合约结算价走势图可以看到,铜价在这十几年的走势跌宕起伏。2009 年至 2011 年铜价处于上升通道,2011 年初铜价高位调整后开始进入下行通道,2016 年至 2017 年铜价大幅回升,呈现出一个"S"形。

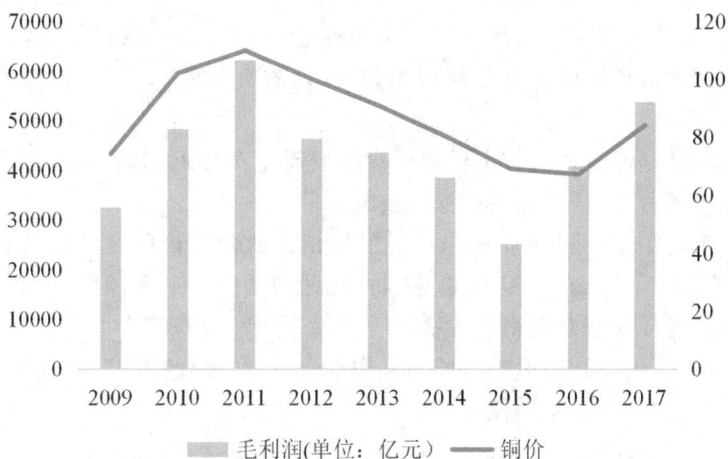

■ 毛利润(单位:亿元)　—— 铜价

图 8-134　毛利润走势图

数据来源:江西铜业年报数据

由江铜集团 2009 年至 2017 年毛利润走势图可以看到,公司毛利润和铜价是高度挂钩的,在铜价走高的时候毛利润上升,铜价下跌的时候毛利润少,同样呈现出一个"S"形。

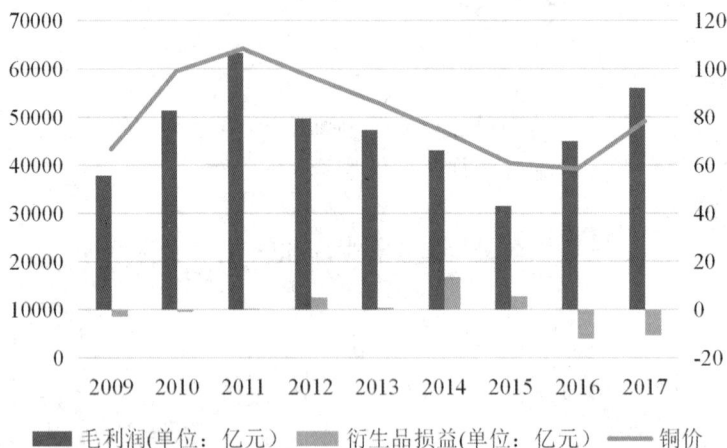

图 8-135　衍生品损益图
数据来源:江西铜业年报数据整理

衍生品损益指江西铜业与价格风险相关的公允价值变动损益和投资收益之和,剔除了黄金租赁、黄金远期合约、利率及汇率衍生品及其他项目,仅保留商品期货、期权等相关项目。从江西铜业近年衍生品损益情况来看,在 2009 年、2010 年、2016 年、2017 年铜价上涨,毛利润上升的时候,衍生品是亏损的。在 2012 年至 2015 年铜价下行、毛利润下降时候,衍生品实现盈利。可以看出,对江西铜业等铜精矿自给率较高的冶炼企业而言,在全年产购销数量较为平均的情况下,其净头寸方向以空头为主,其在衍生品市场全年损益情况与铜价的变化方向相反。

2016 年公司衍生品市场的亏损达到 12.16 亿元,其中亏损主要发生在铜价大幅回升的第四季度,这与公司前几年大部分净空头的持仓方向表现一致。此外,2016 年铜价整体呈上行走势使得公司整体受益于现货多头,存货跌价转回 1.16 亿元,且铜板块毛利润实现回升。

套期保值主要是通过在期货市场和现货市场建立对冲机制,使一个市场的盈利能够弥补另一个市场的亏损,从而避免遭受价格波动带来的风险。

调整后的毛利润指毛利润加上与铜衍生品相关的公允价值变动损益和投资收益之和,也即衍生品损益。在 2011 年之前,两条曲线的波动差异不大,但是 2011 年之后,调整后的毛利润的波动还是相对要平缓一些。

整体来看,江西铜业在衍生品市场的操作符合方向相反的要求,在一定程度上减缓了毛利润随铜价的波动,起到套期保值的作用。

(二)黄金业务

根据产品种类划分,江西铜业业务可分为:铜产品、黄金、白银、化工产品、稀散及其他有色金属等等。江西铜业旗下的六座主要矿山包括德兴铜矿、永平铜矿、城门山铜矿、武

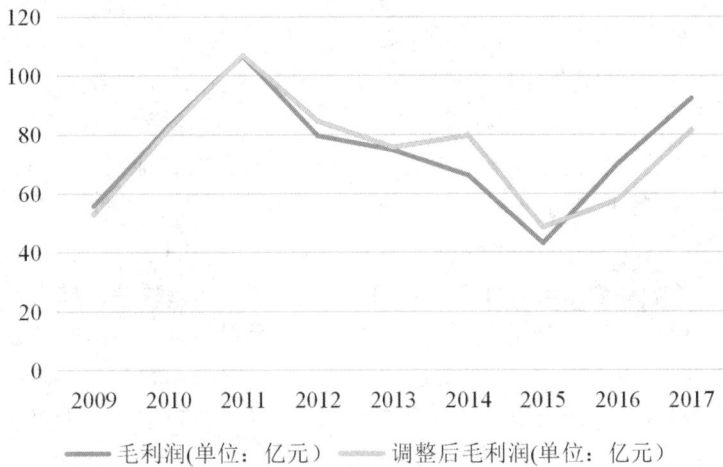

图 8-136　毛利润波动趋势图

数据来源：江西铜业年报数据整理

山铜矿、东乡铜矿以及银山铅锌矿，基本都是铜铅锌矿，黄金多为伴生，储量并不多。2017年年报披露的黄金业务收入与成本均不足 5%，但是毛利率达到了 10.02%，表现亮眼，高于江西铜业的铜相关业务，因此黄金是一块性价比很高的业务。另外，江西铜业在黄金板块也有新的布局。11 月 27 日，江西铜业宣布，为了做大做强黄金业务板块，已与母公司江铜集团签订股权转让协议，江西铜业将以 23.63 亿人民币（28.00 亿港元）的代价收购江铜集团持有的江西黄金 60% 的股份。截至江西铜业发布《江西铜业关于拟以现金收购控股股东持有的江西黄金股份有限公司 60% 股份暨关联交易公告》，江铜集团已持有公司40.53% 股份，为公司控股股东。

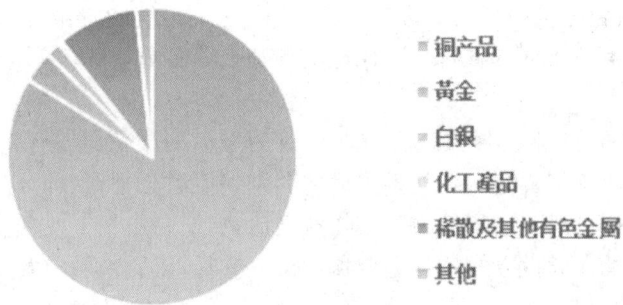

图 8-137　江西铜业业务构成

数据来源：江西铜业年报数据

江西黄金的诞生来自江西省得天独厚的黄金条件，江西省黄金储量在全国排名第二位，黄金产量连续多年列全国第三位（全国黄金储量第一位的是山东省，省内耳熟能详的大型上市公司有山东黄金）。但 2015 年之前，江西基本没有什么黄金品牌。江西省中，德兴市的黄金储量占据了整个省的 80%。针对江西省没有黄金品牌的问题，2015 年，德兴市与江铜集团、地矿部门,联合组建了江西黄金股份有限公司。目前,江西黄金是江西省唯一的黄金产业基地,已探明黄金地质储量有 120 吨,远景黄金储量有 500 吨。江西黄金的黄金储量巨大,目前的探明储量为 620 吨,是黄金巨头企业山东黄金储量的一半,根据山东黄金 2017 年的 EPS 来简略测算,江西黄金能给江西铜业带来 0.2 元的业绩回报。江铜集团将江西黄金关联交易方式转给江西铜业,也是为了更好地发挥江西黄金在黄金业务方面的优势,发展整个集团的黄金业务。

1.黄金租赁

黄金租赁业务是一种新的融资形式,是指在银行对公司的授信额度内,符合条件规定的法人客户从银行租赁出黄金,按照合同约定支付一定租赁费用,到期日前公司再把黄金实物归还给银行的一项业务。

银行对黄金租赁业务的服务对象主要是两类企业:一类是生产黄金企业;一类是其他企业,生产黄金企业可以在预期金价将要下跌的时候,把未来将要生产的黄金提前予以销售,再通过向银行租赁黄金,在市场上进行变现以获得所需资金,用于生产经营与投资,将来再用生产的黄金予以归还加工黄金企业通过黄金租赁业务,可以在满足生产周转所需黄金的同时,规避金价波动对企业成本所带来的冲击,降低企业的财务风险与市场风险。其他企业可以把黄金租赁作为一种融资手段。

银行实施黄金租赁业务,不但使银行的业务品种得到丰富、银行金融类产品的结构得到完善、信贷业务得到创新,而且还有利于银行向黄金产金、用金企业提供更为全而且到位的服务,同时可以帮助银行获得黄金租赁的溢价收益。

企业开展黄金租赁业务:第一,通过融通资金,解决了资金短缺问题,可以满足企业资金融资的刚性需求;第二,可以规避金价波动对企业所带来的成本冲击,降低企业财务风险;第三,符合成本收益原则,以较低的黄金租赁率代替较高的流动资金借贷率;第四,手续简便,业务办理方便快捷,使企业所需资金实际到位。

由于黄金租赁业务是一种新型资源配置业务,它集传统的资本运作业务与融资业务于一身,同时还涵盖了租赁、远期交易、代理实务黄金等多个业务环节,其基本的运作方式如图 8-138 所示。

由图 8-138 可见,企业在做黄金租赁业务时为避免到期黄金归还时金价上涨带来的风险,基本运作方式是将黄金租赁与黄金远期套期保值组合进行,即分成两步走:

(1)企业在开始进行黄金租赁拿到实物黄金后,在交易市场上变现实物黄金获取资金的同时,与银行以关元续做方式签订远期黄金买入交易,以此来锁定黄金价格。

(2)企业在黄金租赁业务到期时,在交易市场上买入实物黄金的同时,结束在期货市场中的远期黄金买入交易,到期归还银行实物黄金企业选择黄金租赁业务有如下原因:

①融通资金,解决资金短缺问题

由于央行不断提高银行存款准备金率,导致贷款规模紧张,且利率不断上涨,资金成本上升,在这种情况下,黄金租赁业务为企业提供了新的融资渠道,能满足企业融资的刚性需求。

②符合成本收益原则,成本较低

从实践来看,黄金租赁业务成本较低,客户只需承担较低的黄金租赁费用和代理买卖

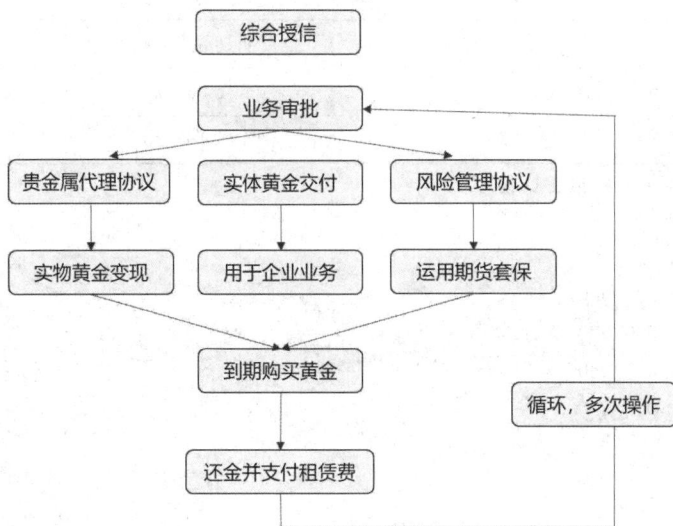

图 8-138　黄金租赁流程

数据来源:百度文库

费用。

③手续简便,办理业务比较容易

黄金租赁业务作为银行的一项新产品,在银行内部的审批流程上开辟了绿色通道,在资源配置上也给予重点关注。资金到位速度相对于传统的信贷业务要快,因而成为企业的优选。

现行的会计准则和会计制度尚未对黄金租赁业务中的会计处理做出明确规定,导致其会计在进行账务处理时,主观随意性较大,不利于企业的会计信息披露例如:企业对从银行租赁黄金变现所取得的融资资金,有的作为"交易性金融负债",有的作为"其他应付款";企业支付的黄金租赁费,有的作为"财务费用",有的作为"投资收益"或者"公允价值变动损益"等。当前主流的会计处理意见主要有两种:一种是参考普通租赁业务将黄金租赁作为一种融资手段,账务处理参照《企业会计准则第 21 号——租赁》的规定;另一种是参考金融工具业务将黄金租赁作为一种投资工具,账务处理参照《企业会计准则第 22号——金融工具确认和计量》《企业会计准则第 24 号——套期保值》等的规定。

2.江西铜业的黄金期货业务

江西铜业自 2011 年开始与银行进行黄金租赁的业务,同时 2011 年引入了黄金期货衍生品,据年报披露可知,黄金期货的持有目的就是为了对冲黄金租赁形成的交易性金融负债受金价波动的影响。江西铜业未指定套期关系,而是通过交易性金融资产、交易性金融负债、公允价值变动损益、投资收益等科目进行核算。报价方面采用公允价值计量,参考了参考类似项目在上海黄金交易所或上海期货交易所的报价。交割时采用净额交割的模式。黄金租赁业务 2017 年余额及 2013—2017 年走势如表 8-117 所示。

表 8-117　黄金租赁负债与黄金期货合约余额

	期初余额	期末余额
公允价值计量的黄金租赁形成的负债	− 2 682 585 751	− 4 742 760 000
黄金期货合约	129 153 350	− 18 231 510

数据来源:江西铜业年报数据整理

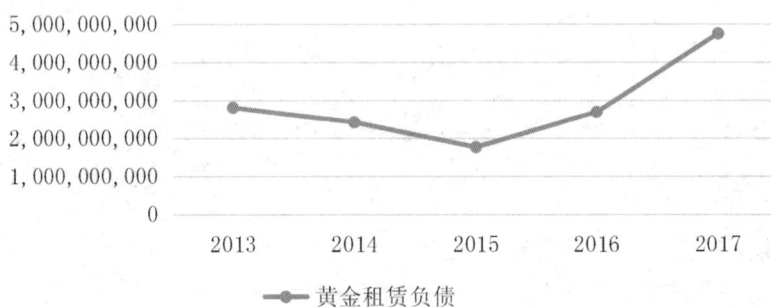

图 8-139　黄金租赁负债走势图(单位:元)

数据来源:江西铜业年报数据

　　根据走势图可见,自 2015 年开始,黄金租赁负债数额呈不断上升的趋势,利用黄金期货对黄金租赁负债进行套期保值十分必要。金价波动带来的公允价值波动,体现在公允价值变动损益与投资收益科目中,如表 8-118 所示。

表 8-118　黄金期货投资收益

	2017	2016	2015	2014	2013
公允价值计量的黄金租赁投资收益	(184 919 409)	(79 157 482)	141 052 947	198 595 519	133 148 520
黄金远期合约投资收益	148 029 141	23 905 830	(199 788 880)	(183 652 161)	(136 861 653)

数据来源:江西铜业年报数据

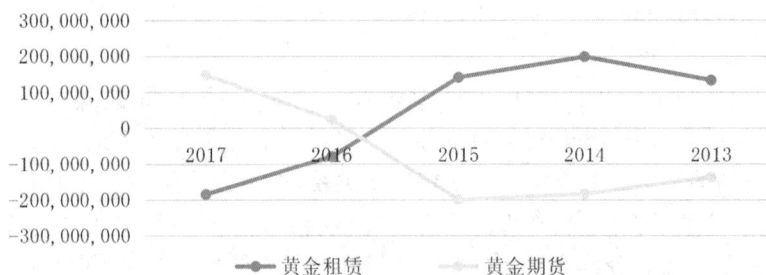

图 8-140　投资收益走势图(单位:元)

数据来源:江西铜业年报数据

表 8-119 黄金期货公允价值变动

	2017	2016	2015	2014	2013
公允价值计量的黄金租赁公允价值变动收益	120 947 050	(205 931 573)	(46 030 027)	(270 590 115)	375 720 413
黄金远期合约公允价值变动收益	(147 384 860)	247 847 560	24 740 758	228 734 220	(331 124 658)

数据来源:江西铜业年报数据

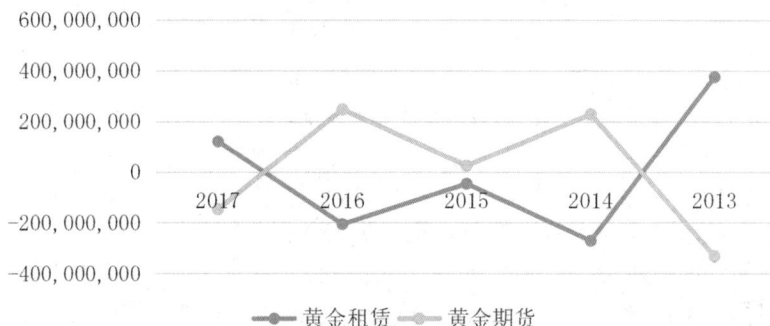

图 8-141 公允价值变动走势图(单位:元)

数据来源:江西铜业年报数据

由图表可见,黄金期货在对冲黄金租赁负债公允价值方面的效果是非常显著的,变化方向相反,绝对值大致相等。

(三)外汇衍生工具

江西铜业外汇币种多(主要外汇包括美元、欧元、澳元、加拿大元、新加坡元、瑞士法郎)、总量大(外汇资产、负债占总资产、负债比例大),江西铜业选择了远期外汇协议和汇率互换协议进行套期保值来规避汇率波动带来的风险。图 8-142 是 2017 年相关外汇实际平均变动,显示在美元、欧元等主要货币上,真实变动甚至超过了管理层进行敏感性分析时假设的 5%,由此可见,选择衍生工具来规避外汇风险十分必要。

1.远期外汇

远期外汇交易(forward exchange transaction)又称期汇交易,是指交易双方在成交后并不立即办理交割,而是事先约定币种、金额、汇率、交割时间等交易条件,到期才进行实际交割的外汇交易。远期外汇业务即预约购买与预约出卖的外汇业务,亦即买卖双方先签订合同,规定买卖外汇的币种、数额、汇率和将来交割的时间,到规定的交割日期,再按合同规定,卖方交汇,买方付款的外汇业务。远期外汇有以下三个特点:

(1)交易时间地点不固定,远期外汇协议的交易不受时间地点的限制,通常是采用现代通信手段进行,交易时间不受限制,可以 24 小时进行交易,属于无形市场。

(2)交易合同非标准,经协商事先约定交割条件,到期进行实际交割,与期货最大的区别是远期外汇交易是非标准化的合同,比较灵活。

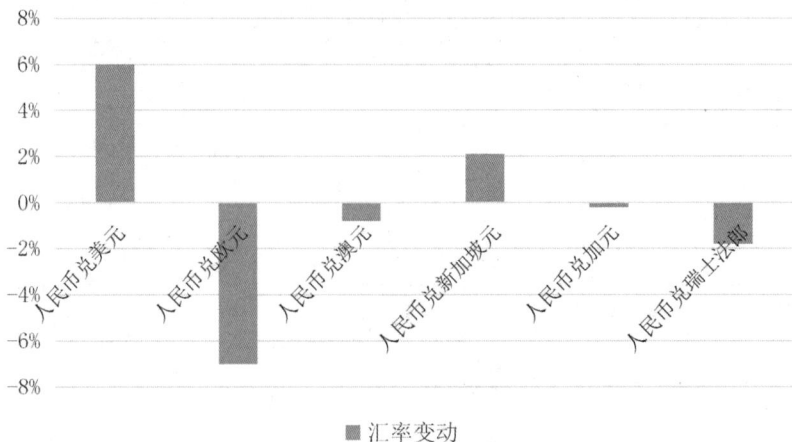

图 8-142　2017 年汇率平均变动

（3）信用风险，交易双方均需承担基本对等的信用风险。

在会计处理方面，交易双方在签订远期外汇协议时，认为此份交易的风险和收益是一致的，因此在签订时并不会进行会计处理，后续外汇发生波动时，远期外汇协议开始有价值，双方会根据实际的公允价值变动方向和数值进行会计核算，余额通过交易性金融资产/负债科目核算，公允价值变动通过公允价值变动收益、投资收益科目进行核算。

2.外汇互换

外汇互换（又称外汇掉期）是结合外汇现货及远期交易的一种合约，合约双方约定某一日期按即期汇率交换一定数额的外汇，然后在未来某一日期，按约定的汇率（即远期汇率）以相等金额再交换回来。实际上，合约双方是各自获得交换回来的货币一定时间的使用权。外汇互换的条件，反映了合约双方对所交换的两种货币的汇率走势及各自对利率的看法。外汇互换以远期点数的方式报价，除了可用来锁定在未来某一时点交换货币的汇率外，也可作为对即期与远期汇率间的异常差距进行套利的手段。

交易双方在协议起始时交换本金，持有期间交换利息，支付换入货币对应的利息，收回换出货币对应的利息，协议结束时再次交换本金，其中涉及的利息交换方式灵活，协商决定，两方固定、两方浮动、一方固定、一方浮动均可。两种外汇的金额由双方依据当时的即期汇率确定。外汇互换中，低利率国家互换方向高利率国家的互换对手定期支付利息，利息成本约为两国的利差。双方需在一开始和最终进行外汇本金的交换。在会计处理方面和远期外汇相同。同作为规避汇率风险的衍生工具，远期外汇与汇率互换的区别如表 8-120 所示。

表 8-120　外汇衍生工具特点对比

项目	远期外汇	汇率互换
合同期限	较短，通常为 1 年以内	较长，最长可达 10 年
交易金额	灵活性强，通常较小	较大，通常 500 万美元起
规避风险	汇率风险	利率风险和汇率风险

远期外汇协议与汇率互换协议 2017 年的相关数据显示,远期外汇同时存在交易性金融资产与交易性金融负债余额,这是因为江西铜业持有多种币种,且公司对于不同外汇的波动方向预测不一致,因此会签订多份方向、币种不同的协议,从整体数量上看,江西铜业运用远期外汇较多,汇率互换相对较少。

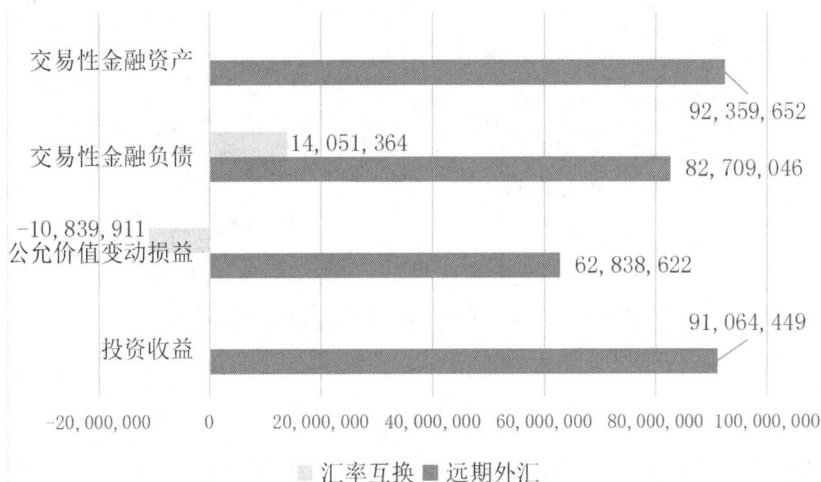

图 8-143　外汇衍生工具相关科目统计

数据来源:江西铜业年报数据

(四)利率互换

1.江西铜业利率风险及利率互换合约运用概况

江西铜业利率风险主要产生于长期银行借款及长期应付款等长期带息债务。利率风险包括浮动利率风险和固定利率风险,前者使用现金流量套期,后者使用公允价值套期。从 2013—2017 年江西铜业报表关于"利率敏感性分析"的披露图可见,浮动利率变动对利润的影响波动性较大,主要与每年的浮动利率银行借款额变动有关。其中,2017 年面临的利率变动风险较前几年更为严峻,这主要是由于 2017 年浮动利率借款的大幅增加引起的。

表 8-121　2014—2017 江西铜业浮动利率借款

	2014	2015	2016	2017
浮动利率银行借款余额	7 682 316 603	2 596 134 342	235 000 000	3 298 076 737

数据来源:江西铜业年报数据整理

江西铜业采用利率互换合约来应对利率风险。利率互换是交易双方在一笔名义本金数额的基础上相互交换具有不同性质的利率支付,即同种通货不同利率的利息交换。通过这种互换行为,交易一方可将某种固定利率资产或负债换成浮动利率资产或负债,另一方则取得相反结果。利率互换的主要目的是为了降低双方的资金成本(即利息),并使之

千元

图 8-144　2013—2017 利率变动对利润的影响

数据来源：江西铜业年报数据

各自得到自己需要的利息支付方式（固定或浮动）。

江西铜业从 2010 年开始采用利率互换合约，2013 年及以前，既采用"公允价值套期"，也包括"现金流量套期"，分别对应固定利率、浮动利率和和定期存款利率变动风险，2014 年开始，只采用"现金流量套期"，应对浮动利率和定期存款利率变动风险，其中主要是应对浮动利率变动风险。

表 8-122　江西铜业利率互换合约运用情况

	2013	2014	2015	2016	2017
利率互换合约用途	1.公允价值变动风险：与固定利率银行借款有关；2.现金流量变动风险：与浮动利率银行借款、定期存款有关	现金流量变动风险：与浮动利率银行借款、定期存款有关	现金流量变动风险：与浮动利率银行借款有关	现金流量变动风险：与浮动利率银行借款有关	现金流量变动风险：与浮动利率银行借款有关

数据来源：江西铜业年报数据

2.利率互换合约会计处理

我国会计准则中没有直接涉及利率互换会计，利率互换会计基本上遵循与其他类型的衍生金融工具会计相同的规则。在资产负债表中利率互换以公允价值记录，通过交易性金融资产/负债、公允价值变动损益等科目核算，但对互换的公允价值的估价要比其他衍生工具更复杂，需要将未来利率变动进行预测，并对其未来总收益或损失折现。由于套期会计的门槛较高，江西铜业将利率互换合约作为未指定套期关系的衍生工具进行披露，仅通过交易性金融资产/负债核算。

3.利率互换套期效果分析

自 2014 年开始，江西铜业因利率变动引起金融工具现金流量变动的风险主要与浮动利率银行借款有关,说明该集团属于"收取浮动利率,支付固定利率"的一方,目的是以防浮动利率上升。根据利率互换的会计核算原则,江西铜业利率互换合约公允价值的下降意味着该集团预测未来浮动利率将下降,根据 2013—2017 年江西铜业利率互换合约的公允价值变动趋势可知,除了对于 2016 年的浮动利率变动预测准确之外,该集团其余年份对于浮动利率的预测均不恰当。如图 8-145 所示。

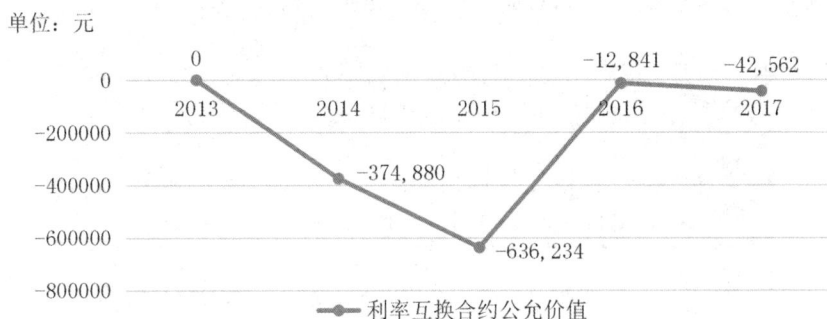

图 8-145　2013—2017 利率互换合约公允价值

数据来源:江西铜业年报数据

4.利率互换合约对利润的影响

利率互换合约对利润的影响反映在公允价值变动损益科目,由公允价值变动额与当年净利润比较可见,利率互换合约对净利润的影响几乎可以忽略不计,未对江西铜业的经营成果造成很大影响。如图 8-146 所示。

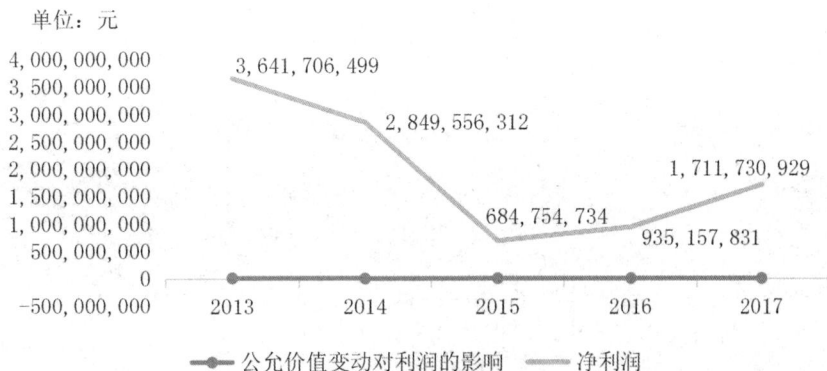

图 8-146　2013—2017 利率互换合约对公允价值的影响

数据来源:江西铜业年报数据

(五)可转换债券

江西铜业于 2017 年 9 月 20 日发行票面金额为人民币 100 元的附第 3 年末票面利率选择权和投资者回售选择权的可转换债券 500 万张,期限为 5 年。债券票面年利率为4.74%,每年 9 月 21 日付息,到期一次还本。

因为可转换债券既含有负债成分,又含有权益成分,所有应当在初始确认时将负债和权益成分进行分拆,分别进行处理。负债成分是合同规定的未来现金流量按照纯债券利率进行折现,初始确认金额反映在应付债券科目,并按照实际利率法进行后续计量,再按照可转换债券整体的发行价格扣除负债成分初始确认金额后的的确定权益成分,反映在其他权益工具科目,一般情况下权益成分后续计量价值不变。其中,交易费用按照负债成分和权益成分的公允价值分摊到对应的科目。如图 8-147 所示。

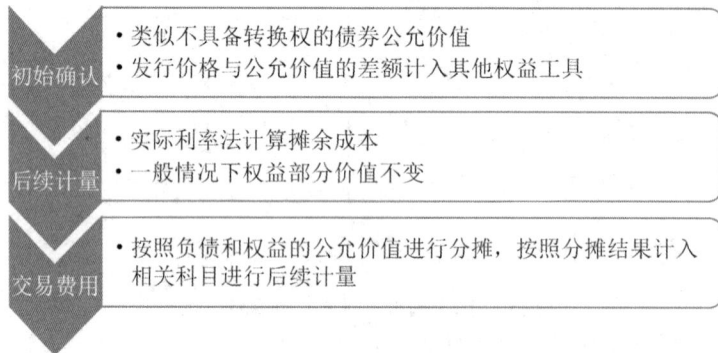

图 8-147　可转换债券会计计量方法